Ruth Werner · Sonjas Rapport

Ruth Werner

Sonjas Rapport

neues leben

1946–2006

Inhaltsverzeichnis

Deutschland 1918–30

Nach dem Tode der Mutter im Jahr 1947 fanden ihre sechs Kinder, die nun schon lange Zeit Erwachsene waren, sorgsam aufgehobene Briefe wieder, die sie an die Eltern geschrieben hatten. Jeder nahm die seinen an sich.

Der älteste meiner Briefe, den ich in den Händen halte, trägt die Handschrift der Zehnjährigen und wurde im ersten Weltkrieg, im Hungerjahr 1918, acht Monate vor der deutschen Revolution, geschrieben. Ich war wegen starken Untergewichts zu Bekannten aufs Land geschickt worden, es gab dort eine Tochter meines Alters.

„Großmarzehns, 30. März 1918
Liebe Mutter! Ich habe mich sehr über Deine Karte gefreut. Am Tage habe ich gar keine Sehnsucht nach Euch, bloß wenn ich abends im Bette liege. Heute unterhielt ich mich mit Herrn Fingerhut, welcher Ernas Großvater ist. Eine seiner vielen Fragen lautete: ‚Ja!' Dann gab es Abendbrot. Erst kam eine große Schüssel voll Bratkartoffeln, da sagte Herr Fingerhut: ‚Die ißt Erna ja allein auf!' Sofort kam noch eine herein.
Die Kartoffeln schwammen im Fett. In den Kartoffeln waren vier Eier und kleine Speckstückchen. Danach konnte man noch Gelee mit Vanilletunke nehmen. Dann ging ich todsatt ins Bett.
Gruß von Deiner glücklichen Tochter.
Kannst Du Dir denken, daß ich, solange ich hier bin, erst vier Stullen gegessen habe, weil es so schöne andere Sachen gibt? Das stimmt nämlich."

Ein Jahr alt

Sechs Jahre alt

Im Sommer desselben Jahres wurde ich mit meiner sechs Jahre alten Schwester in ein Kinderheim der Stadt Berlin an die Nordsee verschickt. Die kleine Schwester, noch nie von zu Hause fort gewesen, weinte viel. Ich nannte sie „Heulchen".

Juli 1918

„Liebe Mutti ... Heulchen hat sich mit dem Brief gefreut, aber wenn ich ihr jedesmal für ihre Tränen noch einen Bonbon geben soll, dann wäre bald ganz Berlin verarmt. Beim Essen sitzt sich nicht mehr neben mir, aber glaubst Du, das macht ihr was aus? Sie ist froh, daß ich nicht immerfort sage, sie soll ordentlich essen. Sie ißt nämlich immer um das Brot rum, daß der Happen dicke Butter bis zuletzt bleibt. Wir essen überhaupt rasend viel. Spare man schon. Die Schwester hier sagt, in Berlin gibt es keine Kartoffeln. Für gewöhnlich ist Heulchen brav. Und jeden Abend knuddelt sie mich halbtot."

Unser weitläufiges Haus

August 1918
„Liebe Mutti, denke Dir, Heulchen hat drei und ich vier Pfund zugenommen! Ich will Dir etwas erzählen. Ein Transport sollte fahren, 600 Stullen waren geschnitten, die Koffer gepackt und nach unten geschafft. Am Morgen sollten sie fahren, und da kam ein Telegramm, in Hamburg sei Streik und man könne nicht fahren. Jetzt sind sie immer noch da.
Ich habe mich schon oftmals mit Herrn Stadtrat Rabnow, welcher jetzt hier ist, unterhalten. Mir ist dann wie bei einem Examen, er stellt so knifflige Fragen. Herr Rabnow sagt, er hat immer gedacht, daß Vater ein ‚Pazimist' ist. Ich glaube, so war das Wort – es bedeutet ‚für den Frieden'.
Liebe Mutti, halte Dich fest, jetzt kommt die Beichte: Meine Schürze hat einen unstopfbaren Riß, Heulchens Rock ganz mürbe. Nur noch zwei Haarschleifen übrig."

Eine Besonderheit meiner Jugendzeit war der Widerspruch zwischen der großen Villa am Schlachtensee, in der wir wohnten, und unserem relativ einfachen Lebensstandard. Vaters wissenschaftliche Tätigkeit diente den Interessen der Arbeiterklasse. Sein Name: René Robert Kuczynski; sein Beruf: Ökonom. Vaters Einkommen war für eine so große Familie nicht sehr hoch. Die Jahre der Inflation verschärften die Situation. So lebten wir durchaus vergnügt, aber viel bescheidener, als man vermutet hätte, in dem weitläufigen Haus, das ein wohlhabender Großvater ermöglicht hatte. Über Mutters Sparsamkeit amüsierten wir sorglosen Kinder uns häufig.

Ein Brief vom Sommer 1923. Ich beendete die Zehnklassenschule (Lyzeum), war sechzehn Jahre alt und wußte schon recht gut, was ein „Pazimist" ist. Die Inflation hatte begonnen. Von einer Schülerferienreise sandte ich eine Postkarte nach Hause.

Die Mutter

Der Vater

„11. Juli 1923
... die Preise sind hier haarsträubend, ich mußte mir 50 000 Mark borgen. Brot haben wir zum Glück auf Marken bekommen. Schikke bloß nicht den Hut. Wenn Du mir was schicken willst, dann Wurst! Die kostet hier 15 000 Mark das Viertelpfund. Und falls Du schickst, eventuell auch Zucker, nötig ist es nicht, aber schön wäre es ..."

Im August 1923 waren die Eltern verreist. Ich schrieb von zu Hause an sie:

„Lieber Vater, der letzte Brief, der an Dich abgeht, ist mir der liebste, weil Ihr ja nach diesem Brief selbst kommt. Heute herrscht große Aufregung wegen des Dollarsprunges auf drei Millionen*. Wir waren vor- und nachmittags einkaufen.
Sehr hoffnungsvoll für Dich, im ‚Zehlendorfer Anzeiger' war der erste Satz des Leitartikels ‚Die Statistiker sind die Zukunft Deutschlands'.
Mutti, wir sind hier ohne ein Gramm Zucker. Das ist schrecklich. Zu Vaters Geburtstag wird wohl keiner dasein. Mit dem Mehl – ja, sechs Abschnitte hatte ich gefunden, aber die hatte ich schon längst geholt, die Kinder essen so viel."

Mit den „Kindern" waren meine jüngeren Geschwister gemeint und mein Bruder Jürgen, der zweieinhalb Jahre älter ist als ich.

1924 begann meine Lehre in der Buchhandlung für Rechts- und Staatswissenschaften R. L. Prager, Berlin NW, Mittelstraße.

Seit zwei Jahren las ich fast ausschließlich fortschrittliche Literatur: Jack Londons Werke, Gorkis Kurzgeschichten, das erste Buch von Lenin, das auf deutsch erschien, und Rosa Luxemburgs „Briefe aus dem Gefängnis", wo sie wegen ihrer revolutionären Ideen und ihres Kampfes für die Arbeiterklasse saß. Wie stark sie war und gleichzeitig wie warmherzig! Und wie sie die Natur liebte – genau wie ich. Ihr Foto

** 1 Dollar = 3 Millionen Mark (alle Anmerkungen stammen von der Autorin selbst)*

Die Geschwister v.r. Jürgen, Ursula, Brigitte, Barbara, Sabine (Bine), Renate (Reni)

Die Lehre – mit Bücherkarren durch Berlin

zeigte, daß sie nicht so hübsch ausssah – genau wie ich, dachte ich, aber natürlich viel intelligenter.

Ich sah den Reichtum der wenigen, die Armut der vielen, die bettelnden Arbeitslosen an den Straßenecken, dachte über die Ungerechtigkeit dieser Welt nach und wie man sie beseitigen könnte. Nun kam der krasse Gegensatz zwischen dem Zuhause und der Lehrstelle hinzu. Die Furcht erwachsener Menschen, die an jedem Monatsende vor der Entlassung zitterten. Meine Freundin Marthe war das erste Opfer.

Ebenfalls Lehrling in der Buchhandlung war Heinz Altmann, Mitglied des kommunistischen Jugendverbandes. Er gab mir den letzten Anstoß, ich trat in den KJVD ein.

Die erste Demonstration, an der ich teilnahm, war die am 1. Mai 1924. Wir trugen Banner mit Parolen wie „Hände weg von Sowjetrußland", „Kampf gegen Arbeitslosigkeit", „Kampf für den Acht-Stunden-Arbeitstag". Und dann kam plötzlich die Polizei und griff uns mit ihren Gummiknüppeln an; ein Hüne von Polizist ging auf ein zartes Ding von 17 Jahren los! Und wie das wehtat, man kann praktisch nicht mehr richtig atmen. Ein Genosse zog mich von der Straße weg in eine Toreinfahrt. Viele verließen die Demonstration unter Schmerzen und gingen nach Hause, andere marschierten weiter, neue kamen hinzu. Ich blieb auf der Demonstration, nicht ahnend, daß dies eine Entscheidung für mein weiteres Leben war.

Ein Brief aus meinem Urlaub während der Lehre.

August 1925
„... ich fühle mich ungeheuer wohl hier im Gebirge. Wie schön es eigentlich ist, geht mir gar nicht so auf, weil ich keine Vergleiche ziehe mit einem Neunstundenarbeitstag bei Prager, sondern Arbeit und Berlin vergißt man hier einfach. Gestern Deine Karte, Mutti, nur möchte ich Dich bitten, auch wenn es Geld spart, möglichst keine Marken aus der Eiszeit zu benutzen, denn jetzt sind andere Briefträger als damals dran, und ich muß Strafporto zahlen.
Jürgen könnte auch einen Brief zwischen seinem ‚Marx' schicken.*
Ich kriege unglaublich viel Post. Sogar der Billettknipser vom Bahnhof Zehlendorf-West hat mir eine Karte geschickt.
Lieber Jürgen, Marx allein zu lesen ist langweilig, schwer, unverständlich. Ich lese jetzt Wittfogel, ‚Geschichte der bürgerlichen Gesellschaft', das verstehe ich besser."

Brief aus Schlachtensee an die Eltern, die verreist waren.

„9. September 1925
Liebe Eltern, Eure Nachrichten sind wirklich inhaltslos und spärlich, noch dazu, weil man höchstens die Hälfte auf Muttis Karten lesen kann.
Sonntag war Internationaler Jugendtag. 10000 Jugendliche waren da; sehr erfreulich. Wann kommt Ihr wieder? Bleibt noch recht lange weg, hier geht es noch wochenlang ohne Euch in bester Ordnung. Nächstens geht eine Jungarbeiterdelegation nach Rußland. Also

** Mein Bruder schrieb damals sein erstes Buch, „Zurück zu Marx"*

wundert Euch nicht, wenn die nächste Ansichtspostkarte von mir aus Sowjetrußland kommt. Übrigens komme ich leider nicht in Frage dafür.
In der kommunistischen Jugend rasend zu tun. Gleich nach dem Brief hier werde ich ein Referat für morgen über ‚Gewerkschaften und Jungarbeiter' machen. 75 Prozent unserer Gesamtarbeit muß jetzt Gewerkschaftsarbeit sein."

Den Urlaub im zweiten Lehrjahr verbrachte ich in Ahrenshoop.

„3. August 1926
An alle! Also hier ist es fabelhaft. Ich wohne bei einer alten Frau, ein Zimmer mit Bettwäsche ohne Pension 15 Mark die Woche ... Mir gegenüber wohnt noch ein Gast. Damit es mit dem einzigen Hausschlüssel keine Verwirrung gibt, gehe ich durchs Fenster in mein Zimmer.
Tante Alice* ist so nett zu mir, wie ihre Kleider scheußlich sind. Ihr Sonntagskleid hat 24 Knöpfe auf dem Rücken, ich muß die immer zumachen.
Das Publikum hier: Es kommen etwa 50 ‚Skandalanzeiger'** und sechs ‚Vossische Zeitungen'*** für die Gäste ins Dorf."

In den folgenden Jahren war Vater jeweils sechs Monate zu Forschungsarbeiten über das amerikanische Finanzkapital in den USA. In der Zeit – die Mutter begleitete ihn – übernahm eine Bekannte den Haushalt, und ich wurde „Oberhaupt" der Familie. Als mein Bruder Jürgen 1926 ein postgraduales Studium in den USA aufnahm, gingen viele Briefe nach Amerika.

** Tante Alice, Vaters Schwester, wurde mit ihrem Mann kurz vor Kriegsende in Theresienstadt umgebracht*
*** Lokalanzeiger, reaktionäre Zeitung, Hugenbergpresse*
**** demokratisch-bürgerliche Zeitung, Ullstein*

Schlachtensee, September 1926
„Liebe Mutti – der erste Amerikabrief. Ich kann mich nur darauf verlassen, daß Deinem mütterlichen Gefühl auch die Kleinigkeiten, die vor zwölf Tagen waren, noch interessant sind. Tatsächlich passiert nichts. Das sollte Dir ein Beweis sein, wie ruhig auch ohne Dein Hiersein alles im Hause seinen Gang geht. Reni* wird immer komischer. Jeder strahlt, der sie sieht. Sage Vater und Jürgen, gestern war Protestkundgebung gegen Hohenzollernvergleich im Sportpalast, 20000 Menschen.
Tausende keinen Einlaß. Ledebour** sprach, daß man es bis auf den letzten Platz hören konnte. Dann Thälmann, Friedländer vom Bund sozialistischer Ärzte, Wilhelm Pieck, Anna Schulze, SPD-Rußlanddelegierte. Vati hätte sicher auch gesprochen, wenn er hiergewesen wäre. Es war riesig eindrucksvoll."

Vater war Vorsitzender des Ausschusses für Fürstenenteignung, der den Volksentscheid gegen die Abfindung der Fürsten im Juni 1926 eingeleitet und organisiert hatte.

Seit Mai war ich Mitglied der Kommunistischen Partei. In diesem Frühjahr wurde in der KPD unermüdlich für diesen Volksentscheid gearbeitet.

Nachdem ich in einem Monat vierundzwanzig Abende unterwegs war, bat die Mutter den Vater, ein ernstes Wort mit mir zu reden. Als er mir Vorwürfe über meine ständige Abwesenheit von zu Hause machte, erwiderte ich: „Vati, das ist alles für deinen Volksentscheid." Da sahen wir uns an und lachten.

September 1926
„Liebe Mutti, Reni bildet den Mittelpunkt des Hauses. Eine Mutter wie Du ist doch immer benachteiligt, daß sie nicht sehen kann, wie

** Reni, damals drei Jahre, wurde geboren, als ich sechzehn Jahre alt war, ich liebte sie ganz besonders*

*** Georg Theodor 1850 – 1947, Mitbegründer der USPD. Seit 1924 führend in der Internationalen Arbeiterhilfe tätig.*

reizend und völlig anders ihre Kinder ohne sie sind. Seitdem Du das Haus verlassen, haben weder Binchen* noch Reni bei irgend etwas gemaunzt oder gequengelt.
Es ist so schön mit den Kleinen, daß ich, wenn ich nicht zur Partei bin, wirklich lieber zu Hause bleibe. Die Kleinen hängen an mir, sind böse, wenn ich mal nicht da bin.
Einstimmig hoffen wir, daß Mutti bald nicht mehr Hausangelegenheiten, wie Empfehlungen von Kohlgerichten, Mittel zur Zimmerreinigung, Mahnungen zum Erhalten des Verkehrs mit Verwandten und andere Ratgeber in allen Lebenslagen einfallen."

„Schlachtensee, 20. September 1926
Lieber Jürgen! Viel Arbeit. Vorbereitung zum 7. November. Mit den Zehlendorfer Genossen einen Sprechchor einüben. Sonntag eine gute besuchte Demonstration und Versammlung zum 25. Bestehen der Gewerkschaftsinternationale – Amsterdamer. Ich wurde durch die ‚SPD-Kollegen' in Rage versetzt, als ein Gewerkschaftsfunktionär erschien und ein Plakat, das wir trugen, aus dem Zug entfernt wissen wollte. Trotz Widerspruchs aller trat er darauf zu und zerbrach es kurz und klein. Auf dem Plakat stand ‚Hinein in die Gewerkschaften – zum Klassenkampf'. Das war den Herren zu radikal. Sie haben auch sonst eine unglaubliche Einstellung. Während bei uns in der Partei die Worte eines Jugendlichen, wenn sie was taugen, genauso bewertet werden wie die der Alten, wird einem in der Gewerkschaft der Satz abgeschnitten, und zwar wörtlich: ‚Wir sind schon lange in der Gewerkschaft, wie ihr alt seid. Was wollt ihr denn?'
Närrisch, Dir solche Einzelheiten nach Amerika zu schreiben, aber ich stecke eben so in allem drin, wovon soll ich berichten, wenn nicht von dem, was mich beschäftigt."

* *sieben Jahre alt*

Binchen und Reni im Alter von sieben und drei Jahren

An Jürgen:
September 1926
„Gestern war Dein Freund von der Bank da.* Um halb neun abends war er draußen, und um zwölf Uhr ging er mit dem Entschluß, in

* *Gerhard Degenhardt wurde ein guter Genosse; in der Nazizeit verhaftet, arbeitete er nach seiner Freilassung illegal weiter und kam im zweiten Weltkrieg im Strafbataillon 999 um*

die KJ einzutreten. Am 21. 9. kommt er das erstemal mit mir mit ... Als wir auf die Arbeiterbewegung zu sprechen kamen, lobte ich die Naturfreude sehr, sagte aber zum Schluß: ‚Ich glaube, wenn man die Notwendigkeit von Klassenkampf und Revolution einsieht, dann sollte man zu der Organisation gehen, die Klassenkampf am direktesten betreibt, die den geradesten Weg zur Revolution geht.'
Ich habe nichts beschönigt an der KJ, seinen Idealismus soweit wie möglich heruntergeschraubt, ihm eine ganze Menge Material mitgegeben. Ich weiß nicht, ob er sich hineinfinden wird."

An Jürgen:
Oktober 1926
„... Dein Brief kam zu guter Stunde – das heißt, er kam zu schlechter Stunde und tat mir gut. Rolf* kam auf dem Nachhauseweg bis Steglitz mit. Wir sprachen über Rußland, proletarische Diktatur etc. Wenn er denkt, die Arbeiter sind nicht fähig, das Geringste aufzubauen, also wenn er überhaupt am Sozialismus zweifelt, bin ich einigermaßen erregt und antworte. Es ist ja so schwer, zu diskutieren, weil er nur gefühlsmäßige Ansichten hat ohne das geringste wissenschaftliche Fundament in bezug auf Kommunismus. Für ihn ist es ja auch nur, als ob wir über ein Buch oder ein Bild verschiedene Ansichten hätten, während es bei mir um die wichtigsten Probleme, um die Lebensanschauung geht. In solchen Augenblicken ist er mir fremd. Wir haben uns beim Abschied nicht die Hand gegeben. Ich war so betäubt, daß ich vergaß, in Zehlendorf auszusteigen, lief nun von Schlachtensee um Mitternacht den langen, schönen Weg um den See heim, was mich infolge herrlichen nächtlichen Wetters ruhiger machte. Dann zu Hause war Dein Brief. Danach habe ich Stalins Werke, alles, was ich hatte, um mich aufgestapelt und die klarsten einfachen Zitate über Diktatur und Sozialismus herausgeschrieben. Viele Seiten lang. Das habe ich Rolf heute gegeben."

** Mein Freund Rolf, vier Jahre älter als ich, kam aus einer bürgerlich-liberalen Familie; er studierte Architektur in Berlin*

„29. Oktober 1926
Lieber Jürgen! Neulich waren wir im Staatstheater. ‚Die Räuber', Regie: Piscator. Absolut was Neues. Von Schiller bleibt nicht viel. Geniale Regie. Spiel in Zimmern übereinander. Rolf war auch ganz begeistert. Die Parteiopposition in Rußland, Trotzki etc., ist anscheinend jetzt wirklich niedergerungen. Unsere Abgeordneten, Thema: Hohenzollernvergleich, haben sich gut im Reichstag benommen.
Der Kuczynski-Ausschuß hat bis auf einen dummen Brief keinen Finger gerührt. Die Sozialdemokraten sind einfach ..., entschuldige, aber es packt einen doch ungeheure Wut.
Die Feier zum 7. November in Zehlendorf wird dieses Jahr recht gut werden, schade, daß Du nicht da bist. Nächste Woche schicke ich eine Broschüre an Dich ab: ‚Probleme der proletarischen Diktatur'. Im Sinne dieses Buches werden Kurse in allen Berliner Verwaltungsbezirken abgehalten. Sogar in Zehlendorf."

„5. November 1926
Liebe Mutter, gestern Euer Brief eingetroffen. Schreibt lieber öfter, kürzer und interessanter. Da aber trotzdem daraus hervorgeht, wie glänzend es Euch geht, danke. Hier alles fabelhaft. Wenn Du sähest, wie blühend, kräftig und gesund die Kleinen aussehen, würdest Du Dir keine Sorgen machen. Wundere Dich nicht, daß in diesem Brief so wenig von ihnen steht. Ich bin zu erfüllt vom kommenden 7. November. Russische Revolutions-Gedenkfeier im Lindenpark, es wird voll werden. Rote Plakate leuchten von den Häusern Zehlendorfs. Neben der Einstudierung des Theaterstücks spiele ich mit: 1. russische Bäuerin, 2. Leiterin eines russischen Weltkongresses, 3. Sprecherin im Bewegungschor, 4. im Sprechchor, 5. in den Massenszenen. Es spielen etwa 40 Leute mit. Da bring mal als schwaches Mädchen Ruhe und Ordnung hinein. Dank unserer Begeisterung ist es nicht allzu schwer, alle sind auf Schritt und Tritt in ihre Rolle versunken."

„Schlachtensee, 9. November, Tag der ‚glorreichen' deutschen Revolution
Der 7. November war ein voller Erfolg. Der Lindenpark, größter Saal Zehlendorfs, ganz voll. Unsere haben fabelhaft gespielt. Fremde Leute kamen in Zehlendorf-Mitte auf den Straßen auf mich zu und drückten mir die Hand, weil es so schön gewesen sei. Der Maler F. war auch da, er hat mir ein farbig außerordentlich gutes Bild geschenkt, ‚Dem tapferen Mädchen'.
Noch etwas: Brigitte*, Binchen und ich brauchen einen neuen Wintermantel. Wir haben zwar Binchen aus von Dir befohlenem Stoff einen gemacht, für Brigitte reichte er nicht, da sehr eingegangen, aber es ist ja schon ein uralter Stoff; er reißt wie Zunder. Also gib Anweisung, wieviel Geld ist da für Winterkleidung? Meine Briefe an Jürgen muß ich doch an ihn selbst schicken, um nicht seine und meine individuellen Gefühle zu verletzen; fürchtest Du einen wirtschaftlichen Zusammenbruch, dann werde ich versuchen, das Porto vom Taschengeld zu erschwingen.
Ich kann mir von Vatis Arbeit im ‚Council' keine Vorstellungen machen. Besteht sie aus Austernessen und Arbeit mit den Trustherren? Dann ist mir der Deutschland-Volksentscheid-Vater lieber!"

„15. November 1926
Lieber Jürgen! ... Morgen ist der letzte Abend des Parteikursus. Ich habe dabei gelernt. Die Tatsachen hatte ich ja schon nach Lesen des Buches intus, aber die Art, wie man solchen Kursus führt, war mir wichtig. Jetzt gehe ich regelmäßig zur KJ nach Steglitz. Hier in der Partei ist zu wenig los.
Ist die Not am größten, Brüderlein am nächsten. Dasselbe anders ausgedrückt: Dein Dollar kam im richtigen Augenblick. Er ermöglichte mir, zweimal mit einem arbeitslosen Genossen ins Kino zu gehen. Russischer Film ‚Sohn der Berge', russischer Film ‚Der schwarze Sonntag 1905', beide gut, aber nicht an ‚Potjomkin' ranreichend. Weiter: Zum Fest des ‚Roten Frontkämpferbundes' zu gehen

* *sechzehn Jahre alt*

und hier von acht Uhr abends bis drei Uhr morgens zu tanzen. Keinen Tanz gesessen. Mich fabelhaft amüsiert. Weiter: Masereels ‚Stundenbuch' (165 Holzschnitte), das endlich in einer Volksausgabe billig erschienen ist, anzuschaffen.
Warum habt Ihr Mutti schon auf uns losgelassen? Das heißt, ich bin Deiner Meinung, daß sie eine fabelhafte Frau ist, die man auch so, außer daß sie unsere Mutter ist, liebt – aber die herrliche Zeit der Freiheit, wo man um halb zwölf nachts von Rolf wegging und glücklich in den Omnibus 20 stieg, ist nun vorbei. Und außerdem ist Mutti ohne Vati doch nur ein halber Mensch.
Neulich schrieb ein Freund Degenhardts einen Hilfebrief. Was ist Kommunismus? Degenhardt hatte ihm von mir erzählt. Er kam also eines Abends raus. Er wird sich einige von mir genannte Bücher kaufen. Pause. Drei Karos Milchschokolade werden verzehrt. Rolf hat mir eine Tafel geschenkt. Nicht etwa gekauft! So'n Blödsinn machen wir nicht. Aber wenn er so was geschenkt gekriegt hat, hebt er es mir immer auf.
Rolf tritt in die ‚Rote Hilfe' ein. Natürlich würde er sich über jeden KPD-Sieg freuen, er würde uns, und tut es auch, mit Arbeit und Geld, Markenabkaufen usw. unterstützen. Und mehr als manche Genossinnen und Genossen achtet er darauf, daß ich zu allem gehe. Etwas schießenzulassen um seinetwillen, hält er genauso wie ich für unmöglich; mich als Kommunistin zu wissen bedeutet ihm etwas – also da liegen keine Hindernisse. Für mich ist sein Eintritt in die Partei, falls wir zusammenbleiben, nur eine Zeitfrage, ausgedehnt auf zwei Jahre sicher noch.
Von Stalin ‚Probleme des Leninismus' ist jetzt erschienen. Soll sehr wesentlich sein, kostet leider 4,50 Mark. Soll ich es Dir vielleicht zu Weihnachten schicken? ... In ‚Probleme des Leninismus' gelesen, zu 20 Seiten habe ich armer Idiot drei Stunden gebraucht, und sechs Zettel mit Fragen liegen drin."

An Jürgen:
„9. Dezember 1926
Auf dem Fußboden ein Haufen ungestopfter Strümpfe, auf dem

Schreibtisch die AIZ* und ein angefangenes Buch von Polgar, ‚Orchester von oben'. Daneben als Aufgabe nach diesem Brief eine Aktenmappe mit Material zum Luxemburg-Liebknecht-Lenin-Gedenktag Mitte Januar. Da werde ich – bin jetzt Agitpropleiter der Partei, 10. Bezirk – wieder was Öffentliches machen, aber nicht Stil 7. November, sondern einen öffentlichen Gruppenabend. Man kann dann besser mit den Sympathisierenden, die kommen, in Fühlung treten."

„17. Januar 1927
Lieber Jürgen, in den letzten Tagen war viel los. Kostümfest**: ‚Jenseits von Sch... und Sch...' – von Schmutz und Schund. Hab mich fabelhaft amüsiert. Mein Kostüm – knallrot leuchtend, ganz kurz anliegende Höschen, enger Kittel, steifer Kragen. Es gibt Leute, die behaupten, ich hätte 20 Jungens geküßt, aber wenn man Rolf nicht mitrechnet, waren es höchstens 19.
Sonntag früh, halb sieben, war ich zu Hause. Zwei Stunden später fuhr ich bereits wieder nach Berlin zum Parteikursus im Preußischen Landtag. Der ist zentral, jeden zweiten Sonntag von neun bis vier Uhr, fabelhaft. Siehst Du, das ist für mich das Gute am kleinen Bezirk wie Zehlendorf. Ist wo was los, werde ich geschickt. Aus jedem Bezirk nimmt nur einer daran teil. Steglitz hat über 200 Genossen als nächstgrößter Bezirk, da würde die Wahl nie auf mich fallen. In diesem Kursus lerne ich natürlich viel. Anbei schicke ich Dir Dein ‚Rote-Hilfe-Buch', Du kannst in Washington sicher weiterkleben. Gerd Degenhardt sehe ich ungefähr einmal im Monat."

„2. April 1927
Also, lieber Bruder Jürgen, von meiner Arbeit bei Ullstein hast Du schon erfahren. Heute der zweite Tag, Zeitschriften und Propagandaabteilung-Archiv, Kochstraße 23, 4. Stock.
Ich freue mich sehr auf die neue Art von Parteiarbeit, die mich in der Betriebszelle Ullstein erwartet.

* *Arbeiter-Illustrierte-Zeitung*
** *Akademie der Künste*

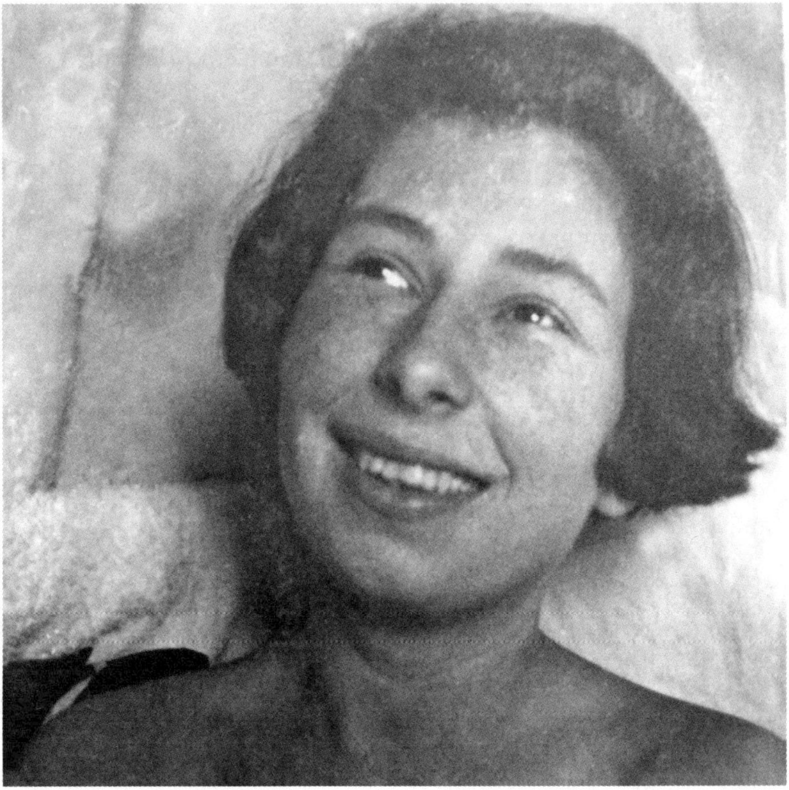

13. Mai 1927, … es ist merkwürdig, übermorgen 20 Jahre alt zu werden

Du schreibst, Du wirst ein Buch herausgeben, das viel von Arbeitern gelesen werden soll. Für mich war es schon schwer, den Aufsatz zu lesen, für wirtschaftlich noch weniger Vorgebildete ist es noch schwieriger. Sage alles einfacher, kurze Sätze, Du sollst Deine Ideen nicht vergröbern, aber durch Einfachheit der Erklärungen vermeiden, daß sie nur halb verstanden werden. Manchmal macht es eine Sache nur komplizierter, wenn man sie, um sie recht eindringlich zu machen, in zwei bis drei Sätzen, nur in anderen Bildern, in anderer Satzform wiedergibt.

Wundere Dich nicht über meine Bemäkelung, erstens bin ich nur ein armer Laie Dir gegenüber, und zweitens, daß ich Dich als erstes immer bewundere und für einen besonderen Menschen halte, braucht nicht betont zu werden."

„13. Mai 1927
Lieber Bruder, Dank für Dein Geburtstagsgeschenk, ich hoffe, es in Deinem Sinne anzuwenden: Kauf eines Badeanzugs – in Deinem Sinne, da Du als Spießer nicht für Nacktbaden bist. Eintritt zur ‚Roten-Hilfe-Kundgebung' Sonnabend im Sportpalast. Auffrischung meines Briefpapiers, damit ich nicht – noch dazu während der Geschäftszeit – mich an Ullsteins vergreifen muß! Und Bücher, Bücher und nochmals Bücher. ... Politisch bin ich den besetzten Abenden nach nicht überlastet, aber doch ganz tätig. Vor 14 Tagen erschien bereits ein Kommentar von mir über Ullstein in der ‚Roten Fahne', die dann in 1200 Exemplaren hier gratis vor den Eingängen verteilt wurde und ziemlich eingeschlagen hat. Übrigens ist es merkwürdig, übermorgen 20 Jahre alt zu werden."

An Jürgen:
„26. August 1927
Jetzt das freudigste Ereignis der letzten Zeit: Vater hat wohl schon die von Arthur Hollitscher* gekaufte Bibliothek erwähnt. Fabelhaft, sage ich Dir, fast alle Sachen vom Verlag Die Schmiede, z.B. die Reihe ‚Außenseiter der Gesellschaft'. Viel Fischer Verlag. Ca. fünf Bände Wassermann, ca. fünf Bände Thomas Mann, den ganzen Fontane, zehn Bände. Larissa Reisners Sachen. Shaw, Upton Sinclair, Galsworthy. Alle Bände Protokolle der Kommunistischen Internationale. Viele ‚Neue Rundschau' – habe ich noch nicht geordnet.
Die Bibliothek unten ist restlos ausgefüllt. Mutter war natürlich außer sich über den Bücherkauf und sieht uns durch diese Ausgabe bereits am Hungertuch nagen."

* *Linksradikaler Schriftsteller, Freund der SU, er besuchte Vater häufig in Schlachtensee, 1941 gestorben*

An Jürgen:
September 1927
„Gestern war die erste Probe zur Feier des 10. Jahrestages Sowjetrußlands am 7. November in Zehlendorf. Diese zwei Monate Arbeit mit den Zehlendorfern werden mir Freude machen. Sonst arbeite ich hier in Berlin in der Betriebszelle.
An den freien Abenden bin ich immer am See. Ich glaube, daß ich in bezug auf Wohnraum anspruchslos leben kann, aber nicht in bezug auf Landschaft. Lieber täglich stundenlanger Weg zur Stadt und zum Häusermeer, Kampf und Hetze mit Omnibus und Elektrischer, einsamer dunkler Weg beim Nachhausekommen, aber irgendwann, sei es nur eine halbe Stunde, draußen sein ...“

Vater leitete die Delegation zur 10-Jahr-Feier der russischen Revolution am 7. November 1927, Johannes R. Becher und Käthe Kollwitz waren Mitglieder dieser Delegation.

An Jürgen:
„20. November 1927
... Vater ist aus Rußland zurück. Es war sehr schön, sein Ankommen. Morgens ganz früh holte ich ihn mit Mutter von der Bahn ab. Schon die Begrüßung der beiden. In dieser Sekunde mußte die Umgebung auf zehn Meilen im Umkreis fühlen, wie Mutter und Vater zueinander gehörten, dabei war eigentlich gar nichts Besonderes; man kann es nicht so beschreiben.
Das wesentlichste für mich sein erster Satz: ‚Bisher habe ich nie verstanden, warum England Krieg gegen Rußland will, jetzt verstehe ich es, ich finde es von Englands Seite aus berechtigt. Kein kapitalistischer Staat kann das mit ansehen, wie ein nichtkapitalistischer, ein kommunistischer Staat aufblüht und von Jahr zu Jahr große Erfolge hat.‘ Ich habe bald geheult vor Freude, denn wenn Vati Rußland nicht bejaht hätte! Es wäre schrecklich gewesen.“

1928 wurde meine politische Aktivität den Brüdern Ullstein bekannt. Ich glaube, es war Hermann Ullstein, der mir in einem Gespräch nahe-

Vor der großen Reise, 1927

legte „auszuscheiden, da in einem demokratischen Betrieb keinerlei Aufstiegsmöglichkeiten für Kommunisten vorhanden sind." Ich kannte manchen nationalistischen Mitarbeiter, der „Aufstiegsmöglichkeiten" besaß.

Nun war ich erwerbslos. Vater schlug mir einen Aufenthalt in den USA vor. Ich arbeitete mehrere Monate in einer Buchhandlung in New York. Rolf schloß inzwischen sein Studium als Architekt ab. Ich kehrte zurück, und 1929 heirateten wir.

Ich fand keine Arbeit.

Jürgen hatte kurz zuvor Marguerite, eine junge Elsässerin, geheiratet, die wir alle sehr schätzten. Sie war eine echte Wissenschaftlerin, bescheiden, klug und gebildet.

Ein Brief vom Mai 1930 aus Berlin, an Jürgen und Marguerite gerichtet, zeigt, daß ich noch nicht wußte, welch tiefgehende Veränderungen wenige Wochen später für mich eintreten würden. Ich gratulierte ihnen zur Übersetzung eines von beiden gemeinsam geschriebenen Buches ins Russische („Der Fabrikarbeiter in der amerikanischen Wirtschaft"), bat sie, herauszufinden, welche Marxbiographien in der SU erschienen sind, und erwähnte, daß ich „Beer, Geschichte des Sozialismus" lesen werde.

Dazu bin ich nicht mehr gekommen ...

China
1930–33

Rolf und ich hatten oft davon gesprochen, wie schön es wäre, die Welt kennenzulernen. Die schlechte wirtschaftliche Lage in Deutschland verstärkte unseren Wunsch. Wir hatten daher Rolfs guten Freund Walter, den Vertreter eines großen deutschen Konzerns in China, gebeten, die Augen offenzuhalten.

Eines Tages kam ein Telegramm von Walter, ein Zeitungsinserat besage, der Shanghai Municipal Council (SMC) suche einen Architekten. Der SMC war die englische Stadtverwaltung, der ein großer Teil Shanghais unterstand. Rolf telegrafierte seine Bewerbung. Sie wurde angenommen mit der Bedingung, daß er umgehend anfangen müsse.

Mich begeisterte die Aussicht, als deutscher Kommunist mit den verfolgten Genossen in China zusammenzuarbeiten; ich meldete mich beim Zentralkomitee unserer Partei, das auch über meinen Aufenthalt in den USA Bescheid gewußt hatte. Es muß sonderbar für die Genossen gewesen sein, als ich ihnen burschikos und zugleich naiv diesen Vorschlag machte. Ausgezeichnet hatte ich mich bisher in keiner Weise. Sie sprachen mit mir über den Ernst der Lage in China, über die strenge Illegalität und die Gefahren, denen dort jeder Kommunist ausgesetzt war.

In einem zweiten Gespräch sagten sie mir, daß ich nach meiner Ankunft in Shanghai eine Verbindung erhalten würde. Ich hinterließ die Adresse von Walter, bei dem wir zunächst wohnen wollten.

Da der Architekt von Shanghai aus eingestellt werden sollte, wurde uns entgegen den üblichen Gepflogenheiten bei Anstellungen im Ausland nicht die Anreise von der Dienststelle bezahlt; auch der Vertrag sollte erst nach längerer Probezeit abgeschlossen werden. Die Reise kostete unsere letzten Reserven; falls Shanghai ein Mißerfolg wurde, hatten wir nicht das Geld für die Rückkehr.

In China, 1930

Im Juli 1930 verließen wir Deutschland. Wir fuhren nach Moskau und von dort mit dem Transsibirien-Expreß bis an die östliche Grenze der Sowjetunion. Wir reisten nicht wie andere Ausländer erster Klasse; um zu sparen, aßen wir auch nicht im Speisewagen, sondern kochten mit einem kleinen Trockenspiritusbrenner auf dem Waggonboden heimlich ein paar Suppenwürfel. Außerdem hatten wir Brot, Dauerwurst und Schmalz im Gepäck.

Wir spielten viel Schach, oder ich lag bäuchlings auf der oberen Liege und ließ die Landschaften an mir vorüberziehen: den Ural, die Städte Swerdlowsk, Omsk, Irkutsk, den herrlichen Baikalsee, die Steppe und die endlosen Birkenwälder. Ich liebte die unvorhergesehenen Pausen auf der Strecke. Einmal hielten wir zwei Stunden lang an einer Waldwiese. Die Trittbretter waren zu hoch zum Absteigen, doch jeder sehnte sich nach Bewegung und frischer Luft. Männer sprangen aus allen Abteilen, und die Frauen sprangen ihnen in die Arme. Fröhlichkeit griff um sich; eine Ziehharmonika erklang, es wurde getanzt. Wir schauten zu, Hände griffen nach uns, und wir tanzten mit, berührt von der Warmherzigkeit und dem Frohsinn der Menschen.

In der Mandschurei begann die ostchinesische Eisenbahn, in Tschangtschun die sündmandschurische Linie. Vierzehn Tage dauerte die Bahnfahrt insgesamt. Wir fuhren bis Dairen und von dort mit dem Schiff ungefähr tausend Kilometer bis Shanghai.

Bei der Ankunft im Hafen war ich entsetzt über das Ausmaß der Ausbeutung und der Armut, wie ich es nie zuvor erlebt hatte. Lastenträger verließen den Bauch eines Schiffes und gingen so dicht hintereinander über die schräg auf den Kai stoßenden Bretter, daß sich ihre Bambusstangen, an denen schwere Lasten hingen, fast berührten. Der Schweiß lief über die nackten Oberkörper; am Hals, an der Stirn und den Beinen traten die Adern dick hervor. Knoblauch- und Schweißgeruch wehten von diesem Fließband aus Menschen zu den Reisenden herüber. In schwimmenden Bottichen umzingelten Bettler unser Schiff; klagende Invaliden mit Arm- und Beinstümpfen, Kinder mit eiternden Wunden, manche blind, manche haarlos mit verkrusteten Köpfen.

Am Kai stand Walter in hellem Leinenanzug, den Tropenhelm auf

In schwimmenden Bottichen umzingelten Bettler unser Schiff

dem blonden Haar, und daneben seine elegante Frau mit einem riesigen Blumenstrauß als Willkommensgruß. Im Haus empfing uns ein chinesischer Diener; in weißen Handschuhen servierte er eisgekühlte Getränke.

Wir wohnten bei Walter. In unseren zwei Zimmern unterm Dach fing sich die drückende Hitze. Moskitos saßen im Netz über dem Bett. Es begann die erste Nacht im fremden Land.

Rolf hatte eine angesehene Stellung, wir wurden viel zu Partys eingeladen und mußten uns revanchieren – Damen besuchten mich und erwarteten Gegenbesuche –, eine fremde Welt, die ich haßte und die im krassen Gegensatz zu meinem bisherigen Leben stand. Ich wehrte mich nicht dagegen; mir war klar, wollte ich jemals illegal als Kommunist arbeiten, war ein äußerlich bürgerliches Leben eine wichtige Sicherung.

Wochen und Monate wartete ich auf Nachricht von der Partei.

Aus Briefen nach Hause:
„... Shanghai ist für einen Menschen, der wie ich immer voll beschäftigt war, langweilig, außer wenn man beruflich arbeitet. Zu Hause kann man nichts tun, alles machen der Boy, der Koch und der Kuli. Die Hitze ist einfach so, daß man nichts unternimmt. Es ist nicht Glut-, sondern Feuchtigkeitshitze. Man schwitzt in phantastischer Weise, es perlt nicht etwa, sondern läuft."
„... Die Sonnabende/Sonntage werden bei Dr. Wilhelm, einem bekannten Rechtsanwalt, verbracht. Ein Teil der Gäste spielt Tennis, die anderen liegen im Garten auf Liegestühlen; es werden Tee, Whisky-Soda und Fruchteis gereicht. Dr. Wilhelms Schlagwort ist ‚low class people' (Menschen niedriger Klasse). Zum Beispiel: ‚Da kann man nicht hingehen, nur low class people gehen.' Also ganz ein Mann nach meinem Geschmack!"
„... Zunächst noch einmal ein Klagelied auf die Europäer. Die Frauen sind absolute Luxustierchen, weder Beruf noch Haushalt, noch wissenschaftliche oder künstlerische Interessen; nicht einmal um ihre Kinder kümmern sie sich. Die Männer sind etwas besser, weil sie wenigstens einen Beruf haben, wenigstens ein bißchen arbeiten ... Gestern zum Tee ... Es ist immer dasselbe, ich habe so etwas schon ein paarmal mit Deutschen, Weißrussen (russische Emigranten) und Amerikanern mitgemacht. Erst kurzer Tratsch über Bridge und Mah-Jongg, dann das letzte Hunderennen; der letzte Film; bis auf ein Kino ist alles überflutet mit amerikanischen Sprechfilmen, meist Revueszenen und Singspielchen blödesten Charakters. Davon ist hier alles begeistert."
„... Neulich Weegolf, in Shanghai sehr beliebt, gespielt; wenn wir nun noch Mah-Jongg und Bridge und Angestellte anschnauzen lernen, sind wir hundertprozentige Shanghaier ..."
„... Bernstein (aus Breslau) ist Junggeselle und ein bißchen Sonderling. Während des Krieges (1914–1918) verlebte er, wie er selbst sagte, ‚seine schönsten Jahre' als Zivilgefangener in Britisch-Indien, wo er mit Freunden gut essend, Sport treibend die Zeit verbrachte. Als der Friede kam, sagten sie: ‚Der Friede ist ausgebrochen.' Ihm sind Probleme, ob der Mensch an sich gut oder schlecht ist, wichtig.

Bettler in Shanghai bei 2 Grad Kälte

Daß es Leute gibt, denen wichtiger ist, ob sie genug zu essen haben, begreift er nicht. Er verkauft nämlich massenhaft Lokomotiven, die genug ‚Brot' abwerfen, für Orenstein & Koppel. (Berliner Betrieb mit 36 Millionen Mark Kapital. Die Berliner Arbeiter nannten ihn: ‚Ohrenschmalz und Popel'.) Natürlich sind die meisten hier draußen so."

„... Lehrer Kuck ist ein Jüngling mit glatt angeklatschten blonden Haaren und Mittelscheitel, mit weit aufgerissenen Augen und Hornbrille. Ursprünglich wollte er Viehzüchter werden, jetzt ist er Kinderzüchter (an der deutschen Schule in Shanghai).

Jeden Sonntagvormittag geht er in das Konzert des Städtischen Orchesters, hört versunken zu und ißt dabei Feigen. Jeden Sonntagnachmittag geht er Hockey spielen mit der deutschen Truppe gegen die indischen langbärtigen, dünnbeinigen Polizisten.

Dann ist da noch Ehepaar Kann. Sie ist die Seele des hiesigen deutschen Theatervereins; er ist die Seele des Art Clubs (Künstlerclub), beruflich Börsenmakler. Er hätte lieber bei seinen Leisten bleiben sollen, denn der Art Club ist gar nichts aufregendes, leider. Wäre sonst auch nett für Rolf gewesen."

Menschliche Behausung im damaligen China

„... Dr. Seebohm ist Angestellter bei IG-Farben.* Hat irgendwo reiche Eltern mit einem Gut oder Schloß oder so was in Deutschland. Besitzt etwa 300 Grammophonplatten, ist im Film ‚Wunder der Schneeschuh' mitgelaufen, hat ein Glasauge; das richtige hat er bei einem Autorennen verloren. Er liebt Rolf, weil der mit wenig Sprechen, Ruhe und Harmonie auf seinen Wirrkopf großen Eindruck macht.
Sonnabend sind wir bei Prof. Stumpf, Ingenieur an der Deutsch-Chinesischen Universität, eingeladen. Er hat hier einen ‚Waffenring deutscher Art' gegründet, jetzt geheiratet und zur Hochzeit ein Telegramm von Seiner Majestät Wilhelm II. erhalten. Ich glaube, wenn wir hingehen, gibt es ein Unglück."
„... Neulich zum Cocktail bei Ungern-Sternbergs. Sie ist die Schwester vom Grafen Kayserling. Beide, sie und er, hochintelligent und überzüchtet (Bruder von Ungern-Sternberg, dem weißgardistischen baltischen Baron, der in reaktionäre Spionagegeschichten verwickelt war)."

** Seebohm gehört zu der bekannten westdeutschen Familie, die noch heute mit IG-Farben verbunden ist*

… an einem Fluß steigen wir aus

„… Ich schrieb Euch von Rolf als Regisseur des ‚Hauptmanns von Köpenick' von Zuckmayer. Alle Mitspieler waren begeistert. Darauf ein langer Brief vom Generalkonsul Rüdt von Collenberg Bödigheim, daß er bittet, es nicht aufzuführen. ‚Das ekelhafte Stück … Der Theaterverein soll sich bemühen, ein höheres Niveau einzuhalten. Für die armen Kreise, die es zeigt, kann man kein Mitleid, sondern nur Widerwillen haben.'
… Der Brief ist unglaublich. Rolf und Walter haben protestiert. Es aufzuführen, wagt der Theaterverein nicht, und ändern kann man den alten Dummkopf auch nicht."
„… Gestern abend bei Chesterfritz, er ist Inhaber der größten Börsenmaklerfirma hier, Amerikaner und steinreich."
„… Sonnabend geben wir einen Tee für zwölf Personen: Matsumoto, hübscher Japaner, bei Bernstein wohnend, Vertreter von Ufafilmen. (Wir waren der Meinung, daß er für seine Regierung arbeitet.) Weeling und Seebohm von IG-Farben, Korf, Chef der Firma Melchers, und Dr. Vogel, Präsident der hiesigen deutschen Handelskammer. Vogel und Korf vernünftiger als der Durchschnitt hier draußen, wir werden eine Hausbootfahrt mit ihnen machen. Jimson, Leiter der Ingenieurabteilung beim SMC, verrückter Junggeselle, der uns

Bauernhaus

Blumendung fürs Gärtchen schickt, weil das sein Hobby ist. Mirams, ein englischer Kollege von Rolf, der unsere Sandwiches nicht anrührte, weil sie aufgeklappt statt nach englischer Sitte zugeklappt serviert wurden! Tonn und Plaut vom Trans-Ocean News Service und ein Amerikaner namens Sauer vom SMC. Seine Frau, eine Portugiesin, hier geboren, erzählte folgende Geschichte: Auf einem Ausflug redete sie einen Bauern an. Er sagte: ‚Sie sprechen chinesisch, aber Ihr Mann spricht nur drei Worte, wie lange ist er in China?' ‚Dreißig Jahre.' ‚Also braucht man zehn Jahre, um ein Wort chinesisch zu lernen', war die erstaunte Antwort des Bauern ..."

„... Du freust Dich, daß ich mich hier in der Gesellschaft gut mache, leider ist es nicht einmal ein Mit-den-Wölfen-heulen, sondern ein Mit-den-Schafen-blöken."

Als ein Teil dieser Briefe geschrieben wurde, war mein wirklicher Lebensinhalt schon ein ganz anderer. Doch davon später, ich kehre zu den ersten Wochen und Monaten in Shanghai zurück. Neben der Hitze, der Langeweile und meinen Schwierigkeiten mit der Shanghaier „Gesellschaft" quälte mich, daß ich in den ersten Wochen keinerlei Beziehungen zum chinesischen Volk fand. Schmutz, Armut und Grausamkeit stießen mich ab. Mein Wille zur brüderlichen Solidarität, mein Bemühen, die Menschen gern zu haben, scheiterten. Ich fragte mich, ob ich nur theoretisch ein Kommunist sei, der nun, wo die Praxis anders als zu Hause aussähe, versagte.

Meine Lage wurde noch dadurch erschwert, daß mir ständig übel war. Ich übergab mich täglich und nahm immer mehr ab. Die Ärzte fürchteten, daß mir das Klima nicht bekäme, und führten alle Unregelmäßigkeiten darauf zurück. Erst im Oktober ging es mir gesundheitlich besser; ich bemerkte allerdings eine Art „Darmbewegung". Der Doktor stellte daraufhin fest, daß sich da kein Darm, sondern ein Kind bewegte. Ich war im fünften Monat schwanger; kein Arzt hatte sich die Mühe dieser Untersuchung gemacht. Nun freute ich mich, daß das „Schicksal" anders entschieden hatte, als wir geplant hatten, und in vier Monaten ein Baby dasein würde.

Sobald es etwas kühler wurde, ging ich durch die Straßen, und an freien Tagen unternahmen Rolf und ich Ausflüge. Ich las viel, hatte chinesischen Sprachunterricht und freute mich über meine Fortschritte. Unmerklich gewöhnte ich mich an das Land, sah die Qualitäten seiner Menschen, die Schönheiten der Umgebung und genoß die Kultur. Vor allem aber versuchte ich, die politischen Vorgänge zu verstehen und gründlicher Einblick zu gewinnen.

„28./30. Oktober 1930

... Gestern, Sonntag, fuhren wir im Autobus ein Stück raus, als einzige Europäer zwischen Chinesen; die anderen haben ihr eigenes Auto oder fahren eben nicht raus. An einem Fluß stiegen wir aus und entdeckten sehr schöne Wege. Ab und zu ein kleines Dorf und Bauernhäuser, Bambuswälder, Baumwolle und noch mal Baumwolle.
Shanghai hat über drei Millionen Einwohner. In den Fremdenvierteln wohnen 48000 Fremde und 1400000 Chinesen, dann noch 1600000 Chinesen im Chinesen-Stadtteil Chapei. Fremde sind etwa: Japaner 180 000*, Weißrussen 6000 (Emigranten), Engländer 7500,

* *Der weitaus größte Teil der Japaner lebte im Honkewbezirk außerhalb der Fremdenviertel*

Franzosen 1400, Amerikaner 1800, Inder 2000, Portugiesen 1300, Deutsche 1400. Ich lerne inzwischen allerhand über China. Die Kommunisten sind hier am stärksten in den drei sogenannten roten Provinzen: Kiangsi, Hunan, Hupeh (s. Atlas), die zusammen so groß wie Deutschland sind und genau Deutschlands Bevölkerungszahl haben. Sie stehen unter einer Sowjetregierung. Auf den Dörfern gemeinsamer Landbesitz, Dorfreisspeicher, kein Großgrundbesitz usw. Die roten Armeen dieser Provinzen umfassen zusammen 150 000 Mann, hinter ihnen stehen Millionen organisierter Dorf- und Stadtbewohner.

... Vor zwei Monaten begann Tschiang Kai-schek mit einer großzügigen ‚roten Unterdrückungskampagne', die im April mit Vernichtung aller Roten ein Ende finden soll. Zu diesem Zweck ging ein Regierungsheer von 350 000 in die roten Provinzen.*

... Die fremden Mächte unterstützen natürlich Tschiang Kai-schek. Von den 121 ausländischen Kriegsschiffen hier befindet sich ein großer Teil auf dem Jangtse und bekämpft mit der chinesischen Flotte gemeinsam die Roten Armeen an den Ufern und auf dem Fluß.

... Zum Verständnis der Lage hier gehört auch noch folgendes: Die zentrale Nanking-Regierung (Tschiang Kai-schek) hat auf viele Provinzen überhaupt keinen Einfluß, ein großer Teil des Landes wird durch Generale privat verwaltet und besteuert. Jeder dieser Generale hat eigene Soldaten, und die Kriege der Generale untereinander verwüsten das Land. Es gibt Punkte, worin die Nanking-Generale und die ‚Privat'-Generale einander gleichen, zum Beispiel in der Ausbeutung der ihnen zur Verfügung stehenden Provinzen; und ihre Soldaten gleichen sich durch die elende soziale Lage, in der sie sich befinden."

Noch immer fehlte mir die Verbindung zur Partei. Meinem Bruder deutete ich an, daß die Genossen in Deutschland anscheinend noch nichts unternommen hätten. Nun hoffte ich auf irgendeine Nachricht. Obwohl es in China für verheiratete Europäerinnen nicht üblich war,

* *Es folgt Beschreibung dieses Feldzuges*

hatte ich mich um eine Tätigkeit bemüht und erst aufgehört, danach zu suchen, als ich wußte, daß ich ein Kind erwartete. Gerade zu diesem Zeitpunkt ergab sich eine Arbeitsmöglichkeit.

„21. Oktober 1930
Etwas sehr Erfreuliches, ich habe doch noch eine interessante Halbtagsstellung angenommen. Ich erwähnte bereits Plaut, Leiter des Trans-Ozean-Kuomin-Telegrammdienstes. Zunächst richte ich ihm ein politisches Archiv ein; Ausschnitte aus der deutschen und englischen Presse ..."

„30. Oktober 1930
Meine Arbeit ist weiter interessant; Plaut ist ein großer Wichtigtuer, aber tatsächlich ist er einer der bedeutendsten Asien- und Chinakenner, und davon profitiere ich, indem ich ihn richtiggehend ausquetsche und er alles ausführlich erklärt – politisch natürlich einseitig."

Ich lernte auch eine Reihe von Journalisten, darunter den Vertreter von TASS, durch Plaut kennen. Es berührte mich schmerzlich, diesem Genossen als bürgerliche Frau gegenüber zu treten. Einen Augenblick dachte ich, warum besuchst du ihn nicht und sagst ihm alles; daß du Genosse bist und dich völlig verlassen fühlst. Aber ich war vernünftig genug, das nicht zu tun.

Plaut kannte die amerikanische Schriftstellerin Agnes Smedley in Shanghai. Ich hatte in Deutschland mit großer Begeisterung ihr Buch „Eine Frau allein" gelesen, in dem sie ihr Leben voll bitterer Armut beschreibt. Agnes war die Tochter eines ungelernten Arbeiters, der weder lesen noch schreiben konnte. Sie hatte sich als Tellerwäscherin und Tabakpflückerin das Geld zum Studium verdient. Später war sie mehrere Jahre in Berlin an der Universität Unter den Linden tätig gewesen. Sie hatte in Indien gelebt und sich dort an der revolutionären Bewegung beteiligt. Mit ihrer Biographie hatte ich noch in Berlin im Jahre 1929 oder 1930 ein merkwürdiges Erlebnis: Damals organisierte die Partei eine große Ausstellung am Potsdamer Platz. Mir war der Buchverkauf übertragen worden. John Heartfield hatte die künst-

Im Garten vor dem Haus in Shanghai

lerische Gestaltung der Halle übernommen. Jeden Abend traten dort unsere Agitpropgruppen auf. Die Ausstellung war vier Wochen lang von vierzehn bis zweiundzwanzig Uhr geöffnet.

Als zwei Inder auf meinen Stand zukamen, wollte ich ihnen „Eine Frau allein“ von Agnes Smedley verkaufen und erzählte den Inhalt. Ausführlich ging ich aufAgnes' Ehe mit einem Inder ein, die sich später löste. Etwas atemlos beendete ich meine Erklärungen. Der ältere der beiden nickte. „Alles richtig, ich bin der Inder, mit dem Agnes verheiratet war.“

Ich wußte, daß Agnes als Korrespondentin der bürgerlichen „Frankfurter Zeitung“ in China arbeitete, selbst aber viel weiter links stand. Sehr gerne wollte ich sie kennenlernen, hatte aber Hemmungen, an eine für mich so große Persönlichkeit heranzutreten.

Als Plaut von meinem Wunsch erfuhr, verband er mich mit ihr am Telefon. Ich erinnere mich, daß wir uns für den nächsten Tag verabredeten und ich mich beschrieb: „Dreiundzwanzig Jahre, Länge ein Meter siebzig, ganz schwarzes Haar und eine große Nase.“ Sie lachte herzhaft und entgegnete: „Vierunddreißig Jahre, mittelgroß, besondere Kennzeichen keine.“

Der nächste Tag war der 7. November, der 13. Jahrestag der russischen Revolution. Ich hatte rote Rosen für unser Wohnzimmer gekauft, damit mich wenigstens etwas an diesen Tag erinnerte. Wie schön war die Feier des 7. November stets im Kommunistischen Jugendverband gewesen!

Wir hatten uns im Stadtzentrum verabredet und erkannten uns sofort. Agnes hielt einen Strauß roter Rosen in der Hand, der dem meinen zu Hause glich, sie wollte ihn dem Vertreter von TASS zum 7. November bringen.

Wir saßen, ich glaube, im Café des Cathay-Hotels. Agnes fragte mich gründlich aus, und da ich ihre Gesinnung kannte und sie sehr sympathisch fand, machte ich zum erstenmal, seitdem ich in Shanghai lebte, kein Hehl aus meiner Weltanschauung. Ich erwähnte, daß ich über meine Isolation unglücklich wäre, aber bat nicht darum, mir Kontakt zu verschaffen, weil ich nicht wußte, ob sie Genossin war.

An die Eltern schrieb ich über dieses Treffen:

„10. November 1930
... Agnes sieht aus wie eine intelligente Arbeiterin. Einfach angezogen, spärliche braune Haare, sehr lebhafte, große, graugrüne Augen, keineswegs hübsch, aber ein gutgeschnittenes Gesicht. Wenn sie die Haare zurückstreicht, sieht man die enorme Wölbung der Stirn. Sie hat es nicht leicht hier. Die Europäer lehnen sie ab, nachdem Agnes sie gründlich vor den Kopf gestoßen hat. Zu ihrer Ankunft hier gab der feudale amerikanische Klub einen Tee für sie. Agnes ging hin und fragte, sehr interessiert an allem Chinesischen, ob keine Chinesen anwesend wären. Darauf die Antwort: Nein, wir haben keine als Mitglieder. Darauf sie: Und auch als Gäste nicht? Darauf die Antwort: Chinesen ist es nicht erlaubt, den Klub zu betreten. Worauf sie sich erhebt und geht.
Bei den Engländern ist sie verhaßt, weil sie früher für die indische revolutionäre Bewegung gearbeitet hat.
Und die Chinesen beobachten sie auf Schritt und Tritt, obwohl sie tatsächlich eine Korrespondentin der ‚Frankfurter Zeitung' hier draußen ist."

Agnes und ich wurden enge Freundinnen. Es verging kaum ein Tag, an dem wir nicht miteinander telefonierten oder uns sahen.

„12. November 1930
Sonntagabend holten wir Agnes in ihrer Wohnung ab, ich stürzte mich auf ihre Auswahl deutscher, indischer, chinesischer und englischer Bücher. Dann gingen wir mit ihr und zwei chinesischen Freunden in ein chinesisches Restaurant essen. Der eine ist Lehrer für chinesische Literatur in einer Schule, der andere ist ihr Sekretär."

Der Sekretär von Agnes war später für längere Zeit der Gefährte der Schriftstellerin Ting Ling. Ich lernte auch Ting Ling kennen und gewann sie lieb.* Sie war lange bei der chinesischen Roten Armee gewe-

** Anmerkung 1991: Ich hatte Ting Lings Schicksal verfolgt und war mir sicher, daß sie ihren Gefängnisaufenthalt in den 60er Jahren, während der chinesischen Kulturrevolu-*

sen. Als ich sie traf, war sie aktiv im neugegründeten linken Schriftstellerverband.

Von Weihnachten 1930 berichtete ich:

„Um 10.00 Uhr abends fuhren wir mit Agnes ins chinesische Theater. Mei Lan-fang, der berühmteste chinesische Schauspieler, ist auf Gastreise in Shanghai; es war ein Erlebnis. Er spielte Frauenrollen, man kann gar nicht beschreiben, wie anmutig und gutaussehend. Zuerst dauert es ein Weilchen, ehe man den Gedanken überwindet, daß ein Mann so spielt ... Zunächst alle Geschenke. Bücher: Gorki, ‚Wie ein Mensch geboren ward'; Müller, ‚Wenn wir 1918'; Ehrenburg, ‚Leben der Autos'; Sejfullina, ‚Wirinea'; ‚Chinesische Meisternovellen'; Erich Kästner, ‚Ein Mann gibt Auskunft'; Pipers Kunstkalender; Cohn Wiener, ‚Asia'; Stendhal, ‚Kartause von Parma'; Perckhammer, ‚China'; Hausenstein, ‚Kunst der Gegenwart'; André Maurois, ‚Byron'; Rilke, Gedichtband; John Dos Passos, ‚Der 42. Breitengrad'."

„6. Januar 1931
... Unsere Bücherei hat sich ganz plötzlich um fünf Bücher des Malik Verlages vermehrt, worüber wir gar nicht traurig sind. Agnes bat mich, besagte fünf Bücher für eine Zeitschrift zu besprechen, und dafür durfte ich sie behalten."

Über die Zeitschrift und ihren Herausgeber schrieb ich nichts Näheres nach Hause. Sie hieß damals „Pen Liu" – „ Die Flut" –, und der chi-

tion, deren Diffamierung der Intellektuellen für viele den Tod bedeutete, nicht überlebt hatte. Ich war überglücklich, als ich hörte, daß Ting Ling lebte, rehabilitiert war und in den Siebzigern wieder hochangesehene Bücher schrieb. Eine chinesische Literaturprofessorin erzählte mir das um 1985 herum in Berlin. Ich erklärte ihr, wie sehr ich Ting Ling mochte und sagte leichthin: „Wenn Sie zurückkehren, übermitteln Sie ihr meine herzlichsten Grüße, aber ich vermute, sie wird sich nicht an mich erinnern können." Später erlebte ich eine wunderbare Überraschung. Ein Paket mit Lings Büchern kam an, veröffentlicht zwischen 1980 und 1983. Jedes Buch war signiert: für Sonja von T. L. Ich war so gerührt, gut nur, daß niemand anwesend war, als ich auf ihr Foto blickte aus jener Zeit, da wir uns kannten. Bald darauf starb sie.

nesische Dichter Lu Hsün veröffentlichte sie, oft mußte die Zeitschrift ihren Namen wechseln oder konnte nur illegal erscheinen.

Weitere Beiträge folgten, natürlich unter einem Pseudonym. Ich entsinne mich nur noch auf einen meiner Artikel: die Überschrift lautete: „Pinsel und Feder in der Hand deutscher Arbeiter". Ich schrieb über Arbeiter-Schriftsteller und -Maler der zwanziger Jahre.

Lu Hsün habe ich öfter in seiner Wohnung besucht, wo er mit seiner viel jüngeren Frau und seinem kleinen Sohn lebte.

Lu Hsün, 1881 geboren, wurde der Gorki Chinas genannt. Wie Gorki beschrieb er das einfache Volk, dessen Würde und Leiden. Merkwürdigerweise sah er auch Gorki ähnlich. Er hatte ein feingeschnittenes, blasses, sensitives Gesicht, war schon damals lungenkrank und ist 1936 an Tuberkulose gestorben.

Lu Hsün wollte einen Band mit Bildern von Käthe Kollwitz herausgeben, ich half ihm, die Bilder zu beschaffen. Später schenkte er mir ein Exemplar mit einer freundschaftlichen Widmung. Da ich Käthe Kollwitz hochschätze und große Achtung vor Lu Hsün besaß, war mir das Geschenk doppelt wertvoll. Es ging in den späteren Kriegswirren verloren.

„14. Januar 1931
Gestern war ich den ganzen Tag damit beschäftigt, einen sieben Seiten langen Schreibmaschinenartikel von Agnes für die ‚Frankfurter Zeitung' ins Deutsche zu übersetzen. Über Bauern und Rote Armee in China. Der Übersetzer in Frankfurt hatte in ihren letzten so große* Fehler hineingebracht, daß sie mich darum bat."

In der ersten Zeit unserer Freundschaft, die für mich so viel bedeutete, konnte ich nicht begreifen, daß ein Mensch von Agnes' Format gern und häufig mit mir zusammen war, wieso ich ihre Vertraute wurde.

Agnes war allein; sie hatte ein entbehrungsreiches Leben voll revolutionärer Kämpfe hinter sich. Ich war Kommunistin, aber ich war materiell sorglos aufgewachsen, erwartete nun mein erstes Kind, auf

* *politische*

das ich mich freute, lebte geschützt und ohne Sorgen. Außerdem war ich viel jünger als Agnes und noch sehr unerfahren.

Agnes besaß hervorragende Eigenschaften, mit ihren Büchern stand sie auf seiten des chinesischen Volkes, sie brachte große Opfer für den Befreiungskampf Chinas. Zugleich war sie labil, oft lustig, alle anderen mit ihrem Humor ansteckend, noch öfter bedrückt, trüben Stimmungen unterworfen, die sich auf ihre Gesundheit auswirkten. Vielleicht brauchte sie meine Ausgeglichenheit und meinen Optimismus. Außerdem war ich immer für sie da. Fühlte sie sich einsam, besuchte ich sie. Hatte sie Depressionen, konnte sie nachts um drei anrufen, ich stand auf und ging zu ihr.

Bald nach Beginn unserer Freundschaft sagte mir Agnes, sie sei in Anschauung und Aktion mit uns, aber es würde ihr zu schwer fallen, sich unserer Parteidisziplin zu unterwerfen.

Vielleicht wollte sie in der Zeit der Illegalität ihre Parteizugehörigkeit auch mir gegenüber nicht zugeben. Ich glaube jedoch, sie sprach die Wahrheit. Ich verehrte Agnes, es gibt wenige Menschen, die so viel für meine Entwicklung getan haben wie sie, aber wenn ihre spontanen emotionalen Reaktionen auf die Einschätzung politischer Ereignisse abfärbten, stimmte ich ihr nicht zu. Wir stritten uns, und sie ging zornerfüllt davon.

Nach wenigen Stunden rief sie an, als ob nichts gewesen wäre, und ich war froh, daß sie mir wieder gut war.

In ihrem Buch „Battle Hymn of China" („China siegt") sagt Agnes, daß sie stets Sympathie für die Kommunisten empfunden und die Bewegung in China aktiv unterstützt habe, jedoch nie Parteimitglied wurde. Das Buch erschien im Verlag Victor Gollancz Ltd. 1944.

Viele Jahre später las ich noch einmal ihre Bücher. Ich fand, daß „Eine Frau allein" viel mehr von ihrer Verbitterung, der Labilität und ihren spontanen Handlungen enthielt, als es mir in meiner Jugend bewußt war.

Nach Hause schrieb ich:

„19. März 1931
... Du fragst nach Freunden. Viele Freunde haben wir nicht, aber enorm viel Bekannte. An Freunden – außerhalb stehend und allen voran für mich – natürlich Agnes ..."

„4. Oktober 1931
... Agnes ist umgezogen in eine eigene Zweizimmerwohnung in einem großen Appartementhaus, nur zwei Minuten von uns weg, worüber wir uns sehr freuen. Rolf richtet die Wohnung ein, entwirft alle Möbel etc. Es soll natürlich alles bescheiden werden, aber seine Zeichnungen sind vielversprechend."

„6. März 1932
... Agnes geht es wieder schlecht, sie wird nächste Woche ins Hospital gehen, Einspritzungen und Bestrahlungen für ihr Herz kriegen. Es ist hauptsächlich Nervosität. Sie ist sehr versunken in ein neues Buch, das sie schreiben wird. Ein China-Buch. Viele gemeinsame Freunde kommen darin vor, wir sprechen sehr oft darüber, mehr darf ich nicht verraten; ich glaube, es wird ganz ausgezeichnet werden. Die letzten beiden Nächte schlief ich drüben, sie fühlt sich besser, wenn jemand für die Nacht bei ihr ist."

Während ich viel über Agnes und auch andere Bekannte nach Hause schrieb, mußte ich von dem für mein weiteres Leben entscheidenden Ereignis schweigen.

Agnes wußte, wie sehr ich auf Verbindung zur Partei wartete, wie es mich drängte, ein aktives, nützliches Dasein zu führen.

Bald nachdem wir uns kennengelernt hatten, sagte sie, falls ich einverstanden sei, würde mich ein Kommunist aufsuchen, zu dem ich volles Vertrauen haben könne.

Der Genosse kam in meine Wohnung. Es war Richard Sorge. Bei Agnes' Gesinnung war es verständlich, daß sie Dr. Sorge, der ebenfalls für die deutsche Presse schrieb und ihr daher bekannt war, über die journalistische Arbeit hinaus unterstützte. Ich traf ihn nicht mit Agnes zusammen, sondern allein. Sie vermittelte nur unsere erste Zusammenkunft. Ich glaube auch nicht, daß sie die Tätigkeit von Sorge genau kannte.

Ich brauche das Äußere dieses ungewöhnlichen Menschen nicht zu beschreiben. Das ist in vielen Büchern und Artikeln geschehen. Er besuchte mich das erstemal im November 1930. Wir wohnten noch bei Walter. Richard Sorge war fünfunddreißig Jahre alt. Ich fand ihn genauso anziehendund gutaussehend, wie ihn andere geschildert hatten. Ein schmaler Kopf, dichtes, lockiges Haar, das Gesicht schon damals durchfurcht, die Augen intensiv blau, umrahmt von dunklen Wimpern; der Mund schön geformt.

Ich beschreibe Richard nun doch, vielleicht weil man nicht an ihn denken kann, ohne ihn vor sich zu sehen.

Bei unserem ersten Zusammensein wußte ich seinen Namen noch nicht. Er hätte mir auch nichts bedeutet. Richard sagte, er habe von meiner Bereitschaft gehört, die Arbeit der chinesischen Genossen zu unterstützen. Er sprach vom Kampf gegen die reaktionäre Regierung des Landes, von der Verantwortung und den Gefahren, die selbst mit der kleinsten Hilfeleistung für die Genossen verbunden waren, und legte mir nah, die Sache noch einmal zu überdenken. Jetzt könne ich noch ablehnen, ohne daß es mir jemand übelnehmen würde.

Man sah mir nun schon an, daß ich ein Kind erwartete; Agnes hatte es sicher auch erwähnt.

Es kränkte mich, gefragt zu werden, ob ich auch unter Gefahr bereit sei, mitzuarbeiten und internationale Solidarität zu üben. Ich begriff damals nicht, daß er ähnliches zu bedenken geben mußte und nicht persönlich gekommen wäre, wenn er mit einer Ablehnung gerechnet hätte.

Während der halben Stunde, die Richard nach meiner etwas schroff gegebenen Zustimmung blieb, besprach er eingehend die Möglichkeit, sich mit chinesischen Genossen in unserer Wohnung zu treffen. Ich sollte nur das Zimmer zur Verfügung stellen, aber bei den Besprechungen nicht dabeisein.

Richard Sorge

Bald darauf begannen die Zusammenkünfte, die Richard Sorge zwei Jahre lang, bis Ende 1932, leitete. Danach trat, soweit ich mich erinnere, „Paul“ an seine Stelle.

Erstaunlich erscheint mir die kurze Zeitspanne, die zwischen meinem ersten Treffen mit Agnes und dem Besuch von Richard lag. Wie hatte er sich so rasch über meine Zuverlässigkeit informieren können?

Ich besinne mich, daß Richard mir vorschlug, ich solle einer Demonstration in der Hauptstraße beiwohnen, ohne direkt daran teilzunehmen. Mit Einkäufen beladen, um als Europäer ein Alibi für meine Anwesenheit zu haben, stand ich vor dem großen Warenhaus Wing-On und sah zu, wie Chinesen geschlagen und verhaftet wurden.

Die Festnahme bedeutete in vielen Fällen das Ende. Ich sah in die Gesichter junger Menschen, deren Todesurteil soeben gesprochen worden war, und wußte, daß ich schon um ihretwillen jede Arbeit, die man von mir verlangte, leisten würde.

Später erfuhr ich, daß Gerhart Eisler, wir kannten uns flüchtig aus Deutschland, mich dort gesehen hatte. Er machte die Genossen darauf aufmerksam, daß ich in Zukunft bei solchen Gelegenheiten damenhafter aussehen, zum Beispiel einen Hut tragen müsse. Bis dahin wußte ich nicht, daß er in China war, und ich habe ihn auch danach nicht dort getroffen.

Gerhart Eisler wußte, wie sehr mein Vater innerhalb der deutschen Arbeiterbewegung geachtet wurde. Er war aktives Mitglied der IAH (Internationale Arbeiterhilfe) und vertrat den linken Flügel in der bürgerlich-fortschrittlichen Liga für Menschenrechte. Er berechnete als Volkswirtschaftler und Statistiker jeden Monat ein „Existenzminimum", das von den bürgerlichen Schwindelstatistiken abwich und von den Gewerkschaften im Kampf um Lohnerhöhungen für die Arbeiterklasse benutzt wurde. Diese Statistiken erschienen in der von Vatern privat herausgegebenen „Finanzpolitischen Korrespondenz", die wir in Schlachtensee sozusagen als sechste Tochter im Hause liebevoll „Fina" nannten.

Nachdem ich Richard kennengelernt hatte, hörte ich, man habe sich nun auch von der Komintern gemeldet und wünsche meine Mitarbeit.

Richard legte Wert darauf, mich in seiner Gruppe zu behalten; er fand einen Wechsel vom konspirativen Gesichtspunkt aus ungünstig, überließ mir aber die Entscheidung.

Ich blieb bei Richard und seiner Gruppe, ohne mir den Kopf darüber zu zerbrechen, welches ihre besonderen Aufgaben waren. Erst viel später erfuhr ich, daß es sich um Mitarbeit bei der sowjetischen Aufklärung des Generalstabes der Roten Armee handelte.

Für mich änderte das nichts. Ich wußte, meine Tätigkeit unterstützte die Genossen des Landes, in dem ich lebte – ging diese aktive Solidarität von der Sowjetunion aus, fand ich das doppelt schön.

Ich kann mich nicht mehr auf die einzelnen Zusammenkünfte besinnen, solange wir noch in Walters Haus wohnten, aber meine Arbeit für die Gruppe hatte, anschließend an das Gespräch mit Richard, schon dort begonnen.

Ich weiß noch genau, wie Richard mich zur Geburt meines Sohnes im Februar 1931 beglückwünschte und ich ihn halb verlegen, daß ich mich mit so privaten Dingen wie Kinderkriegen befaßte, halb stolz auf den Sohn an das Babykörbchen führte; wie er sich hinüberbeugte, vorsichtig das Federbett mit der Hand zurückschob und lange schweigend das Kind betrachtete. Ich dachte mir, ein so kleines hat er vielleicht noch nie gesehen.

Walter hatte Rolf zu seiner Stellung in Shanghai verholfen und uns gastlich im eigenen Heim aufgenommen. Falls meine illegale Tätigkeit in seinem Haus entdeckt wurde, konnte es Walters aussichtsreiche berufliche Laufbahn und noch viel mehr zerstören. Über unsere Arbeit mußte ich schweigen, hätte er davon gewußt, wäre er noch mehr gefährdet gewesen.

Walter war ein erfolgreicher, ehrgeiziger Geschäftsmann. Er war ein kluger, sachlicher Mensch, der die Schwächen der bürgerlichen Gesellschaftsordnung durchschaute und sie ironisch glossierte, während er ihre materiellen Möglichkeiten in Anspruch nahm. Stolz auf seinen Aufstieg aus kleinen Verhältnissen, beabsichtigte er, ihn fortzusetzen. Walter hatte Interesse und Sympathie für China. Wir standen gut miteinander und führten zahlreiche Gespräche, in denen es mir gelang, ihn zu beeinflussen. Da ich Walter als Rolfs Freund seit meinem achtzehnten Lebensjahr kannte, wußte er von meiner politischen Vergangenheit. Trotzdem ahnte er nichts von meiner Tätigkeit in Shanghai. Ich glaube, den Gedanken, daß ich unter den damaligen Verhältnissen in China politisch aktiv sein könnte, hätte er nie gehabt, weil ihm dies zu abenteuerlich-phantastisch erschienen wäre.

Walters Heim und sein Name bedeuteten eine gute Tarnung für die illegale Arbeit. Andererseits war es nicht möglich, dort häufig Treffs zu organisieren. Walters Frau war viel zu Hause. Richard empfahl mir, eine eigene Wohnung zu nehmen. Rolf und ich hatten sowieso vor umzuziehen; nun achtete ich bei der Suche auf neue Gesichtspunkte. Wir fanden etwas Günstiges im französischen Settlement, dem Stadtteil unter französischer Verwaltung. Am 1. April 1931 zogen wir dort ein. Unsere Adresse war 1464 Avenue Joffre; später wurde die Nummer in 1676 geändert.

> Aus einem Brief:
> „Die ganze Siedlung liegt wie in einem Pärkchen. Von der Straße aus geht man einen langen, ungepflegten Gartenweg geradeaus, biegt dann in einen anderen Gartenweg ein, der zum Haus führt. Wir haben also von allen vier Räumen den Blick ins Grüne und auf kein anderes Haus."

Ebenso wichtig war, daß es zwei Ausgänge gab und die gesamte Grünanlage an zwei oder drei verschiedene Straßen grenzte.

Richard und seine Mitarbeiter trafen sich einmal wöchentlich am frühen Nachmittag bei mir, manchmal lagen größere Pausen dazwischen. Außer Richard kamen zwei oder drei Chinesen und gelegentlich auch ein oder zwei andere europäische Genossen. Ich war niemals bei diesen Gesprächen zugegen, sondern wachte nur darüber, daß die Genossen nicht gestört wurden. Die Treffs fanden im ersten Stockwerk statt. Die unteren Räume waren nicht sicher vor Besuchern.

Die Zimmer der Angestellten, oder exakter, die steinernen Löcher, lagen isoliert. Sie hatten keine Fenster und keinen direkten Eingang ins Haus. Koch, Amah und Boy gingen über den Hof durch den Hintereingang in die Küche. Zwischen Mittag und der Zeit, wenn der „Master" von der Arbeit kam, hatten sie in den europäischen Haushalten Ruhe, weil die „Missie" dann auch ruhte. Die Angestellten betraten sowieso nicht die Zimmer, ohne daß nach ihnen geklingelt wurde. Die Haustür öffnete ich allen Gästen selbst; das ergab sich ganz natürlich durch die Anlage des Hauses. Die Treppe ins obere Stockwerk führte von der Diele, die wir als Zimmer eingerichtet hatten, hinauf und konnte nicht, ohne daß ich es bemerkte, benutzt werden. Die chinesischen Genossen, die am häufigsten kamen, wurden nacheinander

... hier trafen sich Richard und seine Mitarbeiter

meine Sprachlehrer. Damit lag ein Grund vor, mich legal aufzusuchen, und ihre Besuche zu illegalen Zwecken fielen nicht auf.

Zu den Treffs erschienen die Genossen nicht alle in derselben Minute. Sie verließen das Haus ebenfalls in kurzen Abständen nacheinander. Richard ging als letzter, er unterhielt sich noch mit mir für eine halbe Stunde oder länger. Meine Bekanntschaft mit ihm sollte, falls nötig, durch unser beider Bekanntschaft mit Agnes erklärt werden. Gelegentlich gab er mir eine journalistische Arbeit zum Abschreiben als Alibi für seine Besuche. Im übrigen führten die Europäer ein derart geselliges Leben, daß Kontakte untereinander kaum einer Erklärung bedurften. Tatsächlich erfuhr niemand außerhalb unserer Gruppe von seinen Besuchen, obwohl er in den zwei Jahren mindestens achtzigmal bei uns war.

In den ersten Wochen verhielt ich mich, wenn er länger blieb, um sich mit mir zu unterhalten, zurückhaltend, weil ich nicht neugierig

Die Treppe führte von der Diele ins obere Stockwerk …

sein wollte. Ich war es wirklich nicht und auch nicht gekränkt darüber, daß ich kaum wußte, was in meinem Hause vor sich ging. Ich akzeptierte die Grundsätze der Konspiration. Doch der Wunsch, nicht neugierig zu erscheinen, machte mich unsicher, worüber ich überhaupt mit Richard reden sollte. Selbst wenn er fragte, antwortete ich knapp.

Während eines solchen Gesprächs sagte ich nach einer Verlegenheitspause unhöflich: „Es wird Zeit, daß Sie gehen." (Richard war der einzige Genosse, den ich nicht duzte.) Er stand auf, nahm seine Mütze und erwiderte: „Da werde ich also rausgeschmissen." Ich ließ den Kopf hängen und schwieg.

In „Dr. Sorge funkt aus Tokyo" wird gesagt, es gäbe die Meinung, Richard habe etwas Trauriges an sich gehabt; doch diese Vorstellung von ihm sei völlig falsch. Ich habe, als ich ihn besser kennenlernte, zuweilen auch die Traurigkeit bemerkt. Vielleicht war sie Ausdruck eines körperlichen Leidens, er war im ersten Weltkrieg verwundet worden; es gab Tage, an denen er im Gegensatz zu seiner üblichen Vitalität, seinem Humor und seiner Ironie still und bedrückt war.

In den ersten Frühlingswochen, mein Sohn war vielleicht zwei Monate alt, fragte mich Richard überraschend, ob ich mit ihm Motorrad fahren wolle. Wir trafen uns an dem in der Nähe meiner Wohnung gelegenen Stadtrand. Ich fuhr zum erstenmal in meinem Leben auf einem Motorrad; er mußte mir erklären, wie ich mich am besten festhielte und daß da Pedale waren, um den Füßen Halt zu geben.

Erst ein halbes Jahr später, als ich Richard im Krankenhaus besuchte, sein Bein lag in Gips, sagten mir andere Genossen, daß er stets ein unerlaubtes Tempo fuhr.

Mich begeisterte die Raserei. Ich rief ihm wiederholt zu, noch schneller zu fahren, und er tat mir den Gefallen. Als wir nach langer Zeit anhielten, war ich wie ausgewechselt. Das verhaßte Shanghaier gesellschaftliche Leben war vergessen und das Immer-erwachsen-sein-Müssen, die Verantwortung der Illegalität und die unnötige Sorge um das recht zarte Kind.

Ich lachte, tobte herum und erzählte. Mir war egal, was Richard davon hielt.

Vielleicht hatte er die Fahrt nur veranstaltet, um meinen physischen Mut zu prüfen. Falls er jedoch so klug gewesen war, nach einem besseren Kontakt zwischen uns zu suchen, hatte er das richtige Mittel gewählt. Nach dieser Fahrt war ich nicht mehr gehemmt, und unsere Unterhaltungen gewannen an Wert. Ein Beweis dafür, wie wichtig auch die menschlichen Beziehungen sind und daß es vielleicht um ihretwillen richtig sein kann, die strikte Illegalität zu durchbrechen.

Richard gab mir keine theoretischen Lehren über die Regeln der konspirativen Arbeit. Wenn man für das Leben von Genossen verantwortlich ist, kann zwar die Erfahrung anderer helfen, aber die Verantwortung an sich lehrt am gründlichsten, über ihre und die eigene Sicherheit nachzudenken und entsprechend zu handeln. Es war selbstverständlich, daß ich am Tage und auch an den Abenden darauf achtete, ob das Haus oder ich selbst beobachtet wurde. Vor den Zusammenkünften mit den Genossen und auch danach kontrollierte ich unauffällig die Straßen. Ich verstand ebenfalls, ohne daß ich belehrt zu werden brauchte, daß es gut war, möglichst viele bürgerliche Gäste einzuladen, damit die „illegalen Gäste" weniger auffielen.

Während der Gespräche mit Richard bemerkte ich, daß er an mancher Unterhaltung, die ich mit unseren Bekannten geführt hatte, zum Beispiel mit Seebohm von IG-Farben, mit Walter, Rechtsanwalt Wilhelm, Bernstein, Ungern-Sternberg, Plaut usw., interessierter war, und lud die Gäste nun gezielter ein. Ich hatte es sehr gern, wenn Richard mir zuhörte, und spürte an seinem Gesichtsausdruck, ob ihm etwas wichtig war oder nicht.

So lernte ich kaum merklich durch seine Art, mit mir umzugehen, worauf es ihm ankam, und gewöhnte mir an, mich entsprechend mit den Menschen zu unterhalten. Es war mir, auch ohne seine oder, nun kann ich schon sagen, unsere „Dienststelle“ zu kennen, klar, daß dies nützlich für ihn war. Wahrscheinlich konnte ich ihm keine wichtigen Informationen bieten, er hatte selbst viel bessere Verbindungen, aber vielleicht rundete sich ein Bild, vielleicht waren meine Einschätzungen der Charaktere, des Verhaltens der Menschen und ihrer Ansichten zu wirtschaftlichen und politischen Problemen gelegentlich von Wert.

Ich lernte auch rasch, daß Richard Fakten nicht genügten. Blieb ich zu knapp, fragte er: „Und Ihre Gedanken dazu?“

Einmal sagte er: „Gut – gut, eine richtige Analyse.“

Ich möchte noch einmal betonen, es gab auch später keinen sensationellen Augenblick, in dem ich erfuhr, für wen ich tätig war. Ich erfuhr immer nur so viel, wie sich aus der Arbeit ergab, und mit dem Wachsen der Arbeit wurde die Kenntnis genauer. Ich glaube, das spricht für die Methode Richards und seiner Genossen. Allerdings plagte mich in dieser Hinsicht auch kein Wissensdurst. Ich war glücklich, in einem Kreis so prächtiger Kommunisten – später werde ich auch von den anderen berichten – arbeiten zu dürfen. Durch ihr Vorbild lernte ich, ohne daß sie mich bewußt belehrten. Das konspirative Verhalten wurde zur zweiten Natur, da die Genossen, die man zu schützen hatte, dauernd gefährdet waren. Ich wachte über sie mit der gleichen Intuition wie – vielleicht ein merkwürdiger Vergleich – über meinen kleinen Sohn. So wie mich das leiseste Maunzen des Kindes weckte, wurde ich durch die geringsten Auffälligkeiten und Unregelmäßigkeiten in der Umgebung der Genossen munter.

Im Rückblick auf diese Zeit erscheint mir heute, daß meine Briefe nach Hause zu offen waren. Selbstverständlich niemals in bezug auf die illegale Arbeit; da fiel auch nicht die geringste Andeutung, aber in bezug auf meine Gesinnung. Vielleicht hing es mit der Rolle zusammen, die ich mir innerhalb der Shanghaier bürgerlichen Gesellschaft zugedacht hatte. Ich bin von Anfang an als bürgerlich-fortschrittlicher Mensch aufgetreten und habe aus meinem Interesse für China nie ein Hehl gemacht. Ich glaube, daß man sich in der Illegalität, wenn die Umstände es erlauben, eine Verhaltensweise suchen soll, die zu einem paßt. Mit der Rolle einer Nazisse brauchte ich mich nicht abzuplagen, sie wäre aus rassischen Gründen unmöglich gewesen. Mir schien für meine Person die „demokratisch-fortschrittliche Frau mit intellektuellen Interessen" die beste. Nach 1933 war sie die einzig mögliche für mich. Ich mußte von Anfang an damit rechnen, daß durch irgendeinen Zufall meine Vergangenheit bekannt wurde. Es hätte keine Katastrophe bedeutet. Für das Bürgertum war es kein ungewohnter Weg, daß jemand, der in der Jugend Kommunist gewesen war, mit dem Älterwerden „vernünftig" wurde. Durch Rolfs Stellung saßen wir fest im bürgerlichen Sattel, und niemand wäre auf die für diese Menschen wahnwitzige Idee gekommen, ich könnte durch Kontakt mit Kommunisten meine Familie und alles, was wir uns in China geschaffen hatten, aufs Spiel setzen, noch dazu als Mutter eines kleinen Kindes.

Unser Verhalten in der Illegalität war von den besonderen Umständen in China geprägt. Einerseits waren demokratische sowie in bescheidenem Rahmen linksgerichtete Presseerzeugnisse und Organisationen unter der Tschiang-Kai-schek-Regierung nicht verboten, und damit war auch mehr Toleranz in der Konspiration erlaubt als in rein faschistischen Staaten. Europäer in Shanghai lebten unter englischer oder französischer Verwaltung mit Sonderrechten für Ausländer, die manches gestatteten, was unter Hitler oder in Japan und später in den von Japan besetzten chinesischen Gebieten schwerste Verletzung der Konspiration gewesen wäre. Andererseits arbeitete der Geheimdienst der Kuomintang, wenn es gegen Kommunisten ging, aktiv mit seinen Berufskollegen der europäischen Länder zusammen, und der Antikommunismus nahm keine milderen Formen an als in einem rein faschistischen Land.

Zahlen, die ich später las, besagen, daß in den Jahren 1927 bis 1935 zwischen 350 000 und 400 000 chinesische Kommunisten umkamen. Nur wenige kehrten aus den Gefängnissen zurück, die meisten erreichten das Gefängnis gar nicht; sie wurden erschossen, erschlagen, lebendig begraben oder enthauptet. In Provinzstädten hingen ihre Köpfe an Pfählen neben dem Stadttor, um die Bevölkerung abzuschrecken.

Die Frage des konspirativen Verhaltens griff tief in mein persönliches Leben ein. Abgestoßen von der Shanghaier bürgerlichen Gesellschaft, kam Rolf mir politisch näher. Seine Stellung zum chinesischen Volk war vom ersten Tag an richtig und positiv. Als ich ihm jedoch, noch bevor ich Richard kennenlernte, gesagt hatte, wie ich auf Mitarbeit in der Partei warte, bat er mich dringend, davon abzusehen. Er sei dabei, sich eine Existenz in einem fremden, schwierigen Land aufzubauen, weil er sich für mich und das künftige Kind verantwortlich fühle, müsse er mir abraten. Ich hätte eine falsche Einschätzung von mir selbst, hielte mich für robuster, als ich sei. Die Grausamkeit und Brutalität gegenüber Kommunisten könne ich, wenn es mich treffe, nicht aushalten. Ich schiene auch keine Vorstellung davon zu haben, was mir das Kind, das ich erwartete, bedeute. Er habe mir noch nie etwas untersagt, noch nie meine Freiheit eingeschränkt, aber diesmal müsse er darauf bestehen.

Bereits während dieser Auseinandersetzung, die mich ebenso erregte wie ihn, nahm ich mir vor, wenn ich Verbindung zur Partei erhielt, Rolf nichts davon wissen zu lassen. Ich fand es auch notwendig, Richard schon bei unserem ersten Gespräch davon zu sagen. Er war erstaunt; sicher hatte er von Agnes nur Gutes über Rolf gehört, und das mit Recht.

Zu den ethischen Grundsätzen unserer Ehe gehörte Ehrlichkeit; lieber dem Partner einmal einen Schmerz zufügen, als Geheimnisse zu haben oder zu lügen. Es war für uns selbstverständlich, daß anständige Menschen so lebten.

Nun wurde für mich alles anders. Während der drei Jahre in Shanghai wußte Rolf nicht, daß unsere Wohnung illegaler Treffpunkt war, daß während langer Perioden Koffer mit Nachrichtenmaterial in den Schränken verborgen lagen. Er kannte einen Teil der Genossen, die meine engsten Freunde wurden, nicht, oder er traf sie, als harmlose Geschäftsleute getarnt, und ich mußte sie vor ihm auch so behandeln.

Weder über die Menschen, die mir am nächsten standen, noch über die Arbeit, die der Inhalt meines Lebens war, konnte ich mit ihm sprechen.

Als ich neunzehn Jahre alt war, hatte ich über meine politischen Differenzen mit Rolf an Jürgen geschrieben: „In solchen Augenblicken ist er mir fremd, wir haben uns zum Abschied nicht die Hand gegeben."

Jetzt war der Schock noch größer und hatte Auswirkungen auf unser gesamtes Leben. Meine Reaktion ist besser zu verstehen, wenn man die Härte der illegalen Arbeit in China bedenkt oder sich die Nazizeit in Deutschland ins Gedächtnis ruft. Ich nahm am Widerstandskampf teil, doch der Gefährte warnte mich davor und stellte sich abseits.

Rolf verhielt sich gleichbleibend gut und rücksichtsvoll; er fügte sich auch in den folgenden Jahren den durch meine Arbeit bedingten Trennungen und schwierigen Umständen in der Hoffnung, unsere Ehe zu erhalten.

Rolf lernte in Shanghai von unserer Gruppe Han und Weng als meine Sprachlehrer flüchtig kennen. Mehr wußte er nicht über sie.

Han hatte ein bewegliches Gesicht. Hundertmal am Tag strich er sein zu langes Haar aus der Stirn. Er besaß Temperament und eine sehr schnelle Auffassungsgabe. Beides führte zu gutem Kontakt zwischen uns. Weng war langsam und gründlich. Ich bewunderte seine methodisch-wissenschaftliche Arbeitsweise, die ich selbst nicht besaß. Während des Unterrichts las ich das Organ der Komintern, „Internationale Presse-Korrespondenz" (Inprekor), mit Han auf deutsch und mit Weng auf englisch. Beide lernten sehr fleißig.

Über Weng schrieb ich nach Hause:

„27. Mai 1931
... Von meinem chinesischen Studenten bin ich ganz begeistert, nicht daß ich besonders viel lerne, die Verlockung, englisch zu sprechen, ist zu groß, denn der Lehrer ist reizend. Er spricht zwar sehr schlecht englisch, deshalb gebe ich ihm ja Stunden, aber genügend, um festzustellen, daß er ein famoser, kluger Mensch ist."

„11. November 1931
... Heute abend kommt mein Lehrer Weng, mit dem ich mich einmal wöchentlich über China unterhalte. Er hat jetzt ein Buch geschrieben über die Requirierungen, die Regierungssoldaten in den Bauerngebieten vornehmen, mit viel statistischem Material. Er schenkte es mir mit einer netten Widmung. Lesen kann ich es natürlich nicht. Was er mündlich daraus erzählte, ist interessant. Es handelt sich um enorme Vermögen, um die die Bauern glatt bestohlen werden. Ein Freund übersetzt es ins Deutsche, es ist 100 Seiten, also mehr Broschürenmaterial ..."

„... Gestern bei Wengs Hochzeit. Wir haben vorher angefragt, wie viele Gäste kommen werden, worauf er sagte: ‚Ganz einfach – nur Familie.' 130! Wir kamen hin, und ich war entsetzt, meinen guten, einfachen Weng im Frack vorzufinden. Er hatte „Foreign dress" an, um sich auf diese Weise vor den langwierigen chinesischen Zeremonien zu drücken. Es war dann auch ganz einfach, man braucht nicht mal eine Amtsperson, ein Papier wird von den Zeugen unterzeichnet und in der Familie aufgehoben. Professor Yang war Zeuge und sah in einem sehr schönen Ishang* sehr nett aus.
Es gab wunderbares chinesisches Essen. Währenddessen gingen Freunde von ihm auf die Bühne, einer sang, einer spielte Mundharmonika.
Die Familie hatte ausgiebig Kinder mitgeschleppt, die genährt und trockengelegt werden mußten oder eifrig zwischen den Vorführungen plapperten und begeisternd aussahen ..."

Meine Lehrer konnten mir als Mitarbeiter eines staatlichen sozialwissenschaftlichen Instituts manches zeigen und erklären, was Ausländern sonst nicht leicht zugänglich war.

„15. Dezember 1931
... Von halb neun Uhr bis halb drei nachmittags ein sehr vergnügter Ausflug. Weng war mit dabei. Wir fuhren bei wahnsinniger Kälte

* *chinesisches Gewand*

Streichholzschachteln kleben – 1000 Stück für 30 Kupfer pro Tag (7 Cent)

eine Stunde nach Ming-on, einem chinesischen Dorf; gingen gleich zur Aufwärmung in ein Teehaus für Kulis, wo wir heißen Tee tranken und Nüsse aßen. Anschließend liefen wir in ein Nachbardorf, die Frauen kleben dort im Winter Streichholzschachteln. Wir sahen ihnen zu, sie bekommen für 1000 Stück 30 Kupfer, das sind 15 Pfennig. Am Tage schaffen sie bei 14stündiger Arbeitszeit 1300 Stück."

„11. Januar 1932
... Sonnabend früh fuhr ich mit Han nach Wuhsi, auf der Strecke nach Nanking, einer Stadt mit 150 000 Einwohnern, berühmt für ihre Baumwoll- und Seidenindustrie. Vollgepfropfter 3.-Klasse-Wagen, für Fremde nicht sehr üblich, aber doppelt interessant ...
... Wie Baumwolle auf großen, wie mit Schnee bedeckten Feldern gepflückt wird, haben wir in Shanghais Umgebung schon oft betrachtet. Jetzt sahen wir die Dschunken, gefüllt mit Baumwollsäkken, vor der Fabrik liegen ...*

** Es folgt Besuch der Fabrik mit Beschreibung der Produktionsvorgänge*

... arbeitende Kinder – viele erst 10 Jahre alt

All das Interessante beim Herstellen der Baumwolle konnte ich nur mit halbem Auge betrachten, denn noch mehr interessierten mich die Arbeiterinnen. Die Lishin-Baumwollfabrik beschäftigte 2000 Arbeiter, davon 1500 weibliche und ein paar hundert Kinder. Die Arbeitszeit beträgt zwölf Stunden; für die Frauen und Kinder mit einer Stunde Pause, die Männer pausenlos, gegessen wird neben den Maschinen während der Arbeit. Die meisten der Frauen zwischen 16 und 22 Jahren, Löhne der Frauen acht bis zwölf Mark im Monat. Der Anblick der zahlreichen Kinder, viele erst zehn Jahre alt, im heißen Raum, im ohrenbetäubenden Lärm, war furchtbar. Kinder im Alter zwischen Reni und Binchen* zwölf Stunden Arbeitszeit! Ich sah sie essend neben den Maschinen stehen. Innerhalb von zwei Minuten stellten sie den Reisnapf mehrmals ab, um Hebel zu bedienen und gerissene Fäden zu knüpfen. Die Firma hat zweistöckige Reihenhäuser gebaut. Ein Arbeiter nahm uns in seine Wohnung. Sie war, wie die anderen auch, eine kahle Kammer, in der genau zwei Betten Platz

* *meine Schwestern*

hatten ... Seine Familie besteht aus fünf Personen. Der Raum kostet monatlich 1,50 Mark. Seine Kinder arbeiten von 10 Jahren an. Das erste halbe Jahr lerner sie und bekommen keinen Pfennig bezahlt. Erweisen sie sich dann als geeignet (wenn nicht, werden sie ohne Bezahlung rausgeschmissen), bekommen sie 15 bis 20 Pfennig Lohn am Tag. Diese Fabrik gibt monatlich zwei bis drei Tage frei, je nachdem, wie sie zu tun hat, unbezahlt natürlich. Sonntage gibt es nicht."

Der Brief geht noch viele Seiten weiter und beschreibt den Besuch einer Seidenfabrik, wo Babys direkt neben den Maschinen auf dem Boden lagen, während die Mütter die Seidenkokons mit bloßen Händen aus dem beinahe siedenden Wasser holten.

„Wir machten dann noch einen Spaziergang abends durch die Straßen. Um die ganze Stadt zieht sich die Stadtmauer mit vier großen Eingangstoren an den vier Seiten der Stadt, die jede Nacht um 12.00 Uhr geschlossen werden. Außerhalb der Stadt hausen viele Menschen in Strohzelten, Farmer aus den Hungergebieten und Arbeitslose. In Wuhsi arbeiten von 48 Seidenfabriken nur vier. Japanische und italienische Konkurrenz, erhöhter Zoll nach Amerika, allgemeine Weltwirtschaftslage ..."

So halfen mir Han und Weng auch durch den lebendigen Anschauungsunterricht, China und seine Probleme kennenzulernen. Ich begann, das Volk zu verstehen und zu lieben.

Professor Yang und seiner Frau war ich ebenfalls eng verbunden. Er unterrichtete an einer Universität, seine Frau war Bibliothekarin. Nennen wir sie Pete und Sybil.

Ich kann mich nicht erinnern, ob Pete jemals bei den Treffs mit Richard dabei war, aber sie gaben mir gelegentlich Botschaften füreinander. Pete war schmal und klein, er glich mehr einem zarten Jungen als einem Gelehrten, seine geistigen Fähigkeiten erinnerten mich an meinen Bruder. Und wie Jürgen verfügte er über ein unerschöpfliches Reservoir an Witzen und Anekdoten; sie fielen ihm bei passender Gelegenheit ein, oder er verfaßte eigene Witze, über die er sich im gleichen

Chen Han-sheng, seine Frau und ich

Maße wie seine Zuhörer amüsierte. Vielleicht brauchte der ständig arbeitende, ernste Wissenschaftler und illegale Kommunist diese Art der Abwechslung und Entspannung.

Sybil hatte ein intelligentes, schönes Gesicht, bräunliche Haut, Grübchen und besonders weiße Zähne. Sie war politisch aktiv und organisatorisch begabt.

Rolf lernte beide kennen; sie wurden auch seine Freunde, und Agnes, die von Petes Kenntnissen und Verbindungen für ihre journalistische Arbeit profitierte, kam häufig herüber, wenn Pete und Sybil unsere

Mit Agnes

Gäste waren. Pete stand als angesehener Wissenschaftler auf so hoher Stufe, daß ein Verkehr mit ihm nichts Verdächtiges an sich hatte. Es war kein Problem, mit Chinesen aus „besseren Kreisen" zusammen zu sein. In der Geschäftemacherwelt gehörte die private Geselligkeit mit wohlsituierten Kaufleuten des Landes zum Geldverdienen dazu. Rolfs „Contractor"* bei der Errichtung städtischer Bauten im englischen Settlement besuchte uns und überhäufte mich mit wertvollen

* *Vertragspartner*

Geschenken. Ich nahm alles an, um nicht aus dem für europäische Damen üblichen Rahmen zu fallen. Richard riet mir ebenfalls dazu.

Zu Richards Mitarbeitern gehörte auch eine junge, zarte Chinesin mit kurzem Haar, blassem Gesicht und etwas vorstehenden Zähnen. Sie kam aus einer einflußreichen Familie. Ihr Vater war, glaube ich, ein hoher Kuomintang-General. Er verstieß sie, als sie einen Mann eigener Wahl heiratete, einen mittellosen Kommunisten. Sie war intelligent, tapfer und bescheiden. Ich hatte diese Genossin, die auch Richard manchmal bei mir traf, besonders gern und habe ihr in der Gestalt der „Ma-jen" in meinem Buch „Ein ungewöhnliches Mädchen" ein Denkmal gesetzt. Ma-jens Mann war lungenkrank. Auf Richards Wunsch mietete ich für ihn einen Bungalow in den Bergen von Mokanshan und besuchte ihn dort auch.

Denke ich an diese Genossen, an unsere vielen politischen Gespräche, an das gemeinsame Studium der „Inprekor" mit Han und Weng, so ist es fast unmöglich, sich vorzustellen, daß sie, falls sie noch am Leben sind, uns feindlich gesinnt sein könnten.

Zur engeren Gruppe Richards gehörten der deutsche Funker Max Christiansen-Clausen, der durch seine Zusammenarbeit mit Richard in Japan bekannt geworden ist, sowie Franz, John und Paul. Franz war stämmig und nicht sehr groß. Er hatte eine in Shanghai lebende Weißrussin geheiratet. Es war ein schmerzhafter Prozeß, diese junge Frau an ein anderes Leben zu gewöhnen, und wohl auch eine Beunruhigung für Richard. Der semmelblonde, rotbäckige, gutmütige Franz nahm das Leben nicht allzu schwer. Ob Richard zwei Funker benötigte, ob der eine den anderen ablöste oder für eine andere Stadt vorbereitet werden sollte, weiß ich nicht. Vielleicht hatte Franz auch noch eine andere, mir unbekannte Spezialausbildung.

Damals wußte ich übrigens noch nichts über den Funkerberuf. Franz war wie Max Seemann gewesen. Es gab viele Seeleute unter den Genossen im Aufklärungsapparat; sie waren durch ihren Beruf zum Einsatz als Kuriere geeignet; bewährten sie sich dabei, wurden sie weiter ausgebildet.

Sehr viel mehr als mit Max oder Franz war ich mit John zusammen. John war Pole; wir nannten ihn manchmal Grischa; als ich merkte, daß

… könnte Portrait eines Seeräubers heißen

er das gern mochte, blieb ich dabei. Vielleicht war es sein wirklicher Vorname. Grischa war Mitte Zwanzig. Er hatte dunkles, seitlich gescheiteltes, lockiges Haar, eine Stirn, die wie poliert glänzte, dunkle Augen und hervorstehende Backenknochen. Grischa sprach wenig von sich selbst. Verschlossen und ernst, war komplizierter als Max oder Franz, und über sein persönliches Leben erfuhr ich erst etwas, nachdem wir uns längere Zeit kannten. Ich erinnere mich, daß seine Eltern in Polen nichts von seinem Aufenthalt in Shanghai wissen durften.

In „Dr. Sorge funkt aus Tokyo" erwähnt Otto Braun* (Seite 100 bis 102) den Fotoladen in Shanghai, wo er Richard traf, und einen Polen, der sehr gut Deutsch konnte. Das war Grischa. Der Fotoladen war seine Legalisierung. Er verkaufte Kameras und entwickelte die Filme der Kunden. Er war der Fotograf der Gruppe und kopierte Nachrichtenmaterial auf Kleinfilme.

* *Deutscher Kommunist, von Jugend an organisiert; sowjetische militärische Ausbildung, sieben Jahre Berater der chinesischen Roten Armee; gestorben 1974*

Richard hatte mich gefragt, ob Rolf als Architekt die Inneneinrichtung des Fotoladens, der wohl Ende 1931, Anfang 1932 eröffnet wurde, übernehmen könnte. Eine auf diese Weise sich entwickelnde Bekanntschaft war ein gutes Alibi für Grischas Besuche in unserem Haus. Zudem wünschte Grischa Besonderheiten in seinem Laden, die sich besser mit Rolf besprechen ließen, ohne daß er genau zu wissen brauchte, worum es ging.

Ich weiß nicht mehr, mit Hilfe welcher Tricks ich die beiden zusammenbrachte, jedenfalls lernte ich Grischa offiziell durch Rolf kennen. Grischa machte sich ein Vergnügen daraus, mich mit Handkuß und „gnädige Frau“ zu begrüßen, ich aber litt unter dieser Komödie.

Bald nachdem der Laden eröffnet worden war, erfüllte Rolf mir einen großen Wunsch und kaufte dort einen Leica-Apparat. Ich begann mit Leidenschaft Menschen und Landschaften aufzunehmen. Grischa entwickelte meine Bilder.

„7. Juni 1932 an die Mutter
Das Album, das ich geschickt habe, zeigt Dir Fotos von Reisen und Ausflügen. Die Vergrößerung habe ich nicht etwa beim Fotografen bestellt, sondern er fand das Bild so gut, daß er von selbst eine Vergrößerung machen ließ und mir schenkte. Meine Bescheidenheit verbietet mir, mich selbst in diesem Format zu besitzen, deshalb schicke ich es Dir. Es ist auf der Reise nach Lanchi mit meiner Kamera von Walter geknipst worden.“

Ich weiß noch, was Grischa mir damals über dieses Bild gesagt hat: „Sehr gut getroffen – typisch Du, könnte ‚Porträt eines Seeräubers‘ heißen.“

Das Foto sowie viele andere Aufnahmen, die Grischa für mich angefertigt hat, existieren noch heute, auch die fünfundvierzig Jahre alte Leica aus Grischas Laden ist noch in meinem Besitz. Sie fotografiert übrigens einwandfrei.

Unser Sohn hieß Michael. Rolf wußte, daß ich ihm diesen Namen gegeben hatte, um den amerikanischen Genossen und Schriftsteller

Micha, geb. 12.2.1931

Michael Gold zu ehren. Ich hatte ihn 1928 während meines Amerikaaufenthaltes in einem Ferienlager am Hudson kennengelernt. Sein Buch „Jews without Money" („Juden ohne Geld") gehörte damals zu meinen Lieblingsbüchern. Er kam später noch einmal nach Deutschland und besuchte meine Eltern, doch da war ich schon in China. Bis zu seinem Tode 1967 habe ich so oft wie möglich seine Beiträge in der amerikanischen Parteizeitung „Daily Worker" (später „Daily World" gelesen. Es ist ein Verlust für die internationale Arbeiterbewegung, daß er seine Erinnerungen nicht beenden konnte.

Selbstverständlich spielte der kleine Sohn eine große Rolle in meinem Leben. Gleich nach seiner Geburt hatte ich an Jürgen und Marguerite geschrieben:

„... Ich bin einfach selig mit dem Kind und dann wieder entsetzt, daß er mich mit Haut und Haaren gefressen hat. Im Moment ist von mir nichts übrig, weder für Rolf noch Politik, noch Bücher, noch Euch, nur das Kind, und alles andere nur in bezug auf das Kind. Es bedeutet eine ganz neue Welt mit völlig neuen Gefühlen und Gedanken."

Als Micha elf Tage alt war, trat die Politik schon wieder als „Konkurrenz" auf, und nur die Hälfte des Briefes an meine Mutter ist dem Sohn gewidmet.

„23. Februar 1931
Ich wiege ihn jetzt doch zu jeder Mahlzeit, er kommt dadurch auf ein paar Gramm mehr. Hat er nicht das Mindestmaß, legt man ihn noch mal an. Jedes Gramm Getrunkenes ist doch wichtig ... Rolf betrachtet das Söhnchen oft. Nach dem Nähren müssen wir uns gegenseitig ermahnen, ihn in das Körbchen zurückzulegen und ihm seine Ruhe zu lassen, anstatt ihn ein bißchen zu küssen und sein Gesichtchen ausführlich zu besprechen.
Meine ständigen Begleiter sind ‚Ernährung und Pflege des Säuglings', ‚Gesunde Kinder' und zum Ausgleich ‚Die Wolga fällt ins Kaspische Meer' von Pilnjak. Das ungemein sympathische Vorwort Radeks ist vielversprechend. Übrigens sehr interessant, wie ernst

plötzlich die europäische Presse die Pjatiletka* nimmt. Bisher wurde nur immer davon gesprochen, wie die Arbeiter unter dem Fünfjahrplan zu leiden haben, und sicher stimmt es, daß ihnen große Entbehrungen auferlegt werden. Ich habe nur den Eindruck, daß ein großer Teil von ihnen diese Entbehrungen bewußt gutheißt, damit ihr Werk – der Fünfjahrplan – durchgeführt werden kann. Interessant auch, wie, nachdem nun dem Fünfjahrplan Erfolge von kapitalistischer Seite zugesprochen werden müssen, sofort die Gegenmaßnahmen (keine Lieferung von Maschinen etc. nach Rußland, kein Ankauf der billigen russischen Waren) besprochen werden ...

... Soll ich Micha wirklich nachts nicht trockenlegen, wenn er um zwei Uhr aufwacht und naß ist? Aber aufstehen und nachsehen, wenn er schreit, muß ich doch, wo er so ein Strampelfritz ist? ..."

Agnes verfolgte die Entwicklung meines Kindes mit Liebe und auch Wehmut. Ich rief sie an, als Michael zum erstenmal lächelte, und sie war dabei, als er die ersten Schritte tat. Micha war ein fröhlicher und kluger Junge, alle Genossen mochten ihn gern. Pete und Sybil, die selbst keine Kinder hatten, beschäftigten sich viel mit ihm. Ganz besonders hing meine Freundin Isa an Micha. Isa erwähnte ich zum erstenmal in einem Brief nach Hause am 24. März 1931.

„Eine Bekannte muß ich Euch beschreiben. Eines Tages kam ein junges Mädchen hier mutterseelenallein mit einigen Bücherkisten angereist. Sie eröffnete ein Lädchen voll radikaler deutscher, englischer und französischer Literatur. Sie war Angestellte einer Buchhandlung in Berlin, und ein chinesischer Verleger machte ihren Chef auf die Möglichkeiten in Shanghai aufmerksam. Den Kundenkreis bilden hauptsächlich chinesische Studenten. Sie ist jetzt gerade 23 Jahre. Mutig, nicht? Leider ist sie nicht sehr geschickt im Verkauf. Mir kribbelt es in den Fingern, ihr zu helfen ..."

* *Fünfjahrplan in der Sowjetunion*

Isa war noch viel mutiger, als in dem Brief stand. Auch sie war Genossin und arbeitete illegal in Shanghai. Sie hatte mit ihrem Lebensgefährten, einem chinesischen Genossen, längere Zeit in Moskau gelebt und war mit ihm nach China gekommen. Aus konspirativen Gründen durften sie nicht zusammen leben. Isa hatte daher ihr Kind in Moskau zurückgelassen und sehnte sich nach der Tochter, die noch nicht zwei Jahre alt war; doch von dem Kind erfuhr ich erst später. Isas Mann schloß sich einer trotzkistischen Gruppe an, es gab politische Streitigkeiten, und sie trennte sich von ihm.

Isa hatte Sommersprossen auf weißer Haut, milchigblaue Augen und rotes, widerspenstiges Haar. Sie war ungeschickt und verstand es nicht, sich vorteilhaft anzuziehen. Isa lebte für europäische Verhältnisse in Shanghai sehr anspruchslos. Sie war ein prächtiger Mensch, der mir bald nahestand wie eine Schwester. Auch mit Rolf vertrug sie sich gut, so daß unser Haus ein zweites Heim für sie wurde. Über die konspirative Arbeit sprachen wir nie. Ich erfuhr nicht, ob Isa jemanden von Richards Gruppe kannte, und sie erfuhr nichts von mir. Unser häufiges Zusammensein war leicht zu erklären. Man wußte in Shanghai, daß ich wie sie von Beruf Buchhändlerin war.

Isa bat mich, wenn sie zu uns kam, ob sie Micha baden oder anziehen dürfe. Von ihrem eigenen Kind sprach sie erst, nachdem sie die Nachricht von seinem Tode erhalten hatte. Es war an einer Hirnhautentzündung gestorben. Ihre offene, neidlose Zuneigung für Micha entsprach ihrem wunderbaren Charakter.

Wir unterhielten uns häufig über ihre Buchhandlung, ich half ihr, eine Käthe-Kollwitz-Ausstellung zu organisieren. Isa war fleißiger als ich und selbstloser. Ich war schneller als sie und hatte mehr Ideen.

Ich weiß nicht mehr, wann ich Richards Stellvertreter Paul (Karl Rimm) zum erstenmal traf. Er kam manchmal gemeinsam mit Richard zu mir. Paul hatte einen runden, fast kahlen Kopf mit kleinen Augen und ein rasches, freundliches Lächeln; sein großer, schwerer Körper geriet nur langsam in Bewegung. Pauls Gesicht sah man nicht die Klugheit an, die er besaß, und seine ruhige Gutmütigkeit ließ nicht die Härte und Leidenschaft des Revolutionärs vermuten, die er schon oft bewiesen hatte.

Paul stammte aus einer estnischen Landarbeiterfamilie. Seine Stationen waren: Rotgardist, Bürgerkriegskommissar, in den Sowjet gewählt, Besuch der Militärakademie, sowjetischer General. Ich kannte seinen Namen nicht, unter dem er in Shanghai lebte, und wußte auch damals nicht, daß er aus Estland und seine rundliche mütterliche Frau Luise, die ich ein paarmal traf, aus Lettland stammten. Es war mir bekannt, daß er in Shanghai ein Restaurant besaß. Ich glaube nicht, daß er außerdem Mitbesitzer des Fotoladens von John war, wie es in „Dr. Sorge funkt aus Tokyo" heißt. Es wäre sinnlos, zwei Genossen dieselbe Legalisierung zu geben, zumal Paul schon durch das Restaurant legalisiert war. Ich habe Paul nie hinterm Ladentische bei Grischa gesehen, sondern nur im Hinterzimmer, wo die Filme entwickelt wurden.

Ich erwähnte schon, daß ich bei Treffs in unserer Wohnung nicht dabei war, sondern nur den Genossen ein sicheres Haus bot. Ich bewirtete sie mit Tee, den ich ihnen selbst ins Zimmer trug. Das war ungewöhnlich, da europäische Frauen jegliche Arbeit den Angestellten überließen. Ich bediente daher auch gelegentlich andere Gäste selbst, so daß dies unseren Angestellten höchstens als Marotte auffiel und nicht als gesonderte Behandlung bestimmter Gäste.

Der Koffer, den ich für die Genossen aufhob, wurde während der Treffs benutzt. Er enthielt gedrucktes und handgeschriebenes Material. Bald brachte Richard einen zweiten Koffer mit. Ich stellte ihn wie den ersten in den eingebauten Schrank hinter die Kampferbox, die im Sommer unsere eingemotteten Sachen enthielt. Es war ein großer Reisekoffer. Solche Stücke fielen nicht auf; jeder Europäerhaushalt besaß davon mehrere, da niemand für dauernd in Shanghai lebte.

Als ich wieder einmal den Tee hinauf ins Zimmer brachte, hielten die Genossen Revolver in den Händen. Auch im Koffer und auf dem Teppich lagen Waffen. Ich merkte Richard und Paul an, daß ich in diesem Augenblick nicht willkommen war, aber ich freute mich trotzdem.

Nicht nur Papierchen – auch Waffen! Da war ich nützlicher, als ich gedacht hatte. Ich fand meine Arbeit zu unbedeutend und hatte mich darüber beschwert.

Die Waffen mögen Modelle gewesen sein, die entweder für die Sowjetunion interessant waren (die Tschiang-Kai-schek-Armee besaß deutsche Generale als Berater), oder sie hatten für die chinesische Rote Armee Bedeutung. Vielleicht lernten auch die beiden anwesenden chinesischen Genossen, die Waffen auseinanderzunehmen und zusammenzusetzen.

Es muß um diese Zeit gewesen sein – Micha war ungefähr sechs Monate alt –, als die beiden Koffer geleert wurden und Richard mir riet, einen anderen Koffer bereitzustellen für mich und das Kind. Es könne sein, daß ich sehr schnell fortmüsse ins Innere, um mich bei Genossen zu verbergen.

Ohne weiter zu fragen, packte ich Jäckchen und Windeln und füllte eine Flasche mit sterilisiertem Wasser. Ich war froh, daß ich Micha noch stillen konnte, so gäbe es keinen zu schnellen Nahrungswechsel für das leichtgewichtige Kind. An Milch oder irgendein Milchpulver war außerhalb der großen Städte Chinas nicht zu denken. Die chinesische Kinderfrau, die Micha betreute – in China wurde sie „Amah" genannt –, hatte mir erzählt, sie habe jedes ihrer vier Kinder drei Jahre lang gestillt. Manche Mutter, die arm sei, verkaufe ihre Milch an reiche Mütter von Säuglingen und ziehe das eigene Kind mit Reisschleim groß. Mir war das ein Trost, Reis konnte ich, wo immer ich mich verbergen mußte, für Micha erhalten. Der Amah sagte ich, wie schlimm ich es fände, daß die Mütter der Armen zu einem solchen Verdienstmittel greifen müßten. Sie antwortete: „Me savee, Missie inside much likie Chinese." (Ich weiß, Missie hat innerlich die Chinesen sehr gern.)

Ich wartete täglich auf eine Nachricht und wagte mich nicht aus dem Haus, um einen eventuellen telefonischen Anruf, der vereinbart war, nicht zu verpassen. Rolf sagte ich nichts von dieser Sorge. Eine Sorge war es auch nur bedingt. Geschehen konnte mir zu jeder Zeit etwas, und nun, da Richard von der Gefahr wußte und es die Möglichkeit der Flucht gab, war ich nicht mehr gefährdet als zuvor.

Meine Abreise war nicht nötig. Nach vierzehn Tagen füllten sich die beiden Koffer wieder, und die Genosssen trafen sich erneut bei mir. Aber von nun an hielt ich einen dritten Koffer für Micha und mich ständig gepackt.

Es mag unvorsichtig erscheinen, Waffen und Nachrichtenmaterial am gleichen Ort aufzubewahren, wo illegale Treffs stattfanden. Doch mit dem Nachrichtenmaterial wurde während der Zusammenkünfte gearbeitet, und die Waffen sah ich nur das eine Mal; ich nehme an, sie blieben nicht lange in meinem Haus, vielleicht waren sie aber auch die ganzen zweieinhalb Jahre im Schrank.

Die Treffs wurden erneut unterbrochen, als Richard mich bat, einen chinesischen Genossen, der sich in Lebensgefahr befand, bei mir zu verbergen. Diesmal mußte ich Rolf einweihen, und das Gefürchtete geschah; er wehrte sich mit derselben Begründung wie vor der Geburt des Kindes: Die Gefahr für mich und Micha sei zu groß. Ich sagte ihm, seine Haltung könnte den Tod eines Genossen verschulden und mir würde es nicht gelingen, ihm das jemals zu verzeihen. Schließlich stimmte er zu, aber mir war klar, daß unsere Ehe auf die Dauer nicht so weitergehen konnte.

Später wurde Rolf ein Kommunist, der seine Treue zur Partei und zur Sowjetunion viele Male bewiesen hat.

Der Genosse wohnte ungefähr zwei Wochen lang bei uns; er sprach kaum englisch. Hatten wir unten Gäste, lag er solange oben auf dem Bett, damit seine Schritte nicht zu hören waren. Welche Geschichten ich der Amah und dem Koch über den Logiergast erzählt habe, weiß ich nicht mehr. Nun, da der Genosse bei uns wohnte, war Rolf, soweit dies ohne gemeinsame Sprache ging, zuvorkommend, ja herzlich dem Gast gegenüber.

Auch nachdem er uns verlassen hatte, blieb unser Haus für die Genossen gesperrt, bis seine Sicherheit garantiert war. Bei den Terrormethoden der chinesischen Polizei durfte man, falls jemand verhaftet wurde, nicht die Preisgabe einer Adresse ausschließen.

Zweimal gab mir Richard ein Manuskript zum Abschreiben. Einmal war es ein von IG-Farben zusammengestelltes vertrauliches Material über die geographischen und Agrarverhältnisse in China, Marktmöglichkeiten usw. Das andere war ein ebenso interessantes, ungefähr 350 Schreibmaschinenseiten umfassendes Manuskript über die wirtschaftlichen Verhältnisse Chinas. Ein deutschsprechender Genosse ungarischer Herkunft hatte es verfaßt. Der Name des Genossen war als Mitarbeiter der „Inprekor" international bekannt, aber ich besinne mich nicht mehr auf ihn.

Agnes war, wie schon erwähnt, in unsere Nähe gezogen. Ich schrieb am 17. Oktober nach Hause, daß sie „ganz begeistert von den Möbeln ist, die Zimmer sehr hübsch geworden sind ... und Rolf sich wieder mal prima bewährt hat".

Zu dieser Zeit lernte ich Hozumi Ozaki* kennen. Ich sah ihn mehrmals, besinne mich aber nicht mehr auf die Gründe dafür und könnte dem Porträt, das in den Büchern über Richard von ihm gegeben wird, nichts hinzufügen. Auch mit ihm bestand der enge Kontakt der gemeinsamen Illegalität; er hatte mir einige Fotos von seiner kleinen Tochter gezeigt, die er immer bei sich trug. Es war schrecklich, Jahre später einem Foto von ihm zu begegnen und von seiner Ermordung zu lesen.

Ich war nun schon in vieler Hinsicht dem Lande, in dem ich lebte, verbunden und hatte Jürgen vorgeschlagen, nach China zu kommen.

> „Mich leitet vor allem der Gedanke, daß Du ganz unbedingt Asien kennenlernen mußt. Es ist eine so ungeheure Horizonterweiterung, wirtschaftlich-politisch so fabelhaft interessant, ich halte es für wesentlicher und wichtiger als Amerika, und es ist wissenschaftlich so unerforscht, birgt so viel Material, daß man Großes damit leisten kann, abgesehen von allen menschlichen Interessen ... Das China-Straßenleben ist begeisternd, Lastenträger, Blumenverkäufer, offene Läden, offene Garküchen, Kinder, beschreiben kann man's nicht, aber es ist eine Sache, von der man jetzt schon weiß, daß man später in Deutschland große Sehnsucht danach haben wird. Ich glaube, wenn Ihr kämt, wäre es *die* Reise Deines Lebens."

Natürlich gab es auch Dinge, an die ich mich niemals gewöhnte. Nachdem ich ein Jahr in Shanghai gewesen war, fuhr ich in Urlaub ans Meer nach Paitaiho und schrieb an Jürgen.

* *Japaner, Journalist, Schriftsteller, 1901–1944, enger Mitarbeiter Richard Sorges in Shanghai und Japan; mit Richard zum Tode verurteilt und am 7. November 1944 hingerichtet*

„6. August 1931
Peitaiho ist ein wundervoller Ort, Berglinien und blaues Meer. Es war für mich Zeit, aus Shanghai ein Weilchen herauszukommen. Mein Gewicht ist auf 107 Pfund geschmolzen. Es ist nicht einfach, in China zu leben. Was würde Marguerite sagen, wenn in ihrem Haus zweimal wöchentlich des Abends rote, dicke Tausendfüßler von 15 Zentimeter Länge über die helle Wand kriechen. Hat sie das Glück, daß ihr einer über den Körper läuft, bleibt für viele Monate, oft ein Jahr, ein eiternder Brandstreifen zurück. Sie gehen kaum totzumachen und kommen immer wieder. Rolf zertrümmert sie mit einem Hammer. Mich machen sie ganz verrückt. Auch die Ameisen sind viermal so groß wie in Deutschland. Die Armut und der Dreck, in dem die Kulis leben, sind so furchtbar wie die Aufgeblasenheit der Europäer. Die China-Korruptionsaffären haben in der ganzen Welt nicht ihresgleichen. Chicago, Verbrecherwelt und Alkoholschmuggel sind ein ganz schwacher Abglanz der hiesigen Verhältnisse ..."

Pete und Sybil hatten vor, eine Fremdsprachenschule zu eröffnen, an der ich Deutsch unterrichten sollte. Ich freute mich darauf.

An Jürgen:
„30. September 1931
... Die Schule entwickelte sich folgendermaßen: Der Professor und seine Frau waren das Herz der Sprachenschule, die nach mühevoller Vorarbeit nun eröffnet und bei der Abteilung Erziehungswesen der chinesischen Stadtverwaltung registriert wurde. Nach drei Tagen wird sie plötzlich geschlossen. Keine persönlichen, keine politischen Gründe. Die Beamten der Verwaltung wollten tausend Dollar Bestechung, keine offizielle Bezahlung, eben glatt Bestechung. Nun wissen wir noch nicht, was tun. Rolfs Contractor, der für ihn baut, erzählte beiläufig von einem europäischen Detektiv, der die verbotenen Opium-Läden ‚herausfinden' sollte. Es gibt 36 Opium-Läden in Shanghai, und dieser Detektiv bekam zu seinem Geburtstag von jedem Laden 30 000 Shanghai-Dollar als Geschenk ..."

Ich beschreibe folgende Weihnachtsgaben 1931:

> „Ein riesiger Zuckergußkuchen in Turmform, ein sechzehn Pfund schwerer Schinken, zwei lebende Truthähne, zwölf Pfund Zucker, vier Pfund feiner Tee; ein erlesener Korb voll Wein-, Whisky- und Likörflaschen. Dies kam alles von Rolfs chinesischem Bauunternehmer beim SMC als Geschenkchen. Ein anderer Unternehmer, mit dem Rolf kaum zu tun hat, schenkte uns einen Scheck über 100 Dollar auf das Kaufhaus Wing-on, größtes in Shanghai. So etwas anzunehmen ist nicht etwa unreell in China oder beim Council, sondern selbstverständlich!"

In diesem Brief ist zugleich der Tod des Mannes meiner Amah erwähnt; er war Straßenkehrer gewesen.

> „Sie hat einen 24jährigen Sohn, der arbeitslos ist, Rolf kann ihn vielleicht beim SMC unterbringen. Ihr 15jähriges Mädchen geht jeden Tag in einen Laden und zupft Wolle, und da verdient sie 10 Cent am Tag und manchmal auch 10 Cent und 5 Kupfer (1 Kupfer gleich ein halber Pfennig) ..."

Zu meinen schönsten Erinnerungen gehören die wenigen Male, die ich „unkonspirativ" mit Genossen zusammen war. Einmal trafen wir uns im Jahre 1932 in einem Hotelzimmer. Anwesend waren Otto Braun, seine damalige Lebensgefährtin, eine deutsche Genossin, Grischa, Richard und als Gastgeber ein mir fremder vitaler Genosse mit dunklem Haar und dunklen Augen. Ich nannte ihn wie die anderen Fred. Warum wir uns trafen, weiß ich nicht mehr. Es war ein fröhlicher Abend. Die Frau von Otto war so jung oder so alt wie ich und hatte ebenfalls im Jugendverband Sport getrieben. Wir führten mit großer Gelenkigkeit Gymnastikübungen vor. Freds herzhaftes Gelächter klang robust und lebenslustig, er hatte eine schöne Stimme, kannte viele Lieder, und es war ein Genuß, ihm zuzuhören. Er war Mittelpunkt dieses Abends.

Menschliche Behausungen

... vor der Hütte nur ein kleiner Ofen

Zwei Tage später beauftragte mich Richard, Material zu Fred zu bringen; es befand sich in einer unhandlichen langen Papprolle. Fred unterhielt sich mit mir. Aus irgendeinem Grunde, vielleicht, weil er so viel Interesse zeigte und grade weil er mir fremd war, begann ich, ihm von meinem Konflikt mit Rolf zu erzählen, und fragte ihn, ob wir uns um der Arbeit willen trennen sollten. Fred hörte mir geduldig zu, er sagte, wie sehr ihn mein Vertrauen ehre. Auf einen Rat von ihm kann ich mich nicht besinnen. Als ich nach drei Stunden fortging, überlegte ich, ob die mitgebrachte Papprolle nur ein Vorwand gewesen war und er in Wirklichkeit geprüft hatte, ob ich für die Arbeit geeignet wäre.

Viele Jahre später erkannte ich ihn auf einem Foto als „den Helden von Madrid" wieder. Es war Manfred Stern; unter dem Namen General Kléber war er als Befehlshaber, Verteidiger und Held der Front von Madrid berühmt geworden. In Deutschland hatte er an den Märzkämpfen 1921 und am Hamburger Aufstand 1923 teilgenommen, in China war er 1932 militärischer Hauptberater des Zentralkomitees der KP Chinas. Nach Spanien ging er als hoher Offizier der Roten Armee.

Ein Ausflug, an dem Richard, Paul, Grischa, Franz und Max teilnahmen, führte uns auf die Shanghai gegenüberliegende Seite des Whangpo-Flusses. Über diesen Ausflug schrieb ich nach Hause.

„27. Oktober 1932

Neulich war ich in Pootung, es liegt auf der anderen Seite des Whangpo-Flusses gegenüber Shanghai, ein Fabrikviertel. Wir besuchten die Versuchsstation des Vereins chinesischer christlicher Männer. Sie haben dort eine Schule und etwa 30 Arbeiterhäuser gebaut. Miete vier Mark monatlich. Ich fragte, wonach sie ihre Mieter aussuchten, natürlich müssen sie christlich sein und außerdem zwischen 40 und 60 Shanghai-Dollar monatlich verdienen, also nur Arbeiteraristokratie ist zugelassen, denn das ist ein hohes Gehalt ... Dann in Lehmhütten von Bettlern, Kulis und Arbeitslosen gewesen. Hütten ist ein vornehmer Ausdruck für diese Löcher, manche sind aus alten Blechdosenresten zusammengebaut, fenster- und steinlos, ohne Fußboden, ein kleiner Ofen, um Essen zu kochen, steht vor der Hütte im Freien. Wie die Menschen aussehen, ist unbeschreiblich.

Erwachsene laufen fast nackt in ein paar Lumpen herum. Es gibt Tausende solcher Hütten. Manche Familien haben das Glück, daß ihre Kinder in einer Fabrik, die dicht dabeiliegt, Arbeit finden, sechs Dollar im Monat. Diese Hütten sind Eigentum des darin Wohnenden, er muß nur zwei Dollar Miete für ‚Grundbesitz', worauf sein ‚Haus' steht, jährlich bezahlen. Das erstaunlichste ist, daß die Menschen am Leben bleiben. Daneben steht ein reiches chinesisches Haus mit schönem Garten. Der Besitzer war früher Beaufsichtiger von Fabrik-Kulis, seinen Reichtum hat er sich zehncentweise zusammengeholt. Neben dem großen Haus steht ein kleines bescheidenes; dort hat er noch vor ein paar Jahren gelebt. Jetzt ist auch das große nicht mehr gut genug, er wohnt in einem noch größeren in Shanghai und hat gerade seine vierte Frau geheiratet. Ein neues Zeichen seines Reichtums."

Es war ungewöhnlich, daß sich Genossen, die illegal arbeiteten, zu solcher Besichtigung trafen, aber es war nicht unverantwortlich. Ich sagte schon, wie viele Europäer sich untereinander kannten. Auf diesem Ausflug wanderten wir auch ins Land. Ich besinne mich, daß wir auf einer Wiese spielten. Unter anderem machte Paul mit mir „Butterschwenken". Wir standen, unsere Arme ineinandergehakt, Rücken gegen Rükken und versuchten, den anderen aufzuladen. Wie es mir gelungen ist, den schweren Paul auf meinen Rücken zu transportieren, ist mir unverständlich. Ein Foto existiert noch, Richard nahm es auf; leider sieht man nur, wie Paul mich aufläd; von ihm ist nur ein Stückchen Arm zu sehen.

Einen der schönsten „Genossenausflüge" unternahm ich für drei Tage mit Agnes, Arthur Ewerts* Frau Sabo und Otto Brauns Gefährtin. Ich war glücklich, daß Richard mir nach einigem Zögern die unvergeßliche Hausbootfahrt gestattete. Über die Arbeit fiel kein Wort. Besonders gut besinne ich mich auf Sabo. Ihre Erfahrung als Genos-

** Arthur und Elise (Sabo) Ewert, von Jugend an Genossen; Arthur kommunistischer Reichstagsabgeordneter, später Kominternvertreter; in Brasilien verhaftet, gefoltert, wahnsinnig geworden; Sabo aus Brasilien nach Deutschland deportiert, im KZ Ravensbrück umgekommen*

„Butterschwenken", Richard nahm das Bild auf

sin, ihre Vernunft und ihr trockener Humor beeindruckten mich. Ich war auch ein- oder zweimal mit Arthur und Sabo in Shanghai zusammen. Ich bewunderte Arthurs Temperament und seine Klugheit, doch er wurde leicht zornig. Wenn er sich zu heftig ereiferte, holte ihn Sabo wieder auf die Erde zurück. Sie waren ein Ehepaar, das untrennbar fürs ganze Leben zusammengehörte.

Dreißig Jahre nach unserem Zusammensein in Shanghai schrieb ich über Sabos Tod und Arthurs Schicksal in meinem Buch „Olga Benario".

Abgesehen von dem Abend mit General Kléber, dem Ausflug über den Whangpo und der Hausbootfahrt habe ich niemals Genossen, die nicht auch gesellschaftlich bei uns verkehrten, außerhalb der Arbeit getroffen. Ich könnte unsere vergnügte Stimmung genau beschreiben; aber ich kann mich nicht mehr an unsere Unterhaltungen erinnern.

Wahrscheinlich ist es nicht viel wert, festzustellen, wie geschickt Sabo in der Küche des Hausbootes kochte, wie Agnes uns Witze erzählte, wie General Kléber in einem Hotelzimmer sang oder wie ich mit Richard und Paul auf der Wiese um die Wette rannte, bis wir uns vom Laufen und Lachen gleichermaßen erschöpft ins Gras warfen.

Ich spreche von großen Persönlichkeiten und berichte nur Nebensächliches. Doch in unserer Lage war solch eine Entspannung etwas ganz Seltenes und Besonderes. Diese wenigen Stunden haben eine starke Wirkung auf mich gehabt.

Im September 1931 überfiel Japan die chinesische Mandschurei. Die Art der Rechtfertigung dieses Raubzuges ist uns allen nur zu bekannt: „Das übervölkerte Japan braucht Lebensraum" und später „Hitlerdeutschland muß gegen den gemeinsamen Feind, den Kommunismus, und seine Brutstätte, die UdSSR, gesichert werden."

Aus Briefen:
„Es scheint doch wenig über die hiesige politische Lage in den deutschen Zeitungen zu stehen, deshalb ein kurzer Bericht. Im Vordergrund steht der Japan-China-Konflikt. In großen Zügen wißt Ihr, daß die Japaner einen Teil der Mandschurei mit Mukden als Hauptstadt militärisch besetzten ... Vorläufig handelt es sich um Japans Interesse an der Südmandschurei, bald wird die Nordmandschurei folgen, und das geht Rußland an, Mitbesitzer der Ostchinabahn. Rußland wird unter allen Umständen einen Krieg vor Vollendung des Fünfjahrplans verhindern wollen, es will überhaupt keinen Krieg, aber das nahe an seine Grenze rückende Japan bedeutet eine Gefahr ..."
„... Zur Südmandschurei: Japan hatte durch Besitz der mandschurischen Eisenbahn dort Stützpunkte. Die Chinesen waren recht rührig in der Mandschurei. Sie bauten Parallelbahnen zur japanischen, die deren Einnahmen zu schmälern drohten, sie hatten viel Erfolg mit den von chinesischen Bauern angepflanzten Sojabohnen. In den letzten Jahren wanderten Millionen chinesische Bauern nach der Mandschurei aus. Sie blieben ungefähr so arm wie bei der Einwan-

derung, eine Hacke, eine Lehmhütte und Lumpen zur Bekleidung. Die chinesische Regierung kaufte zu Spottpreisen die Sojabohnen auf und machte große Profite. Ebenso hat die Mandschurei große Eisenlager und Industrie, alles in allem ein reicheres Land, als man bei dem Anblick der trostlosen Lehmhütten und trockenen Erde denkt. Der Augenblick des Einfalls war von Japan günstig gewählt. Die chinesischen Truppen, Geld und Generäle waren in den Kampf gegen die separate Kanton-Regierung ..."

„... Die Gefühle aller Chinesen sind scharf antijapanisch... Der Boykott gegen japanische Waren wird in Shanghai voll durchgeführt. Alle Arbeiter verließen japanische Fabriken, japanische Baustellen, japanische Läden. Die chinesische Regierung unterstützt die antijapanische Bewegung schwach oder gar nicht. Sehr rege sind dagegen die chinesischen Studenten ..."

„... Das gutbürgerliche antijapanische Komitee ruft zu Versammlungen auf. Irgendein zahmer Redner soll sprechen. Es erscheinen an 50 000 Studenten und Arbeiter, die erregt scharfe Maßnahmen fordern und den zahmen Redner niederbrüllen. Einer steigt auf die Plattform, hält eine feurige Ansprache, die nach ‚roten Banditen' riecht. Das Komitee ist entsetzt. Tausende von Studenten besetzten ganze Züge, fahren nach Nanking, fordern Tschiang Kai-schek auf zu sprechen, verprügeln den Außenminister Wang, der nichts Aktives im Japankonflikt unternimmt, und stellen radikale Forderungen ... Tschiang Kai-schek reagiert mit grausamsten Maßnahmen. Frau Bau, in Peitaiho mit chinesischem Professor an der Universität in Peking verheiratet, erzählte mir: ‚Mein Mann hat so viel Schwierigkeiten beim Unterrichten; die Hälfte der Klasse sitzt im Gefängnis, und nur die Hälfte davon kommt wieder raus; so viele von seinen Schülern werden geköpft. Geschieht ihnen auch ganz recht, ich habe gehört, die Kommunisten nageln Kinder von reichen Leuten mit den Händen an den Tischen fest und ziehen Draht durch die Ohren.' ..."

Die durch japanische Angriffe zerstörte „Chinesenstadt" von Shanghai, Chapei

„... Man nimmt an, daß die Mandschurei den Weg Koreas gehen wird, daß heißt, die Japaner werden einen Mandschurei-Chinesen zum ‚Regierenden' machen und die Mandschurei für ‚unabhängig' erklären, das heißt auf japanisch: es zur Kolonie Japans machen."

Diese Voraussage ist eingetroffen. Meine andere Voraussage, daß Japan sich nun der Nordmandschurei zuwenden würde, hat sich nicht bewahrheitet. Die Westmächte, die mit jedem Schritt, der sich gegen die Sowjetunion und den Kommunismus richtete, einverstanden waren, hatten außer einem milden Protest nichts gegen Japans Angriffslust unternommen. Die Sowjetunion stand allein mit ihrer scharfen Warnung an Japan. Sie kannte Japans Wunschtraum, auch die Nordmandschurei zu besetzen, mit der Möglichkeit, an der Grenze der UdSSR Unruhe zu schaffen. Die Sowjetunion verstärkte ihre Truppen sowie ihre Befestigungen im Fernen Osten. Daraufhin änderte Japan seinen Plan. Ende Januar griffen japanische Streitkräfte Shanghai an. Die einzigen, die wochenlang tapfer gegen die Japaner kämpften, waren die Soldaten der 19. chinesischen Armee. Tschiang Kai-schek ließ sie im Stich und unterzeichnete einen Waffenstillstand, der Japan große Rechte einräumte.

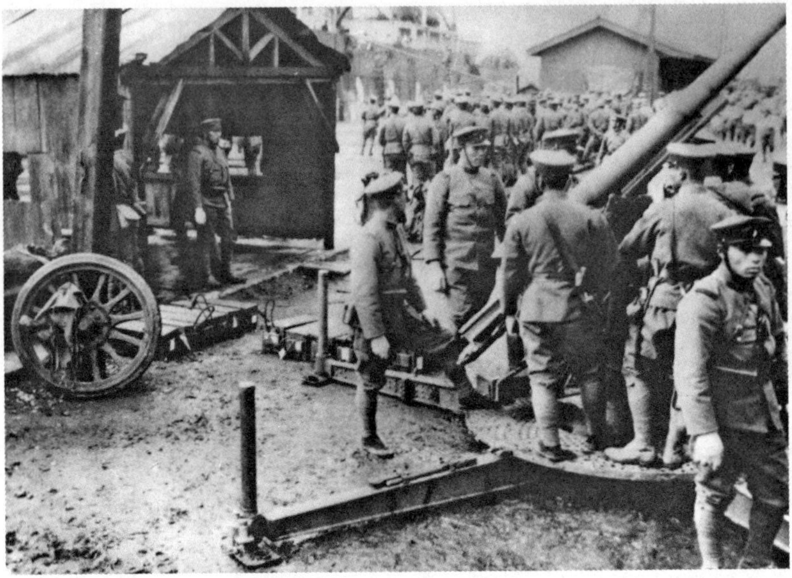

Japanische Soldaten in Chapei, 1932

Der Krieg in Shanghai überschattete für jene, die ihn miterlebten, alle anderen Ereignisse.

Äußerlich lebten die Europäer während der Kriegshandlungen verhältnismäßig sicher und ungefährdet. Doch dieser Angriff war ein so kalter, brutaler Anschauungsunterricht der Methoden des Kapitalismus, daß er bei manchem ein Umdenken bewirkte. Alle, die in den Wirbel der Kriegsfolgen hineingezogen wurden, gingen als andere Menschen daraus hervor. Ich glaube, diese Zeit trug wesentlich dazu bei, daß Rolf Genosse wurde; und auch auf Walters Entwicklung übte sie einen entscheidenden Einfluß aus.

Wieder will ich zitieren, diesmal aus einem Brief von Rolf an seine Eltern, der einen anderen Charakter trägt als seine bisherigen Berichte.

„22. Februar 1932

... Innerlich packt es jeden kolossal. Ein schwaches Land zu überfallen, den Ärmsten durch diesen Brand und Raubzug ihr Letztes zu nehmen ist empörend und aufregend. Man ist hier so richtig an der Quelle eines um wirtschaftlichen Interesses willen geführten Einbruchs, wie man ihn in Geschichtsbüchern früher nachgelesen hat. ... Es gibt beständig Diskussionen, die oft sehr hartnäckig werden, weil eben die Einstellung der Foreigners* auch empörend ist. Diese Gesellschaft, die dem ihre Zuneigung zeigt, von dem sie den besten Profit zu machen gedenkt, die den verrät, durch den sie überhaupt etwas geworden ist, verdient das Schlimmste – und es kommt auch noch mal so weit, glaube ich, daß Weltgeschichte Weltgericht ist."

Ich schrieb am 29. Januar 1932:

„In den chinesischen Teilen Shanghais ist es unruhig ... Man hört viel Schießen; am Ende aller Straßen stehen Barrikaden aus Stacheldraht und Holz. Die Japaner benehmen sich schlimm und das ‚neutrale' Settlement auch. Das internationale Volontärkorps des Council hat ausgerechnet eine japanische Truppe als Settlementschutz an eine brenzlige Stelle gestellt. Selbstverständlich schossen diese Truppen in die Chinesenstadt hinein, statt sie zu schützen, während die Chinesen eine Rückfeuerung ins Settlement nicht wagen können ...
Wir stiegen gestern auf ein Dach und sahen das brennende Chapei, die Chinesenstadt. Ganze Straßenzüge voll riesiger Flammen, der Nordbahnhof abgebrannt, die Commercial Press auch, die größte Druckerei Chinas, eine der größten der Welt. Das Tollste am Angriff der Japaner ist, daß sie zwei Stunden, nachdem das Ultimatum, das sie dem Shanghaier Bürgermeister gestellt hatten, völlig zur japanischen Zufriedenheit beantwortet war, mit der Schießerei anfingen."

„2. Februar 1932
Der Brief ist immer noch da, es hat keinen Zweck, ihn einzustecken, da nichts befördert wird. Im Settlement herrscht Belagerungszustand. Nach zehn Uhr abends darf niemand auf die Straße. Unser Haus ist voll besetzt; der Koch hat seine Tochter und die Schwester seiner Frau angebracht, nachher trifft die Amah mit drei Kindern

* *Ausländer*

ein, alles schläft bei uns ... Es strömt noch immer zu Tausenden zu Fuß, auf Karren, in Rikschas und in Autos, Frauen mit Kindern, Bündeln, Decken aus der Chinastadt. Manche sitzen hilflos in den Straßen. Leere Häuser sind gestopft voll mit Flüchtlingen."

Sieben Verwandte der Amah und des Kochs wohnten in dieser Zeit bei uns. Typisch für die englische Gesellschaft, der unser Haus gehörte, war ein Brief: In dem Vertrag stünde, die Häuser dürfen nicht an Chinesen vermietet werden; sie hätten eine Beschwerde erhalten, daß wir dagegen verstoßen haben.

Die Treffs der Genossen in unserem Hause wurden nicht unterbrochen. Tagsüber befanden sich alle Chinesen auf den Hinterhöfen. Trotzdem kritisierte Richard mich – ich glaube, zum erstenmal. Meine Hilfsbereitschaft den Angestellten gegenüber unterscheide sich zu stark vom Verhalten anderer Ausländer und falle daher auf.

Für unsere Gruppe waren diese Wochen eine Zeit großer Aktivität. Richard interessierten neben allen militärischen Fragen, Japan betreffend, die Zustände im chinesischen Viertel, im japanischen Hongkewviertel, die Stimmung der chinesischen Bevölkerung, die Haltung der Europäer, die Moral der 19. Armee, ihre Zusammensetzung, ihre Einstellung zu den Japanern sowie zur chinesischen Roten Armee, gegen die sie früher gekämpft hatten.

Meine Briefe bedeuteten ein Echo der in dieser Zeit gewonnenen Eindrücke.

„2. Februar 1932
... Wir erhielten die Nachricht, daß ein chinesischer Freund von uns, der im japanischen Viertel wohnte, verhaftet worden war, und gingen auf die Suche. Das japanische Viertel sieht doll aus. Ganze Straßenzüge menschenleer und totenstill, bis auf schwerbewaffnete durchfahrende japanische Militärautos und ein paar Leichen. Die meisten Häuser ohne Fensterscheiben; die Türen zerbrochen. Glücklicherweise hatten wir* die Visitenkarte eines Japaners mit. Alle

* *Isa und ich*

Wachen ließen uns durch. Unser Freund wohnte mit seinem Schwager, einem Zahnarzt, zusammen. Wir erreichten den Schwager, der uns wenig Hoffnung machte. Chinesen aus Gegenden, wo geschossen wurde, werden getötet. Als der Schwager Soldaten im Haus hörte, verkroch er sich im obersten Stockwerk in einem großen Korb mit seinem neunjährigen Sohn. Unser Freund sagte, wenn man sich verbirgt, haben sie nur Verdacht. Dieser Freund, ein intelligenter Junge, der in Amerika studiert hatte und viel las, besaß wohl auch Bücher über Rußland. Als der Zahnarzt sich herunterwagte, war der Schreibtisch durchwühlt und unser Freund verschwunden."

Im Japanerviertel war ich auf Richards Wunsch gewesen. Die Visitenkarte des Japaners, die ich im Brief an meine Mutter erwähnte, gehörte Hozumi Ozaki. Isa kannte Ozaki ebenfalls, und Lau, unser vermißter Freund, war ein eifriger Kunde in ihrem Buchladen gewesen, Richard stimmte zu, daß wir zu zweit auf unsere nicht ungefährliche Mission gingen, die am besten von Frauen unternommen wurde.

„8. Februar 1932
Ans Schießen hat man sich schon so gewöhnt, daß man kaum noch hinhört. Wir vermissen zwei chinesische Freunde. Ich sah mir auf der Suche nach ihnen gestern 117 Gefangene der Japaner an, die sie an Engländer ausgeliefert hatten, die einzig Lebenden aus japanischer Haft; das heißt, die Engländer entdeckten diese Gruppe und retteten sie. Ihr Zustand ist unbeschreiblich. Die meisten von ihnen wurden auf der Straße oder in Häusern gefangengenommen, einfache Zivilisten, Arbeiter, Kulis und Studenten. Während der Tage der Haft hat man ihnen keinmal die auf dem Rücken gefesselten Hände gelöst; sie haben Wunden von Schlägen und Bajonettstichen. Einen hat man vier Tage und vier Nächte gewaltsam wach gehalten. Schluß vom Krieg. Sicher sind die Japaner nicht einmal besonders grausam, die Chinesen behandeln ihre Kommunisten genauso. Und der Weltkrieg* – na Schluß."

* *1914 – 1918*

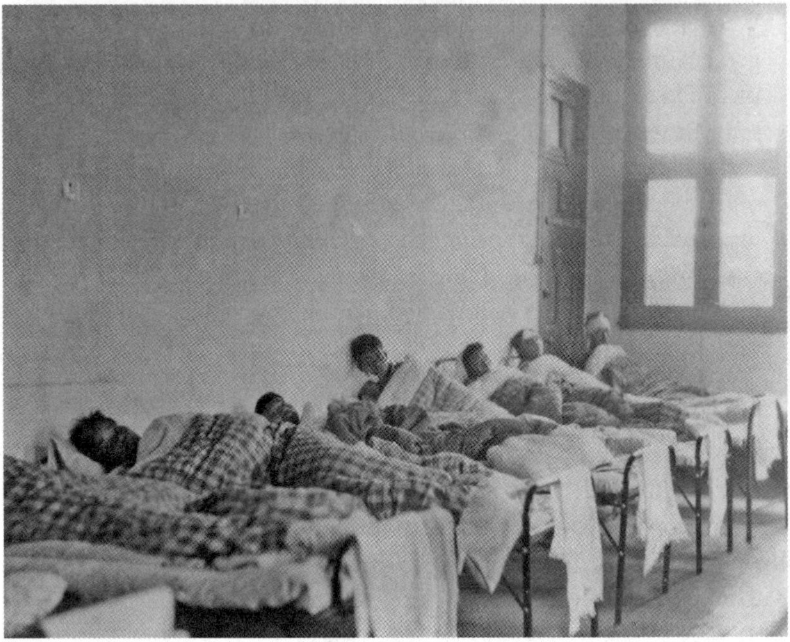

Im Kampf gegen die Japaner verwundete Soldaten, 1932

Die Erlaubnis zum Besuch der Polizeistation und der Flüchtlingslager verschaffte mir Rolf durch den Shanghai Municipal Council.

„13. Februar 1932

Gestern war Michas Geburtstag.25 Die Amah und der Koch hatten ihm zusammen einen Anzug und Schuhchen gekauft, Bluse, Höschen aus knallorangefarbener Seide mit rosa Schlips, er sah furchtbar komisch darin aus. Ich hoffte, er würde sich, bis die Gäste kamen, tüchtig naß machen, so daß wir ihn in sein blaues Zeug umziehen konnten, aber aus Angst, daß dies geschehe, hielt die Amah das arme Kind jede Viertelstunde ab.

Micha ist jetzt 71 Zentimeter groß und stößt im Körbchen mit Kopf und Füßen an. Ich habe noch kein Bett besorgt, weil die Flüchtlinge jetzt das Zimmer haben und ich (im geheimen freue ich mich über die Verzögerung) noch mit Micha in einem Zimmer schlafe. Abends wurde derart geschossen, daß man nicht einschlafen konnte ..."

„20. Februar 1932
Es wird noch immer gekämpft. Die 19. Armee der Chinesen ist überraschend widerstandsfähig und tapfer. Sie kämpft fast ohne Unterstützung der Regierung, die, wenn sie wollte, schon längst über die Japaner gesiegt haben könnte. Leider will sie nicht, speziell Tschiang Kai-schek nicht. Der Erfolg ist, daß nun zum erstenmal die chinesischen Massen einig sind, und zwar einig gegen Tschiang Kai-schek. Der einfachste Chinese hat nun begriffen, was dieser Mann ist. Da ich neulich mit den hiesigen Berichterstattern nach Deutschland, Bosshardt für Ullstein, Dr. Vogel für Münchener, Hamburger und Kölner Zeitungen, gesprochen habe und den Eindruck erhielt, daß sie ausführlich berichten, schreibe ich nicht allzuviel darüber. Tatsächlich nennt sich das Ganze noch Waffenstillstand. Die japanischen Methoden sind an folgendem zu ermessen: Chinesische Soldaten etwa zwei- bis viertausend Tote, chinesische Zivilisten an die zehntausend Tote, Flüchtlinge aus dem chinesischen Teil der Stadt über 600 000. Die Fabriken in dem chinesischen Teil Chapei natürlich stillgelegt. Zusätzlich sind durch Schließung der japanischen Fabriken in Shanghai an einem Tage 300 000 chinesische Arbeiter arbeitslos geworden. Irgendwelche Unterstützung für sie gibt es nicht. Das Massenelend ist furchtbar. Was dagegen unternommen wird? Die europäischen Volunteerkorps sind von der Settlementgrenze abberufen und durch reguläre Truppen ersetzt worden, weil die Volunteers jetzt das Innere der fremden Niederlassung vor eventuellen Unruhen und Aufständen der chinesischen Flüchtlinge und Arbeiter schützen sollen. Unsere Flüchtlinge (chinesische Flüchtlinge, die bei uns wohnten) sind vor ein paar Tagen nach Hause gegangen, aber sieben Mann doch wieder zurückgekehrt. Japanische Soldaten strolchen überall herum. Die Art der Tötung und vieles andere, was ich von zuverlässigen Leuten gehört habe, will ich Euch nicht beschreiben."

Bald bot sich Gelegenheit, Kontakt mit der chinesischen 19. Marscharmee aufzunehmen. Im Namen der Wohltätigkeit konnte man die verwundeten Soldaten in den Hospitälern besuchen. Han kam als Übersetzer mit.

Unser Unternehmen war kein großes Risiko. Schwierig war, abzuschätzen, wie weit ich in meinen Fragen gehen konnte, ohne daß den Hilfsschwestern und chinesischen Wohltätigkeitsdamen unser warmer und schneller Kontakt mit den Soldaten auffiel. Nach zwei Besuchen hielt es Richard für besser, daß wir nicht mehr in das Krankenhaus gingen.

Meine Fragen bezogen sich auf die Stimmung der Soldaten, ihre soziale Herkunft, die Beweggründe, in die Armee einzutreten, ihre Eindrücke von der Roten Armee und von der japanischen Armee in Shanghai und was sie selbst bewogen hatte, tapfer zu kämpfen. Ich sprach ausführlich mit sieben oder acht Leichtverwundeten. Richard war erstaunt, daß mir so offene Gespräche gelungen waren. Leicht kam man sonst nicht an die Armee heran. Informationen sammeln in einem Land mit 96 Prozent Analphabeten und wenig Veröffentlichungen war sehr verschieden von den Möglichkeiten in europäischen Ländern.

Ich konnte Richard um diese Zeit auch ein recht genaues Bild von der Stimmung unter den Europäern geben, weil der Überfall das Hauptgesprächsthema war. Walter spielte jetzt in meinen Berichten an Richard eine große Rolle. Ich freute mich, daß Walter mir in unseren stundenlangen Diskussionen immer häufiger recht gab. Bei ihm war der Umschlag des Denkens durch die politischen Ereignisse am eindrucksvollsten.

Walter war einer der führenden europäischen Geschäftsleute in Shanghai mit Verbindungen zu chinesischen Geschäftsleuten und zur Nanking-Regierung; er reiste viel innerhalb Chinas umher. Mir war klar, welche Bedeutung er für uns haben konnte. Es kam der Tag, an dem ich Richard sagte, ich möchte versuchen, Walter für uns zu gewinnen. Natürlich konnte ich Walters Antwort nicht voraussehen, aber bei einem Nein riskierte ich nur, daß er erfuhr, daß ich politisch tätig war. Er würde Schweigen bewahren und mich nicht weniger achten, dessen war ich sicher. Richard stimmte zu.

Innerlich angespannt und mich vorsichtig dem Thema nähernd, sprach ich mit Walter. Ich sagte ihm nur, daß es um Unterstützung chinesischer Kommunisten ginge. Alles andere sollte Richard überlassen bleiben.

Walter war zur Mitarbeit bereit. Ich vereinbarte die erste Zusammenkunft. Richard sagte mir hinterher, die Unterhaltung sei positiv und sehr interessant verlaufen. Aus ihrer weiteren Verbindung war ich ganz ausgeschaltet. Ich glaube, daß Walter sehr nützlich für Richard war; sie hatten jahrelang Kontakt miteinander. Mein Eindruck war, daß Richards Persönlichkeit Walter faszinierte und ihn an die Arbeit band. Später hat er sich von uns entfernt, ohne sich gegen uns zu wenden oder irgend jemandem zu schaden. Ich habe ihn das letztemal im Mai 1936 gesehen. Er starb vor einigen Jahren.

Allmählich beruhigte sich die Lage in China. Ich schrieb an meinen Bruder am 11. April 1932:

> „... Im Moment ist Japan nicht aktiv, aber wir erwarten, daß es wieder losgeht, keiner glaubt ja an endgültigen Frieden. Wahrscheinlich spielt sich das außerhalb Shanghais ab beim nächstenmal."

Auch diese Einschätzung war nicht falsch. Japans kriegerisches Eindringen in chinesisches Gebiet erstreckte sich so gut wie straflos über sechs Jahre, bis es 1937 endlich gelang, in China eine antijapanische Einheitsfront zu schaffen. Sie reichte von den Kommunisten bis zu Tschiang Kai-schek, der sich dieser Forderung des gesamten Volkes nicht mehr entziehen konnte. Der gemeinsame Widerstand brachte Japans Offensiven zum Stillstand.

In Shanghai normalisierten sich die Zustände für die Ausländer im April 1932. Für die Armen des Volkes blieben abgebrannte Wohnungen, Millionen Arbeitslose – und es blieben ihre Toten.

Brief an die Eltern:

> „... Wir beide leiden unter den schrecklichen Verhältnissen. Schmutz, Armut und Elend sind für Euch völlig unvorstellbar. Wir finden auch nicht, daß man dagegen abstumpft; neulich fand ich ein totes Baby mit noch nassen Windeln auf der Straße ..."

Wichtiger Bestandteil meines Lebens in China und beste Erholung waren immer wieder die Fahrten ins Innere des Landes. Wir kamen zwar in den wenigen freien Tagen nicht sehr weit, aber das „Innere" begann schon in geringer Entfernung von Shanghai.

Brief an die Eltern:
„... Ostern war wundervoll, es wurde, wie sich das ziemt, in religiöser Umgebung verbracht, und zwar in einem buddhistischen Kloster. Donnerstagnachmittag von Shanghai mit Dampfer nach Mingpoo (siehe Landkarte China). Dort Ankunft Freitag, acht Uhr früh. Südlich von Mingpoo liegt der Tempel ‚Himmelssohn'. Man besteigt ein kleines Motorboot. Die Fahrt – zweieinhalb Stunden – ist sehr lustig, schon das Boot an sich. Ein kleiner Schlepper. Erster Klasse ist das Motorboot, auf dessen Dach liegend wir die Fahrt verbrachten. Zweiter Klasse sind die zahlreich angehängten Ruderboote mit halbrunden Bambusdächern; fünf Boote, angefüllt mit lebhaften Chinesen ... In dem einen Boot saß ein Sänger mit Trommel und Gong, der die Fahrt mit langen Versen begleitete. Wo er saß, war es still, alle hörten zu und spendeten reichlich Kupfermünzen.
Die Lage des Tempels ist herrlich. Hinter dem ersten Tempel liegt der Karpfenteich, dahinter zwei Goldfischteiche. Auf den großen gepflasterten Tempelhöfen liegt Reis zum Trocknen und wird von den Mönchen mit Bambusharken gewendet. Wir schliefen in chinesischen Betten und aßen chinesisch. Die Betten sind sehr breit, haben ein Dach, Stoffvorhänge und als Matratzen Strohmatten. Das Essen ist buddhistisch. Immer wieder fragen die Mönche, warum ich chinesisch spreche und Rolf nicht, denn daß ich als Frau was mehr kann als der Mann, ist ihnen unfaßlich. Dann aber steigt Rolf plötzlich sehr in ihrer Achtung und Bewunderung, er zeichnet nämlich die Tempel und porträtiert zwei Mönche."

Pfingsten unternahm ich mit Walter und Erich Landauer einen längeren Ausflug. Rolf, großzügig und gütig auch in diesen Dingen, freute sich mit mir, wenn sich eine Gelegenheit bot, einmal von Shanghai fortzukommen, selbst wenn er nicht dabeisein konnte.

Terrassenförmig liegende Reisfelder

Erich Landauer, ein junger Chemiker und Neffe von Gustav Landauer,* war nach China gekommen. Ich schrieb über ihn nach Hause:

„Er ist der Typ, den man sonst hier so vermißt; anregend, intelligent, witzig, Wissenschaftler."

Er war fortschrittlich, und ich hatte die Hoffnung, ihn für unsere Arbeit zu gewinnen, aber er heiratete eine kleinbürgerliche Chinesin, stand stark unter ihrem Einfluß, und deshalb versuchte ich es nicht.

„19. Mai 1932
Die Reise war ganz entzückend. Abfahrt Sonnabend mittag, sechs Stunden Bahnfahrt bis Nangchinchia, kleine Station hinter Hangchow. Dort in ein nettes chinesisches Hotel gegangen ...

* *Mitglied der Münchener Räterepublik, 1919 ermordet*

Wintergerste wird zum Trocknen auf die Bäume gehängt

Am nächsten Morgen war mein Geburtstag. Als erstes brachte der Hotelboy mir eine Reihe Telegramme, die ich bald als von Walter fingiert erkannte. Dann mit einer Fähre auf die andere Seite des Flusses. Von dort geht die Bahn bis Lanchi, eine zehnstündige Bahnfahrt, die durch wunderschöne Landschaften führt. Dieses Bimmelbähnchen hat unser guter Freund Bernstein (Orenstein & Koppel) den Chinesen gebaut, und sie bildet seinen Stolz und seine Freude. Wir saßen meist auf der Plattform draußen und baumelten mit den Beinen. Nebenherlaufen wollten wir nicht, damit die Bahn ‚kein Gesicht verliert'. Zu beiden Seiten der Schienen liegen Reisfelder terrassenförmig; mitten in den Feldern stehen kegelartige Grabhügel oder herrliche alte Bäume, die zu Ehren der Ahnen gepflanzt wurden. Diese Bäume haben auch einen wirtschaftlichen Sinn. Die Wintergerste ist geerntet, und da auf den wasserüberspülten Reisfeldern kein Platz ist, um die Gerste zu trocknen, wird sie reihenförmig zusammengebunden und auf die Bäume gehängt. Es sieht aus, als ob die Bäume gelbe Kleider anhaben. Hinter den Reisfeldern erheben sich grüne Berge ... Lanchi liegt am Tentang-Fluß ... Am Abend unserer Ankunft besuchten wir den Bürgermeister von Lanchi, an

Unser Boot am Abend auf dem Tentang-Fluß

den uns Bernstein eine Empfehlung mitgegeben hatte. Am nächsten Tag sollte unsere Bootsfahrt den Fluß hinunter beginnen, und der Bürgermeister ließ sich nicht ausreden, daß wir zwei seiner Polizisten zum Schutz mitnehmen müßten. Tatsächlich erschien nachts, als wir in den Betten lagen, der Oberpolizeimann von Lanchi mit zwei Hilfskräften, die wir nur mit Mühe los wurden. Am nächsten Morgen mieteten wir eine Dschunke. Die Flußfahrt war landschaftlich das bisher schönste Erlebnis in China, abgesehen davon, daß wir unglaublich vergnügt waren. Das Boot hatte drei Mann Besatzung; es wird gerudert und geht mit der Strömung des Flusses rasch vorwärts. Ein halbrundes Bambusdach bedeckt es, das aus drei Teilen besteht und beliebig vergrößert oder verkleinert werden kann. Vormittags hielten wir an und schwammen, ich natürlich selig, mal wieder im Wasser zu sein. Nachmittags legten wir in einer Wildnis an und stiegen auf einen verlockenden Berg. Die Gegend ist südlich und fruchtbar. Bald verloren wir den Weg, das heißt, es gab keinen, und kämpften uns durch Dornen, scharfes Schilf und Geröll. Nach zwei Stunden mußten wir aufgeben. An einer Stelle, noch weit vom Gipfel entfernt, belohnte uns ein herrlicher Ausblick auf den Fluß und

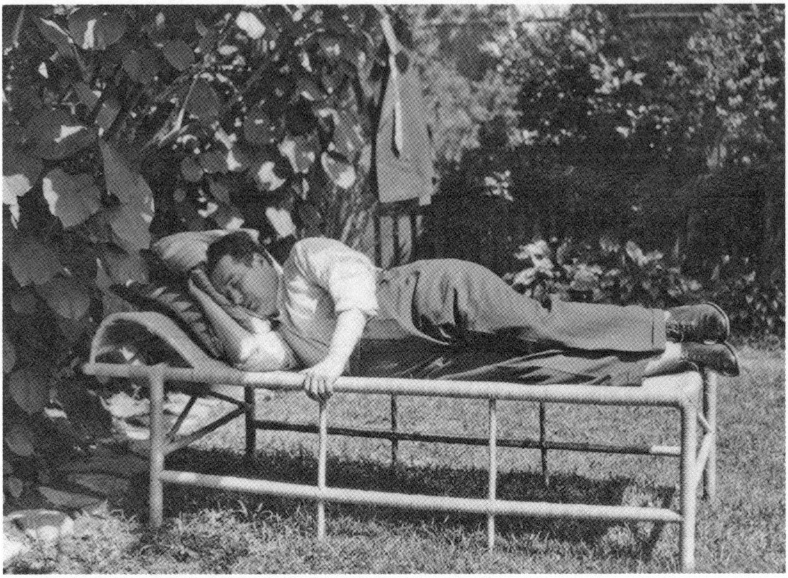

„Der rasende Reporter"

die umliegenden Berge. Erich, der viel Sinn für Tiere, Steine und Pflanzen hatte, war begeistert von herrlichen schwarz-gelb gestreiften Tausendfüßlern (ich minder!), von Schmetterlingen und tropischen Gewächsen. Mit dem Bewußtsein, als erste Europäer auf diesem Berg gewesen zu sein, stiegen wir zerkratzt und zerschunden wieder hinunter. Es war eine Kraftanstrengung, wie ich sie liebe. Die Ruderer kochten unser Abendessen. Wir hatten beschlossen, gleich schlafen zu gehen, das heißt unsere Decke unter dem Bambusdach auszulegen, es gab nichts als blanken Holzfußboden ... Der Mond kam heraus, die Ruderer sangen vor sich hin, die Berge wurden immer höher – es blieb beim Entschluß, schlafen zu gehen, es war zu schön dazu ..."

Im selben Brief steht: „Letzten Sonntag waren genau wie vorigen Kisch und Agnes da."

Ich hatte schon in einem Brief zuvor geschrieben, daß Egon Erwin Kisch zum Abendessen gekommen und bis zwei Uhr nachts geblieben war. Aus demselben Brief ging hervor, daß ich mich zunächst mit ihm gestritten und ihm gesagt hatte, er sei eitel. Wir hörten drei Wochen nichts voneinander. Dann söhnten wir uns wieder aus, und ich schrieb nach Hause, wie interessant und anregend er war.

„4. Mai 1932
Jetzt stehen wir sehr nett. Er ruft an: ‚Ja, Kind, hier ist dein guter alter Onkel Kisch – ich möchte am Sonntag zu Euch kommen.'
Das letztemal war Kisch müde und legte sich mit aufgekrempelten Hemdsärmeln, ohne Schlips in den Liegestuhl zum Schlafen. Wir knipsten ihn. Hoffentlich ist es was geworden. Dann kriegt er es mit der Unterschrift ‚Der rasende Reporter' zugeschickt. Er fährt morgen weg.*
Kisch war sehr begeistert von einem F-Artikel ‚In japanischen Händen'** – weiß aber nicht, von wem er ist."

„... Ein anderer Stern am Shanghai-Himmel ist Rosi Gräfenberg-Ullstein, die ich bei einem Lunch in Bernsteins Haus ‚genoß'. Kisch nennt sie ‚eine kapitalistische Sumpfblüte', wie sie uns empört berichtete ..."

Ich schätzte die Bücher von Kisch sehr, meine Vorbehalte waren entstanden, weil ich wußte, daß er nur drei Monate bleiben und dann ein Buch über China schreiben wollte. Agnes und ich waren ärgerlich über sein, wie uns schien, oberflächliches Herangehen. Wer konnte sich einbilden, dieses Land in so kurzer Zeit auch nur annähernd kennenzulernen. – Wir wußten nichts von der großartigen Arbeitsweise Kischs. Er war gründlich vorbereitet, hatte das Talent, Wesentliches schnell zu erfassen, und ließ es niemals ungeprüft.
Im Sommer 1932 planten Agnes und ich, die heißeste Zeit in Kuling, das tausendzweihundert Meter hoch in der Provinz Kiangsi liegt, zu verbringen. Agnes fuhr voraus und mietete einen Bungalow für uns.

** nach Peking*
*** Reportage in der »Roten Fahne« vom 24. April 1932, die ich unter Pseudonym geschrieben hatte*

Feuilleton der Roten Fahne

Nummer 88 3. Beilage
Sonntag, 24. April 1932

In japanischen Händen / Bericht aus Schanghai von A. Z.

Weis: Dieses Jahr könnten wir eigentlich wieder mal die Parole „Arbeitsruhe" ausgeben

Frauen am Hakenkreuz

Der Weltkrieg

hat begonnen! Wer schweigt, ist mitschuldig. Schriftsteller, macht mobil gegen den Krieg der Imperialisten!

Dokumente und Kurzberichte zum jetzigen Krieg

Internationaler Abend des Bundes proletarisch-revolutionärer Schriftsteller Deutschlands am Dienstag, dem 26. April, 20 Uhr, im Nationalhof, Bülowstraße 37.

Wahlresultate

werden am Sonntag im „Klub des graphischen Block, Endestraße 4, verlängerte Charlottenstraße, bekanntgegeben.

Mein Artikel in der „Roten Fahne"

Ursprünglich wollte auch Sung Tsching-ling mitfahren. Ich kannte sie schon längere Zeit, sie war die Frau des verstorbenen chinesischen Präsidenten Sun Yat-sen. Nach seinem Tode hatte sie sich politisch noch weiter nach links entwickelt. Damals erkannte Sung Tsching-ling die Bedeutung der Zusammenarbeit mit der Sowjetunion.

Ich war öfter mit Agnes bei ihr und besuchte sie auch allein. Sie war eine zierliche, graziöse Frau. Ihr Leben war nicht leicht; eine ihrer Schwestern war mit Tschiang Kai-schek verheiratet, die andere mit dem Finanzminister Tschiang Kai-scheks. Sie selbst war wegen ihrer politischen Ansichten bei ihrer einflußreichen Familie in Ungnade gefallen. Einmal schenkte sie mir einen seidenen Ishang, den ich noch viele Jahre trug. Sie kam dann doch nicht mit nach Kuling, Richard war dagegen, daß ich mich öffentlich mit ihr sehen ließ.

Ich schrieb an die Eltern über Reise, Ankunft und Aufenthalt in Kuling:

Juli 1932

„Vorgestern glücklich in Kuling eingetroffen. Sehr herzlich von Agnes begrüßt. Die Fahrt den Jangtse-Fluß hinauf (fünf Tage) ist landschaftlich schön, aber etwas traurig. An den Haltestellen kommen Bettler in Waschzubern angerudert, Flüchtlinge von der letztjährigen Flut, und der Jangtse steigt dieses Jahr schon wieder. Man sieht Häuser halb unter Wasser und viel Land verschluckt. Die Reise nach der Dampferfahrt etwas schwierig. Bei strömendem Regen in einer offenen Rikscha auf durchweicht-holprigen Wegen. Dann in einem rumpligen Autobus eine Stunde bis an den Fuß des Berges. Von dort steile Wege in schwankenden Tragstühlen drei Stunden bergan. Man löst ein Billett und zahlt. Nach fünf Minuten setzen die Kulis die Tragstühle ab, der Kunde wäre zu schwer, und fordern ein extra Trinkgeld. Man bewilligt es, denn sonst kommt man nicht mehr bis zur Dunkelheit nach Kuling. An steilen Stellen erklären sie plötzlich, man müsse laufen, trotzdem extra ein Schild dransteht, sie seien verpflichtet, den ganzen Weg zu tragen. Ich klettere also mit Micha im Arm einen Teil des steilen Steinweges hinauf. Die Kulis folgen grinsend.

Das sind die Dinge, warum sich viele über die Chinesen beschwe-

ren. Oft ist man auch furchtbar wütend, aber was soll man von unterbezahlten, überanstrengten Kulis verlangen?
Auf dem Schiff hatte ich Gelegenheit, Missionare aller Art kennenzulernen. Aller Art kann man eigentlich nicht sagen, die meisten sind von einer Art – entsetzlich! Und noch schlimmer sind ihre Frauen, besonders die amerikanischen. Süßlich lächelnde, eingetrocknete Schreckschrauben. Einige natürlich besser. Eine alte Missionarsfrau ging 1907 das erstemal nach Kuling. Ihr Töchterchen vertrug die Hitze in Hankau nicht. Der Arzt sagte, nur kühles Klima könne helfen; die Frau nahm das Kind mit in die Berge und baute mit Hilfe von Chinesen in drei Wochen ein Haus aus Stein und Lehm. Nach ein paar Tagen lief ihr Kind gesund und vergnügt herum. Selbiges Kind hat sie wieder bei sich, jetzt etwa 39 Jahre alt, völlig knochig, trägt einen verheerenden Hut auf dem Kopf und einen Handarbeitsbeutel im Arm."

An die Eltern:

„5. Juli 1932, Kuling
Agnes und ich laufen jeden Nachmittag lange Wege und haben schöne Blicke ins Jangtse-Tal hinunter und den Blick auf die langen Bergzüge von Hupeh, wo die Roten sind. Man versteht ihre Taktik hier oben gut, denn auch hier sind es wilde Berge, dicht wie der Dschungel bewachsen. Sobald die Berge pfadlos werden, können keine fremden Truppen durchfinden, sondern nur die einheimischen Roten, das heißt die Rote Armee mit Hilfe einheimischer Bauern. Leider gibt es gar keinen Wald hier, sondern nur Gestrüpp. Der chinesische Bauer ist zu arm, um zu warten, bis ein Baum gewachsen ist; er pflückt das Gestrüpp und die kleinen Bäume, macht Kohle oder Besen daraus und verkauft sie. Nur der Bambus, der in sechs Wochen ausgewachsen ist, hat in China die Möglichkeit zu bestehen."

„27. Juli 1932
Agnes ist zurück nach Shanghai, sie kam ja schon fünf Wochen vor mir raus. Dr. Vogel von der deutschen Handelskammer ist jetzt hier,

mit ihm laufe ich manchmal. Letzte Woche einen Ausflug mit ihm und Professor Othmer. Othmer ist der Chinasprachenmann. Wir gingen zu einem Tempel; er las und übersetzte fließend alle Inschriften, auch alte Schrift, die selbst Chinesen nicht kennen. Man hält ihn für den besten ausländischen Sprachkenner für chinesische Dialekte. Abgesehen davon ist er nicht sehr sympathisch."

Den Briefen nach Hause war nie anzumerken, daß ich manchmal auch Kummer hatte. Mutter war durch ihre sechs Kinder genügend mit Problemen versorgt. Es lag mir auch nicht, mein Herz bei ihr auszuschütten. Die letzten zwei Wochen meines Aufenthaltes in Kuling verliefen in gedrückter Stimmung. Schon vor längerer Zeit waren in China zwei europäische Genossen, das Ehepaar Noulens-Ruegg aus der Schweiz, verhaftet worden. Ich kannte sie nicht persönlich, doch ihr Schicksal ging uns allen nahe. Sie sollten vom chinesischen Gericht zum Tode verurteilt werden. In „Dr. Sorge funkt aus Tokyo" wird beschrieben, wie Geld, das Richard besorgte, ihr Todesurteil in lebenslängliches Zuchthaus umwandelte.

Die Noulens hatten einen fünfjährigen Sohn, den Agnes nach der Verhaftung der Eltern mit Geschenken überhäufte. Ich fand es nicht richtig, ihn wie einen Prinzen zu verwöhnen, und sagte ihr das auch. Die Frage tauchte auf, ob ich den Jungen übernehmen würde. Das wollte ich sehr gern; ich würde versuchen, ihm die mütterliche Wärme zu ersetzen, und Micha hätte einen großen Bruder gehabt. Aber Richard war dagegen. Ich hätte dazu meine illegale Arbeit aufgeben müssen, das wollte er nicht und ich auch nicht.

In Kuling erfuhren wir: Das Ehepaar Noulens-Ruegg war in Hungerstreik getreten. Als wir uns an diesem Tag zum Mittagessen setzten, sagte Agnes plötzlich, sie könne nichts zu sich nehmen. Ich erwiderte – wahrscheinlich etwas kühl –, damit würde sie den Noulens nicht helfen. Agnes stand auf und verließ den Tisch. Nachmittags ging ich allein spazieren. Als ich zurückkam, fand ich einen Brief vor: Unter diesen Umständen könne sie nicht bleiben, sie werde zurück nach Shanghai fahren. Ich sei zu sehr auf mein persönliches Glück bedacht, auf mein Familienleben; die privaten Dinge spielen bei mir eine zu große Rolle;

ich sei eben doch nicht das, was man unter einem Revolutionär verstehe.

Ich saß vor diesem Brief und konnte seinen Inhalt nicht fassen. Zwei Dinge vermochte ich nicht zu verstehen. Agnes mußte, so wie sie mich kannte, wissen, daß ich bereit war, jedes Risiko einzugehen, falls es eine Möglichkeit gab, den gefangenen Genossen zu helfen. Das war so sicher wie die Tatsache, daß mir ihr Schicksal ebenfalls widerfahren konnte.

Mußte ich Agnes sagen, wie oft ich besonders an die Mutter des fünfjährigen Jungen dachte? Mußte ich meine Emotionen zeigen, um sie zu beweisen?

Erschütternd für mich war, daß eine so enge Freundschaft auf diese Weise einen Riß erhalten konnte. Ich grübelte und versuchte zu verstehen, wie Agnes' Bild von mir entstanden sein mochte. Vielleicht hatte sie doch in einigem recht? Ich genoß das Leben und konnte mich auch über Alltagsdinge ungewöhnlich freuen. Nahm ich sie vielleicht zu wichtig? Ich war in jeden Atemzug meines Sohnes verliebt und fest entschlossen, noch mehr Kinder zu haben, obwohl ich nicht glaubte, daß meine Ehe die bestehenden Konflikte überdauern würde.

Agnes hatte einmal traurig gesagt: „Ich habe meine Kinder dem Kampf geopfert."

Sicher würde ich mit meiner Bindung an Micha weniger gelassen als Agnes ins Gefängnis gehen, aber würde ich deshalb eher jemanden verraten?

Die Möglichkeit einer Verhaftung war mir immer gegenwärtig. Ich härtete mich bewußt körperlich ab, um widerstandsfähig zu sein, rauchte nicht, trank weder Kaffee noch Alkohol, damit ich mir das nicht in einer eventuellen Haft abzugewöhnen brauchte.

Dieser plötzliche Bruch unserer Freundschaft, die für mich wesentlicher Bestandteil meines Lebens gewesen war und, wie ich geglaubt hatte, auch für Agnes, traf mich hart.

Später in Shanghai sahen wir uns gelegentlich noch einmal. Agnes kam wohl auch noch zu uns, aber es war nicht das alte Verhältnis. Ich fühlte, Agnes änderte nicht ihre in Kuling gefaßte Meinung über mich, und kompromißlos, wie sie war, handelte sie danach.

Nun wurden mir die Gespräche mit Richard noch wertvoller. In den

Tagen zwischen den Zusammenkünften freute ich mich darauf und hatte ihm immer etwas zu erzählen. Die Entfremdung von Agnes erwähnte ich nur einmal. Richard schien es für einen Frauenstreit zu halten, mit dem er nichts zu tun haben wollte; das war wichtig für mich. Wenn auch Richard das Vertrauen zu mir verloren hätte, ich weiß nicht, was aus mir geworden wäre. Menschen, die ich schätzte, konnten leicht mein Selbstbewußtsein erschüttern.

Mit Isa war ich weiterhin viel zusammen. Von den bürgerlichen Gästen sahen wir am liebsten den Lehrer Fritz Kuck, den wir wegen seines Verständnisses für das chinesische Volk mochten. Kuck wurde nach 1933 als einer der ersten ein Nazi. Gerade in seinem Fall schien uns das schwer begreiflich. Er war weit gereist, las viel und besaß einen größeren Horizont als der Durchschnittseuropäer in Shanghai; er liebte lange Zeit ein chinesisches Mädchen, das mit einem anderen verlobt war.

Mitte Dezember 1932 telefonierte Grischa, ich solle nachmittags in seine Wohnung kommen, Richard wolle mich dort sprechen. Ich war ganz selten bei Grischa in der Wohnung gewesen und verstand, er würde vorher noch einmal anrufen. Später sagte er mir, wir hätten vereinbart, er wolle nur anrufen, falls etwas dazwischenkomme. Jedenfalls gab es ein Mißverständnis, und ich ging nicht zu ihm – ein Mißverständnis, das ich lange nicht verwunden habe.

An diesem Abend hatten wir Gäste, es besuchten uns die Söhne von Professor Richard Wilhelm, der früher Missionar in China gewesen war und später Leiter des China-Instituts in Frankfurt am Main.

Professor Wilhelm starb 1930. Einer seiner beiden Söhne war wie der Vater Sinologe und lebte längere Zeit in Peking. Der andere Sohn war Architekt und hatte eine Empfehlung an Rolf mit.

In meinem Brief schrieb ich über den Abend ihres Besuches bei uns an die Eltern:

„17. Dezember 1932

... Von den Wilhelms sind wir enttäuscht. Der Peking-Wilhelm geht; er ist lebhafter, aber sonst absolut Literat. Chinafreund im alten Stil, der mehr das China von vor 3000 Jahren liebt, als sich für das heutige China zu interessieren ... Er sprach in der Ostasiatischen Gesell-

... und konnte mir nicht vorstellen, daß Richard fort war

schaft über das China-Institut, und hinterher zeigte Lehrer Kuck Lichtbilder von seiner Reise nach Shansi, Kansu. Ich hatte sie alle danach zum Abendbrot hier, es war aber ein Fiasko, da sie stumm und langweilig waren, außer Kuck. Der Architekt und Frau sprechen überhaupt kein Wort, und das so frisch aus Deutschland kommend und von uns so ausgefragt ..."

Während ich diese Gesellschaft gab, klingelte das Telefon. Wir saßen um den Tisch in unserer Diele, von der aus die Treppe hinauf in den ersten Stock führte. Sie war durch einen Vorhand mit Bambusmalerei vom Wohnzimmer getrennt. Ich ging nach nebenan. Der Telefonapparat stand auf dem Schreibtisch, der sich in der Zimmernische befand, neben dem Telefon stand ein Bild mit der Landschaft am Schlachtensee im Rauhreif. Ich weiß alles noch ganz genau, selbst die Sitzordnung der Gäste um den Tisch im Nebenraum ist mir noch in Erinnerung.

Ich nahm den Hörer ab. Richard Sorge sprach. Er habe nachmittags zwei Stunden auf mich gewartet und immer wieder angerufen, aber niemand habe sich gemeldet. Er habe Abschied von mir nehmen wollen. Ich griff nach dem Stuhl vor dem Schreibtisch und setzte mich. Richard fragte, ob ich noch da sei, er wolle mir danken, ich hätte immer gut für ihn und die anderen gesorgt, aber das sei nur ein Anfang gewesen, vieles läge noch vor mir. Ich sollte weiter die Ohren schön steifhalten, das müsse ich ihm versprechen, doch nun ... alles, alles Gute und auf Wiedersehen.

Im Nebenzimmer warteten die Gäste auf meine Rückkehr. Ich blickte auf den Stuhl in der Ecke und konnte mir nicht vorstellen, daß Richard einfach fortging, daß er nicht mehr auf diesem Stuhl sitzen würde, um mit mir zu sprechen, mir zuzuhören, mich zu beraten und mit mir zu lachen.

Was hatte ich mir vorgemacht? Wußte ich erst jetzt, wie ich an ihm hing? Wenn ich wenigstens zehn Minuten Zeit gehabt hätte, mich zusammenzunehmen. Aber das gehörte wohl schon zum Ohrensteifhalten. Ich ging zurück. Von den Gästen merkte mir niemand etwas an.

Die anderen Genossen habe ich in späteren Jahren wiedergesehen: Isa, Paul, Grischa, Max, Franz – aber Richard nicht.

Schon lange hatte ich geplant, im Frühjahr 1933, fast drei Jahre, nachdem wir Deutschland verlassen hatten, zu meiner Familie nach Berlin in Urlaub zu fahren. Ich freute mich sehr darauf, die Eltern und Geschwister wiederzusehen und die Landschaft am See, an dessen Ufern ich aufgewachsen war. Ich wünschte mir die Reise auch besonders für den Jungen, der einmal aus dem feuchten Shanghai-Klima heraus sollte; der Arzt hatte mir dazu geraten.

Doch das Frühjahr brachte die furchtbare Entwicklung in Deutschland.

1930 weggefahren, war es mir unmöglich, zu verstehen, wie die deutsche Arbeiterklasse den Faschismus hatte zulassen können. Die Sorge um das Schicksal Deutschlands und auch um die Familie lastete schwer auf uns. In den Briefen nach Hause wird wenig davon ausgesprochen.

„... Wir betrachten mit Entsetzen Deutschlands Entwicklung ... Über Deutschland steht nicht viel in den Zeitungen, das heißt, was drinnen steht, reicht aus, um sich immerfort damit zu beschäftigen. Und die Vorstellung, daß nur ein Teil dessen, was geschieht, bis hier in die Presse dringt, ist so, daß Euer Telegramm erfreulich wirkte. Wem das Herz voll ist – dem geht der Mund nicht über. Schreibt Ihr aber, soviel Euch möglich ist ..."

„Deutschland ist natürlich das erste, worüber wir in den Zeitungen lesen. Auf dem Konsulat hier weht das Hakenkreuz und schwarz-weiß-rot. Gut, daß Rolf bei einer englischen Firma ist. Täglich kommen Arbeitslose* aus allen Berufen in Shanghai an. Bei Rolf waren sicher schon zehn Architekten, die Stellung haben wollten. Es wird auch hier immer schwieriger."

Bald war mir klar, daß die geplante Reise „aufgeschoben" werden mußte.

In China gab es ebenfalls politische Sorgen.

„19. Februar 1933
Der Konflikt China – Japan geht weiter. Anzunehmen ist, daß Japan sich sehr bald Jehol** nehmen wird, unbekämpft von den Chinesen. Die chinesische Regierung ist noch immer nicht gewillt, Truppen gegen Japan zu senden, sie braucht ihre Soldaten gegen die Roten Armeen, jetzt speziell in Kiangsi. Japan wird zunächst nicht gegen Tientsin oder Peking vorrücken. Wann und ob es den Krieg gegen Rußland versuchen wird, ist schwer zu sagen.
Während vor einem dreiviertel Jahr Tschiang Kai-schek und die Nanking-Regierung auf durchaus nicht festen Füßen standen, haben sie sich jetzt wieder stabilisiert. Tschiang Kai-schek hat zum Teil mit Erfolg gegen die Roten gekämpft, was ihm den während des Japan-Angriffes auf Shanghai verlorengegangenen Kredit wieder eingebracht hat. T. V. Soong, ein sehr begabter Mann, hat die Finanzen der Regierung zwar nicht in Ordnung gebracht, aber zunächst vor dem Zusammenbruch gerettet. Die Führer der abtrünnigen Süd-

* *Deutsche*
** *Provinz*

mächte und der Kanton-Regierung sind geschwächt und teils im Ausland. Die Nanking-Regierung hat ernsthaft durch Dammbauten versucht, das Jangtse-Gebiet vor Hochfluten zu sichern, was ihr den bisher nicht vorhandenen Einfluß auf dieses Gebiet gegeben hat. Das heißt, bei alldem sollte man nicht von einer selbständigen Nanking-Regierung sprechen, da selbige absolut von Amerika regiert wird, von dem sie auch finanziell abhängig ist ..."

„21. Mai 1933
Der Krieg* im Norden geht eigentlich dauernd weiter ... Die chinesischen Südmächte ziehen sich zusammen, mit Kanton an der Spitze, heißt es, planen sie einen Marsch auf Nanking, um die Nanking-Regierung zu stürzen. Das ist schon oft gesagt worden, ob es diesmal geschieht, muß man abwarten. Es ist ja politisch immer sehr bewegt hier ... Sonst beschäftige ich mich damit, China zu genießen. Ich bin soviel wie möglich außerhalb Shanghais. Es gibt so wunderbare Dörfer und Grabhügel und Tempel; und die Straßen und die Menschen! Ich glaube, wenn ich noch ein paar Jahre hier bleibe, hat es mich geschluckt, dann werde ich gar nicht mehr weg wollen. Besonders jetzt ist es ein Trost, daß dieses Land mir so sympathisch ist. Man sollte Euch alle herholen!"

Dies ist der letzte Brief, der aus Shanghai erhalten geblieben ist, und mein letzter Brief in die Heimat, adressiert nach Berlin-Schlachtensee, Terrassenstraße 17.

* *Japan gegen China*

Moskau und Mandschurei 1933–35

Richard hatte – in die Sowjetunion zurückgekehrt – wohl ausführlich in der Zentrale berichtet; jedenfalls sprachen Paul und Grischa mit mir über meine Zukunft. Sie fragten, ob ich bereit sei, ein halbes Jahr oder länger zur Ausbildung nach Moskau zu gehen. Allerdings gebe es keine Garantie für eine Rückkehr nach Shanghai.

Bedingung sei, daß ich meinen jetzt zwei Jahre alten Sohn in dieser Zeit woanders unterbringen müsse, er dürfe nicht mit in die Sowjetunion, damit er nicht Russisch lernte.

Dieser Vorschlag kam ganz überraschend und bedeutete eine entscheidende Veränderung meines Lebens.

Ich sagte zu.

Der Gedanke, die Arbeit aufzugeben, um wieder „normal" zu leben, wäre mir nie gekommen, und eine Ausbildung würde mir helfen, das, was ich jetzt tat, noch besser zu tun.

Japans Kriegshandlungen, die ich täglich miterlebte, die Worte der Genossen aus der fernen Heimat „Hitler bedeutet Krieg" und die Erkenntnis, gegen wen sich beide Angreifer eines Tages wenden würden, sorgten für meine rasche Entscheidung.

Vielleicht erscheint es in der gegenwärtigen Zeit unreal oder agitatorisch verbrämt, daß ich, von der Weltlage ausgehend, derartige Schlüsse für mein persönliches Leben gezogen habe.

Ich antwortete mit einer Frage: Warum sind Tausende Genossen drei Jahre später nach Spanien gegangen, um dort gegen Faschismus und Krieg zu kämpfen? Und wieviel junge Menschen der DDR wären in unserem Jahrzehnt ebenso begeistert nach Vietnam gefahren? Meine Arbeit – gleich, in welchem Land – war für mich: Spanien – Vietnam – Chile.

Ich wußte, wie ich unter der Trennung von Micha leiden würde, und wo sollte er in dieser Zeit bleiben? Meine Eltern konnten ihn nicht zu sich nehmen. In unserem Heim in Schlachtensee hatten mehrmals Haussuchungen stattgefunden. Mutter bereitete mit den Kindern die Emigration vor. Vater war bereits illegal mit Hilfe von Rolfs Eltern, die ein Wochenendhaus auf der tschechischen Seite des Riesengebirges nahe der deutschen Grenze besaßen, aus Deutschland entkommen. Sie waren ebenfalls bereit, Micha aufzunehmen. Die Gründe für meine Bitte kannten sie nicht. Es genügte, zu sagen, wie gut dem Jungen der Klimawechsel bekommen würde und daß Rolf es sich so wünschte. Für Ausländer war es üblich, ihre Frauen und Kinder auf längeren Heimaturlaub nach Europa zu schicken.

Der Abschied von den Genossen aus Shanghai fiel mir schwer; sie blieben in Gefahr zurück. Nicht zu verabschieden brauchte ich mich von dem großen Reisekoffer, der so lange hinter der Kampferbox in unserem Schlafzimmer gestanden hatte. Er sollte mich, mit Post gefüllt, begleiten. Paul oder Grischa hatten organisiert, daß ein norwegischer Frachter, der normalerweise keine Passagiere beförderte, mich mit nach Wladiwostok nehmen würde. Dieser Seeweg war mit der ostchinesischen Eisenbahn, die halb russischer, halb chinesischer Besitz war, verbunden. Grischa brachte mich zum Hafen, wo sich ein uns bekannter Achtgroschenjunge namens Bernhard herumtrieb. Wir beschlossen, daß Grischa den Postkoffer später mit einer Dschunke nachbringen sollte; das Schiff lag nicht direkt am Kai.

Ich fuhr mit Micha und dem Gepäck zum Frachter und wartete lange in der Dunkelheit an Deck, bis ich endlich Grischas leisen Ruf hörte. Wir schleppten den Koffer die Schiffstreppe hinauf und nahmen Abschied voneinander. Noch einmal sah ich in Grischas Gesicht, dann hörte ich nur noch den Ruderschlag der Dschunke.

Auf dem Dampfer wurde ich nicht sehr freundlich empfangen. Man hatte den Ersten Offizier veranlaßt, mir seine Kabine abzutreten. Als Micha schlief und ich das Licht anmachte, saßen etwa zwölf Moskitos auf seinem Gesicht. Irgend jemand hatte die Luke geöffnet. Von der Mannschaft wollte keiner etwas mit mir zu tun haben; ich lebte isoliert und erhielt auch meine Mahlzeiten gesondert serviert. Mich störte das nicht; es war schön, sich ein paar Tage ganz auf Micha zu kon-

… manches Mal betrachten wir einen Kanarienvogel

zentrieren, und der Junge war glücklich über die viele freie Zeit, die ich hatte. Jeden Tag erzählte ich ihm drei, vier ausgedachte Geschichten. Meine Belohnung war, wie er mich dabei ansah. Micha war zwei Jahre und vier Monate alt. Er liebte sein Bilderbuch mit Versen und kannte die drei Dutzend Reime auswendig. Manches Mal betrachteten wir gemeinsam einen Kanarienvogel, der auf Deck in einem Käfig lebte. Das Wetter war schön, und es roch wunderbar nach dem Holz, das der Frachter geladen hatte.

Neue Situationen lösen zuweilen ein mit Abenteuerlust verbundenes Hochgefühl aus. Eine unbekannte, ganz anders geartete Zukunft lag vor mir. Wie würde sie sich gestalten? Nur die bevorstehende Trennung vom Kind belastete mich. Mindestens ein halbes Jahr seiner Entwicklung würde ich vermissen, und das in einem Alter, wo es täglich Neues gab. Wenn ich an die Trennung dachte, schien sich mein Magen zu verkrampfen. Jedenfalls würde Micha bei der Großmutter in liebevollen Händen sein, und das Klima im Riesengebirge war ideal für ihn.

Grischa hatte mir gesagt, daß ich in Wladiwostok abgeholt würde. Das Schiff legte an. Der Hafen mit seiner regelmäßigen Bucht sah aus wie ein Bilderbuch.

Niemand war da, um mich zu treffen. Mein Gepäck wurde ausgeladen; der gründliche sowjetische Zoll wollte alle Koffer öffnen. Ich durfte dies auch innerhalb der Sowjetunion nicht zulassen, weil ich Post bei mir hatte, und erklärte, daß ich nur Transit fahre. Daraufhin wurden alle Koffer versiegelt.

Nun saß ich mit meiner Habe am Kai, konnte kein Wort Russisch sprechen und weigerte mich, die Sachen in ein Hotel oder zur Bahn transportieren zu lassen. Ich konnte auch nicht einfach weiterfahren. In Moskau besaß ich keine Adresse, in Wladiwostok auch nicht. Kopfschüttelnd ließen mich die Beamten sitzen. Wir waren die einzigen Passagiere am Kai. Es war heiß, die Steine glühten. Eine Stunde verging; niemand kam. Das Kind wurde durstig, und ich war noch nie ein geduldiger Mensch.

Ein Lotse, ein großer Mann mit rotem Bart, hatte uns beobachtet. Er konnte etwas Englisch und sprach mich an. Ich wiederholte, daß ich abgeholt werde. Er bemerkte meine Ungeduld und legte seine Hand auf meine Schulter: „Schauen Sie in den Himmel, wie weit die Sonne fort ist und nachts die Sterne; da sind ein paar Stunden warten nicht mehr als Sekunden."

Alles war so merkwürdig. Vielleicht hätte ich zu anderer Zeit die Worte des Lotsen als banal empfunden, aber nun hatte ein Weiser gesprochen, und ich wurde ruhig.

Der Weise behielt recht, es kam ein Marineoffizier mit goldenen Streifen am Ärmel und brachte uns für ein paar Tage zu einem anderen Offizier, der eine Tochter, etwas jünger als Micha, hatte.

Die Genossen bemühten sich um mich. Sie zeigten mir die Stadt, die ich schön fand, und machten einen Ausflug in die Umgebung mit mir. Ich habe eine gute Erinnerung an mein erstes kameradschaftliches Zusammensein mit Sowjetbürgern in ihrer Heimat.

Die Genossen brachten mich zur Station und versprachen mir, daß in Moskau jemand an der Bahn sein werde, um meine Koffer zu empfangen. Ich sollte dann gleich weiter nach Prag und zu den Grenzbauden reisen. Wir fuhren vielleicht neun Tage mit dem Zug. Micha sah am ersten Tag staunend zum Fenster hinaus, und abends wollte er sich nicht hinlegen. Er fürchtete sich vor dem lauten Geräusch der Räder dicht an seinem Ohr. So legte ich mich neben ihn auf die Pritsche. Schließlich schlief er in meinen Armen ein, und ich dachte daran, wie schwer es sein würde, sich von dem Sohn zu trennen.

Auf der Fahrt lernte ich die Liebe der russischen Männer zu Kindern kennen. Alle nahmen sich Michas an und verwöhnten ihn. Sein Magen vertrug erstaunlicherweise das Durcheinander von sauren Gurken und Süßigkeiten, mit denen er zwischen den Mahlzeiten gefüttert wurde. Im Oberbett schlief der Leiter einer Fischverarbeitungsfabrik. Als er sich erkältete, fand im Nebenwagen eine Beratung statt, auf der beschlossen wurde, der Junge dürfe sich nicht anstecken. Ein nichterkälteter Rotarmist tauschte seinen Platz mit dem Kranken.

Ich dachte manches Mal während dieser Reise an die Fahrt auf derselben Strecke vor drei Jahren in entgegengesetzter Richtung. Wieviel war inzwischen geschehen.

Bei meiner Ankunft in Moskau war niemand da. Im Zug hatte ich eine deutsche Genossin getroffen, deren Mann in Sibirien arbeitete. Sie hatte mir die Adresse einer Genossin aus Hamburg gegeben, die in Moskau mit ihrem Mann im Stadtteil Sokolniki lebte. Nach langem, vergeblichem Warten mietete ich eine Droschke, fuhr aufs Geratewohl dorthin und erzählte ihr irgendeine Geschichte. Sie nahm, ohne viel zu fragen, meine Koffer in Empfang. Genossen halfen Genossen, das war selbstverständlich.

Die Reise ging weiter in die Tschechoslowakei. Rolfs Eltern erzählte ich, wir dächten daran, in die Sowjetunion umzusiedeln, da Deutschland nicht mehr in Frage käme und die Sowjetunion Architekten brauche. Ich wollte Russisch lernen und Englisch unterrichten; dafür hätte ich einen Vertrag an einer Schule.

Rolf war politisch nun wirklich so weit, daß wir diese Möglichkeit ernsthaft erwogen hatten. Seinen Eltern gefiel unser Plan nicht sehr, sie waren aber wie immer freundlich und hilfsbereit. Meine Mutter kam auch zu den Grenzbauden, um uns zu treffen. Wie hatte ich mich auf dieses Wiedersehen gefreut und besonders darauf, ihr den Enkel zu zeigen. Aber Mutter, die noch in Deutschland lebte, konnte sich über gar nichts mehr freuen.

Der Abschied von Micha nahm mich noch mehr mit, als ich es mir vorgestellt hatte; vor allem, weil ich nicht wußte, wie lange die Trennung dauern würde. Das schlimmste war, Micha schien etwas zu spüren, obwohl ich mich sehr beherrschte. Er fing bitterlich an zu weinen und wiederholte immer wieder: „Mutti, hierbleiben, bitte, bitte, Mutti, hierbleiben."

Bei meiner Rückkehr nach Moskau wurde ich von einem Genossen an der Bahn erwartet. Er brachte mich ins Hotel „Nowaja Moskowskaja", das an der Moskwa lag, und meine Koffer wurden in Sokolniki abgeholt.

Die deutschen Arbeiter aus Hamburg wurden meine Freunde. Die Genossin hieß Lisa. Als die Sowjetunion Facharbeiter und Spezialisten benötigte, war das Ehepaar, seiner Gesinnung folgend, nach Moskau gekommen. Der Genosse arbeitete, glaube ich, in der Pelzverarbeitung. Sie lebten in einer alten Siedlung gegenüber dem Sokolnikipark. Die Holzhäuser waren nicht gut im Stand und die Wege ungepflastert; bei Regen und zur Zeit der Schneeschmelze schwamm das Wasser ums Haus herum, aber drinnen war es gemütlich. Lisa hatte zwei Kinder. Der Junge war so alt wie Micha, das Mädchen älter. Die Genossen boten mir etwas, was ich in dieser Zeit nicht selbst besaß – ein Familienleben. Ich besuchte sie gern und kam, da es nicht anders ging, unangemeldet. Immer reichte die Suppe für mich mit. An ihrer Lebensweise änderte sich nichts, als der Mann Leiter eines Betriebes wurde.

Bald nach meiner Ankunft in Moskau wurde ich im Hotel abgeholt und zum Arbat gefahren, wo sich damals unsere Dienststelle befand. Zwei Offiziere sprachen mit mir. Sie erkundigten sich nach meiner Gesundheit und nach meinen persönlichen Wünschen. Sie nannten mich Sonja. Ihren Worten entnahm ich, daß Richard diesen Decknamen für mich gewählt hatte. Vielleicht gefiel er mir deshalb. Jedenfalls gewöhnte ich mich sofort daran, daß ich von nun an so hieß.

Die Genossen schlugen mir vor, ich solle mich erholen, bevor es ans Lernen ging. Sie fragten, ob ich Lust hätte, für vier Wochen in ein Heim ans Schwarze Meer in der Nähe von Odessa zu fahren.

Vier Wochen Ferien bedeuteten vier Wochen später Micha wiedersehen, aber die Genossen wollten mir Gutes tun.

Die Bahnfahrt nach Odessa dauerte drei oder vier Tage. Ich genoß das Meer, das von China so verschiedene trockenheiße Klima und vor allem den Kontakt mit den russischen Menschen. Im Erholungsheim waren keine anderen Deutschen, bis zu meiner Überraschung Max und Franz eintrafen. Sie waren mit ihren Frauen nach Moskau gekommen. Franz' Frau hatte große Angst davor gehabt, in die Sowjetunion zu reisen; sie lebte sich aber schnell ein. Die beiden Frauen waren nicht mit in Odessa.

Ich ging viel mit einem bulgarischen Genossen spazieren, der früher einer der Mitarbeiter Dimitroffs gewesen war und jetzt auch zur Roten Armee gehörte. Wir sahen uns gemeinsam die Sehenswürdigkeiten der Stadt an, vor allem die berühmte Treppe aus dem Potemkin-Film, und ich besuchte mit ihm die bulgarische Siedlung in Odessa.

Meine größte Bewunderung galt einem sowjetischen Genossen, der den höchsten militärischen Orden, den es damals gab, an der Bluse trug, den „Rotbannerorden". Zu gern hätte ich gewußt, wofür er ihn erhalten hatte, aber ich wagte nicht zu fragen.

Nach meiner Rückkehr ins Moskauer Hotel berührte mich jemand im Fahrstuhl an der Schulter – es war Agnes Smedley.

Sie hatte nicht gewußt, daß ich in der Sowjetunion war, und ich wußte es nicht von ihr. Wir fielen uns in die Arme, und alle Schatten waren weggewischt. In den Monaten, die ich in Moskau blieb, waren wir viel zusammen, und wie zuvor erfuhr mein Leben eine große Bereicherung durch sie.

Agnes war nach Moskau gekommen, um hier ein Buch zu veröffentlichen.

Die Sowjetunion setzte sich für die Einheitsfront aller antijapanischen Kräfte ein und hielt es nicht für ratsam, in diesem Augenblick ein so schonungsloses Buch über Tschiang Kai-schek und seine Partei herauszubringen, wie Agnes es wünschte.

Die Schule war in einem großen roten Backsteingebäude untergebracht. Ein Posten stand vor dem Tor; sowjetisches Militär arbeitete und, ich glaube, wohnte auch dort. Das Gebäude lag in der Nähe eines russischen Dorfes, dessen Name mir entfallen ist. Ein Omnibus fuhr nach Moskau hinein; die Fahrt ging an den Leninbergen und dem Gorkipark vorbei. Heute ist das Dorf verschwunden und ein Teil der Stadt geworden. Ein Flügel des Hauses beherbergte die ausländische Gruppe. Wir waren sieben oder acht Schüler, die als Funker ausgebildet wurden. Ich erinnere mich an Gerda, meine deutsche Zimmergenossin, und an Käthe, eine kluge, charmante Französin, mit der ich mich anfreundete. Ich glaube nicht, daß sie älter als achtzehn war. Ich erinnere mich an den deutschen Seemann Lutz, den Tschechen Marek und den Griechen Niko. Später kamen noch eine Französin, Hertha, hinzu. Wir alle waren Anfang bis Mitte Zwanzig; nur Marek war älter. Ein deutscher Genosse, zu dem wir keinen persönlichen Kontakt fanden, unterrichtete uns. Ihn unterstützte Franz, den ich schon aus Shanghai kannte. Mit Karlosch, einem älteren, seit seiner Jugend organisierten Genossen, der aus Lettland stammte und nun schon lange in der Sowjetunion lebte, standen wir alle gut. Karlosch erledigte die organisatorischen Angelegenheiten der Schüler, aber seine eigenen verstand er nicht zu organisieren. Schon zehnmal sollte er eine Wohnung erhalten, immer wieder hatte er zugunsten anderer verzichtet und blieb in seiner Wohn-Schlaf-Küche.

Ich lebte mich schnell ein; der Bau der Geräte machte mir Freude, beim Morsen kam ich gut mit; nur die Theorie lag mir überhaupt nicht. Ich glaube, daß ich ein williger, aber auf diesem Gebiet unbegabter Schüler war. Ich baute Sender, Empfänger, Gleichrichterschaltungen und Wellenmesser und lernte Russisch. Mir machte auch der politische Unterricht Freude.

Nach der Shanghaier Zeit genoß ich es, ständig mit Genossen zusammenzusein, einmal keine Verantwortung zu tragen. Die Tage verliefen nach vorgeschriebenem Plan, um nichts brauchte man sich zu kümmern, alles, was man zu tun hatte, war lernen.

Ich blühte auf, meine Wangen wurden immer runder und röter, und ich erreichte das für mich noch nie dagewesene Gewicht von hundertdreißig Pfund. Die sowjetischen Genossen schlugen vor, mich auf einem Plakat zu Propagandazwecken für die Sowjetunion abzubilden.

Ohne meine Sehnsucht nach Micha wäre ich glücklich gewesen. Einmal monatlich durfte ich an Rolfs Eltern schreiben und erhielt im gleichen Abstand Post an eine Deckadresse, die seine Eltern für meine richtige hielten.

Gerda teilte ein Zimmer mit mir; sie vertrug das Essen nicht und litt außerdem unter der Kälte. Sie war sehr hübsch und gepflegt, hatte ein blasses Gesicht und schien nie ganz gesund.

Vielleicht lag es an meinem Sektierertum aus der Zeit im kommunistischen Jugendverband, ich verstand nicht, daß jemand, der so viel Wert auf elegante Kleidung, Lippenstift und Parfüm legte, ein guter Kommunist sein konnte. Gerda schien mir oberflächlich, aber sie war nicht unkameradschaftlich. Wir vertrugen uns, ohne besonderen Kontakt miteinander zu haben. Ein russischer Sergeant verliebte sich in sie und schenkte ihr einen mit Perlmutt verzierten winzigen Revolver. Karlosch, der alte Bolschewist, schwärmte so von ihr, daß ich ihm in meiner direkten, nicht immer taktvollen Art sagte, er müsse in seinem Urteil objektiv bleiben, auch wenn es sich um eine schöne Frau handele. Später kam er betroffen zu mir und sagte, ich hätte recht.

Käthe, die Französin, war Gerda weit überlegen. Klug, mit tiefem Gefühl und Klassenbewußtsein, war sie vielleicht die Wertvollste unter uns. Ihr schwarzes Haar glänzte wie lackiert, sie hatte schwarze, blanke Augen, schöne Brauen, ein rundes Gesicht und eine kleine, rundliche Figur. Käthe sprach fließend deutsch; sie lernte energisch und schneller als wir die russische Sprache.

Lutz war ein gutaussehender deutscher Seemann, dem es nicht an Verehrerinnen fehlte. Der Grieche Niko wurde von uns allen ein bißchen verwöhnt, weil er sich mit niemandem verständigen konnte, er sprach nur griechisch. Marek, ein Arbeiter aus der Tschechoslowakei, war älter als wir. Ihm fiel das Lernen nicht leicht; er betrieb es daher um so gründlicher. Marek war ein guter, verläßlicher Mensch, zu dem alle Vertrauen hatten. Er mochte mich gern, und ich neckte ihn häufig. Wenn er noch arbeiten wollte und ich schon fertig war, tanzte ich um ihn herum und sang „Musterschüler, Musterschüler“. Es war das erste deutsche Wort, das er lernte. Ich sprach kaum russisch und gar nicht tschechisch; wie wir uns unterhielten, weiß ich nicht, aber wir unterhielten uns. Wenn ich spät aus Moskau zurückkam, war er noch wach.

Als Agnes nach kurzer Zeit die Wohnung verreister Journalisten übernahm, fuhr ich fast jeden Sonnabend nach Schulschluß zu ihr. Sie hatte das Abendbrot für uns vorbereitet; wir gingen zusammen aus oder unterhielten uns, wenn sie müde war, zu Hause. Sonntag früh pilgerten wir regelmäßig zum Frühstück zu Michail Borodin.

Genosse Borodin war in den zwanziger Jahren Berater beim bürgerlich-revolutionären Präsidenten Chinas, Sun Yat-sen, gewesen, der sich für Zusammenarbeit mit der Sowjetunion einsetzte. Borodin leitete die politische Mission, während General Blücher militärischer Berater war.

Marc Kasanin, der beim Verlagshaus „Nauka" das Buch „China in the Twenties" veröffentlichte („Das China der zwanziger Jahre"), schreibt über sie: „Die zwei herausragenden Persönlichkeiten waren Blücher und Borodin. Seine (Borodins) Erscheinung war ebenso beeindruckend wie unvergeßlich. Er war groß, breitschultrig und besaß eine tiefe Stimme ... Seine ungewöhnlichen Gaben als Redner, die geradezu magische Eigenschaft, seine Zuhörer zu fesseln und zu beeinflussen, sicherten ihm Erfolg und unantastbare Autorität ... Jedes seiner Worte hatte Gewicht und Gedankentiefe, jede seiner Gesten war voller Kraft und Bedeutung ..."

Als ich Borodin kennenlernte, war er Chefredakteur der englischsprachigen Wochenschrift „Moscow News" und traf gern die amerikanische Journalistin, die viel über China wußte. Die Unterhaltungen während der oft Stunden dauernden Frühstücks waren hochinteressant für mich. Borodin sprach zurückhaltend über seinen eigenen Aufenthalt in China, aber weil er wie wir das Land liebte und weil Agnes viele Fragen hatte, kehrte das Gespräch regelmäßig zu unserem Thema zurück: China und die Möglichkeit einer Einheitsfront, die Einschätzung der Rolle der Arbeiterklasse gegenüber den Bauern, die Gefahren einer zu geringen Kenntnis des Marxismus, gepaart mit isolierten Entscheidungen. Borodins kluge Worte übten einen besänftigenden Einfluß auf Agnes aus.

Manchmal fanden sich Söhne, Schwiegertöchter oder andere Gäste

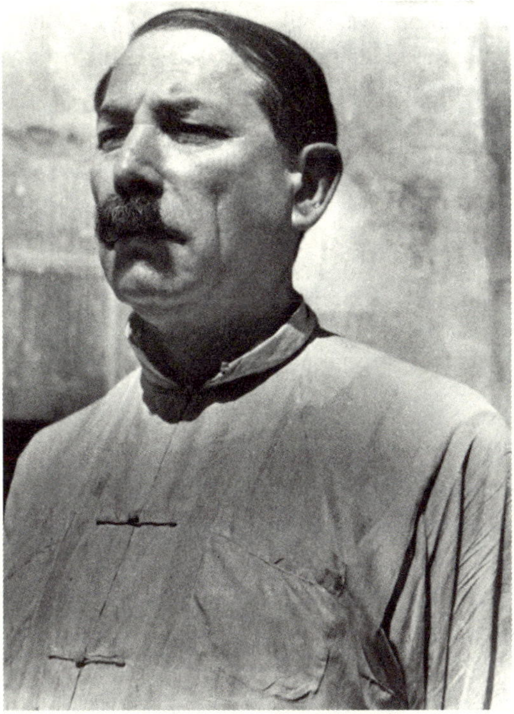

Michail Borodin

zum Frühstück ein; Frau Borodin kochte ausgezeichnet, und der Tisch war beladen mit leckeren Platten; ein Mittagessen brauchten wir an diesem Tag nicht. Borodin und seine Frau sprachen sehr gut englisch, das erleichterte die Unterhaltung für Agnes und mich. Michail Borodin verhielt sich besonders nett zu mir. Vielleicht war er gerührt von meinem Zum-erstenmal-in-Rußland-sein-Enthusiasmus; er organisierte Dampferfahrten und Besichtigungen. Konnte er nicht dabeisein, ließ er sich jedesmal von mir berichten, was ich Neues entdeckt hatte. Als Agnes eine Tribünenkarte zum 7. November auf dem Roten Platz erhielt, sorgte er dafür, daß ich auch eine bekam.

Agnes machte mich mit dem ungarischen Genossen bekannt, dem wir das Chinamanuskript übergaben; Richard hatte mir erlaubt, eine Kopie für Agnes mitzuschreiben. Ich wußte nur, daß er Mitarbeiter der

„Inprekor" war. Sein Name ist mir entfallen, er war schon älter und hatte einen kleinen Sohn. Meine Gabe freute ihn sehr, da er selbst kein Exemplar besaß. * Agnes traf viele Journalisten, ich lernte dort den geistreichen, temperamentvollen Prawda-Korrespondenten Michail Kolzow kennen. Sein Jahre später erschienenes Werk „Die rote Schlacht" ist nach Meinung vieler Genossen das beste Buch über den Bürgerkrieg in Spanien. Auch Chatto, Agnes' früherer Mann, dem ich in Berlin auf der Ausstellung Agnes' Buch „Eine Frau allein" verkaufen wollte, kam aus Leningrad, wo er an der Akademie der Wissenschaften arbeitete.

Agnes und ich besuchten den chinesischen Genossen Liau. Er war mit einer Arbeiterin aus einer süddeutschen Industriestadt verheiratet. Das Ehepaar Liau hatte einen reizenden, vielleicht sechsjährigen Jungen, der ins Deutsche übersetzt „junger Falke" hieß. Sie wohnten in einer Hof-Parterrewohnung mit Zimmer und Kammer. Es war erstaunlich, wie viele Gäste sich bei ihnen trafen und wie es die junge deutsche Genossin verstand, sie zu bewirten und ihnen ein Gefühl des Zuhauseseins zu geben.

Am interessantesten war es für mich bei Liau, wenn Wang Ming, einer der führenden Genossen des Zentralkomitees der Kommunistischen Partei Chinas und Vertreter in der Leitung der Komintern, ihn besuchte. Wang Ming war sein Leben lang darum bemüht, die marxistisch-leninistische Linie in China durchzusetzen. Er beeindruckte mich, leider kann ich mich auf Einzelheiten dieser Gespräche nicht mehr besinnen, Sympathie oder Antipathie bleiben länger im Gedächtnis als Worte.

Wang Ming ist 1974 verstorben.

Vor vielleicht fünfzehn Jahren hörte ich, daß Liau mit seiner Familie in Peking lebt. Er war gelähmt und schwerkrank, seine Frau unterrichtete an einer Hochschule; der Junge war Ingenieur von Beruf.

** Anmerkung 1978: Über diesen ungarischen Genossen schrieb am 27.11.1977 István Pinter in der ungarischen Parteizeitung, dies müsse Lajos Magyar gewesen sein, Schriftsteller und Journalist, Mitarbeiter der „Inprekor"; 1918 tätig in der ungarischen Räterepublik, zu zehn Jahren Kerkerhaft verurteilt, ausgetauscht durch die Sowjetunion, in der von mir angegebenen Zeit in China tätig.*

Der Verlag der MOPR (Rote Hilfe) hatte Agnes gebeten, etwas über Kinder in den roten Provinzen zu schreiben. Sie war sehr beschäftigt, bat mich, den Auftrag zu übernehmen, und vermittelte mir Kontakt zu einem chinesischen Offizier der Roten Armee in China, der gerade von dort gekommen war. Mein Manuskript gefiel dem Verlag, und es erschien bald darauf mit Fotos, die Agnes und ich in China aufgenommen hatten. Ich schickte eine Kopie an Michael Gold, der in den USA Mitarbeiter der „New Masses" war; es wurde übersetzt und veröffentlicht. Ich glaube, es erschien in Fortsetzungen in einer fortschrittlichen Kinderzeitung. Weder die amerikanische noch die russische Ausgabe ist erhalten geblieben; das deutsche Manuskript von „Pioniere in Sowjetchina" und die Fotos besitze ich noch.

Es war an unserer Schule nicht üblich, soviel Menschen außerhalb unseres eigenen Kollektivs zu treffen. Meine Vorgesetzten wußten, mit wem ich zusammen war, ich habe nie etwas hinter ihrem Rücken getan. Ich durfte Agnes sehen; sie wußten, daß ich Borodin besuchte und an einer Broschüre für die MOPR schrieb. Ich war dankbar für ihre Großzügigkeit. Wie sehr hat diese Zeit in der Sowjetunion, haben die Menschen, die ich dort traf, zu meiner Entwicklung beigetragen.

Auf der Schule leisteten wir neben unserem großen Lernpensum auch gesellschaftliche Arbeit. Ich war unter anderem für die Wandzeitung verantwortlich. Eine Ausgabe über den Faschismus in Deutschland erhielt auf einer Ausstellung im Haus am Arbat, in der unsere Abteilung des Generalstabes der Roten Armee ihren Sitz hatte, besondere Anerkennung. Ich erwähne dies nur, um zu zeigen, daß ich ein gutes, ausgefülltes Leben führte. Manchmal fiel es mir allerdings schwer, niemals allein zu sein, Tag und Nacht mit anderen leben zu müssen. Dann ging ich lange spazieren und kam wieder ausgeglichen zurück. Den Moskauer Winter und seine Kälte mochte ich sehr.

Im Februar 1934 wurde ich zum Arbat gerufen. Ein Major unterhielt sich mit mir. Er konnte keine Fremdsprachen; ich mußte ihm meinen Lebenslauf auf russisch erzählen. Das gelang mir; ich lernte ja schon sechs Monate lang die Sprache. Er sagte, ich solle in den nächsten Wochen besonders konzentriert arbeiten, man wolle mich bald hinausschicken, und zwar nach Mukden in die Mandschurei.

Später erfuhr ich, daß Mukden unter den Mitarbeitern als eine Art Strafversetzung galt, ein „In-die-Wüste-geschickt-werden“, und man rechnete mir an, daß ich ohne Ausreden oder Bedenken zugestimmt hatte. So konnten, glaube ich, nur Genossen urteilen, die China nicht kannten. Mukden war zwar ein Nest, aber die politische Lage in der Mandschurei war sehr interessant und Mukden ein Brennpunkt der Ereignisse.

In die Schule zurückgekehrt, lernte ich pausenlos wie vor einer Prüfung.

In einem zweiten Gespräch sagte mir der Major, ich solle mit einem deutschen Genossen gemeinsam nach Mukden fahren; am besten als seine Frau; einen entsprechenden Paß würde ich erhalten. Dieser Genosse sei zugleich mein Vorgesetzter. Erschrocken versuchte ich, den Major davon zu überzeugen, daß es so nicht gehe. Rolf und ich waren in Shanghai überall bekannt; Shanghaier reisten nach Mukden, ich selbst war einigen Mukdener Familien begegnet. Es war unmöglich, nachdem ich offiziell auf Europaurlaub gewesen war, plötzlich mit falschem Paß als Frau eines anderen aufzutauchen, zumal man mich auch in Shanghai auf dem deutschen Konsulat als Rolfs Frau registriert hatte. Ohne eine Scheidung von Rolf war der Plan nicht zu verwirklichen, und das brauchte seine Zeit. Der Genosse Major bat mich um die Namen meiner Bekannten in Mukden. Sie fielen mir nicht ein, und ich spürte, daß er mir die angeführten Gründe nicht glaubte. Da erinnerte ich mich an Walter Fuchs, einen Sinologen aus Mukden, den wir während eines Urlaubs in Peitaiho am Gelben Meer kennengelernt hatten.

Bald nach dem Besuch bei dem Major wurde ich ein drittes Mal in die Abteilung bestellt. Diesmal sprach ein Genosse mit mir, zu dem ich sofort Kontakt fand. Er blieb für mehrere Jahre mein Vorgesetzter. Es war Genosse Andrej, ein Armenier mit schmalem, länglichem Gesicht, dunklem, gelocktem Haar und dunklen Augen. Ich stellte sehr bald fest, daß ich es mit einem klugen Menschen zu tun hatte, der sein Fach beherrschte und mir vertraute. Er zeigte Verständnis für meine Lage. Sein Ton war kameradschaftlich, obwohl er die Autorität des militärischen Vorgesetzten wahrte. Er profitierte gern von denen, die aus dem

Ausland zurückkamen. Später lernte ich seine Familie kennen und wohnte ein- oder zweimal während meiner Moskauer Aufenthalte mehrere Tage bei ihm.

Andrej sagte mir, man habe die Sache geprüft. Ich solle, wie von mir vorgeschlagen, mit meinem alten Paß in Mukden leben, den Heiratsgedanken habe man aufgegeben, wenn es auch für den Genossen, der mit mir fahre, betrüblich sei. Andrej lachte so vergnügt dabei, daß ich mitlachte.

Durch Andrej lernte ich eine mir besonders sympathische Mitarbeiterin im Haus am Arbat kennen; Natascha war klug und warmherzig und hatte wunderbar große dunkle Augen mit einem Blick von solcher Geradheit, daß ihm niemand ausweichen konnte. Ihr Gesicht war herb und auf eigenwillige Weise schön. Mir tat es leid und, ich glaube, ihr auch, daß wir nicht öfter zusammen sein konnten. Später haben wir das nachgeholt.

Andrej und ich besprachen Möglichkeiten der Legalisierung in Mukden. Ich hatte keine Sorge, etwas Geeignetes zu finden, und bat vor allem darum, Rolf in Shanghai aufsuchen zu dürfen.

Was mich beschäftigte und beunruhigte, war mein künftiger Vorgesetzter in Mukden. Für lange Zeit sollten wir isoliert in illegaler Tätigkeit wie aneinandergebunden leben. Was geschah, wenn wir beim besten Willen nicht zueinander paßten? Unsere Arbeit und das Zusammensein könnten zur Qual werden. Andrej sagte mir, Ernst, das war der Deckname des Genossen, komme aus der Arbeiterklasse und sei Seemann von Beruf. Das beruhigte mich etwas. Mit Seeleuten kam ich meistens gut aus. Sie waren abgehärtet und zäh, hatten etwas von der Welt gesehen und fanden sich schnell in ungewöhnlichen Umständen zurecht. Außerdem liebten sie das Meer.

Ernst hatte dieselbe Ausbildung wie ich. Hoffentlich verstand er mehr vom Senderbauen, denn meine Kenntnisse waren noch immer unsicher. Selbstverständlich weihte ich niemanden von meinen Mitschülern in die für mich geplante Zukunft ein.

Meine letzte Frage an Andrej war, ob Ernst von der Existenz meines Sohnes wüßte. Daran hatte niemand gedacht! Andrej schlug vor, ich solle es Ernst selber sagen.

Das hatte mir gerade noch gefehlt. Mit einem wildfremden Menschen ins Ungewisse fahren und nicht einmal wissen, ob er mit dem Kind einverstanden war.

Ein Auto fuhr Franz und mich zur Schule, wo Ernst lernte. Ich wurde in ein Zimmer geführt, meinen Mantel hatte ich im Flur aufgehängt und wartete in dem eiskalten Raum. Vielleicht war er auch nicht so kalt, und ich klapperte nur vor Aufregung mit den Zähnen. Die Tür öffnete sich, Franz trat als erster herein, ein Genosse, der ihn beträchtlich überragte, folgte.

„Das ist Ernst, das ist Sonja, macht Euch miteinander bekannt." Franz verschwand.

Ich hatte mir vorgenommen, zu schweigen und Ernsts Worte abzuwarten, schließlich war er mein Vorgesetzter. Ernst hatte ganz helles Haar, schmale blaue Augen, eine grobe Nase und einen dünnlippigen Mund. Er war breitschultrig, schlank und kräftig. „Du zitterst ja", sagte er. „Willst du meinen Mantel haben?" Ohne eine Antwort abzuwarten, zog er den Mantel aus und hängte ihn mir um. Der Mantel war lang und schwer, doch mir war auf einmal leichter.

Dann erinnerte ich mich, daß das Wichtigste noch geklärt werden mußte. „Ich habe ein kleines Kind, das kann ich nicht zurücklassen."

„Was hast du?"

„Einen Jungen, einen dreijährigen Jungen. Der muß mit."

Über das Kind hatte ich schon lange eine Entscheidung getroffen. Freiwillig würde ich mich nur von ihm trennen, wenn es um Teilnahme an einer Revolution oder um bewaffneten Kampf der Partisanen ging. Lehnte Ernst den Jungen ab, würde ich nicht mitfahren.

Ernst schwieg, und ich dachte: Gleich bekommt er seinen Mantel wieder, und ich gehe zu Andrej.

„Was soll ich gegen ein Kind haben, wir brauchen eine neue Generation."

Franz und ich fuhren zurück. Wenige Tage später erhielt ich den Auftrag, meine Sachen zu packen und vierzehn Tage lang mit Ernst gemeinsam zu lernen. Die Schule, die aus einzelnen Blockhäusern bestand, lag neben einem Dorf im Wald.

Uns blieb nur wenig Zeit, um die Ausbildung zu beenden. Sie genügte, um zu erkennen, daß Ernst technisch viel begabter war als ich und äußerst beharrlich und gründlich lernte. Er quälte Franz, der ein guter Praktiker, aber kein Theoretiker war, mit Fragen und gab keine Ruhe, bis er eine Sache völlig verstanden hatte. Er sah nie auf die Uhr, legte kaum Pausen ein und arbeitete nach dem Abendbrot weiter. Ich fühlte mich wie ein Schwächling im Vergleich zu ihm und fügte mich willig seiner Arbeitsweise. Im Morsen war ich schneller als er; es tröstete mich, ihm wenigstens darin überlegen zu sein.

In diesen vierzehn Tagen, die wir gemeinsam verbrachten, schuf ich, wie ich es bei vielen Freundschaften mit Genossen gewohnt war, eine kameradschaftliche Atmosphäre, die Ernst nicht auf den Gedanken bringen konnte, mehr vorauszusetzen oder zu erwarten.

Ernst war zufrieden, weil ich so viel arbeitete. Er wußte nicht, daß es ohne sein Vorbild weniger gewesen wäre. Er schien auch sichtlich erleichtert, daß ich weder verwöhnt noch launisch war, und ich bemühte mich, einen möglichst abgehärteten, rauhen Eindruck zu machen. Er sollte wissen, mit ihm fuhr ein richtiger Kumpel in die künftige Gefahr.

Vor der Abreise verabschiedete mich General Dawidow von der Aufklärung. Ich zahlte noch meinen Parteibeitrag als deutsche Genossin. Um diese Möglichkeit hatte ich die Genossen bereits in Shanghai gebeten, und sie war durch Richard geregelt worden.

Agnes habe ich nicht wiedergesehen. 1948 oder 1949 hätte es eine Gelegenheit gegeben. Sie lebte in Oxford und ich in einem Dorf in der Nähe, aber in meiner damals kritischen Lage wäre es verantwortungslos gewesen, sie politisch zu gefährden. Andererseits wußte ich nichts über ihre Entwicklung. Wie sollte ich ihr begegnen? Ich hatte nur gehört, daß Agnes verbittert war und sich von anderen isolierte. Ihre Bücher wurden damals sehr geschätzt. Sie starb nach einer Operation im März 1950, und mir war das Herz schwer.

Ernst und ich fuhren getrennt nach Prag und wohnten dort in verschiedenen Hotels. Mein eigner Paß, den ich erst von Prag aus benutzte, sah aus, als ob ich die ganze Zeit in Europa gewesen war. Wir lösten Schiffsfahrkarten zweiter Klasse für einen italienischen Dampfer; es

Die letzte Stunde bis zum Häusel (siehe Pfeil) war die längste

war die „Conte Rosso“ oder „Conte Verde“, die von Triest abfuhr. Ich hatte abgelehnt, erster Klasse zu fahren, wie es bei der Aufklärung üblich war.

Nun konnte ich endlich Micha holen, der in den Grenzbauden im tschechischen Riesengebirge bei den Großeltern lebte. Anschließend wollten wir von Prag aus nach Triest fahren.

Ich war über sieben Monate von Micha getrennt gewesen und konnte an nichts anderes mehr denken als an das Wiedersehen. Die lange Sehnsucht hatte bei mir Kinderhunger ausgelöst. Auf der Straße lief ich ihnen nach, um sie zu beobachten, und in jeden Kinderwagen schaute ich hinein.

Am Abend vor meiner Reise zu den Grenzbauden schlug Ernst, den ich in Prag nur soviel als nötig gesehen hatte, vor, gemeinsam ins Kino zu gehen. Das war unvorhergesehen, aber wenn er es als Chef bestimmte, war mir die Ablenkung recht. Wir sahen „Maternelle“, „Kinderhort“, einen wunderschönen französischen Film, in dem Kinder die Hauptrolle spielten. Für mich wurde er zur Katastrophe. Ich war so bewegt, daß mir schon nach zehn Minuten die Tränen übers Gesicht liefen.

Ernst konnte keine Mitarbeiterin gebrauchen, die bereits ein Film zum Heulen brachte. Zuerst hoffte ich, er würde nichts bemerken. Ich ließ die Tränen einfach laufen, ohne sie abzuwischen, und gab mir die größte Mühe, neue zu verhindern. Vergeblich – sie flossen wie aus freigelegten Quellen. Ich schämte mich sehr und sagte schließlich: „Sonst bin ich nicht so."

Da legte Ernst seinen Arm um meine Schulter. „Ich bin froh, daß du so bist."

An diesem Abend – ich wollte so verweint nicht in ein Café gehen, aber Ernst bestand darauf – erzählte er das erstemal von sich. Vom Vater, der Fischer in Hamburg war und sein Geld vertrank, von der Mutter, die für ihre vier Kinder arbeitete, hungerte und sie zu anständigen Menschen erzog. Wie er auf den Vater losging, der die Mutter schlecht behandelte, das Elternhaus verließ und zur See fuhr. In dieser Zeit wurde er Genosse, aber wieder nicht den leichten Weg. Ein solcher Weg war ihm wohl gar nicht offen. Als ihn die neue Weltanschauung packte, studierte er ihre Theorie. Während seine Kollegen Karten spielten, Landurlaub machten oder sich ausruhten, las er und quälte sich herum, weil er die Fremdwörter und die langen komplizierten Sätze nicht verstand. Er ließ nicht locker, bis er von sich sagen konnte, ich bin Marxist.

Ernst erzählte lange.

Am nächsten Tag fuhr ich zu den Grenzbauden. So vieles habe ich vergessen, aber diese Bahnfahrt ist mir noch in Erinnerung, weil ich glücklich war. Jede Minute brachte mich meinem Sohn näher. Ich versuchte, meine Aufregung und Freude zu dämpfen. Der Junge würde mir nicht jubelnd in die Arme laufen, vielleicht erkannte er mich gar nicht mehr.

Rolfs Mutter holte mich von der Bahn ab. Ich war bitter enttäuscht, daß sie Micha nicht mitgebracht hatte. Die letzte Stunde bis zum Häusel am Waldrand war die längste. Ich konnte mich auf keine Unterhaltung konzentrieren und hatte auch schon seit frühmorgens nichts gegessen. Wir betraten das Haus – ein fremder kleiner Junge lief auf seine Großmutter zu und versteckte sich hinter ihrem Rock. Mein Sohn wollte mir nicht einmal die Hand geben. Drei Tage wehrte er sich gegen mich, war ungezogen, bockig und verschlossen; am dritten Tag mußte ich ihn praktisch gegen seinen Willen abschleppen. Es dauerte seine Zeit, bis wir beide wieder im Gleichgewicht waren.

Von Prag nach Triest fuhren Ernst und ich mit dem Jungen im selben Zug in verschiedenen Abteilen. Wir wollten uns später offiziell als Passagiere auf dem Schiff treffen.

Der Dampfer lag schon im Hafen. Die Reiseroute führte durch den Suezkanal und über Indien mit Aufenthalt in Kairo, Bombay, Singapur und Hongkong.

Micha bekam Keuchhusten auf dem Schiff und durfte nicht mit den anderen Kindern spielen. Ich mußte mich viel um ihn kümmern und sorgte mich um meinen dünnen Spatz. Ernst schloß Micha ins Herz; er war geduldig und freundlich mit ihm und fand, daß ich eine gute Mutter sei.

In der Sowjetunion hatte noch Schnee gelegen. Auf dem Schiff lief ich im ärmellosen weißen Kleid umher und schwamm mit Ernst im Zeltbahnbad auf Deck. Die lange Schiffsreise mit den warmen Tagen, den klaren Nächten, der Sonne und dem Sternenhimmel schuf eine Atmosphäre, der man sich nicht entziehen konnte. Ernst und ich hatten viel Zeit, uns kennenzulernen und voneinander zu erzählen. Ich war sechsundzwanzig und Ernst siebenundzwanzig Jahre alt. Wenn wir abends in der Dunkelheit über die Reling gebeugt ins Wasser schauten, flüsterten oder auch lange schwiegen, war ich nicht mehr so sicher, ob ich die rein „kameradschaftliche Basis“ wollte – und Ernst spürte das. Ich wußte, daß er sowieso nicht viel damit im Sinn hatte. Aber ich wollte nicht nachgeben und mich auf einer Traumreise binden, wenn der künftige Alltag vielleicht ganz anders aussah. Wir hatten keine Möglichkeit, uns zu trennen, falls wir uns später nicht mehr gefielen; da war es besser, wir gefielen uns nicht gleich zu sehr.

Es gab auch Dinge auf dieser Fahrt, die zwischen uns standen. Ich hatte richtig gehandelt, als ich mich weigerte, erster Klasse zu reisen. Ich habe mich auch später immer dagegen gewendet, deutsche Arbeiter, deren Mut und Treue als Kommunisten zu ihrer Wahl als Kundschafter geführt hatten, plötzlich in eine derartige Umgebung zu versetzen. Jedem Passagier der ersten Klasse mußte an ihrem Auftreten klarwerden, daß hier etwas nicht stimmte. Ebenso war es besser, im Ausland bescheiden anzufangen, erst zu lernen, sich in bürgerlichen Kreisen zu bewegen. Ich war auch dagegen, Mitarbeitern viel Geld mitzugeben. Es kam, wenn auch selten, vor, daß ein Genosse, der bisher einfach oder vielleicht am Rande der Not gelebt hatte, nicht der Versuchung widerstehen konnte, aus dem vollen zu leben, zu trinken begann, Frauengeschichten anfing, verweichlichte oder versackte.

Ernst trank nicht etwa. Wäre dem so gewesen, hätte ich ihn als Chef abgelehnt.

Er legalisierte sich später in Mukden als Vertreter von Rheinmetall-Schreibmaschinen. Wo er diese Verbindung aufgenommen hatte, weiß ich nicht mehr. Er reiste als „Geschäftsmann mit kleinem Vermögen". Ernst sprach grammatisch fehlerhaftes Deutsch, sein Geschmack war verkitscht, seine Manieren nicht die eines Geschäftsmannes. Es geschah, daß er eine angerauchte Zigarette zur späteren Weiterbenutzung hinters Ohr steckte. Ich versuchte, mit ihm darüber zu sprechen, aber wie immer ich die Worte wählte, er nahm sie mir übel, wurde aggressiv, nannte mich überheblich oder spießig oder eine Intellektuelle.

Einmal zeigte er mir eine Postkarte, die er seiner Mutter schicken wollte; die Farbaufnahme eines Schlosses mit Türmchen, Zinnen und Sonnenuntergang.

Ich schwieg. Er spürte mein Zögern und fragte: „Findest du das etwa nicht schön?"

Schwindeln mochte ich nicht. „Ich finde es unnatürlich und ein bißchen kitschig."

„Ach so, ich bin ja bloß ein Arbeiter, der von solchen Sachen nichts versteht."

Ernst mußte wissen, daß ich ihn für eine stärkere Persönlichkeit hielt als mich selbst. Ich achtete seine Leidenschaft und seine Gefühlswelt als Kommunist. Ich bewunderte seinen Fleiß, seine enorme Willenskraft und seine größere Erfahrung; er war lange als Kurier tätig gewesen und hatte nun schon die zweite Ausbildung in der Sowjetunion hinter sich. Das andere – ein gutes Benehmen – war für mich kein Werturteil, es war einfach zur Legalisierung notwendig. Seiner Autorität als Vorgesetzter ordnete ich mich widerspruchslos unter, weil er diese Autorität in meinen Augen besaß. Doch wenn ich auch Streit nicht mochte, mußte ich ihm über Bücher, Bilder und Menschen meine Meinung sagen. Er aber schien sich über alles zu ärgern, was ich besaß: meine Bildung, mein fließendes Englisch, meine größere Sicherheit im Umgang mit Menschen.

Wir kamen in der ersten Aprilwoche 1934 in Shanghai an. Drei Wochen hatte die Fahrt gedauert.

Rolf empfing den Sohn und mich mit großer Freude. Es hatte keine Gelegenheit gegeben, ihm vorher mitzuteilen, daß wir nur zu Besuch gekommen waren, und es fiel mir nicht leicht, ihm das gleich nach der Ankunft sagen zu müssen. Als ich es endlich fertigbrachte, war er sehr deprimiert; er blieb wie immer ruhig, wollte aber auf keinen Fall die Trennung als endgültig akzeptieren. Rolf besaß eine besondere Art von Zähigkeit, die man bei einem weich wirkenden Menschen nicht vermutete. Er machte mir keinerlei Vorwürfe oder Schwierigkeiten und nahm auch hin, als ich ihm sagte, daß ich in Mukden vielleicht nicht allein leben würde. Er bestand nur darauf, Micha und mich auf keinen Fall für immer aufzugeben.

Ich fand, daß Rolf es schwer genug hatte; ein Recht auf den Sohn besaß er ebenfalls. Wenn er es sich so wünschte, sollte es so sein. Er war ja nun nicht mehr ein Sympathisierender, der zurückwich, wenn es darauf ankam, sondern ein Kommunist, bereit zur Mitarbeit. Der japanische Krieg in Shanghai und der Faschismus in Deutschland hatten das erreicht. Für mich war die Trennung von ihm dadurch noch komplizierter.

Ließen wir uns nicht offiziell scheiden, mußte ich eine handfeste Legalisierung für meine Anwesenheit in Mukden besitzen. Ich besuchte die verschiedenen Buchhandlungen in Shanghai, und es gelang mir, eine Arbeit als Vertreter der amerikanischen Shanghaier Buchhandlung Evans & Co. zu erhalten. Ich kaufte und bezahlte eine kleine Bücherauswahl zu Buchhändlerpreisen, nahm Kataloge mit und erhielt das mir Wichtigste: eine Bestätigung, daß ich die Firma in der Mandschurei vertrat. Potentielle Käufer sollten die japanische Administration, Krankenhäuser, Studenten und japanische Industrielle sein. Ich ließ

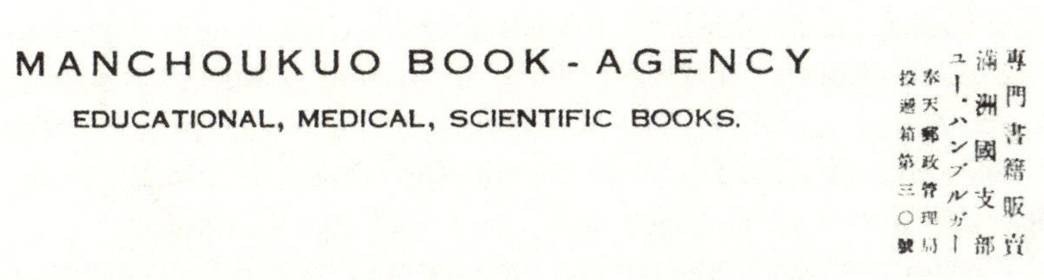

MANCHOUKUO BOOK - AGENCY

EDUCATIONAL, MEDICAL, SCIENTIFIC BOOKS.

専門書籍販賣
滿洲國支部
ユー・ハンブルガー
奉天郵政管理局
投遞箱第三〇號

Meine Legalisierung

Visitenkarten und Briefbogen drucken: Manchoukuo* Book Agency, Educational, Medical, Scientific Books (pädagogische, medizinische, wissenschaftliche Bücher). Manch. P. O. Box 30 Mukden. (Ein Briefbogen ist noch erhalten.)

Mit diesem „Vertreterposten“ konnte ich zugleich die in unserer Arbeit oft nötigen Reisen innerhalb der Mandschurei legalisieren.

Grischa hatte – vielleicht durch Walter – erfahren, daß ich in Shanghai war. Wir trafen uns. Ich hielt es in diesem Fall für keinen so argen Verstoß gegen die Konspiration, da unser gesellschaftlicher Umgang bekannt war. Es war ein herzliches Wiedersehen, ich erzählte ihm von seinem Bruder in Moskau, den ich besucht hatte.

Bevor wir Shanghai verließen, kauften Ernst und ich Teile für den Bau eines Senders, es war nicht anzunehmen, daß es sie in Mukden gab, und verstauten sie in den Koffern.

In „Dr. Sorge funkt aus Tokyo“ beschreibt Otto Braun seine Reise von der Mandschurei nach Shanghai mit zwanzigtausend Dollar Bargeld, um den Genossen Noulens-Ruegg zu helfen. Er schildert, wie weißrussische und japanische Spitzel die Passagiere ständig beobachteten.

Ernst und ich unternahmen die Fahrt in umgekehrter Richtung. Mein Micha war natürlich auch dabei. Wir durften unser Gepäck auf der eintausendachthundert Kilometer langen Strecke nicht aus den Augen lassen. An der mandschurischen Grenze wurden die Koffer geöffnet. Es handelte sich bei unseren Senderteilen neben kleineren

* *Manchoukuo war der japanische Name für die Mandschurei*

Stücken um zwei Röhren, die damals noch die Größe von Briketts hatten. Solche Kontrollen wie an der Grenzstation gehörten so sehr zu unserem Leben, daß ich das Mitnehmen der Teile gar nicht erwähnt hätte, wenn die Reisebeschreibung von Otto Braun mich nicht darauf gebracht und zugleich folgende Erinnerung ausgelöst hätte:

Wir hofften, den Transformator, den wir für den Bau der Gleichrichterschaltung brauchten, in Mukden zu erhalten. Dieser Transformator aus kompaktem Eisen war ein Klotz von vielleicht zwanzig Zentimetern im Quadrat und sehr schwer. In Mukden gab es entgegen unserer Annahme überhaupt keine Teile, und Ernst fuhr nun den weiten Weg nach Shanghai zurück, um dort den Transformator zu besorgen. Tientsin war viel näher gelegen, vielleicht wäre er dort zu haben gewesen. Aber den Transformator zu verbergen bedurfte nun wirklich einer guten Vorbereitung, die in Shanghai besser gesichert war. Ernst nahm Rolfs Hilfe in Anspruch, der sie gern gab. Ein schwerer Klubsessel wurde gekauft und in unsere Shanghaier Wohnung geschafft. Rolf und Ernst entfernten vorsichtig das Futter unterhalb des Sitzes und hängten den Transformator, mit Draht befestigt, zwischen die Sprungfedern. Beide, Rolf und Ernst, waren gründliche, pflichtbewußte Menschen. Im letzten Augenblick entschied einer von ihnen, den Transformator außerdem noch mit starkem Bindfaden doppelt zu sichern. Das Futter wurde wieder angenagelt und der Sessel an Ernsts oder meine Adresse geschickt. Ich nehme an, es war meine, weil es nur natürlich war, daß ich mir Möbel aus Shanghai nachsenden ließ. Der Sessel kam an, aber der Draht um den Transformator war gebrochen. Der Transformator hatte sich, nur noch vom Bindfaden gehalten, gesenkt und bereits das Sesselfutter dünn gescheuert. Ein paar zusätzliche Bewegungen beim Transport, er wäre, mit seinen scharfen Eisenkanten das Futter durchstoßend, herausgefallen. Bei der japanischen Spitzelhysterie in der Mandschurei hätte das mehr als genügt, uns zu verdächtigen. Eine heilsame Lehre, nicht nur doppelt, sondern dreifach sorgsam zu arbeiten.

Wir trafen im Mai 1934 in Mukden ein und stiegen im Yamato-Hotel ab. Die Rheinmetall-Schreibmaschine und irgendeine Empfehlung, die Ernst sich besorgt hatte, sowie mein Brief von der Buchhandlung Evans ließen wir offen in unseren Zimmern liegen, um den Spitzeln die Arbeit zu erleichtern. Wir sprachen im Hotel niemals ein Wort über unsere Tätigkeit.

Unsere Aufgaben in Mukden waren der speziellen Lage der Mandschurei angepaßt. Die fortschrittlichsten Kräfte Chinas hatten sich vom Tage des japanischen Überfalls an zum aktiven Widerstand entschlossen. In den Bergen der Mandschurei, aber auch in kleinen Städten und Dörfern entstanden Partisanengruppen; Arbeiter, Bauern, Studenten und Soldaten gehörten ihnen an. Viele wurden von Kommunisten geleitet. Die Mandschurei hatte durch ihre Industrie eine starke Arbeiterklasse.

Die Partisanenbewegung war in China nichts Neues. Sechs Jahre zuvor hatte der VI. Parteitag der KP Chinas einen Beschluß angenommen, Partisanenabteilungen aufzubauen, die später der Kern der chinesischen Roten Armee wurden. Die auf dem Parteitag anwesenden Vertreter der Kommunistischen Internationale begrüßten diesen Beschluß mit Beifall. Schon zuvor hatte das EKKI*, das höchste Gremium der Komintern, die Parteien aller Länder, die ihm angehörten, verpflichtet, die chinesische Partei in jeder möglichen Weise zu unterstützen. Es war selbstverständlich, daß die Sowjetunion am stärksten an dieser internationalen Hilfe beteiligt war, und es ist nicht verwunderlich, daß die Genossen in der von Japanern besetzten Mandschurei mit der Hilfe der Sowjetunion rechneten und sie erhielten. Chinesische Genossen erlernten in der Sowjetunion das Partisanenhandwerk, und wie stolz waren die Ausgewählten darauf.

Wir besaßen Decknamen und Treffpunkte für einige Partisanen, die eine Gruppe aufbauen, ausbilden und zur Aktion führen sollten. Die entstehenden Partisanengruppen führten zu meiner Zeit noch keine Gefechte gegen die japanischen Truppen, ihre Aktivität bestand aus Aktionen im Transportwesen, in Industriegebieten und auf japanischen Kommandostellen.

Unser Sender würde die Verbindung zwischen den Partisanen und der Sowjetunion herstellen, Fragen und Berichte der Gruppen weiter-

* *Exekutivkomitee der Kommunistischen Internationale*

leiten und ihnen – soweit Ernst das nicht selbst konnte, er besaß die gleiche Ausbildung wie sie – den Rat der Sowjetunion vermitteln.

Ernst und ich hatten mit drei Partisanenführern zu tun. Wie bei vielen groß wirkenden Aufgaben zerfiel auch unsere in Teilarbeiten, die sich mit dem Alltag vermischten – kleine Erfolge oder auch Mißerfolge bedeuteten. Leider begannen wir unsere Arbeit mit einem Mißerfolg.

Als erstes mußten wir nach der Ankunft die vereinbarten Treffs wahrnehmen und eine brauchbare Wohnung finden, wo wir den Sender bauen und in Betrieb setzen konnten.

Jeden Abend seit meiner Abreise aus Moskau hatte ich mir Orte und Termine der Treffs sowie das Schema meines Sendekodes ins Gedächtnis gerufen. Nach dem Prinzip, den leitenden Genossen, der mehr Verantwortung trug, zu schützen, war verabredet, daß ich die Partisanen treffen und den Sender bedienen würde. Auf Ernst fiel dadurch auch nicht der Schatten eines Verdachtes, daß er irgendeinem Risiko aus dem Weg ging. Er war mutig und eher geneigt, zuviel auf sich zu nehmen.

Der Termin meines Treffs mit dem Chinesen Li in Harbin lag wenige Tage nach unserer Ankunft in Mukden. Ich wollte Micha nach der langen Fahrt Shanghai – Mukden nicht schon wieder eine Reise von zweimal sechshundert Kilometern zumuten. Er war nach seinem Keuchhusten besonders geschwächt, und ich tat alles, um ihn zu kräftigen. Ernst, der bereit war, Micha zu betreuen, wurde mit einem Zettel voller Instruktionen versehen, einschließlich der Tricks, mit denen es hoffentlich gelingen würde, Micha Lebertran einzuflößen.

Von allen Städten, die ich in meinem Leben kennengelernt habe, war das damalige Harbin die unheimlichste. Außer Chinesen und Japanern lebten dort hauptsächlich russische Emigranten. Sie trugen das Kainszeichen einer Vergangenheit, die sich nicht mit der Oktoberrevolution vereinen ließ, und waren nun vollends demoralisiert. Viele bettelten in zerlumpter Kleidung an Straßenecken, ein Anblick, der in einer chinesischen Stadt noch schlimmer wirkte als in Europa. Bettler, Taschendiebe, Prostituierte bestimmten das Bild. Man fürchtete sich, abends allein auf die Straße zu gehen.

Irgend jemand hatte die Idee gehabt, ich solle Li spätabends am Eingang eines abgelegenen Friedhofs treffen. Ich ging in die einsame Gegend, wo nur gelegentlich ein Betrunkener vorbeitorkelte, und fürchtete mich – nicht vor den Toten, sondern vor den Lebenden. Ich wartete zehn Minuten. Die Angst wuchs. Zweimal wurde ich angepöbelt. Ich wartete fünfundzwanzig Minuten. Li kam nicht.

Nun konnte ich nicht abreisen, sondern mußte am nächsten Abend wieder zum Friedhof. Diesmal wartete ich zwanzig Minuten, Li erschien nicht. Bedrückt kehrte ich nach Mukden zurück.

Ernst und mein Sohn saßen im Hotel beim Abendbrot. Ernst schob Micha vorsichtig einen Löffel Brei in den Mund. Ich war gerührt, und Ernst war froh, mich wiederzusehen. Meine verzögerte Rückkehr hatte ihm Sorge gemacht. Als er Näheres hörte, verfinsterte sich sein Gesicht, und er ging so weit, mich zu fragen, ob ich wirklich am Treffpunkt gewesen sei, ob ich lange genug gewartet hätte. Mißerfolge in der Arbeit vertrug er nicht.

Wir mußten den Reservetreff, ich glaube, vierzehn Tage später, abwarten.

Unsere Wohnungssuche verlief zunächst erfolglos. Der aufgeblähte japanische Beamtenapparat hatte alle freien Wohnungen für sich mit Beschlag belegt, übriggeblieben waren vereinzelte Luxusvillen geflohener chinesischer Generäle. Tschiang Kai-schek hatte in der Mandschurei niemals etwas zu sagen gehabt. Das Land wurde, bevor die Japaner eindrangen, von Chang Hsüch-liang und davor von dessen Vater, General Chang Tsolin, beherrscht.

Ernst fand schließlich ein Zimmer bei einem sich ständig zankenden deutschen Ehepaar, denen es wirtschaftlich schlecht ging; viele europäische Geschäftsleute litten unter der japanischen Konkurrenz.

Ich brauchte für die Sendestation eine unabhängige Wohnung. Wieder einmal besichtigte ich eine der Luxusvillen. Sie gehörte einem Verwandten von General Chang Hsüch-liang und war viel zu groß für uns. Sein ehemaliger Diener hatte uns herumgeführt. Beim Verlassen des Grundstücks entdeckte ich ein steinernes Gartenhäuschen auf dem Gelände. Der Diener lächelte. Dort habe die Mätresse des Besitzers, eines Generals, gewohnt; ein unterirdischer Gang führe vom Haupthaus hinüber. Ich fragte, ob ich mir das ansehen dürfe, der Diener suchte lange nach dem richtigen Schlüssel, ich stieg die steinernen Stufen hinauf und fand hinter der Eingangstür drei kleine holzgetäfelte Räume. Unter dem Haus lagen Küche, Dienerkammern und der Auslauf des unterirdischen Ganges. Heizung, Bad und Toilette gab es nicht, aber das Haus schien mir, abgesehen von dem für die Antenne etwas zu niedrigen Dach, für meine Arbeit geeignet. Der Diener wackelte mit dem Kopf, er müsse an den General nach Peking schreiben. Bald kam die Antwort. Für umgerechnet dreißig Mark im Monat könne ich das Häuschen haben. Möbel dürfe ich mir aus der Villa aussuchen. Eine Couch, vielleicht diente sie den früheren Besuchen des Generals bei der Mätresse, stand bereits im kleinen Haus; jetzt wurde sie mein Bett.

Für Micha kaufte ich Kindermöbel aus Korbgeflecht, ein eiserner Kanonenofen wurde angeschafft. Auf dem Schreibtisch aus Teakholz stand wie immer ein Bild vom heimatlichen deutschen See.

Günstig war, daß sich die Räume der Angestellten unter dem Häuschen befanden. Schloß ich die Tür ab, konnte niemand zu mir herein. Günstig war ebenfalls, daß die Zimmer, obwohl zu ebener Erde, hoch über dem Kellerstockwerk lagen, so daß niemand hineinsehen konnte. Die Fenster besaßen außerdem für die Nacht feste Verschlußläden nach innen. Wir benutzten die Toilette der früheren Angestellten des großen Hauses, sie lag fünfzig Meter weit entfernt auf dem Hof, eine Holzbude ländlichen Charakters ohne Wasserspülung; es fehlte nur das Herz in der Tür. Micha und ich „badeten" in einem Waschzuber, den wir im Winter vor den Kanonenofen in mein Zimmer stellten. Zwei steinerne Fabeltiere schmückten die Eingangstür und schützten mich – hoffentlich – während meiner einsamen nächtlichen Arbeit. Eine Mauer trennte unser Grundstück vom deutschen Klub; die großen Pappeln hinter der Mauer winkten zu uns herein.

Mit Ernst hatte es vor der Wohnungssuche eine Unstimmigkeit gegeben. Für ihn war es selbstverständlich gewesen, daß ich mit ihm zusammenziehen werde, er fühlte sich verletzt, als ich ablehnte, und begriff nicht, daß ich trotzdem so an ihm hing wie er an mir. Wir verstanden uns gut, aber er war ein Mensch, dem man sich in allem fügen mußte. Für die Arbeit akzeptierte ich das, obwohl er rücksichtslos gegen sich selbst war und auch andere überforderte und mehr von mir verlangte, als ich rein physisch ohne Schaden leisten konnte. Ich richtete mich auch in vielen persönlichen Dingen nach ihm, aber ich war ein selbständiger Mensch, der nicht in einer ausschließlich vom Partner bestimmten Atmosphäre leben konnte. Ernst brauchte eine einfache, gute Frau, die ihn in jeder Beziehung anerkannte und sein Leben mit ihm lebte. Ihn zu ändern hätte viel Kraft gekostet. Diesen Kampf wollte ich unter den damaligen Umständen nicht aufnehmen.

Bis der Sender eingerichtet war, traf ich mich mit dem Mitarbeiter einer sowjetischen Dienststelle. Der Genosse war klein und verwachsen, er trug eine Bürstenfrisur. Ich gab ihm chiffrierte Nachrichten und erhielt auch eine chiffrierte Antwort. Es war der Genosse gewesen, bei dem die Zentrale vor meiner Abreise aus Moskau nachgefragt hatte, ob es einen Sinologen namens Fuchs in Mukden gäbe.

Unser Kode entsprach damals noch nicht dem System, wie es Max Christiansen-Clausen in „Dr. Sorge funkt aus Tokyo" beschreibt. Wir benutzten als zweite zu addierende Zahlengruppe Sätze aus einem Buch, dessen Buchstaben wir in vorgegebene Zahlen verwandelten.

Nun mußte ich dem sowjetischen Genossen als „Nachricht Nummer eins" den Fehlschlag mit Li mitteilen. Die Antwort von der Zentrale klang recht ungehalten. In ihren Augen war es unsere erste selbständige Aufgabe, und wir hatten sie nicht ausgeführt.

Sobald ich die Wohnung bezogen hatte und der Sessel mit dem Transformator angekommen war, bauten wir den Sender, das heißt, in der Hauptsache baute Ernst, der das viel besser konnte. Wir benutzten denselben Sendertyp wie Max (siehe „Dr. Sorge funkt aus Tokyo"). Man konnte ihn mit wenn auch nicht sehr geläufigen Empfängerteilen bauen. Er hieß, soweit ich mich erinnere, Hartley-Sender Dreipunktschaltung. Wir ließen aber noch nicht, wie Max drei Jahre später, den Gleichrichter fort, der uns mit seinem Zubehör, dem Transformator, soviel Kopfschmerzen bereitete.

In Mukden hatte unsere Anlage noch enorme Proportionen, wahrscheinlich baute Max damals schon besser. Es war nicht daran zu denken, die Station jedesmal auseinanderzunehmen. Außer dem schweren Gleichrichter und den großen Röhren benutzten wir Spulen aus dikkem Kupferrohr, das wir um eine Bierflasche zu Windungen formten. Die Spulen allein nahmen mehr Raum ein als zehn Jahre später ein ganzer Sender. Ich benutzte zwei Lineale, das untere aus Messing, mit chinesischen Schriftzeichen bedeckt, das obere aus Holz mit einer Garnspule als Tastgriff, in deren Öffnung eine Schraube eingeführt wurde. Die Schraube schlug beim Bewegen der Garnspule auf das Messinglineal. Ein Draht führte zur Schraube, einen zweiten klemmte ich an das Messinglineal. Die Taste wurde jedesmal in zwei bis drei Minuten neu zusammengesetzt. Der ins Metall geritzte chinesische Spruch auf meinem Lineal lautete: „Wer sich die Weisheit der Begriffe ‚Sinn' und ‚Leben' in ihrer Tiefe zu eigen macht, wird fünfhundert Jahre alt."

Aus der Villa hatte ich mir als schwerstes Möbelstück einen großen Schreibtisch herübergeholt. Aus Shanghai hatte ich die „Kampferbox" mitgebracht. Sie paßte unter den Schreibtisch. In diese Mottenkiste versenkten wir Sender und Gleichrichter. Ein Brett lag darüber, und auf dem Brett wurden im Sommer die eingemotteten Wintersachen und im Winter die Sommersachen aufbewahrt. Die Kiste war an sich schon schwer, so daß man ihr das zusätzliche Gewicht nicht anmerkte; sie besaß Metallbeschläge und ein sicheres Schloß. In meiner kleinen Wohnung war dies ein sinnvoller Platz für die Kampferbox, die in keinem Haushalt fehlte. Einer gründlichen Haussuchung wäre der Sender nicht entgangen; wir hofften, daß es für die in Mukden übliche Schnüffelei der Spitzel in den europäischen Haushalten genügte. Besser konnten wir die Anlage bei ihrer Größe und ihrem Gewicht nicht verbergen. Allmählich lernten wir, kleinere Teile zu verwenden. Ungefähr ein Jahr später hatte Ernst den Sender, allerdings ohne Gleichrichter, schon in ein transportables Grammophon anstelle des Motors eingebaut. Während der Zeit in Mukden blieb unser Sender jedoch in der Kampferkiste. Ernst war unermüdlich. Wir hatten in Shanghai ein amerikanisches Lehrbuch von zweihundertfünfzig engbedruckten Seiten für den Rundfunkmechaniker und -amateur gekauft. Ernst studierte das Buch tage- und nächtelang. Da er gar nicht oder kaum Englisch beherrschte, mußte ich dolmetschen. Die Fachausdrücke konnte ich häufig weder übersetzen noch erklären. Da gab es böse Worte. Schließlich hatte er das ganze Buch bewältigt; ich glaube, er konnte es zu großen Teilen auswendig.

Das Haus in Mukden.
Sichtbar sind die beiden Bambusstangen, an denen die Antenne befestigt ist.

In Mukden sendete ich zweimal wöchentlich aus meiner Wohnung. Ich hatte nicht jedesmal eine Nachricht durchzugeben, mußte mich aber melden, falls eine Nachricht von der Zentrale für uns vorlag. Gab es Störungen, waren wir oder der Partner nicht zu hören, versuchte ich es in der darauffolgenden Nacht noch einmal.

Obwohl ich später auch ohne Hilfe erfolgreich Sender baute, bin ich nie so ein Fachmann wie Ernst geworden, aber das Morsen lag mir. Ich erfuhr später, daß ich überdurchschnittlich rasch und fehlerlos sendete, und ich nahm auch die schnellsten Morsezeichen fehlerlos auf. In einer Nacht, in der alles wie am Schnürchen ging, machte die Arbeit Freude. Aber mit unserem schwachen Sender war das selten.

Wie oft unterbrach ich meine Nachricht, um zu fragen: „Hörst du mich gut?“, wie oft war die Antwort negativ, und ich mußte alles wiederholen. Auch der Partner aus Wladiwostok war auf unserem normalen Empfänger häufig von anderen Stationen überlagert und nicht zu verstehen. Das konnte die Nachtarbeit selbst bei nicht sehr langen Telegrammen auf mehrere Stunden ausdehnen und zur Qual machen, das

Arbeiterwohnungen bei Wuhsi, ein Raum für fünf Personen

Abhören noch mehr als das Senden, weil es äußerste Konzentration erforderte. Eine merkwürdige Situation; das harmlose Abhören war tatsächlich nervenaufreibender als das gefährliche Senden. Ich bewundere Max Christiansen-Clausen, der anscheinend fünfhundert Gruppen in der Stunde durchgab und eine größere Entfernung als wir zu bewältigen hatte. Fünfhundert Gruppen dauerten bei mir wegen der häufig nötigen Wiederholungen die halbe Nacht. Hatte man sich manchmal zwei Nächte hintereinander abgemüht und endlich die Nachricht in den Händen, begann um drei oder vier Uhr morgens die Arbeit des Entschlüsselns; der Zettel durfte nicht lange aufgehoben werden. Spätestens um sieben fing der Tag an; da weckte mich mein Micha.

Die Nachrichten, die wir durchgaben oder empfingen, lagen zwischen sechzig und fünfhundert Gruppen, jede Gruppe mit fünf Zahlen. Selten waren es mehr. Wir sendeten zu verschiedenen Uhrzeiten, aber immer nachts. Wir hatten nur zwei Wellenlängen zur Auswahl, weil die Länge unserer Empfängerantenne nur auf einer bestimmten Meterzahl arbeitete. Sie nannte sich Fuchsantenne. Bei zwei-, mit Wiederholung drei- bis viermaliger wöchentlicher Arbeit war die Möglichkeit des Anpeilens für den Gegner günstig; es ist erstaunlich, daß die Station nicht entdeckt wurde.

Über die Gefahr, in der ich mich befand, konnte ich mich nicht jedesmal neu aufregen; viel aufreibender waren die genannten Unzulänglichkeiten. Ging die Arbeit gut von der Hand, fühlte ich mich wohl. Mein Haus mit den geschlossenen Fensterläden war wie eine Burg. Das Licht im Zimmer war abgedeckt, ein kleiner Schimmer, gerade ausreichend zum Lesen und Schreiben, fiel auf die Tischplatte, alles andere lag im Dunkel. Micha schlief fest im Raum nebenan. Die Stadt schlief, nur ich war wach und sendete Nachrichten der Partisanen in den Äther – und in Wladiwostok saß ein Rotarmist und fing sie auf.

Doch häufig gab es Nächte, da fluchte ich dem Wecker und der Kälte im Raum. Der Ofen ging über Nacht aus. Ich saß im Trainingsanzug, in Decken gewickelt, am Schreibtisch und morste mit fingerlosen Handschuhen. Flugzeuge kreisten über dem Haus. Mal mußten sie mich ja erwischen. Einen Augenblick lang hoffte ich, der Partner würde sich nicht melden, ich wollte gern zurück in mein warmes Bett, aber dann müßte ich nächste Nacht wieder heraus.

Auch beim zweiten Termin mit Li wartete ich vergeblich. Ich glaube, das drittemal fuhr Ernst statt meiner auch umsonst. Später erfuhr die Zentrale oder erfuhren wir es durch einen anderen Partisanen, daß Li vor seiner Aufgabe Angst bekommen hatte. Da er eine bereits bestehende Gruppe übernehmen sollte, ging uns die ganze Gruppe verloren. Wir waren noch gut daran, daß er die Arbeit im Stich gelassen hatte, ohne jemanden zu verraten. Wie hätte er sich bei einer Verhaftung verhalten?

Li war uns von der Zentrale als ein besonders vielversprechender Mitarbeiter genannt worden. Die Zentrale hatte sicher Gründe, ihn so hoch einzuschätzen.

Es ist schwer, in unserer Arbeit einen Menschen absolut richtig zu beurteilen, besonders wenn er neu beginnt. Die Zuverlässigkeit bestätigt sich erst in der Gefahr, und selbst ein zuverlässiger Genosse kann sich nach Jahren guter Tätigkeit ändern. Man darf gewiß nicht seinen Mitarbeitern mißtrauen; so wäre keine Arbeit möglich, aber man soll sie nicht nur so gut wie irgend möglich, sondern immer wieder von neuem kennenlernen. Ein regelmäßiger Kontakt muß, wo es angeht, bestehen, auch ein persönlich-menschlicher. Moralische Unterstützung von seiten der Zentrale ist für den Genossen in gefährlicher, isolierter Arbeit wichtig, wie abgehärtet er auch sein mag. Achtung für seine Tätigkeit, Anerkennung seiner Leistungen, Verständnis für persönliche Probleme dürfen auf keinen Fall vernachlässigt werden.

Eine weitere Erwägung. Wieviel Überflüssiges wußte Li von seinen Kameraden, mit denen er zusammen gelernt hatte? Die richtigen Namen, die Provinzen, aus denen sie stammten, ob sie Familie hatten, wo sie in Zukunft arbeiten sollten? Das sicherste Mittel gegen Verrat ist, den einzelnen nur das Nötigste wissen zu lassen. Gewiß, eine banale Feststellung, aber konkrete Beispiele wirken am besten, und es gehört zur Grundlehre.

Unsere Partisanen sollten ihre Aktivitäten auf die den Japanern gehörende Eisenbahnlinie, die durch die Mandschurei führte, konzentrieren. Sie arbeiteten mit Erfolg und erreichten mehrfach Zerstörungen am Eisenbahnnetz mit Lahmlegungen des Verkehrs. Sie brachten vor allem Militärzüge zum Entgleisen. Die Gruppen wuchsen, sie nahmen neue Mitglieder auf, und damit wuchs ihre Schlagkraft. Wie heftig ihre Tätigkeit die Japaner beunruhigte, ging aus der Presse und aus den sich verschärfenden Gegenmaßnahmen hervor.

Wir funkten über die Vorhaben der Gruppen und die Ausführung an die Zentrale, gaben Stimmungs- und Tatsachenberichte politischer und militärischer Art und informierten auch über neue, interessante Mitglieder.

Übrigens bildeten unsere Partisanengruppen nicht geschlossene Einheiten. Die Mitglieder führten als Arbeiter, Bauern oder Angestellte ein normales Leben, sie fanden sich zur Ausbildung und zur organisierten antijapanischen Tätigkeit für Stunden oder Tage zusammen und auch dort nicht immer die ganze Gruppe, deren Stärke nur dem Leiter bekannt war. Diese Form der Partisanenarbeit gab es damals häufig.

Eine unserer wichtigsten Aufgaben neben der Anleitung der Gruppen war, ihnen das benötigte Sprengmaterial zu beschaffen. Ernst und ich gingen in Mukden und anderen Städten in die Apotheken und

Drogerien; wir kauften Chemikalien, die an sich ungefährlich waren, aber zusammengestellt Sprengstoff ergaben. In Erinnerung ist mir ganz besonders der Einkauf von Ammoniumnitrat (Ammoniumsalpeter). Wir hatten wie schon oft in einem der Läden danach gefragt. Ernst konnte nicht Chinesisch, so ging ich mit ihm, wir hatten meinen Micha dabei, um der Sache ein möglichst harmloses Aussehen zu geben. Ammoniumnitrat war vorhanden. Ich schwankte, ob ich ein Kilo nehmen sollte oder mehr, schließlich handelte es sich um ein Mittel, das in der Landwirtschaft in großen Mengen gebraucht wurde. Ich bat um zehn Pfund, der Verkäufer verstand mich falsch und brachte einen Zentner. Überwältigt, aber zufrieden transportierten wir den Einkauf in einer Pferdedroschke zu meiner Wohnung.

Wenn ich mich richtig erinnere, reichte ein Kilo Ammoniumnitrat, vermischt mit etwa zwanzig Prozent Zucker oder Aluminiumpulver oder Permanganat, an einer Eisenbahnschiene angebracht, als Sprengmasse. Vielleicht waren dies aber auch Zusatzmittel für einen anderen unserer Grundstoffe, der auch nicht schwierig zu kaufen war, für Kaliumchlorit, und die Initialzündung für das Ammoniumnitrat hatte eine andere Zusammensetzung. Wir besorgten ebenfalls Schwefel, Salzsäure und andere Chemikalien, deren Namen ich vergessen habe, überließen aber die Zusammensetzung und den Bau der Sprengkästen den Gruppen.

Viel Vorsicht war nötig, um das Material unseren Partisanen zu übergeben, und noch schwieriger war für sie der Transport.

Unseren mir liebsten und wichtigsten Mitarbeiter nannten wir Feng. Er besaß die große, kräftige Gestalt vieler Nordchinesen. Feng strahlte Ruhe und Würde aus. Obwohl er noch jung war, habe ich ihn bei unseren kurzen Zusammenkünften nur ausgeglichen, freundlich und ernst gesehen. Diesen Ernst verband er mit Herzlichkeit und Achtung.

Ich traf Feng in Mukden oder Antung, einer größeren Stadt nahe der koreanischen Grenze, wo er mit seiner Frau und zwei kleinen Kindern lebte. Er ging stets chinesisch gekleidet. Ich glaube nicht, daß er außer einem Hut ein europäisches Kleidungsstück besaß.

Die größte Schwierigkeit für mich war, daß Feng sowie die anderen Chinesen, mit denen wir zu tun hatten, nur chinesisch sprachen. Ich hatte meinen Unterricht in den letzten Jahren in Shanghai vernachlässigt und schon viel vergessen. Mit dem Lesen und Schreiben stand es schlecht. Ich war auch noch nicht imstande, ein chinesisches Lexikon zu benutzen. Nun sollten wir Partisanen anleiten und ihre Berichte weitergeben! Ich mußte so schnell wie möglich neue Vokabeln dazulernen. Um mich überhaupt mit den chinesischen Genossen verständigen zu können, gab ich ihnen ein Heft mit den Worten, die ich beherrschte, und sie durften in ihren Berichten nur unter diesen Vokabeln auswählen. Ebenso mußte ich die Anweisungen für sie von der Zentrale oder von Ernst mit meinem geringen Wortschatz formulieren. Natürlich war das ein großer Antrieb, rasch zu lernen. Jedesmal, wenn ich die Genossen traf, erhielten sie einen Zettel mit neuen Worten, die ich mir eingeprägt hatte.

An die Eltern:
„28. September 1934
Ich habe täglich Chinesisch und lerne mit meinem Boy um die Wette schreiben, er geht jeden Nachmittag zur Schule, ein netter, intelligenter Kerl, dem ich die Zeit und die paar Groschen sehr gern gebe. Dafür bekocht er uns ideal. Je mehr man lernt, desto größer wird die Freude daran. Ich kann jetzt 600 Zeichen schreiben und lesen. Reden noch mehr. Leute, die über 2000 können, sind schon Sinologen und kriegen meist einen leichten Klaps. Meine Mitbürger fürchten das jetzt schon bei mir."

Mein Sprachlehrer in Mukden haßte wie die meisten Chinesen die japanischen Eroberer. Als er mich besser kannte, gestand er, nur die Not seiner Familie habe ihn dazu getrieben, mir Unterricht zu geben, denn auf meinem Firmenbriefpapier stehe „Manchoukuo". Dies sei der Name, den die Japaner dem Lande gegeben haben, und alle Chinesen hassen ihn. Er spüre, daß ich viel Gefühl und Interesse für China habe, aber mit solcher Firmenbezeichnung würde ich niemals einen Freund unter den Chinesen gewinnen.

Ich antwortete ihm, auch mich habe die Notwendigkeit, Geld zu verdienen, dazu getrieben, den Namen Manchoukuo zu verwenden, da die Kunden meiner Bücher Japaner seien.

Micha, der viele chinesische Freunde hatte

Als ich China im Herbst 1935 verließ, konnte ich vielleicht tausend Wörter lesen und schreiben, sprechen noch mehr. Micha, der viele chinesische Freunde hatte, beherrschte alle Wörter, die zum Bereich eines vierjährigen Kindes gehören.

Die chinesische Sprache beruht nicht auf dem Alphabet, sondern auf Wortbildern. Erschwerend wirkt und für Ausländer kaum erlernbar, daß verschiedene Wortbilder bis auf eine unterschiedliche Tonlage gleich ausgesprochen werden.

Wir mußten, um Mißverständnisse zu vermeiden, entgegen den üblichen Regeln der Illegalität die Nachrichten aufschreiben und den Genossen zustecken. Chinesen wurden häufig von der Polizei der japanischen Besatzungsmacht durchsucht, aber eine andere Möglichkeit gab es für uns damals nicht.

Ich war jedesmal froh, wenn ich Feng bei unseren Treffen auftauchen sah. Nur kurz war unser Zusammensein in irgendeiner Straße. Nur wenig konnte ich mich mit ihm und den anderen unterhalten. Ich wußte kaum etwas von ihm und er nichts von mir. Wie soll ein Außenstehender verstehen, was uns miteinander verband? Wir arbeiteten in der gleichen Gefahr für die gleiche Sache. Doch die Gefahr war für die Chinesen noch größer als für uns. Einmal, nach dem Treffen mit Feng, wimmelte es plötzlich von Polizisten der Besatzungsmacht. Die Straße wurde abgesperrt, und jeder Chinese mußte mit erhobenen Armen stehenbleiben. Als sich unsere Blicke trafen, empfand ich neben der Gefahr das Schändliche dieser Behandlung besonders stark, doch Feng verlor trotz der erhobenen Hände nicht seine Würde.

Die Polizisten fanden den Zettel nicht, sie suchten nach Waffen. Es wäre übrigens sofort erkennbar gewesen, daß die Handschrift nicht von einem Chinesen stammte.

Feng war es auch, der den Zentner Ammoniumnitrat aus meiner Wohnung abholte. Nun wußte er meine Adresse.

Ein Treffen mit einem anderen Gruppenleiter fand in Kirin, fünfhundert Kilometer von Mukden entfernt, statt. Sicher war dies der Vorschlag des chinesischen Partisanen gewesen. Ich kann nur sagen, daß der mir verhaßte Friedhof in Harbin im Vergleich zu diesem Treffpunkt ideal gewählt schien. Kirin selbst ist Bahnstation, aber nicht sehr belebt. Außer mir verließ kein Ausländer den Zug. Ich folgte dem chinesischen Genossen, der auf mich wartete, wie verabredet, ohne ihn zu begrüßen. Er nahm eine Rikscha, ich auch. Die beiden Rikschas fuhren vielleicht vierzig Minuten lang auf holprigen Sandwegen entlang. Staubwolken hüllten uns ein, aber leider nicht bis zur Unkenntlichkeit. Anscheinend war schon jahrelang kein Europäer, ganz zu schweigen eine europäische Frau, hier entlanggefahren. Alle Köpfe wandten sich uns zu. Wenn es darauf angekommen wäre, unseren Partisanen und mich ganz deutlich aus der Menge herauszuheben, man hätte es nicht besser anfangen können. Schließlich hielten wir vor einer ärmlichen Hütte. Ehe wir sie betraten, standen bereits viele Menschen um uns herum und bestaunten mich. Tee wurde gebracht, und die Frau des Partisanen bediente uns. Ein besonderes Kunststück war, ihm unter diesen Umständen Sprengmaterial zu überreichen. Der Partisan war furchtlos und tüchtig, aber von illegalen Treffs verstand er nichts.

Wie in Shanghai führte ich in Mukden ein bürgerliches Alltagsleben.

Der Faschismus wirkte sich im Frühjahr 1934 noch nicht so scharf auf die deutsche Gemeinde aus, obwohl schon die ersten rassisch Verfolgten aus Deutschland eingetroffen waren.

In den Augen der Japaner war weit weniger verdächtig, wer Beziehungen zum Konsulat und zur deutschen Gemeinde besaß. Daher pflegte ich diese Kontakte. Noch wurde ich zum Empfang beim deutschen Konsul eingeladen und konnte den deutschen Klub besuchen. Zu näheren Bekannten wählte ich Menschen, die sich nicht darum rissen, Nazis zu werden, und die an China interessiert waren.

Natürlich war mein gesellschaftlicher Status als Freundin eines kleinen Vertreters von Schreibmaschinen gering im Vergleich zu der Zeit in Shanghai als Frau eines angesehenen Architekten bei der englischen Stadtverwaltung.

An die Eltern:
Frühjahr 1934
„Hier werde ich überall sehr freundlich aufgenommen, im deutschen Klub usw. ... Viel zusammen bin ich mit Dr. Fuchs, den wir schon vor drei Jahren in Peitaiho trafen und der uns damals gut gefiel. Er unterrichtet hier an der japanischen Schule, macht wundervolle Reisen in seinen Ferien. Er spricht zwölf Sprachen – ist Anfang 30 – ein ruhiger, ausgeglichener Mensch, der stets etwas Nettes und Anregendes zu erzählen weiß ...
... Öfter sehe ich auch einen in Mukden neu aufgetauchten belgischen Architekten. Er ist aus Gent, war lange in Paris und acht Jahre in London, hat unseren Lebensstil und unsere Gedankengänge und ist erfreulich, verglichen mit dem, was sich sonst bietet. Kommt noch hinzu ein netter, bildhübscher Japaner (Matsumoto), Freund Bernsteins, den ich schon aus Shanghai kenne und der jetzt hier arbeitet. Außerdem der neue Arzt hier. Schrieb ich schon von ihm (älterer deutsch-jüdischer Emigrant)? Mit dem Architekten spiele ich Tennis und gehe tanzen. Mit Fuchs esse ich chinesisch und mache Ausflüge. Mit Matsumoto gehe ich ins Kino. Das Arztehepaar besucht mich. Am liebsten kommen alle zu mir, weil ich ein so komisches, nettes Häuschen habe und so schöne Grammophonplatten und

einen so guten Kochboy. Die Frauen genieße ich glücklicherweise nur summarisch, das heißt mal auf einen Tee oder im Klub, wo ich mich bescheiden und zäh durch die zwei Stunden, die nun mal sein müssen, hindurchlächele."

Auf die Frauen meiner Bekannten hätte ich gern verzichtet, während Isa und Agnes mir fehlten.

Den Namen des belgischen Architekten weiß ich nicht mehr, ich nannte ihn Schlips, er beschäftigte mich, weil ich den Eindruck hatte, er stehe uns politisch nahe. Gern hätte ich ihn für uns wenigstens am Rande gewonnen. Aber seine Vergangenheit und sein monatelanger Aufenthalt in Mukden, wo er keinen Beruf ausübte, waren zu undurchsichtig.

Matsumoto, dem Freund von Bernstein, hatten wir schon in Shanghai nicht getraut. In Mukden war ich so gut wie sicher, daß er nicht nur Ufafilme verkaufte, und hier war er für mich noch viel gefährlicher. Als er mich einmal überraschend besuchte, trug ich den Ishang, den Madame Sun Yat-sen mir geschenkt hatte. Er sagte, der Ishang stehe mir so gut, ob er mich darin fotografieren dürfe. Bernstein hatte sowieso gemeinsame Aufnahmen von uns, und es wäre Matsumoto wohl auch nicht schwergefallen, mich ohne mein Wissen zu fotografieren.

Ich empfing Matsumoto freundlich; jedes Ausweichen oder Sichzurückziehen hätte seinen Verdacht erregt. Ich empfand es als nützliches Training, in seiner Gegenwart auf der Hut zu sein, ohne daß er es merkte. Für so ein Verhalten hatte ich bereits einen sicheren Instinkt entwickelt.

Meine Briefe nach Hause waren selbstverständlich weit vorsichtiger als von Shanghai aus. Einmal erwähnte ich: „Jetzt ist Hochbetrieb mit dem Einkassieren von Rechnungen." Das war Schwindel. Ich verkaufte nicht viel Bücher, aber um die Eltern wegen der Trennung von Rolf zu beruhigen, mußte der Beruf herhalten.

Über die Verhältnisse in der Mandschurei schrieb ich an Vater:

Armut vor der Stadtmauer von Mukdan

„20. Juli 1934
Das Land ist außerordentlich interessant. Die Japaner führen großzügig Aufbauprogramme durch. In Mukden entstehen vollkommen neue Stadtteile. In der Hauptstadt Hsin-King sind riesige Regierungsgebäude im Entstehen. Fluglinien und neugelegte Eisenbahnen durchkreuzen ganz Manchoukuo. Japanische Waren überschwemmen Städte und Dörfer. Sie bringen alle europäischen Firmen zu Fall. 60 Prozent der europäischen Kaufleute haben in Mukden in den letzten zwei Jahren Pleite gemacht. Zu gleicher Zeit wird die eine Hälfte Manchoukuos von Fluten überschwemmt, die andere Hälfte von Dürre. Die Folge ist Hungersnot. Im letzten Monat fanden allein in Feng-tien, einer Provinz von Manchoukuo, 650 Überfälle von Banditen und antijapanischen Gruppen statt.“

Es hatte in den Bergen der Mandschurei schon immer Banditengruppen gegeben, die reichere Dörfer überfielen. Mit dem Wachsen der Partisanengruppen, die von den Japanern ja auch als Banditen bezeichnet wurden, war es schwierig, getrennte exakte Zahlen zu finden.

Fushum, Industriezentrum der Mandschurei

Selbstverständlich durchforschte ich auch die weitere Umgebung.

„Übers Wochenende mit Nichte vom Konsul und Dr. Fuchs sehr schönen Ausflug gemacht. Es gibt unerhört schöne Gegenden, in zweieinhalb Stunden Bahnfahrt zu erreichen, von denen kein Mensch in Mukden etwas ahnt. Gebirgslandschaft mit tiefblauem Fluß, felsigen und grünen Bergen, überraschenden Seitentälern, uralten Bäumen, sauberen kleinen Dörfern – ganz bezaubernd. Japanisch gegessen, geschlafen, gebadet ...“

In einem anderen Brief klagte ich über die „blöden Menschen, die viele Arbeit und die Kleinstadtatmosphäre Mukdens“.

Niemals erwähnte ich die Existenz von Ernst, mit dem ich täglich zusammen war.

Mit meinem Bücherpaket fuhr ich auch zwei- oder dreimal nach Fushun, dem Industriezentrum der Mandschurei, wo Kohle und Öl gewonnen werden. Ich sah mich dort um, besuchte die verantwortlichen Leiter der Industrie, sie kauften ein paar Bücher, ich fotografierte die Landschaft und die Menschen.

Ich habe mich nicht bemüht, den wichtigen Kundenkreis, der sich mir in Mukden und der Mandschurei bot, wirklich auszunutzen. Nur gelegentlich besuchte ich Beamte, Militärs oder einen Industriellen. Allerdings war uns auch nicht die Aufgabe gestellt, mit Japanern Kontakt aufzunehmen, weder Ernst noch ich machten der Zentrale einen solchen Vorschlag. Trotzdem entstand hier und da ein Einblick in die Verhältnisse, dessen Ergebnis im Telegrammstil an die Zentrale weitergeleitet wurde.

Bei einem Ausflug mit Ernst stießen wir auf chinesische Soldaten in japanischen Diensten und unterhielten uns mit ihnen. Angeregt von diesem Treffen, schrieb ich einen längeren Bericht für meine Familie, der noch existiert.

„Wir sind in der Mandschurei in der Nähe von Mukden. Es regnet, und wir gehen in den kleinen Laden am Anfang des Dorfes. Das Dorf hat vielleicht 20 Häuser. Im Laden gibt es Zigaretten, Sojabohnenöl und leere Blechbehälter zu kaufen. Hinten auf dem großen Familienbett sitzen drei Soldaten, einer spielt Geige. Am Ladentisch lehnt der alte Besitzer, zwei flinke kleine Jungen hocken auf dem Boden. Ausländer sind solche Seltenheit hier, daß wir eingeladen werden, uns auf das Bett zu setzen. Die Soldaten sind Chinesen, im Dienste von Manchoukuo. Sie fragen: ‚Bist du Russe oder Engländer?' – ‚Ich bin Deutscher.' Jeder der drei macht seine Bemerkungen dazu. ‚Die Deutschen haben einen klugen Kopf. Die Deutschen haben die besten Gewehre.' ‚Die Chinesen können nur essen und schlafen, sie können nicht lesen und schreiben.'
Ich frage: ‚Gibt es hier in der Gegend Banditen?'
‚Nein, jetzt ist der Kaoliang (eine Hirseart) geerntet, da können sich die *Chungchusen** nicht verstecken. Weißt du, daß Chang Tso-lin** auch mal ein Bandit war?'

* *Rotbärte, Name für die Banditen in der Mandschurei*
** *früherer regierender General in Mukden*

Der älteste Soldat, der die Geige spielte, lacht und sagt: ‚Chang Tso-lin war ein Rotbartbandit, als er noch klein war und *keinen* Bart hatte – als er einen Bart bekam, war er ein großer General.'
Ich frage weiter: ‚Und ihr arbeitet für die Japaner, warum? Habt ihr sie gern?
Alle lachen und reden aufgeregt durcheinander. ‚Die Japaner sind sehr schlecht. Wir haben einen Streifen am Ärmel und kriegen elf Manchoukuo-Dollar* im Monat, aber Japaner mit zwei Streifen sagt: Hol mal das, tu mal das, muß der Chinese mit zwei Streifen schnell springen. Der Japaner ist dick und fett und läuft so.' Der alte Soldat stellt seine Beine krumm, schiebt das Unterkinn vor und stemmt die Fäuste in die Hüften. ‚Der Chinese aber macht so.' Er bückt sich und hält die Hände vor das Gesicht. Der junge 20jährige Soldat sagt: ‚Hoffentlich kommt bald Krieg, da werden wir nicht *mit*, sondern *gegen* die Japaner gehen.'
‚Gibt es in Deutschland viele Banditen?' fragt der Alte.
‚Wo man lesen und schreiben kann, gibt es nicht so viele Banditen', antwortete der Junge und fährt fort: ‚Manchoukuo ist jetzt wie Indien von England.'
Der dritte Soldat sagt: ‚Wie gut du Dame chinesisch sprichst, meinen Glückwunsch.'
Die anderen nicken. Draußen gewittert es und blitzt und donnert.
Der alte Soldat fragt: ‚Gibt es das auch in Deutschland?'
Ich antworte: ‚Ja, das gibt es und Regen und Sonne auch.'
‚Ist das dieselbe Sonne wie bei uns, auch so rund?'
‚Ja, die Sonne ist dieselbe und auch der Mond.'
Der junge Soldat nickt. ‚Und wir sind alle auf der runden Erde.'

Eines Tages vernahm ich zu meinem Schrecken, daß ein neu eingetroffener Nazi, Vertreter einer deutschen Eisen-, lies Waffenfirma aus dem Rheinland, beabsichtigte, die große Villa, zu der mein Häuschen gehörte, zu mieten. Ich erhielt Wasser und Strom von dort. Er konnte mir beides sperren, oder er brauchte nur zu sagen, daß meine Anwesenheit ihm nicht paßte, und der Wirt würde mir kündigen. Selbst wenn er das

* *gleich Mark*

nicht tat, schien mir diese Nachbarschaft nicht gerade erfreulich. Er zog ein und sah wohl keinen Grund, mir einen Antrittsbesuch zu machen, aber ich mußte wissen, woran ich war, und ging hinüber.

Der neue Mieter saß in einem der großen kalten Räume – die Villa hatte ungefähr zwölf Zimmer – und empfing mich mit der Höflichkeit eines Kavaliers der alten Schule. Er war adlig, vielleicht Mitte Fünfzig, seine Frau und vier Kinder hatte er in Deutschland gelassen. Seinen Namen habe ich vergessen, nennen wir ihn „Herr von". Schon beim ersten Gespräch stellte ich fest, daß der früher Deutschnationale, jetzt Nazi, mehr an der Zeit Kaiser Wilhelms des Zweiten hing als an Hitler. Herr von war stolz auf sein altes Geschlecht und dessen kriegerische Tradition. Er ließ in taktvoller und charmanter Weise durchblikken, daß er gegen den Antisemitismus war, und wollte unter allen Umständen, daß ich im Häuschen wohnen blieb.

„Fühlen Sie sich nicht durch meine Anwesenheit bedrückt; Sie würden mich kränken, wenn Sie ausziehen." Herr von wollte auch keine Regelung der Stromrechnung. „Die paar Pfennige sind doch nicht der Rede wert." Ich bestand darauf, obwohl es spaßig gewesen wäre, wenn deutschnationaler Adel den nächtlichen Stromverbrauch für die Verbindung mit der Sowjetarmee bezahlt hätte.

Herr von und ich hatten während der Zeit, die wir nebeneinander wohnten, ein gutes Verhältnis zueinander.

„Ich schätze Klugheit, und ich liebe Temperament", pflegte er zu sagen. „Deshalb unterhalte ich mich so viel lieber mit Ihnen als mit den deutschen Spießern hier."

Herr von trank zuviel. „Nachbarin", bat er mich, „wenn Sie mich irgendwo treffen und denken, ich habe genug gehabt, schaffen Sie mich nach Hause, ja?"

Einmal lud er mich in den deutschen Klub ein, aber ich mochte da nicht mehr hingehen. Er bestand darauf, daß ich mitkam. Hinterher legte er seine gar nicht aristokratischen, fetten Hände auf meine Schultern und sprach: „Wenn ein einziger Deutscher versucht, Ihnen auch nur ein Haar zu krümmen, sagen Sie es mir."

Herr von besaß Einfluß in der deutschen Gemeinde durch seine Stellung, weil er viel trank, andere freihielt und weil er auf seine Art eine

Persönlichkeit war. Ich erfuhr von ihm, ohne es besonders darauf anzulegen, einiges über die deutschen Geschäftsleute und über die Japaner, mit denen er zu tun hatte.

Daß ich ihn so genau beschreiben kann und die viel wichtigeren Aktionen der Partisanen mir nicht mehr in Einzelheiten erinnerlich sind, liegt an den noch vorhandenen Briefen. So schrieb ich über Herrn von nach Hause:

„... Also, dieser Mann hat Beziehungen zum herrschenden Fürsten der inneren Mongolei, der De Wang heißt und sehr einflußreich ist. Dieser Fürst, mein Nachbar hat ihn jetzt in der Mongolei besucht, will ihn zu seinem General Adviser* ernennen. Er wird seine Eisenfirma eventuell aufgeben und nur mit diesem Fürsten arbeiten. Der Fürst hat folgenden Plan: Er will die Wolle, die jetzt chinesische Händler in der Mongolei privat aufkaufen (sie geben den Mongolen eine Stallaterne für 200 kg Wolle), staatlich aufkaufen und verkaufen. Mein Nachbar wird sein Mittelsmann sein und diese Wolle zu sehr billigem Preis Deutschland anbieten. 50 Prozent der Wolle sind in Waren zu bezahlen. Das Ganze ist eine interessante und bombige Sache. Der Clou ist, daß mein Nachbar eine Sekretärin braucht ‚mit Haaren auf den Zähnen', die natürlich mit ihm zusammen zum Fürsten fährt, die ganze Mongolei mit ihm bereist und sämtliche interessante Korrespondenz erledigt. Ein verlockendes Angebot ... Aber sorgt Euch nicht, mal muß Schluß sein mit dem Vagabundieren, es kommt nicht in Frage für mich."

Ich war sicher, es ging hier nicht nur um Wolle, gern wäre ich zwei, drei Monate mit ihm gefahren, bestimmt wäre es interessant gewesen. Ich glaube, ich fragte sogar bei der Zentrale an, die innere Mongolei und so ein Fürst waren vielleicht auch für sie nicht uninteressant. Aber die Sache zerschlug sich.

Meine große Freude in dieser Zeit war Micha und seine Entwicklung. Seine klugen, nachdenklichen Fragen, seine Logik und seine Beobachtungsgabe waren auch wirklich Grund zum Freuen.

* *Hauptberater*

Als er im Januar 1935 einige Zeit bei Rolf in Shanghai war, schrieb ich an die Eltern:

„Trotzdem ich von morgens bis abends beschäftigt bin, vermisse ich meinen kleinen großen Lebensinhalt sehr. Statt zu genießen, daß ich mal nicht um 6.30 Uhr geweckt werde, zum Abend- und Mittagessen nicht zu Hause zu sein brauche und beim Tippen nicht einen Quälgeist auf dem Schoß sitzen habe, stelle ich sentimentale Betrachtungen an und wünsche mir vier von der Sorte."

Rolf brachte Micha zurück nach Mukden; er kam uns auch noch ein zweites Mal besuchen; beide Male brachte er Senderteile mit, die wir dringend benötigten; ich glaube, das eine Mal auch Chemikalien.

Rolfs Eltern und meine Mutter waren nicht mit meinem Leben einverstanden. Ich schrieb an Mutter:

„Du darfst Dir keinesfalls Sorgen um mich machen. Das ist in keiner Beziehung nötig. Ich führe genau das Leben, das ich mir wünsche, und bin sehr zufrieden. Ich gebe zu, daß ich ein geschütztes, behütetes, sehr viel sorgloseres Leben als nur Rolfs Frau an seiner Seite führen könnte – aber nur in der Theorie; in der Praxis wäre ich dann unglücklich ...
Deine mißratene, aber zufriedene Tochter."

Ich war sicher, daß zumindest meine Eltern nach meinem langen Aufenthalt in der Sowjetunion und der Trennung von Rolf etwas vom politischen Hintergrund meines Lebens ahnten.

Nachdem ich längere Zeit den Sender benutzt hatte, gingen die Röhren entzwei. Ernst war ärgerlich. Vielleicht war es meine Schuld gewesen. Ich mußte die ungefähr siebenhundert Kilometer bis Tientsin fahren und versuchen, dort neue zu kaufen. Micha und seinen Teddybären nahm ich mit. Wegen der Grenzkontrolle hatte ich vor, die Röhren in das Innere des Bären, der mit Holzwolle gefüllt war, einzunähen. In Mukden hatte ich nicht das passende Garn in der Farbe des Bären erhalten und versuchte es nun in Tientsin. Mit etwas abgezupftem Fell als Farbmuster betrat ich ein Kurzwarengeschäft.

Vor mir ließ sich eine behäbige rundliche Frau Spitzendeckchen zeigen. Sie nahm sich Zeit. Anstehen in Läden habe ich schon damals nicht vertragen. Als Micha zu quengeln begann, drehte sich die Dame um – es war Luise, Pauls Frau! Wir waren beide stumm vor Aufregung und Freude.

Paul lebte und arbeitete jetzt in Tientsin. Luise lud mich zu sich ein. Wie gern ging ich mit, und wie herzlich verlief der Abend. Sie hatten noch einen Gast, Pauls Funker, den Seemann Lutz, meinen Kumpel von der Schule in Moskau. Von jenen gemeinsamen Stunden (Micha schlief in Luises Bett, bis wir ins Hotel zurückgingen) habe ich monatelang gezehrt. Nach Mukden erschienen mir diese Tage in Tientsin wie ein Paradies.

Die Atmosphäre, die in Mukden herrschte, ist kaum zu schildern. Das schlimmste war die kleinliche, dumme, aber durch ihre Ausmaße gefährliche Bespitzelung durch die Besatzungsmacht. Selbst Chinesen traten in japanische Dienste und wurden dafür von ihren Landsleuten verachtet. Sie suchten die Häuser von Ausländern auf, oder man wurde in das Polizeigebäude bestellt. Ich erinnere mich noch einer „Unterhaltung" auf der Polizei, bei der ein japanischer Offizier, der englisch mit mir sprach, so nebenhin auf russisch sagte: „Setzen Sie sich!" Da ich bei solchen Gesprächen sehr wach war, fragte ich zurück: „Wie bitte?"

Ich nehme an, jede Besatzungsmacht handelt zunächst übertrieben nervös, aber bei den Japanern nahm die Nervosität nicht ab. Es geschah allerdings auch genug, um sie zu beunruhigen. Wir wußten das am besten!

Die häufige Benutzung des Senders, der Kauf von Chemikalien, ihre Lagerung im Haus, ihre Beförderung, das Treffen mit den Partisanen, die Bespitzelung aller Ausländer und die geradezu hysterische Furcht vor Kommunisten waren ständige Gefahrenquellen. In Mukden fiel auch die Chance der Bestechung, die bei den Noulens-Rueggs genutzt worden war, fort. Die Japaner gingen auf nichts ein. Doch man gewöhnt sich an die Gefahr wie an das Klima des Landes. Die sachliche Einschätzung unserer Lage, die Ernst ebenso betraf wie mich, machte aus uns keine besonderen Menschen. Ich konnte mich über ein neues Kleid freuen und über verlorene Handschuhe ärgern. Ich tanzte gerne mit „Schlips", der glänzend führte, und Ernst war eifersüchtig. Ich wiederum litt, wenn er mit der viel hübscheren Weißrussin, die in seinem Hause wohnte, flirtete. Wir lebten also „normal". Allerdings habe ich in dieser Zeit für mein ganzes Leben gelernt, alltägliche Ärgernisse nicht überzubewerten und rasch mit ihnen fertig zu werden.

Wir hatten der Gefahr vieles entgegenzustellen. Wir arbeiteten für das einzige Land, in dem die Arbeiterklasse gesiegt hatte, wir bekämpften den japanischen Faschismus, wir haßten Kapitalismus, Unterdrükkung und Krieg nicht nur theoretisch. Wir sahen ihre Folgen täglich mit eigenen Augen, und wir liebten das chinesische Volk: den Kuli, die Bauern, die Kinder, die Mütter, die darunter zu leiden hatten.

Im April 1935 – wir arbeiteten schon fast ein Jahr in Mukden – ging ich zum Treff mit Feng. Ich mußte zum erstenmal auf ihn warten. Fünf Minuten, zehn, zwanzig. Ich sagte mir, sein Zug kann Verspätung haben, er kann krank geworden sein, oder es gibt ein Mißverständnis über den Termin. Ich lief auf Umwegen zu Ernst. Nie ging ich nach den Treffs direkt in seine Wohnung.

Feng kam auch zwei Tage später nicht.

Beim drittenmal trug ich keinen Zettel mehr bei mir, meinen Sender hatten wir außer Haus versteckt. Ich glaubte Feng zu sehen. Er kam auf mich zu, ich hätte weinen mögen vor Erleichterung. Aber es war nicht Feng.

Ein Japaner, der schon beim letztenmal am Treffpunkt herumgelungert war, fiel mir auf. Er wartete genau wie ich fünfzehn Minuten. Ich dachte, vielleicht ist das jetzt das Ende.

Der Japaner ging mir nicht nach.

Ich versuchte noch immer, die Sorge um Feng zurückzudrängen. Sechs Tage waren verstrichen; sollte er krank sein, könnte das länger als sechs Tage dauern.

Ich holte den Sender zurück und meldete der Zentrale sein Ausbleiben. Bald darauf erfuhren wir, daß er verhaftet worden war; man hatte Sprengstoff bei ihm gefunden. Wir wußten, die Verhaftung bedeutete seinen Tod und zuvor Folterungen, die aufhörten, wenn er bereit war, seine Kameraden zu verraten. Feng verriet niemanden; hätte er es getan, wären manche Genossen, darunter auch ich, nicht mehr am Leben.

Die Zentrale wies uns an, jegliche Verbindung zu den Partisanen abzubrechen, Mukden zu verlassen, nach Peking zu ziehen und dort unsere Station aufzubauen. Ich dachte an Fengs Frau und an seine Kinder. Wir konnten ihnen nicht einmal Unterstützung zukommen lassen. Ich war entsetzt über diese Härte und fand es unerträglich, die Genossen, die auf uns bauten, einfach im Stich zu lassen. Ihre Leiter kamen zum Treff, und ich war nicht da. Wir funkten an die Zentrale, sie blieb unerbittlich. Erst später erfuhr ich, daß neue Genossen nach Mukden geschickt worden waren, um uns zu ersetzen. Abends nahm ich Schlafmittel und lag Stunden wach. Ich reiste nicht überstürzt, sondern legal bürgerlich aus Mukden ab. Herr von bestand auf einer großen Abschiedsfeier, die ich nicht ablehnen konnte.

Ernst hatte einzelne Teile, zwei Röhren und einen Gleichrichter, in den normalen Rundfunkempfänger eingebaut. Den Sender selbst brachte er in einem motorlosen Grammophon unter. Ich reiste mit meinem ganzen Besitz, um so natürlicher wirkten Radioapparat und Grammophon.

An der mandschurischen Grenze ging alles glatt. Nun kam die chinesische Grenzstation. Auch hier wurden die Koffer im Zug ohne Beanstandung kontrolliert. Plötzlich sagte der Zollbeamte: „Den Empfänger dürfen Sie nicht mitnehmen, dazu braucht man eine Erlaubnis von der Regierung."

Meine Einwände nutzten nichts. Ich verlangte den Leiter der Zollstelle zu sprechen. Ein Zollbeamter und ein Polizist führten mich auf den Bahnsteig.

Mein vernünftiger Micha blieb bei Koffern und Grammophon im Zug zurück, um auf mich zu warten. Ein weiterer Beamter erschien. Ich redete auf ihn ein. Wie immer in China, dort, wo etwas los ist, sammelte sich eine Menschenmenge an.

Auf der anderen Seite des Bahnsteiges lief ein Zug ein, die Aussteigenden vergrößerten den Kreis der Interessierten. Der Beamte schlug vor, ich solle meine Adresse dalassen, die Erlaubnis schicken, und man würde den Apparat unentgeltlich nach Peking befördern. Ich wollte meinen Namen und meine Adresse nicht angeben, denn im Apparat steckten ja Teile, die nichts mit dem Empfänger zu tun hatten. Der Disput wurde heftiger. Ich drohte mit dem deutschen Konsul, mit meiner amerikanischen Firma, mit Beschwerden bei der chinesischen Regierung über schlechte Behandlung von Ausländern; die Menschenmenge wuchs.

Unser Zug pfiff. Der Zugführer kam und sagte ärgerlich, er müsse abfahren, wir hätten schon Verspätung. Micha stand heulend am Fenster. Nun pfiff der Zug auf dem gegenüberliegenden Bahnsteig. Ich blickte hinüber und traute meinen Augen nicht – Niko, mein griechischer Mitschüler aus Moskau, lehnte aus einem Abteil und sah alles besorgt mit an. Wir gaben kein Zeichen des Erkennens. Sein Zug fuhr ab. Ich bestieg den meinen und fuhr ohne den Rundfunkempfänger nach Peking.

Wir wählten das Hotel, in dem alle Ausländer abstiegen. Noch hatte ich keinen Sinn für die Schönheiten der Stadt; mein erster Gang galt den Zollbehörden. Es stellte sich heraus, daß nur Chinesen eine Erlaubnis zum Transport von Rundfunkempfängern brauchten. Ich erhielt ein entsprechendes Papier mit Stempel, und man riet mir, es mit der Post an die Grenze zu schicken. In einer Woche hätte ich meinen Apparat.

Konnte ich es verantworten, den Empfänger mit seinen zusätzlichen Teilen auch nur eine Stunde länger als nötig an der Grenze zu lassen? Außerdem hatte Ernst einen sofortigen Sendetermin zwischen mir und ihm festgelegt. Ich ließ mir den Zettel geben und fuhr die paar hundert Kilometer zur Grenze zurück. Wieder mußte ich Micha mitnehmen. Wo hätte ich ihn lassen sollen? Diesmal tat ich es besonders ungern, es konnte an der Grenze Komplikationen geben. Ich reichte den Zettel einem Zollbeamten. Sein Vorgesetzter erschien und entschuldigte sich wegen des Fehlers. Niemand hatte die Sendeteile im Empfänger bemerkt.

Das erste Telegramm von der Zentrale nach Peking, das im Mai eintraf, enthielt eine besorgte Anfrage, was mir an der Grenze widerfahren sei. Nun wußte ich mit Sicherheit, Niko war keine Halluzination gewesen, und angekommen war er auch an seinem mir unbekannten Bestimmungsort.

Schon vor dieser Fahrt zur Grenze hatte ich Zahnschmerzen gehabt, jetzt wurden sie unerträglich. Im Hotel empfahl man mir einen guten japanischen Zahnarzt. Ich suchte ihn auf, Micha kam mit. Ein Backenzahn mußte gezogen werden. Die Wurzeln standen quer, der Kiefer wurde aufgemeißelt. Micha sah mit großem Interesse zu. Ich gab keinen Lauf von mir, aber ich war in Schweiß gebadet und der Zahnarzt auch.

Als die Betäubung aufhörte, setzten die Schmerzen im ramponierten Kiefer ein. Ich hatte wegen der Reise und des Reißens im Zahn die Nacht zuvor nicht geschlafen, für diese zweite Nacht war der Termin für die Funkverbindung mit Ernst festgelegt worden.

Heute frage ich: Warum mußten wir wissen, ob die Verbindung Mukden – Peking, die wir nie benutzen würden, funktionierte? Es war leichtsinnig, in einem Hotel voller Gäste um zweiundzwanzig Uhr dreißig von einem der Zimmer aus zu morsen. Ich wagte nicht, mich hinzulegen, aus Angst einzuschlafen. Den Wecker wollte ich Michas wegen nicht stellen. Die ganze rechte Gesichtshälfte puckerte, und ich hatte fürchterliche Kopfschmerzen. Der Gedanke, wegen einer schlaflosen Nacht und Schmerzen nicht zu senden, wäre für Ernst unfaßbar gewesen.

Endlich war die Zeit heran. Ich baute den Sender auf und schob als letztes den Stecker in die Dose der elektrischen Leitung an der Wand – ein Knall ertönte, das gesamte Hotel lag im Dunkel. In höchster Eile tappte ich herum, um ohne Licht alle Teile zu verbergen. Glücklicherweise ließ sich nicht feststellen, daß der Kurzschluß in meinem Zimmer verursacht worden war. Die Sicherungen wurden gewechselt, aber ich hatte nicht mehr die Nerven, einen zweiten Kurzschluß zu riskieren.

Das Hotel besaß Gleichstrom oder eine zu hohe Spannung, jedenfalls mußte ich, obwohl ich mich für eine Woche angemeldet hatte, sofort eine neue Bleibe finden, um Ernst, der noch zwei weitere Nächte auf meinen Senderuf wartete, zu erreichen. Wieder packten wir unsere Sachen. Welch überflüssige Gefährdung! Aber Entscheidungen von Ernst stellte ich nicht in Frage, sondern führte sie aus.

Wir zogen in eine Pension, die eine deutsche Witwe leitete. Ich sendete zwei Nächte von meinem dünnwandigen Zimmer aus, ohne Ernst zu erreichen. Als er später nach Peking kam, bezweifelte er, daß ich überhaupt gesendet hatte.

Er wußte genau, daß ich seine Anordnungen befolgte, nicht feige war und vor allem ihn niemals belügen würde. Seine Vorwürfe verletzten mich, obwohl ich wußte, sie waren nicht ernsthaft gegen mich gerichtet, sondern durch seinen Ärger über den Mißerfolg bedingt.

Ich fand eine gute Wohnmöglichkeit. Einer der Brüder Wilhelm, der Sinologe und berufliche Nachfolger seines Vaters, bewohnte ein chinesisches Haus in Peking und war bereit, es mir während seines mehrere Monate währenden Europaurlaubs zu vermieten. Nachdem dieses Problem geregelt war, fuhr ich zu Besuch nach Shanghai. Dort sah ich Walter wieder. Ob ich Grischa oder Isa traf, weiß ich nicht mehr; jedenfalls wurde mir mitgeteilt, vielleicht durch Walter, eine Genossin, die ich kenne, wolle mich sprechen. Es war Käthe, meine gute Freundin von der Schule in Moskau. Sie war in Shanghai als Mitarbeiterin und Frau eines Genossen. Käthe erwartete ein Kind, es ging ihr nicht gut. Vom Standpunkt der Konspiration aus war es nicht richtig, daß wir uns sahen, aber wir freuten uns sehr, und ich gab ihr Ratschläge für die Arbeit und für das Kind, die nützlich waren.

Im Mai richtete ich mich in Wilhelms Haus in Peking ein. Es hatte vier Zimmer, die nach chinesischer Bauweise jedes einen Flügel für sich bildeten und im Viereck um einen Innenhof standen. Die Fenster waren aus pergamentähnlichem Papier im unterteilten Holzrahmen, so daß man nicht herein- oder hinaussehen konnte.

An die Eltern:
Juni 1935
„Peking ist herrlich. Hier könnte man sein Leben beschließen. Diese Stadt ist etwas unerhört Schönes – wie ich es noch nie gesehen habe. Ein Gang durch die Tore oder in die verbotene Stadt ist selbst beim zehntenmal noch ein großes Erlebnis. Was ich aus Italien kenne, aus Deutschland oder Amerika oder anderen Ländern, reicht nicht heran. Es ist einzig schön ...
Mittags essen wir chinesisch zu Michas Entzücken. Gestern kaufte ich für zwei Dollar 140 blühende Blumenbüsche, Astern, Löwen-

maul, Goldlack. Sie wurden gleich eingepflanzt, und nun leben wir im wahrsten Sinne des Wortes auf einem kleinen Blumenhof. Micha bekam ein Beet extra, das wohl unter seiner allzu zärtlichen Pflege eingehen wird. Neulich nahm ich ihn mit zum Sommerpalast, der in wunderbarer Landschaft an einem See in den Bergen liegt. Wir ließen uns eine Stunde rudern; vom Boot aus warf ich Micha ins Wasser (noch mit Ring). Er schwamm in einem freien Platz, umgeben von blühenden Lotosblumen."

Ernst war eingetroffen. Auf nähere Einzelheiten unserer Arbeit in Peking besinne ich mich kaum. Ich weiß nur, daß ich in längeren Abständen Funkverbindung mit der Zentrale hatte, Telegramme erhielt und auch sendete. Vielleicht arbeiteten wir damals so gut wie gar nicht. Solche Zeiten der Ruhe gab es, wenn eine Gruppe vorübergehend stillgelegt wurde. Ich weiß, daß ich über den Abbruch des Kontaktes zu den Partisanen nicht hinwegkam. Ernst ging es ähnlich. Keine Logik halt. Ich empfand, daß wir davongelaufen waren, obwohl ich mir immer wieder sagte, daß, sachlich gesehen, die Entscheidung der Zentrale nötig gewesen war. Später lernte ich, daß in ähnlichen Fällen die Verbindung strikt unterbrochen und nach Wochen und Monaten der Ruhe wieder aufgenommen wurde. Der Mord an Feng warf noch lange Zeit einen Schatten auf mein Leben.

Die relativ ruhige Atmosphäre in Peking tat uns gut. Ernst war gelöster und weniger nervös. Mir machte es Freude, ihm die Schönheiten der Stadt zu zeigen. Im August nahmen wir sogar Urlaub und fuhren zehn Tage nach Peitaiho ans Gelbe Meer. Wir wollten jede Stunde dieser seltenen Tage, die ohne Gefahr für uns waren, genießen. Leider gelang mir das nicht. Ich fühlte mich schlecht, mochte nicht schwimmen oder wandern. Bald wußte ich, daß ich ein Kind erwartete. Bevor ich zu Ernst oder anderen darüber sprach, wollte ich selbst eine Entscheidung treffen. In China war es einfach, die Schwangerschaft zu unterbrechen. Alles sprach dafür, besonders unsere Tätigkeit. Aber Micha war jetzt vier Jahre alt, und ich wollte so gern ein zweites Kind haben. Bei meiner Arbeit würde es zu keiner Zeit gelegen kommen. Vielleicht würde ich nach einer Trennung von Ernst niemals mehr mit jemand zusammen sein, von dem ich es mir wünschte. Nun, da es unterwegs war, wollte ich es behalten.

Der Zeitpunkt war zwar besonders ungünstig. In wenigen Wochen sollte Rolf nach fünfjähriger Tätigkeit in Shanghai seinen Europaurlaub beginnen. Die Reise wurde von seiner englischen Dienststelle für die ganze Familie bezahlt. Die Zentrale wünschte, daß ich die Gelegenheit nutzte, mit ihnen in Moskau über die Arbeit zu sprechen, und ich war über die Möglichkeit sehr froh, vielleicht meine Familie, die nach London emigriert war, wiederzusehen. Offen blieb, ob Rolf seinen Kontrakt mit dem Shanghai Municipal Council noch einmal um fünf Jahre verlängern sollte. Rolf war nun überzeugter Kommunist und wollte nicht länger politisch unaktiv bleiben. Ich hatte die Zentrale davon informiert.

Sicher würde mein Leben durch ein zweites Kind, einen Säugling, der behütet und gepflegt werden müßte, noch komplizierter werden, aber solange ich die Arbeit deshalb nicht aufgab, konnte mir niemand Vorwürfe machen. Ein Baby wäre sogar eine ausgezeichnete Legalisierung.

Noch bevor der Europaurlaub begann, geschah etwas, das meine rasche Abreise aus China nötig machte und eine Rückkehr in Frage stellte. In Shanghai war ein ausländischer Genosse, der Richards frühere Arbeit fortsetzte, verhaftet worden. Er schwieg bei allen Verhören, nicht einmal sein Name wurde bekannt. Seine absolute Stummheit wurde zur Sensation. Die Weltpresse berichtete über ihn als Mr. X.

Dieser Genosse war Käthes Chef und Lebenskamerad. Ich kannte ihn nicht persönlich, hatte nie etwas mit ihm zu tun gehabt, aber Ernst und ich wurden von der Zentrale gewarnt, daß die Nummer einer mit dem Verhafteten in Zusammenhang stehenden Rheinmetall-Schreibmaschine den Verdacht auf Ernst lenken könnte. Weder er noch ich hatten ihm oder Käthe eine verkauft. Jedenfalls sollte ich sofort abfahren, und falls Ernst in die Angelegenheit hineingezogen wurde, konnte er, sobald ich über die Grenze und in der Sowjetunion war, alles auf mich abschieben. Er habe mir die Maschine verkauft, mehr wisse er nicht. Wir setzten eine entsprechende Rechnung an mich auf. Ernst sollte versuchen, sich noch in Peking zu halten.

Nun war meine Zukunft vollends ungewiß, fest stand nur, daß sie eine Trennung von Ernst bedeutete. Mir fiel der Abschied von ihm schwer. Wir waren nicht zusammen, weil wir beide zufällig die gleiche Arbeit machten, wir waren uns wirklich gut.

Auch China verließ ich mit schwerem Herzen.

Fünf Jahre hatte ich hier gelebt.

Als 1949 der Tag der Befreiung des Landes kam, hielt ich es für das wichtigste Ereignis in der Geschichte der internationalen Arbeiterbewegung seit der Oktoberrevolution 1917. Für mich persönlich war es eine der größten Freuden meines Lebens.

In den fünfziger Jahren tauchte die Möglichkeit von Touristenreisen nach China auf, und ich sparte dafür. Dann kamen die Veränderungen in China. Noch war es möglich, zu reisen, aber ich konnte mich nicht entschließen, in ein Land zu fahren, dessen politische Entwicklung mich so deprimierte.

Vor der überstürzten Abreise 1935 versuchte Rolf genau wie auch Ernst immer wieder, mich zur Unterbrechung der Schwangerschaft zu bewegen – ohne Erfolg. Daraufhin erklärte Rolf, in dieser Lage könne er mich auf keinen Fall allein lassen, ich solle ihn in Europa treffen und darüber schweigen, daß er nicht der Vater des Kindes sei. Ernst achtete ihn dafür und sagte zu mir: „Wenn ich schon nicht bei dir sein kann, gibt es keinen besseren als Rolf; für mich ist das eine große Beruhigung." Ich schwieg, als die beiden meine Zukunft aushandelten. Wegen des Kindes lügen mochte ich nicht, und über die Arbeit, in welches Land und mit wem ich gehen würde, entschieden wir sowieso nicht selbst.

In Harbin sollte ich mein Ausreisevisum für die Sowjetunion erhalten. Mit Ernst war genau der Tag verabredet worden, an dem ich die Grenze überschreiten würde und er mich beschuldigen könnte. In Harbin war jedoch das Konsulat geschlossen. Ich fragte mich, ob ich im allerletzten Moment doch noch Pech haben sollte.

Alles ging gut. Ernst wurde nicht befragt. Mr. X. kam später frei. Käthe muß sich sehr gut verhalten haben. Sie erhielt nach ihrer Rückkehr in die Sowjetunion einen hohen Orden. Leider verlor sie damals im achten Monat ihr Baby. Ich traf sie 1937 oder 1938 in Moskau wieder und lernte dort auch ihren Mann, Mr. X., kennen.

Während der tagelangen Fahrt im Zug fühlte ich mich derart schlecht, daß ich Angst um das Ungeborene hatte. Micha hingegen liebte diese plötzlichen Unterbrechungen seines Alltags und fand sich rasch überall zurecht. Auf der Fahrt war er nur traurig, weil er sich mit niemandem verständigen konnte. Er versuchte es auf deutsch, auf englisch, auf chinesisch – vergeblich. Als der Zug einmal hielt, lief eine Katze miauend den Bahnsteig entlang, und der Vierjährige sagte leise vor sich hin: „Die Katzen sind klüger als die Menschen. Sie sprechen alle eine Sprache."

Polen und Sowjetunion 1936–38

Bei meiner Ankunft in Moskau wurde ich abgeholt. Genosse Andrej begrüßte mich herzlich im Hause der Aufklärung. Er bemerkte, wie elend ich aussah; ich wog zwanzig Pfund weniger als bei meiner Abfahrt vor achtzehn Monaten aus Moskau. Er wollte mich zum Arzt schicken, doch ich weigerte mich. Wir sprachen über die Arbeit in Mukden, und er informierte sich ausführlich über Rolf. Dann machte er einen Vorschlag. Würde ich nach Polen gehen – mit Rolf? Andrej wußte nichts von meiner engen Beziehung zu Ernst; vom Kind sagte ich niemandem etwas. Ich hatte soeben mit warmen Worten über Rolf gesprochen, und Andrej besann sich, daß ich zuvor gegen eine Scheidung gewesen war. Es war also von ihm aus gesehen ein humaner, logischer Vorschlag.

Obwohl es mir körperlich nicht gut ging und das vielleicht die ganzen neun Monate so bleiben würde, versetzte mich die Schwangerschaft auch diesmal nicht in einen hilfsbedürftigen Zustand. Ich fürchtete mich nicht davor, allein die von mir verlangte Arbeit zu leisten. Deutsche Emigranten, die sich in fremden Ländern irgendwie durchhungerten, und auch durch den Hitlerfaschismus getrennte Familien gab es jetzt überall. Ich konnte allein nach Polen gehen. Rolf und auch mir wollte ich das Zusammenwohnen unter den augenblicklichen Umständen nicht zumuten. Ich wußte allerdings auch, daß mir Rolf mit seinem Beruf eine viel solidere Legalisierung bieten konnte, und für ihn war es sicher besser, wenn er das erstemal in seiner Arbeit für die Zentrale mit mir zusammen war. Zwei Dinge machten mir Sorge. Rolf war in mancher Hinsicht naiv und ging leicht von falschen Konzeptionen aus, auf denen er beharrlich ein ganzes Gebäude konstruierte. Das konnte zu Fehlentscheidungen führen. Außerdem war er weichherzig und verstand nicht, die Ellbogen zu benutzen. Die zweite

Sorge hat sich als überflüssig erwiesen. Seine Weichheit betraf nicht seine Weltanschauung. Er erledigte gefährliche Dinge ruhig, ohne Aufhebens und verlor weniger leicht den Kopf als manch ein robuster Mensch. Sein Auftreten innerhalb der bürgerlichen Gesellschaft machte ihn wegen seines Charmes und seiner vollendeten Höflichkeit besonders Frauen gegenüber überall beliebt und öffnete ihm viele Türen.

Ich stimmte dem Plan der Zentrale zu, nach Polen zu gehen. Rolf sollte für sich selbst entscheiden. Ich weiß nicht mehr, ob er auf seiner Reise nach Europa, die später als meine lag, die Freunde in Moskau das erstemal traf oder ob er ohne Aufenthalt nach London kam und ich ihm dort die Vorschläge unterbreitete. Er blieb bei seinem Entschluß, mich nicht allein zu lassen, bis das Kind geboren war.

Obwohl Rolf Ernst und mir schon nach Mukden Senderteile gebracht und sich als Mitarbeiter der Aufklärung jahrelang auch in schwierigen Situationen bewährt hatte, habe ich ihm nie etwas über meine Arbeit in Shanghai gesagt. Nach der Ermordung von Richard Sorge hörte er dessen Namen zum erstenmal – nicht durch mich. Daß der Inhaber des Fotoladens, den er eingerichtet hatte, mit mir durch die illegale Arbeit verbunden war, erfuhr Rolf erst aus dem Inhalt der Bücher, die Jahrzehnte später über Sorge erschienen.

Während meines Aufenthalts in Moskau besuchte ich als letztes die Funkerschule und sah auch Marek wieder, der als einziger meiner Gruppe noch in Moskau war. Dann fuhr ich mit Micha nach Leningrad und von dort mit einem Dampfer in fünf Tagen nach London. Am zweiten Tag auf dem Schiff wurden die Blumentöpfe im Eßsaal festgebunden – ein Sturm setzte ein. Wären wir doch mit Michas Nachttopf ebenso verfahren. Er raste wie motorisiert von einer Ecke der Kabine in die andere, bis er zerschellte. Ich war zu seekrank, um mich darum zu kümmern.

Meine Eltern begrüßten uns im Londoner Hafen; Vater und die Geschwister hatte ich fünf Jahre lang nicht gesehen. Nun traf ich sie alle wieder, und sofort stellte sich das alte herzliche Verhältnis ein. Renate, die Jüngste, nannte sich mit ihren zwölf Jahren stolz Kommunistin. Die im Gegensatz zu uns sanfte Sabine wurde siebzehn Jahre alt.

Sie hatte als einzige Mutters Schönheit geerbt, während ich in dieser Hinsicht am meisten benachteiligt war. „Heulchen", die Dreiundzwanzigjährige, war klug, ehrgeizig, pflichtbewußt. Brigitte, drei Jahre jünger als ich, hatte in der Schweiz ihren Doktor für Geschichte gemacht und war wie immer voller Fleiß und Enthusiasmus für das, was sie gerade beruflich tat. Auch Jürgen lebte jetzt mit Frau und Kind in London.

Dies war nun die „Heimat" für mich. Im Vergleich zur Villa am Schlachtensee mit ihren vielen Räumen und dem großen, zum See abfallenden Garten wirkten die drei verwohnten Zimmer der Eltern in London NW 3 kläglich. Sicher hatten wir alle Sehnsucht nach dem Haus, wo wir aufgewachsen, und nach der Landschaft, zu der wir gehörten, aber weder Eltern noch Geschwister überschätzten materiellen Besitz. Auch diese Wohnung erhielt ihre Atmosphäre durch Vaters wissenschaftliche Arbeit; auf seinem Schreibtisch füllten sich Tausende weiße Blätter mit seiner kleinen, ebenmäßigen Handschrift.

An den Wänden hingen dort, wo Vaters Bücherregale Platz ließen, Mutters künstlerisch beachtliche Malereien. Jeden Sonntag versammelte sich die durch die Schwiegersöhne und Enkel gewachsene Familie. Manchmal trafen sich zwölf Personen am Mittagstisch. Mutter kochte in der gleichen Weise, wie sie malte, und die Küche glich in ihrer genialen Unordnung dem Atelier, das ihr im Schlachtenseer Haus gehört hatte.

Für die künftigen Ehemänner der Schwestern kann es nicht leicht gewesen sein, das erstemal an einem solchen Sonntagsessen teilzunehmen. Der Schwiegersohn stieß als Fremdling auf einen Familienclan, der den Erwählten nun plötzlich mit einschloß. Witze und Geistesblitze schossen von allen Plätzen an ihm vorüber. Vielleicht war es ein Traum, ähnliches zu produzieren, um anerkannt zu werden. Aber wie war es möglich, sich bei diesem Tempo dazwischenzuschalten? Während er noch verkrampft über das letzte Bonmot lachte, lauschten die anderen bereits Vaters klugen Worten, um die sich eine lebhafte Diskussion entspann. Die Respektlosigkeit dieser sechs Kinder gegenüber ihrer Mutter mußte ihn ebenfalls erschüttern, bis er spürte, es war eine liebevolle Respektlosigkeit, die zugleich Achtung enthielt. Mutter war die einzige, die versuchte, dem Schwiegersohn eine normale Unterhaltung anzubieten. Wir waren der Ansicht, der Zukünftige lerne am schnellsten schwimmen, wenn er ins Familienwasser geworfen wurde. Bald gehörte er dazu, und alle Geschwister standen sich gut mit allen Schwägern; so ist es geblieben. Nur von Heulchen und ihrem Mann haben wir uns entfernt. Der Ehrgeiz der beiden, in der bürgerlichen Gesellschaft etwas darzustellen, verdunkelte ihre fortschrittliche Gesinnung und vergiftete die Beziehungen zu uns. Wir anderen hängen sehr aneinander.

Zum Haushalt gehörte wie eh und je Ollo (Olga Muth). Ollo ist kein Deckname, ich nannte sie so von meinem dritten Lebensjahr an. Sie kam nach der Geburt von Brigitte als Kinderpflegerin zu uns und war schnell allen unentbehrlich. Mutter, die eine glückliche Ehe mit Vater führte, war eine lebenslustige, schöne Frau mit vielen Interessen und einem großen Bekanntenkreis. Mutter hat sich, wenn etwas Ernsthaftes mit den Kindern war, liebevoll und opferbereit um sie gekümmert, es gab auch genügend kleine Tagessorgen durch die Kinderschar, aber für alle praktischen Dinge des Lebens war Ollo verantwortlich. Ollo wusch, kleidete und fütterte die Jüngsten, sorgte dafür, daß die Älteren pünktlich zur Schule gingen, betreute uns während Krankheiten, verband aufgeschlagene Knie, schlichtete Streitigkeiten, sang mit ihrer schönen Stimme Kinderlieder, nähte, häkelte und strickte für uns. Ihre Eltern waren früh verstorben. Der Vater war Matrose bei der kaiserlichen Marine gewesen, und sie wurde im Militärwaisenhaus in Pretzsch erzogen. Ollo heiratete nicht, wir sechs waren Hauptinhalt ihres Lebens. Am liebsten hätte sie uns für sich allein gehabt. Mit Mutter hatte sie manchmal Streit; dann packte sie ihre Sachen und ging davon. Wir vermißten unsere Ordnung und Ollos sichere Hand, bis sie eines Tages wieder erschien. „Ich kann ohne die Kinder nicht leben."

Als der Hitlerfaschismus zur Macht gelangte und die Haussuchungen in Schlachtensee stattfanden, hielt sie tapfer zur Familie. Die Eltern emigrierten, Ollo konnte sich nicht trennen, sie ging mit. So traf ich sie in England wieder. Politisch folgte sie, wenn auch ohne jedes theoretische Fundament, unseren Ansichten.

Als ich der Familie erzählte, daß ich mein zweites Kind erwartete, waren alle begeistert. Eine direkte Lüge war nicht nötig, weil jeder annahm, der Vater sei Rolf. Nur Jürgen sagte ich die Wahrheit; er fand mich unmöglich, hielt aber zu mir.

Von den Kindern wohnte nur noch Renate, die Jüngste, zu Hause. Ollo fand, obwohl sie innig an Reni hing, daß ihre Aufgabe im Hause unserer Mutter erfüllt war, und bat mich, sie mit nach Polen zu nehmen, sie freue sich so sehr auf mein Kind. Rolf und ich nahmen ihren Vorschlag gern an.

Im Jahre unserer Ankunft in Warschau starb Pilsudski, der 1926 eine stark reaktionäre Diktatur in Polen errichtet hatte. Nach seinem Tode änderte sich nicht viel. Die Regierung blieb antisowjetisch, die Kommunistische Partei war verboten oder halblegal, Pilsudski hatte ein gegen die Sowjetunion gerichtetes Abkommen mit Hitler geschlossen. Der Chauvinismus im Lande herrschte, gekoppelt mit Antisemitismus. Die wirtschaftliche Lage war schlecht.

Es ist keine Dramatisierung der Umstände, wenn ich auf die Gefahren, die uns im jeweiligen Land drohten, eingehe. Es war selbstverständlich, daß wir uns so rasch wie möglich orientierten und auf sie einstellten.

Wäre unsere Tätigkeit als Kundschafter entdeckt worden, hätten wir mit noch Schlimmerem als einem harten Urteil rechnen müssen: mit der Auslieferung an Hitlerdeutschland. In demselben Jahr, als wir in Polen ankamen, hatte die Gestapo die Auslieferung der Genossin Olga Benario-Prestes bei der brasilianischen Regierung erreicht. Während der zahlreichen Haussuchungen nach 1933 in Schlachtensee war mehrfach nach mir gefragt worden, und zwar immer mit der Drohung: „Die kriegen wir noch."

Die Aufgaben, welche uns die Zentrale mit auf den Weg nach Polen gegeben hatte, waren nicht sehr umfangreich, und man ließ uns genügend Zeit, Fuß zu fassen im fremden Land, die Aufenthaltserlaubnis zu erhalten, eine Arbeit zu finden, die uns legalisierte, den Sender zu bauen und Kontakt mit der Sowjetunion aufzunehmen.

Das letzte schien uns das einfachste zu sein.

Die Aufenthaltserlaubnis und gar Arbeit zu erhalten war sehr kom-

Die Wohnung in Anin bei Warschau

pliziert in jener Zeit, da Emigranten aus dem Nazireich in alle Staaten der Welt flüchteten und Polen ihnen praktisch seine Grenzen verschloß.

Wir begannen damit, gutsituierte Bekannte, möglichst aus Rolfs Beruf, zu finden. Die ersten waren das wohlhabende, fortschrittlich gesinnte Architektenehepaar Syrkus. Sie unterstützten uns kameradschaftlich, ohne zu ahnen, wie wichtig diese Hilfe für uns war. Ich erinnere mich besonders an Frau Syrkus als eine kluge, originelle Frau.

Durch Zufall hörte ich vor ein paar Jahren ihren Namen. Beide hatten nach 1945 beim Wiederaufbau der Stadt Warschau eine große Rolle gespielt.

Syrkus' vermittelte Rolf einen beruflichen Partner, falls es uns gelingen sollte, im Land zu bleiben. Man warf uns nicht hinaus, gab uns aber jedesmal nur ein Visum für zehn Tage. Wir beschlossen, uns dadurch nicht nervös machen zu lassen, sondern ein normales Leben zu beginnen, das heißt, ein geeignetes Heim zu finden und den Sender zu bauen.

Am 27. Februar 1936 zogen wir nach Anin, einem Vorort von Warschau, in ein Zweifamilienhaus. Das oberste Stockwerk wurde nur in den Sommermonaten von einem älteren Ehepaar benutzt. Der Mann war Hauptmann bei der Armee. Das schien uns weniger günstig.

Nun baute ich zum erstenmal allein meinen Sender und war in größter Sorge, ob ich Verbindung erhalten würde. Kontakt zu einem Vertreter irgendeiner sowjetischen Dienststelle aufzunehmen, war uns untersagt. Ich hatte den Sender, wie von Ernst gelernt, in einem leeren Grammophonkasten untergebracht.

Deutlich entsinne ich mich daran, wie ich zum erstenmal in dieser Wohnung nachts bei trüber Beleuchtung die Taste bediente, deren unterer Teil wiederum das chinesische Lineal mit seinem schönen Spruch war, das mit mir durch die Welt reiste und heute zum Ausstreichen – hoffentlich aller Längen – in meinem Manuskript dient.

Ich rief zwei Minuten lang, stellte den Empfänger ein, und – wunderbares Gefühl der Erleichterung! – sofort nach dem ersten Anruf kam die Antwort. Ich freute mich derart, daß ich mich bei Quittierung der Antwort verhaspelte oder richtiger – vertastete; das kam sonst nie vor.

Selbstverständlich beschäftigte ich mich von Beginn unseres Aufenthaltes an mit der Wirtschaft und Politik Polens. Ich hätte es unnatürlich und langweilig gefunden, mich nicht intensiv mit dem Land, in dem ich lebte, zu befassen, abgesehen davon, daß es für unsere Arbeit wichtig war. Ich lernte die polnische Sprache und vergaß mein mühsam erworbenes Chinesisch. Es war mir schon in Mukden und Shanghai aufgefallen, wieviel man von einzelnen Leuten erfahren konnte, wenn man es darauf anlegte, und auch das gründliche Studium verschiedener Zeitungen ließ interessante Schlußfolgerungen zu. Allerdings verstanden wir zunächst die polnische Presse fast gar nicht.

Der Anfang war gemacht. Wir besaßen ein zur Arbeit geeignetes Haus, gute Funkverbindung mit der Zentrale, und der Architekt, den uns Syrkus vermittelt hatte, war bereit, Rolf gegen eine kleine Einzahlung als Partner aufzunehmen. Selbstverständlich wußte auch er nichts von unseren eigentlichen Aufgaben. Doch eine Schwierigkeit blieb; wir hatten noch immer keine ständige Aufenthaltserlaubnis. Wieder und wieder mußten wir bei den Behörden darum ersuchen, argumentieren, uns schlecht behandeln lassen, höflich und geduldig bleiben, jedesmal neu für eine Verlängerung plädieren.

An die Eltern:

„... Das Jahresvisum ist noch immer nicht bewilligt. Wir haben wieder nur ein provisorisches erhalten. Rolf muß fast täglich zur Visumstelle und hat auch schon gute Beziehungen, u.a. unseren Bekannten Syrkus als Garanten hingeschickt. Jeder sagt uns, wie schwer es ist, und vorher darf Rolf nicht richtig arbeiten."

Vier Wochen später:

„... Unser Problem muß sich – zum wievielten Mal – in diesen Tagen entscheiden. Rolf war sicher schon vierzigmal, ich übertreibe nicht, bei den verschiedensten zuständigen Stellen."

In dieser Situation bewährte sich Rolf großartig. Ich weiß nicht, ob ich diese Ruhe und soviel Geschick gegenüber den halbfaschistischen Behörden aufgebracht hätte wie er.

Jedenfalls erhielten wir nach monatelangen Bemühungen endlich ein Visum für ein Jahr. So hatte Rolf zwei Aufgaben, die uns gestellt waren: das Visum zu beschaffen und uns zu legalisieren, unter schwierigen Umständen erfüllt.

Außer mir war noch ein bulgarischer Genosse, den ich in Moskau getroffen hatte, nach Polen gefahren. Er hatte sich in Katowice oder Poznan niedergelassen, sollte Verbindungen nach Schlesien anknüpfen und auch im Lande selbst eine Kundschaftergruppe aufbauen. Frau und Kinder waren in Moskau geblieben, er lebte sich nur schwer in Polen ein. Ich traf ihn einmal monatlich, sollte ihn beraten und seine Nachrichten an die Zentrale weitergeben. Seine Arbeit lief erst an, und ich besinne mich nicht auf Einzelheiten.

Über einen zweiten Kontakt, den ich aufnehmen sollte, sobald wir uns eingerichtet hatten, wußte ich noch nichts Näheres.

Mir selbst fiel das Einleben auch nicht leicht. Ich schrieb nach Hause: „... Warschau gefällt uns nicht schlecht, aber Europa ist mit China verglichen langweilig."

Ich lebte losgelöst von allem, was mich fünf Jahre lang intensiv beschäftigt hatte, und es gab wenig Ersatz dafür. Rolf und ich vertrugen uns auf kameradschaftliche Weise, es gab keinen Streit, es gab gemeinsame Interessen, und es gab unseren Sohn, aber ich war bedrückt, und für Rolf war es sicher noch schwerer.

Kurz vor der Geburt des Kindes mußte ich nach Krakau fahren, um den bulgarischen Genossen zu treffen, auf diese Reise hatte ich mich stets gefreut, weil Krakau eine so schöne Stadt war. Jedesmal besuchte ich die Burg, die Kirchen und auch die Stoffläden. Doch diesmal wurde ich schnell müde; es blieb mir nichts anderes übrig, als in mein kleines, ungeheiztes Hotelzimmer im dritten Stock zurückzukehren. Ich kämpfte gegen die schlechte Stimmung und dachte, wie schade, daß mein Kind nicht von *zwei* Menschen mit Freude erwartet wird. Gegenüber dem Hotelzimmer befand sich ein Haus. Ein Mann stand mit dem Profil zum Fenster, plötzlich schlüpfte ein Mädchen in seine Arme. Wie gut sie es hatten.

Am 27. April 1936 wurde Janina in der Klinik „Opieka", Warschau, Chmielna 35, geboren. Sie war ein kräftiges, schönes Kind. Am 1. Mai, als Nina vier Tage alt war und ich sie zum Nähren bei mir im Zimmer hatte, drang plötzlich Musik von der Straße herauf – die Internationale! Eine illegale Demonstration! Ich stand auf und lief, das Kind im Arm, zum Fenster.

Plötzlich legte jemand seine Hand auf meine Schulter. Es war Frau Dr. Ukrainszyk, die Chefärztin. Sie blickte hinunter auf die Straße und sagte leise: „Meine Töchter sind dabei."

In späteren Jahren habe ich mich manches Mal gefragt, ob sie mit ihren Mädchen im Warschauer Ghetto endete.

Ninas Geburt lag günstig. Ich durfte am Tag, als ich senden sollte, die Klinik verlassen und setzte meinem nächtlichen Telegramm die kurze Meldung hinzu, daß ich eine Tochter hatte.

An die Eltern:
„14. Mai 1936
... Ihr könnt Euch überhaupt nicht diese Wonne vorstellen, wenn man aus der Stadt zurückkommt, und ein Babykörbchen mit Inhalt steht vor dem Haus im Wald ...

… Babykörbchen mit Inhalt steht vor dem Haus am Wald …

... Micha, begeistert von der Schwester und vergnügt, wenn er mich um sich hat. Heute sagte ich zu ihm: ‚Wir wollen mal faulenzen.' Er: ‚Was faul ist, weiß ich, aber was ist lenzen?'
Ollo eine wunderbare Hilfe und vernarrt in Janina. Rolf sehr beschäftigt mit einem Wettbewerb, den er im Namen eines anderen Architekten ausführt, der also keine Ehre, aber jedenfalls etwas Geld einbringt."

Für mich war Ollos Anwesenheit eine große nervliche Entlastung. Zu häufig hatte ich während meiner Arbeit in China in Sorge und Unruhe um Micha gelebt, und nun waren zwei Kinder zu betreuen. Allerdings ergab sich ein Konflikt, dessen Ausmaß ich damals noch nicht übersah.

An die Eltern:
Mai 1936
„... Micha, so ausschließlich an mich gewöhnt, ist keinesfalls nett zu Ollo. Er suggeriert ihr des öfteren, nach London zurückzukehren,

Mit Nina, 1936

denn nun besorgt Ollo ihn oft statt meiner. Er heult, ist ungezogen und strahlt sofort, wenn ich das Zimmer betrete. Das ging so weit, daß Ollo schließlich in Tränen ausbrach, sie habe sich auf Micha gefreut und nun könne sie die Liebe des Kindes nicht gewinnen."

Es stellte sich heraus, daß es in Polen nur einen Geburtsschein für getaufte Kinder gab, so mußten wir unsere Janina in die Kirche bringen. Jürgen, der uns im Juli 1936 besuchte, wurde auf mein Flehen hin ihr Pate und Ollo der andere. Wir lachten sehr, als wir herausfanden, daß der Kirchenbeamte Jürgens Beruf als „Statist" statt „Statistiker" eingetragen hatte.

Am Tage, als ich mit Janina aus der Klinik nach Hause gekommen war, hatte es noch ein schönes Erlebnis gegeben. Wir erhielten Besuch von Walter aus Shanghai. Er begann seinen Europaurlaub und blieb einige Tage bei uns. Ich fragte ihn nicht nach Einzelheiten aus seiner Arbeit, und er fragte mich nicht, aber wir sprachen über die politische Lage in Shanghai und in Polen, und er erzählte von Bekannten. Es war

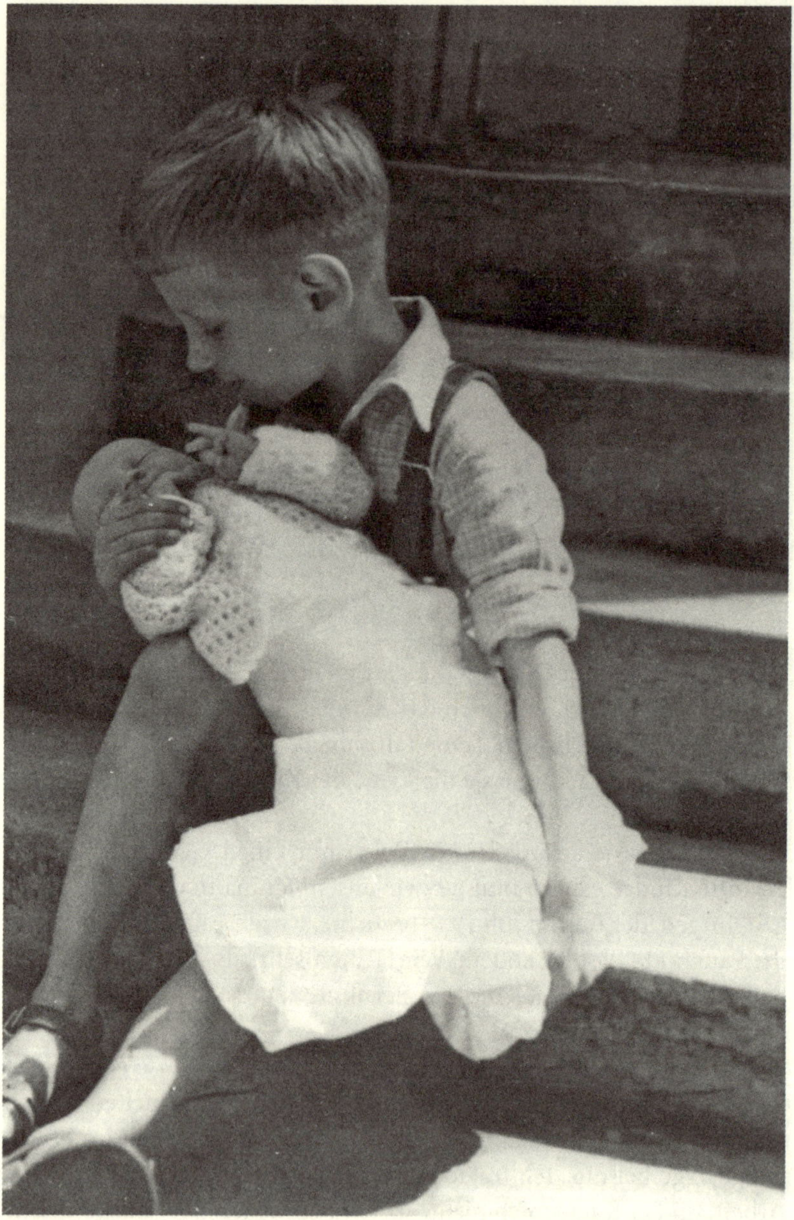

… Micha, begeistert von seiner Schwester

ein angenehmes Zusammensein. Danach habe ich ihn nicht wieder gesehen.

Bei meinem zweiten Kontakt, den ich auf Wunsch der Zentrale aufnahm, es war noch vor Janinas Geburt, handelte es sich um eine Gruppe von Genossen in Danzig. Ich fuhr mehrmals zu ihnen und erhielt im Winter 1936 den Auftrag, ein paar Monate nach Danzig überzusiedeln, um die Gruppe besser unterstützen zu können. Nachrichten hatte ich schon vorher zwischen ihnen und der Zentrale vermittelt.

Danzig war Ende 1936 offiziell noch eine „Freie Stadt".

Die Praxis sah anders aus. Auf kleinstem Raum wiederholten die Nazis hier, was sie in Deutschland verübt hatten. Die „Gleichschaltung" Danzigs als Vorstufe zum „Heim ins Reich" gehörte zu Hitlers Kriegsvorbereitung und war im Korridor zwischen Deutschland und Polen besonders gefährlich für die Sowjetunion. Diese Gleichschaltung wurde brutal und methodisch betrieben.

Senatspräsident war der Nazi Greiser, der dem Nazi-Gauleiter Forster unterstand. Die Vertreter mancher Parteien im Danziger Volkstag, Deutschnationale, Zentrum, wurden niedergeschrien, zusammengeschlagen und eingesperrt. Die KPD war bereits 1934 verboten worden, Hunderte ihrer Mitglieder saßen in den Gefängnissen; das Verbot der SPD folgte 1936, das Zentrum wurde 1937 liquidiert. Hakenkreuzfahnen erschienen auf öffentlichen Gebäuden, Hitlerbilder hingen in den Amtszimmern, die Polen wurden terrorisiert, die Juden eingeschüchtert, verfolgt, verhaftet, bis sie bereit waren, Danzig „freiwillig" zu verlassen.

Bevor ich mich auf eine Bank im schönen Park von Oliva setzen oder ein Geschäft betreten konnte, mußte ich darauf achten, ob ein Schild es mir nicht verbot. Ein Café in Langfuhr machte die Sache besonders gründlich: „Juden, Polen und Hunde unerwünscht."

Die polnische Regierung, die laut Verfassung ein Mitspracherecht in Danzig besaß, tat wenig, um die dortige polnische Minderheit zu schützen, während viele polnische Postbeamte, Eisenbahner, Lehrer und Arbeiter für ihre Rechte in Danzig kämpften und der Verfolgung durch die Nazis standhielten.

Als Beschwerden über die unerhörten Verstöße der Nazis gegen die

Danziger Verfassung im Völkerbund eingereicht wurden, erklärte dieser für „empfehlenswert, sich nicht in die inneren Angelegenheiten Danzigs einzumischen". Hitler hatte freie Bahn. SA, SS, Polizei und ehemalige Kriegervereine trainierten systematisch für den nächsten Krieg. Deutsche und polnische Kommunisten arbeiteten illegal und leisteten aktiven Widerstand. Es blieben nicht viele am Leben.

1949, zur Zeit der Gründung der DDR, existierten nur noch ungefähr 65 deutsche Kommunisten aus Danzig; sie wohnten hauptsächlich in unseren alten Städten an der Küste, in Rostock, Greifswald, Stralsund und Grevesmühlen.

Selbstverständlich besaß ich nur Verbindung zu unserer Gruppe, die aus ungefähr sechs Genossen bestand. Alle waren Arbeiter und in Danzig seßhaft. Sie sammelten Informationen und bereiteten den praktischen Kampf gegen die Nazis vor. Auf der Danziger Werft wurden deutsche U-Boote gebaut und von Danzig aus Kriegsmaterial nach Spanien gesandt. In den Industriebetrieben wurde für den Faschismus produziert. Jeder Störfaktor war wichtig. Damals lief die Arbeit erst an. Ich weiß nur von einem erfolgreichen Versuch an einem kleineren Objekt, das in Flammen aufging.*

Der Leiter der Gruppe kam aus dem kommunistischen Jugendverband. Er hatte ein zartes Gesicht, braune Augen und braunes Haar. Längere Zeit hatte er Tbc gehabt und wohnte nun mit Frau und Tochter in einem bescheidenen Häuschen in einer Gartensiedlung. Er war Anfang Dreißig.

Ich traf außer ihm noch ein Ehepaar, auch aus dem KJVD. An ihn

* *Anmerkung 1978: Paul Ivertowski, früher Kranführer auf einer Werft in Danzig, teilte mit, er gehörte zu der illegalen Gruppe in Danzig, für die ich zeitweilig arbeitete. Die Gruppe wuchs und wurde speziell ausgebildet, um beim zu erwartenden Überfall der Nazis bestimmte Verkehrsknotenpunkte zu vernichten.*

1939, kurz vor Beginn des Krieges, wurde die gesamte Gruppe durch Verrat verhaftet. Paul Ivertowski erhielt lebenslänglich Zuchthaus. Er wurde 1945 aus dem Konzentrationslager Mauthausen befreit. Vier der Genossen, darunter der Leiter der Gruppe, den ich beschreibe, wurden hingerichtet. Er hieß Karl Hoffmann. Nun, da er an die Ehrentafel der für die Rote Armee Gefallenen gehört, möchte ich seinen Namen nennen.

erinnere ich mich, weil er oder wohl mehr seine Frau sich der ständig gefährlicher werdenden Lage in Danzig nicht mehr gewachsen fühlte. Seine Frau bestand darauf, daß er die illegale Arbeit aufgab. Er konnte diesen Konflikt in seiner Ehe nicht lösen und bat, ausscheiden zu dürfen. Die anderen Mitglieder der Gruppe traf ich nicht persönlich.

Ich sollte in Danzig die Gruppe beraten und für sie funken.

Rolf fuhr im Januar nach Danzig vor, um eine Unterkunft zu mieten. Angeblich für die ganze Familie, da es wegen des Senders ein Einzelhaus sein sollte. Er aber wollte bei seiner Architektenfirma in Warschau bleiben, um seine Legalisierung nicht zu verlieren.

An Jürgen schrieb ich Anfang 1937 aus Danzig:

> „Wir haben ein süßes Häuschen gefunden. Sehr bequem, reizend gebaut, großer Garten drumrum, 15 Minuten Omnibusfahrt von Danzig. Adresse von jetzt ab: Danzig-Oliva, Humboldtstr. 7."

Merkwürdig, daß ich gerade diese Adresse besitze, denn eine Woche später stimmte sie schon nicht mehr. Beim Ausprobieren des Senders und Empfängers entdeckten wir, daß ein lautes Brummen Sende- und Hörversuche auslöschte. In der Nähe befand sich eine elektrische Kraftstation. Das hätte ich vor dem Einzug bemerken müssen. Es war sehr schwer gewesen, ein Haus zu finden. Ein zweites Mal gelang es uns nicht, zumindest nicht in der Zeit, die zur Verfügung stand, und ich bezog eine Neubauwohnung im selben Stadtteil Oliva.

Nichts Wichtiges im Vergleich zu den anderen Schwierigkeiten in Danzig, aber jeder, der Umzüge erlebt hat, kann sich vorstellen, was es bedeutete, mit Familie, Janina war neun Monate und Micha sechs Jahre alt, von Warschau nach Danzig umzusiedeln, ein Haus zu finden, sich darin einzurichten und gerade, wenn man das hinter sich hat, wieder neu Wohnung zu suchen, den Haushalt zu verpacken und noch einmal umzuziehen. Unangenehm war es auch dem Wirt gegenüber. Wir wollten in keiner Weise auffallen, waren froh, daß er einen richtigen Hausvertrag mit uns abgeschlossen hatte, und kündigten plötzlich nach einer Woche. Welchen Grund sollten wir angeben? Wir blieben

Jürgen

in der Stadt wohnen und verloren dazu noch mehrere Wochen schon bezahlte Miete. Wir beschlossen, daß Rolf alles auf seine kapriziöse Frau schieben sollte, die plötzlich entschieden hatte, ein Haus mache zuviel Arbeit, und lieber eine Wohnung wollte. Danach fuhr er zurück, ich richtete mich mit Ollo und den Kindern in der neuen Wohnung ein, baute meinen mitgebrachten „Grammophon"-Sender auf und funkte zweimal wöchentlich.

Unsere Wohnung war sonnig und hatte im großen Zimmer ein breites Doppelfenster für Blumen. Wir stellten statt Blumen das Körbchen mit Janina hinein. Dort schlief und spielte sie viele Stunden. Micha beging seinen sechsten Geburtstag in Danzig, und wir waren zur Feier des Tages – das erstemal für ihn – im Theater: Frau Holle wurde gegeben.

Ich hatte mich bemüht, etwas über die Mitbewohner des Hauses zu erfahren. Ein Stockwerk höher wohnte ein Nazifunktionär. Seine Frau, die sich langweilte, liebte es, ausgerechnet mit mir über dies und jenes zu reden, wer im Hause lebte und was dort vor sich ging.

Eines Nachts entzifferte ich eine eben aufgenommene Mitteilung und glaubte, sie sei an den falschen Empfänger gerichtet. Konnte so eine Verwechslung nicht vorkommen? Aber gerade diese Nachricht begann mit der persönlichen Anrede: „Liebe Sonja" und lautete, aus der Erinnerung zitiert: „Das Volkskommissariat für Verteidigung hat beschlossen, Sie mit dem Rotbannerorden auszuzeichnen. Wir beglückwünschen Sie herzlich und wünschen Ihnen weitere Erfolge bei der Arbeit. Der Direktor."

Ich hatte geglaubt, diesen militärischen Orden gäbe es nur für besondere Tapferkeit während der Revolution oder während des Bürgerkrieges an der Front, und begriff nicht, warum ich ihn erhalten hatte. Zunächst war ich betroffen, allmählich setzte die Freude ein, vermischt mit der Sorge, ob ich nicht überschätzt wurde.

Unmittelbar nach dieser Nacht begegnete ich beim Einkaufen der Ehefrau des Nazis. Ihr Mann war auf einer Dienstreise. Wir sprachen über das bitterkalte Wetter und – unerschöpfliches Thema – über die lieben Nachbarn. Zwischendurch fragte sie mich: „Wird Ihr Rundfunkempfang jetzt auch so oft gestört? Letzte Nacht war es wieder ganz schlimm!"

„Ich habe nichts bemerkt", erwiderte ich. „Um wieviel Uhr denn?" Sie gab die Zeit an. „So spät höre ich nie, da schlafe ich längst."

„Mein Mann sagt, da funkt jemand heimlich ganz in unserer Nähe. Er wird dafür sorgen, daß unser Wohnblock ab Freitag umstellt wird. Da ist er wieder zurück."

Vor Freitag hatte ich noch eine Möglichkeit zu senden. Ich beobachtete alles genau. Der Mann schien tatsächlich nicht zu Hause zu sein. Ich hatte mir auf Sekunden ausgerechnet, wie schnell ich das Grammophon verstecken und das Papier verbrennen konnte. Aber viel genutzt hätte es nicht. Das Unterbrechen der Sendung hätte mich überführt.

Die Sendezeit kam heran. Bei dem Nazi oben war es dunkel. Das Haus war nicht umstellt. Dies wäre auch ungewöhnlich gewesen. Sie würden eher den Block anpeilen. Der Empfang war klar, die Arbeitszeit entsprechend kurz. Ich teilte mit, aus welchen Gründen ich nicht mehr senden könne, daß ich aber eine Antwort noch Donnerstag oder Sonnabend aufnehmen würde. Am nächsten Tag brachte ich den „Grammophon"-Sender zu einem Genossen unserer Gruppe.

Heute scheint mir, daß ich damals Fehler gemacht und gerade in dieser Stadt leichtsinnig gehandelt habe. Ich hätte vor dem Einzug, auch wenn es schwierig war, eine Wohnung zu bekommen, bedenken müssen, daß bei der politischen Lage in Danzig hauptsächlich Nazis in den neuen Blocks wohnen würden.

Ich hätte auch die Sendezeit in solchem Block auf sehr spät nachts verlegen müssen, wenn niemand mehr Rundfunk hörte. Und warum mußte ich in dieser Lage noch einmal aus meiner Wohnung senden? Gewiß, ich wollte andere nicht gefährden. Aber wäre es nicht richtiger gewesen, den Apparat sofort zu einem Angehörigen unserer Gruppe zu schaffen, eine Antenne zu bauen und dieses eine Mal von dort zu senden? Ich hätte doch nur darauf zu achten brauchen, daß ich auf dem Wege zu dem Genossen nicht beschattet wurde. Ich hätte auch nach Warschau zurückfahren und von dort funken können. Den Sender hatte ich schon auf dem Wege nach Danzig über die polnische Grenze gebracht. Natürlich gab es Kontrollen, aber die waren weniger gefährlich als das, was ich tat, und mit nach Polen zurücknehmen mußte ich den Apparat sowieso. Wahrscheinlich wollte ich Danzig nicht ohne Erlaubnis der Zentrale verlassen.

Damals stellte ich solche Überlegungen nicht an, sondern fand alles in Ordnung, wie ich es gemacht hatte. Meine heutige Vorsicht und Erfahrung hätten mir damals in der Arbeit geholfen. Aber heute habe ich dafür verbrauchte Nerven und geringeres Reaktionsvermögen.

Die Antwort der Zentrale kam am Donnerstag und wurde mehrmals durchgegeben, da ich nicht sendete und den Empfang nicht bestätigen konnte. Die Zentrale ordnete meine Rückkehr nach Polen an.

„Villa Joaska", Skolimóv bei Warschau

So löste ich wieder den Haushalt auf.

In Polen zogen wir im März 1937, ich war ungefähr vier Monate in Danzig gewesen, in einen anderen Vorort, vierzig Minuten Autobusfahrt von Warschau entfernt. Die Adresse war Poststation Skolimóv, Villa Joaska. Wieder war es ein Zweifamilienhaus mit Garten im Wald, die obere Etage war unbewohnt.

Hierher erhielt ich von der Zentrale, es war wohl im Mai, die Nachricht, daß mich ein Genosse in Warschau auf der Hauptstraße Novy Swiat an einer bestimmten Straßenecke treffen würde. Erkennungszeichen sei nicht notwendig.

Wie immer war ich pünktlich dort. Niemals kam ich zu einem Treffen auch nur eine Minute zu spät. Ich hielt und halte noch heute Pünktlichkeit für eine unerläßliche Vorbedingung der illegalen Arbeit.

Nur kurze Zeit ging ich auf und ab, und dann fiel es mir wirklich schwer, den, der an mir vorüberging, nicht freudig zu begrüßen – meinen Vorgesetzten, Genossen Andrej. Er war gekommen, um unsere Arbeit an Ort und Stelle zu überprüfen. Eine gute Sache, die öfter gemacht werden sollte.

Genosse Andrej blieb ein paar Tage in Warschau. Ihm gefiel unsere Wohnung und wie wir eingerichtet waren. Er sagte, nun könne er sich erklären, warum wir so geringe finanzielle Mittel bei der Etablierung gebraucht hätten. Da wir nicht wußten, wie lange wir in Polen Aufenthaltserlaubnis erhalten würden, hatten wir die Möbel nicht im Geschäft gekauft, sondern in einer Tischlereiwerkstatt im Rohzustand, und Rolf hatte sie in schönen Farben angestrichen.

Andrejs Besuch empfand ich wie den eines Freundes. Voller Stolz zeigte ich ihm Janina. Ich sagte ihm nun, daß Ernst der Vater war.

Wir sprachen über meine Arbeit und fuhren gemeinsam nach Danzig.

Während der Fahrt sagte Genosse Andrej, er möchte nicht nur als Vorgesetzter zu mir sprechen, sondern als Freund; er würde sich freuen, wenn ich es auch so betrachtete. Ihm schien, ich strahlte nicht mehr die Fröhlichkeit aus, die ich auf der Schule in Moskau besessen und die alle so gern gehabt hatten. Ob ich unter der Trennung von Ernst leide und wie es mit Rolf und mir gehe. Ich sagte ihm, daß ich Ernst sehr schätze und noch immer Sehnsucht nach ihm hätte, aber nicht zu ihm zurück möchte. Und ich sagte ihm auch, wie es mit Rolf und mir stand. Andrej war ein Mensch, mit dem man so etwas besprechen konnte. Ich setzte hinzu, daß es mir nicht schlecht ginge, ich hätte nur das Pech aller lebhaften Menschen, man merke ihnen viel mehr als den stillen an, wenn sie mal nicht ganz so fröhlich sind.

Er lachte, nahm meine Hände und sagte: „Sonja, Sonja.“ Später teilte er mir mit, er sei mit meiner Arbeit zufrieden, das solle er mir auch vom Direktor ausrichten.

Ich hingegen machte ihm klar, wie ungeübt ich mich in meinem

Beruf fühlte, daß es mir schwerfiel, den neuen Entwicklungen im Senderbau zu folgen, und ich am liebsten noch eine weitere Ausbildung in der Sowjetunion gehabt hätte.

Zu meinem Erstaunen stimmte Andrej zu. Ich sollte für ein paar Monate in die Sowjetunion kommen und dann wieder nach Polen zurückgehen.

Für solche Fälle war es doppelt gut, Ollo bei uns zu haben, Micha und Nina würden während meiner Abwesenheit in besten Händen sein.

Genosse Andrej wollte, daß ich den Termin seiner Rückkehr an die Zentrale funkte. Es war nur eine kurze Nachricht. In Warschau arbeitete ich mit Batterien, ich glaube, zweimal hundertzwanzig Volt. Rolf war im Zimmer, als ich den Sender an diesem Abend aufbaute. Ich weiß nicht mehr, was ich anstellte, jedenfalls erhielt ich einen starken elektrischen Schlag, schrie auf und konnte die Hand nicht vom Stromkreis nehmen. Rolf, der sofort den elektrischen Strom ausschaltete, war blaß geworden. Es roch verbrannt, Daumen und Zeigefinger hatten schwärzliche Wunden. Ich machte nun den Sender endgültig bereit, doch diese Nacht war wie verhext. Es brummte, raschelte und knackte unentwegt im Empfänger, ich verstand den Partner nicht, und er konnte meine Nachricht ebenfalls nicht aufnehmen. Dabei hatte ich nur vierzig bis fünfzig Gruppen zu senden. Stundenlang versuchte ich es und kam nicht weiter. Es war mir peinlich, Genossen Andrej am nächsten Tag davon zu informieren. Er fragte ärgerlich, was geschähe, wenn ich etwas wirklich Wichtiges zu senden hätte.

In der nächsten Nacht gelang es mir, wenn auch mit Schwierigkeiten, die Nachricht durchzugeben.

Bevor Andrej sich von mir verabschiedete, sagte er, in der Zeitung habe gestanden, daß Sonnenflecken atmosphärische Störungen hervorgerufen und überall den Funkdienst behindert hätten.

Im Juni 1937 sollte ich nach Moskau fahren. Die Kinder schickten wir mit Ollo zu Rolfs Eltern auf die Grenzbauden. Sie mieteten sich dort in einem Nachbarhaus ein. Wenn ich an seine Mutter und Janina, das angebliche Enkelkind, dachte, fand ich es einen häßlichen Betrug und wollte nicht länger schweigen. Rolf aber bat mich, in der schweren Hitlerzeit seiner Mutter keinen weiteren Kummer zuzufügen.

Aus Briefen ersehe ich, daß ich nach London gefahren bin und mir dort ein sowjetisches Visum besorgt habe, auf falschem Paß oder herauslösbarem Blatt.

Drei Monate blieb ich in der Sowjetunion.

Da ich ein Jahr später, im Sommer 1938, bevor ich in ein neues Land geschickt werden sollte, wieder für ungefähr die gleiche Zeit in Moskau war, ist es schwer für mich, die Ereignisse während dieser Aufenthalte auseinanderzuhalten. Ich werde daher nicht chronologisch, sondern von beiden Besuchen zugleich berichten.

Bald nach meiner Ankunft in Moskau mußte ich einmal längere Zeit im Haus am Arbat auf Andrej warten. Ich traf einen deutschen Genossen, der auch zu ihm bestellt war. Wir unterhielten uns zurückhaltend, wie unter Illegalen üblich, aber ich erfuhr doch, dieser Genosse war der Mann meiner früheren Zimmerpartnerin Gerda gewesen. Ich traf ihn ein zweites Mal und hörte nun seine Geschichte. Er war mit Gerda zur gemeinsamen Arbeit über den Ozean in ein Kolonialland gefahren. Auf dem Schiff verliebte Gerda sich in einen englischen Sergeanten der Polizei, erklärte, sie könne ohne diesen Mann nicht mehr leben, und unternahm einen mißglückten Selbstmordversuch. Unter diesen Umständen blieb ihrem Mann nichts weiter übrig, als allein zurückzukehren.

Auch solche unwahrscheinlichen Kolportagegeschichten gab es bei unserer Arbeit.

Andrej schickte mich gleich nach meiner Ankunft in Urlaub nach Alupka an die Schwarzmeerküste. Karlosch arbeitete jetzt direkt bei Andrej; er erledigte auch alle technischen Dinge für die ausländischen Mitarbeiter und brachte mich zur Bahn. Karlosch war ruhig und bescheiden, er überschätzte seine Fähigkeiten nicht, aber immer spürte man, was für ein zuverlässiger alter Bolschewist er war.

Ich blieb vier Wochen in Alupka in einem Sanatorium. Wir waren zwanzig Frauen in einem Schlafsaal. Ich lernte eine Reihe liebenswerter Sowjetbürgerinnen kennen. Von Alupka aus fuhr ich zu der Schriftstellerin Genossin Berta Lask, die in Sewastopol oder Jalta lebte. Ihr Mann war dort Arzt. Ich hatte sie zwischen 1924 und 1928 öfter mit Gabo Lewin und Heinz Altmann in ihrer Wohnung, Berlin-Lichterfelde, besucht. Von Berta erfuhr ich, daß ihr ältester Sohn Lutz sowie Gabo und seine Frau Herta, die ich auch aus Berlin kannte, in Moskau lebten. Heinz Altmann und Gabo hatten zu meinen besten Freunden im KJVD gehört. Mit dem stets fröhlichen Gabo war ich als Achtzehnjährige einmal eine Woche auf Rügen gewandert. Er hatte mir 1924 für mein gespartes Lehrlingsgehalt eine Parabellum besorgt. Er und sein Freund Heinz Altmann brachten mir im Grundewald das Schießen bei. Während der Nazi-Durchsuchungen befand sich die Waffe im Dachgebälk unseres großen Hauses.

Für Gabo war es wohl eine besondere Freude, mich in Moskau wiederzusehen, er hatte von anderen gehört, meine Briefe aus China bewiesen, ich sei völlig verbürgerlicht und der Bewegung verlorengegangen.

Nun schoben Herta und Gabo ihr Söhnchen im Kinderwagen. Heute hat der Sohn selbst Kinder und ist ein tüchtiger Genosse.

Nach der Rückkehr aus Alupka wohnte ich zunächst in Moskau im Hotel. Zu den Genossen, die mich dort besuchten, gehörte Bruno Kühn. Ich kannte ihn aus dem KJVD und hatte ihn zufällig auf der Straße getroffen. Sein rötliches Haar, das sommersprossige Gesicht, die sehr blauen Augen waren mir sofort aufgefallen. Wir hatten uns in Berlin auf Versammlungen, Demonstrationen und Wochenendausflügen gesehen, ohne uns näher zu kennen. Aber welche Freude bedeutete es, einem KJVD-Genossen in Moskau auf der Straße zu begegnen, von dem man wußte, die Nazis hatten ihn verhaftet. Er war freigekommen und hatte am spanischen Bürgerkrieg als Kommissar im 1. Partisanenbataillon teilgenommen. Wir sprachen viel von Spanien, von der Lage in Deutschland, von der kommunistischen Kinderbewegung, die ihn immer besonders interessierte.

1941 kämpfte er im faschistischen Hinterland und kam dabei um.

Als ich eines Tages im Haus am Arbat den Flur entlangging, trat ein junger Soldat aus einer Tür, durch den Spalt sah ich Paul aus Shanghai am Schreibtisch sitzen. Ich stürzte ins Zimmer und umarmte ihn in meiner Wiedersehensfreude – ein reichlich formloser Akt für die Gepflogenheiten dieses Hauses. Paul trug die Uniform eines hohen Offiziers. Er freute sich genauso wie ich und lud mich für den selben Abend zu sich ein.

Bald nach meiner Rückkehr aus Alupka teilte mir Andrej mit, ich solle mich bereit halten, um meinen Rotbannerorden zu empfangen. Ich zog mein gutes, graues Kostüm an, putzte die Schuhe blank, kämmte ungewöhnlich lange mein Haar und bestieg, ich weiß nicht mehr, wo, einen offenen Lastwagen, auf dem sich sowjetische Armeeangehörige befanden. Wir saßen auf rohen, lehnenlosen Bänken, schluckten Staub, und der Wind blies mir das Haar durcheinander. Im Kreml gingen wir an den Wachen vorbei, liefen durch viele Gänge und kamen in einen kleinen Saal. Wir warteten ein paar Minuten, ehe ein alter, grauhaariger Genosse den Raum betrat. Es war Kalinin. Für mich war es eine ganz besondere Freude, daß ich meinen Orden aus seinen Händen empfangen sollte. Ich hatte viel von ihm gelesen und verehrte ihn. Kalinin war vor der Revolution vierzehnmal im Gefängnis gewesen. Später wurde er der erste Präsident der Sowjetunion. Nun war er schon über sechzig Jahre alt. Obwohl für ihn eine Ordensübergabe Routine sein mußte, wirkte er unmittelbar warm und herzlich. Wir wurden alphabetisch aufgerufen, lange hielt Kalinin meine Hand fest, lange klatschten die Rotarmisten, wahrscheinlich, weil ich die einzige Frau unter ihnen war. Ich habe Kalinins Güte, den Ausdruck seines Gesichts noch heute in Erinnerung.

Mein Orden trug die Nummer 944. Spangen gab es damals noch nicht. Um den Orden zu befestigen, mußte ich für seine dicke Schraube ein Loch in den Jackenaufschlag des Kostüms bohren, die mit einer zwei Zentimeter breiten Mutter festgedreht wurde.

Am selben Tag traf ich Frida Rubiner. Ich kannte sie noch aus Deutschland. Sie war eine alte Revolutionärin und großartige Lehrerin der Theorie des Marxismus. Frida hatte Lenin persönlich gekannt und manche seiner Werke ins Deutsche übersetzt. Sie sah den Orden und umarmte mich. Ich trug meine Auszeichnung nur an diesem Tag. Als ich wieder ins Ausland ging, blieb sie in der Sowjetunion zurück.

In Moskau begegnete ich einem Genossen wieder, der mich während meiner ersten Jahre in der Arbeiterbewegung zwischen 1924 und 1928 beeinflußt hatte, Erich Kunik. Er hatte in Berlin im Zentralkomitee gearbeitet und muß in Berlin-Zehlendorf gewohnt haben, denn er war mir durch die Parteiarbeit im 10. Bezirk bekannt. Erich war ein kluger, sehr gut aussehender Kommunist mit großem Verständnis für die Jugend. Ich besuchte ihn in seiner Wohnung in Moskau, wo er mit Frau und Sohn lebte. Ich verstand mich sofort wieder so gut mit ihm wie in Deutschland.

In Polen hatte ich versucht, einen Roman zu schreiben, ganz im Gegensatz zu den Regeln der Illegalität. Seit meinem vierzehnten Lebensjahr träumte ich davon, Schriftstellerin zu werden. Viele „Werke" hatten in den Schubladen meiner Kindheit und frühen Jugend gelegen.

Die Erlebnisse mit Franz hatten mich zu diesem Roman angeregt: Eine Weißrussin lernt in Shanghai einen Deutschen kennen. Sie liebt ihn und heiratet ihn, ohne zu wissen, daß er ein illegal aktiver Kommunist ist. Sie erfährt es erst auf einer Reise, angeblich nach Europa. Unterwegs teilt ihr der Ehemann die Wahrheit mit und sagt, daß sie in der Sowjetunion bleiben werden. Sie zittert vor der ihr unheimlichen Zukunft. Doch die Stärke der Erlebnisse in der Sowjetunion und der Einfluß ihres Mannes wandeln sie. Gegen Ende des Buches ist sie Kommunistin.

Das Manuskript hatte ich schlechten Gewissens mit nach Moskau genommen. Weder das Schreiben noch der Transport entsprachen den Grundsätzen der Illegalität. Ich wünschte mir sehr, daß ein Verlag sich dafür interessieren möge.

Nachdem ich die Sowjetunion wieder verlassen hatte, schrieb ich darüber am 11. Oktober 1937 an Jürgen:

> „Das Manuskript ist ein völliger Mißerfolg. Sechs Leute haben es gelesen, fünf sind der Ansicht, daß das Material hochinteressant ist, aber vieles holprig geschrieben und vor allem ein gegenteiliges Ende, den heutigen Verhältnissen entsprechend, geschrieben werden muß. *Das Mädchen darf nicht des Mannes Ansichten übernehmen, sondern im Gegenteil, sein Verderben muß sie werden!*
> Nach gründlicher Bearbeitung wäre man bereit, es zu veröffentli-

chen. Diese Entscheidung fiel kurz vor der Abreise und würde drei Monate Arbeit erfordern. Der sechste, der es las, war Erich K.*, den ich mehrmals besuchte. Er sagte, nachdem er es halb gelesen, ich solle es ruhig in den Ofen schmeißen, es tauge absolut nichts. Seine Frau (dies übermittelte mir jemand anderes) hat es als ‚kriminalistischen Schundroman' bezeichnet. Mit den ersten fünf Leuten bin ich einverstanden. Erich finde ich zu scharf, das Urteil seiner Frau finde ich blöd."

Am meisten Gnade fand mein Manuskript bei Frida Rubiner. Sie hatte es einem Verlag angeboten, der es mit einigen Veränderungen drucken wollte. Aber ich hatte nicht die Zeit, es zu ändern, und meine Hoffnung auf irgendein Talent war gänzlich verschwunden. Fest steht wohl, daß dieses Manuskript wirklich nichts taugte. Ich ließ es in Moskau zurück.

Charakteristisch für jene Jahre des schnellen Mißtrauens war die Forderung aller sechs Leser: Der Kommunist und das erste Land des Sozialismus dürften nicht die Weißrussin (russische Emigrantin) umwandeln, sondern sie müsse die Feindin bleiben, die ihren Mann mit ins Verderben ziehe!

Es war die Zeit des Personenkults und der Verletzung sozialistischer Gesetzlichkeiten. Falsch wäre, diese Periode, die sich auf viele Menschen tragisch auswirkte, zu übergehen.

Als ich meine alten Freunde in Sokolniki besuchte, traf ich nur Lisa und die Kinder an, der Mann war verhaftet worden. Lisa sagte mir ruhig und gefaßt, niemals habe ihr Mann ein Verbrechen gegen die Partei oder die Sowjetunion begangen.

Wir hatten beide die gleiche Erklärung. Es könnte sein, daß ihm ein ernster Fehler in der Arbeit unterlaufen war. In einer Zeit, wo die Imperialisten im verschärften Kampf gegen die Sowjetunion zahlreiche Agenten eingeschleust hatten, war es nicht immer leicht für die Verantwortlichen, zwischen Fehlern ehrlicher Genossen und Taten des Gegners zu unterscheiden. Bei so vielen Schuldigen konnte es gesche-

* *Erich Kunik*

hen, daß auch Unschuldige mitbetroffen wurden, aber das würde sich klären. Der sterbende Kapitalismus wehrte sich besonders verzweifelt, grausam und geschickt, er versuchte alles, um der Sowjetunion zu schaden und das Land von innen heraus zu zerstören.

Wurden Freunde, denen ich wie mir selbst vertraute, von den Folgen dieser Zeit betroffen, erschütterte es mich tief. Ich blieb überzeugt, sie waren Kommunisten und keine Feinde, aber sie konnten Fehler gemacht haben, die einen Verdacht zur Folge hatten. Ich selbst arbeitete illegal in einem militärischen Apparat, in dem ein einziger Fehler viele Mitarbeiter gefährden konnte und der Schuldige dafür zur Verantwortung gezogen werden mußte.

Es vergingen Jahre, bevor ich erfuhr, daß diese Verurteilungen schwere Verstöße gegen die sozialistischen Rechtsnormen bedeuteten, und die Auseinandersetzung damit war nicht leicht.

Auch Karlosch hatte Sorgen. Als er sich einmal verabschiedete, sagte er: „Ach, Sonja, wenigstens bei dir kann man sich gute Laune holen." Ich habe ihn nicht wiedergesehen.

Einen Teil dieser Zeit war ich bei dem Genossen Andrej und seiner Familie untergebracht und genoß die klugen Unterhaltungen mit ihm. Später bekam ich eine Wohnung in einem Appartementhaus der Armee. Von dort aus besuchte ich eine Funkerschule und lernte einen komplizierten Sender bauen. Er hieß Push-Pull; im Deutschen, glaube ich, Gegentaktsender. Es unterrichtete mich ein liebenswürdiger amerikanischer Genosse namens George; ein guter Lehrer und guter Kamerad. Später kamen seine Frau und seine beiden Kinder nach Moskau. Ich besuchte sie öfter während meines zweiten Aufenthaltes 1938.

In Moskau traf ich Grischa aus Shanghai wieder, wir sahen uns häufig. Der Verbindungskanal zur Wolga war mit seiner Station Chimki bei Moskau kürzlich eröffnet worden. Grischa wollte mir etwas Gutes antun und lud mich zu einer Mehrtagefahrt ein. Er fand es großartig, daß ich den Rotbannerorden besaß, und bat mich, falls es die Konspiration erlaube, ihm zu sagen, wofür. Ich war verlegen, daß ich ihm nichts Heldenhaftes erzählen konnte, obwohl ich sowieso nichts erzählt hätte. Er erfuhr nicht einmal, daß ich in Polen, seiner Heimat, lebte.

Ich besinne mich darauf, wie er, als wir im Kino waren, über mich lachte. Ein Schiff geriet in Seenot; der Funker versuchte SOS auszustrahlen, doch der Sender versagte. Das Wasser drang in die Kabine und stieg rasch höher. Der Funker ergriff den Apparat und schüttelte ihn in Todesangst heftig hin und her. Ich flüsterte Grischa zu: „So mach ich es auch immer, wenn meiner nicht funktioniert."

Es war das letztemal, daß ich Grischa sah. Mit den besten Freunden mußte man, wenn es wieder ins Ausland ging, den Kontakt abbrechen.

Es kam der Krieg, und die Bedingungen wurden noch schwieriger.

Wäre Grischa am Leben geblieben, hätte er versucht, mich zu erreichen, und es wäre möglich gewesen, Vater oder Jürgen, deren Bücher unter den Genossen bekannt waren, zu erreichen. Andere haben davon Gebrauch gemacht.

Eine besondere Freude war es für mich, Isa zu sehen. Wir waren sofort wieder die guten alten Freundinnen. Isa war auch mit Frida Rubiner gut bekannt. Als ich das Land verließ, war es ein Abschied für immer von Isa. In den fünfziger Jahren schrieb sie an Jürgen einen Brief in die DDR.

> „Sehr geehrter Professor!
> Vor einiger Zeit kaufte ich Ihr Buch ‚Zur Geschichte des deutschen Imperialismus'. Aus dem Vorwort des Buches (in russischer Sprache) erfuhr ich, daß Sie an der Berliner Universität tätig sind. Ich wende mich mit folgender Bitte an Sie: Teilen Sie mir bitte die Adresse Ihrer Schwester mit. Jahrelang waren wir die besten Freundinnen, aber durch die mißgünstigen Kriegs- und Nachkriegsjahre haben wir uns verloren. Wie glücklich wäre ich, endlich wieder Verbindung mit der alten Freundin zu bekommen."

Ich konnte Isa erst Wochen später schreiben und erhielt keine Antwort. Daraufhin besuchte ich Genossin Frida Rubiner, die, in die DDR zurückgekehrt, mir geschrieben hatte und die in Kleinmachnow lebte; sie freute sich sehr über meinen Besuch. Von Isa hatte sie gehört, besaß aber keine Adresse.

Von Lisas Familie wußte ich ebenfalls nichts. 1959, als ich in Moskau war, um Material für mein Buch über Olga Benario zu sammeln, ging ich zum Sokolnikipark. Die alten Blockhäuser existierten noch, aber ich wußte nicht mehr, welches ihr Haus gewesen war. Es bestand ja auch kaum Hoffnung, die Familie nach so langer Zeit zu finden.

1938 habe ich in der Sowjetunion auch Käthe von der Funkerschule wiedergesehen und ihren Mann kennengelernt. Jedes Zusammensein mit diesem erfahrenen Genossen und anerkannten Wissenschaftler war ein Gewinn. Käthe erwartete zum zweitenmal ein Kind. Ich war froh, daß es ihr gut ging.

Um diese Zeit erhielt mein Vorgesetzter und Freund Andrej eine andere, mir unbekannte Arbeit, ich bedauerte das sehr. Sein Nachfolger, Genosse Hadshi, war Ossete. Er hatte am spanischen Bürgerkrieg teilgenommen und eine Ausländerin geheiratet. Hadshi war stämmig, hatte einen geschorenen Kopf, dunkle Augen und ein rundes, oft pfiffiges Gesicht. Viel besser, als ich es könnte, beschreibt ihn der sehr fähige Kundschafter Iwan Winarow in seinem Buch „Kämpfer der lautlosen Front", erschienen im Militärverlag der DDR.

„... Umar Dshiorowitsch Mamsurow – Hadshi – hatte schon im revolutionären Kampf gegen weißgardistische Banditen im Kaukasus Erfahrungen gesammelt. Umar war von Michail Iwanowitsch Kalinin entdeckt worden. Bei einer seiner Reisen durch das noch unruhige Land war Kalinin im Jahre 1922 im Kaukasus in einem Dorf von einer Bande überfallen worden. Unter den Rotarmisten, die sich gegen die Banditen zur Wehr setzten, befand sich Umar. Bei der Rückreise nach Moskau nahm Kalinin den jungen, kaum zwanzigjährigen verwundeten Kommunisten mit und empfahl ihn Bersin*. So begann die Laufbahn dieses bemerkenswerten sowjetischen Kundschafters."

Eine schöne Episode beschreibt Winarow auf Seite 205 ff., als er seinen Freund in Spanien wiedertraf. Dort war Hadshi erfolgreich bei den Partisanen tätig gewesen und hatte später als Berater von Durutti, einem der ehrlich kämpfenden Anarchisten, gearbeitet. Nun aber war der Schriftsteller und Journalist Hemingway, der einen Partisanenführer kennenlernen wollte, hinter ihm her, doch Hadshi ergriff die Flucht.

* *General J. K. Bersin, Chef der Aufklärung beim Generalstab der Roten Armee; Vorgesetzter und naher Freund von Richard Sorge*

Michail Kolzow und Ilja Ehrenburg, Freunde von Hemingway, hatten die erste Zusammenkunft zustande gebracht. Hadshi weigerte sich zu sprechen. „Er trinkt mir zuviel – ich traue solchen Leuten nicht", sagte Hadshi. „Wann schreibt er denn überhaupt?" fragte er Kolzow, der ihn beschwor, er solle doch einmal Diplomat sein und Hemingway wenigstens einen Teil seiner Erlebnisse erzählen. „Hemingway schreibt gut, seine Spanienberichte sind die ehrlichsten, die besten, die in westlichen Zeitungen erscheinen, ihr könnt doch einen solchen Menschen nicht vor den Kopf stoßen."

Hadshi, der Kolzow schätzte, erklärte sich nach langem Zureden bereit und beantwortete geduldig die vielen Fragen Hemingways über den Partisanenkampf, Brückensprengungen, Zugentgleisungen.

Und ich setze hinzu: Nun weiß ich, warum Hemingways Spanienbuch „Wem die Stunde schlägt" gelungen ist.

Ich lernte Hadshi nicht so gut kennen wir Andrej, aber auch ihn schätzte ich sehr. Er und Andrej waren tüchtige Vorgesetzte, gute Kameraden und anständige, mutige Genossen in einer nicht leichten Zeit. Ich glaube, sie haben auch über mich schützend ihre Hand gehalten.

Ich habe jahrelang immer wieder an die beiden Genossen gedacht, mit guten Gefühlen und in Ungewißheit über ihr Schicksal. Dann hörte ich, daß Hadshi im zweiten Weltkrieg an der westrussischen Front als General gekämpft hat und erst vor einigen Jahren gestorben ist. Auch Andrej war im Krieg General gewesen, er starb 1972. Wie gerne hätte ich sie noch einmal wiedergesehen.

Während des Aufenthaltes 1937 oder 1938 in Moskau rief mich der damalige Chef der militärischen Aufklärung zu sich. Er befragte mich über meine Erfahrungen in Polen, besonders interessierten ihn unsere Bemühungen um die Aufenthaltserlaubnis, welche Fragen gestellt worden waren, wie wir geantwortet hatten, mit welchem Rang in der Beamtenhierarchie wir verhandelt hatten, welche Möglichkeiten der Legalisierung es in Polen gab, wie illegale Mitarbeiter am geschicktesten auftraten, welche Geschichte man ihnen glauben würde.

Während ich antwortete, hielt der Direktor meinen Paß mit den vielen Stempeln zur Verlängerung des Aufenthaltes in den Händen und sagte: „Sonja, ich weiß, was für ein Kampf allein darin steckt, daß ihr euch dort gehalten habt."

Es machte mir Freude, in diesem Zusammenhang auf Rolfs Verdienste hinzuweisen. Ich war sehr beeindruckt von diesem Genossen; sah ihn jedoch nicht wieder. Die Genossen in leitender Stellung wechselten damals leider sehr oft.

Ich sollte eine Schule in der Nähe Moskaus besuchen, die außer Kundschaftern auch Partisanen ausbildete. Bevor ich dort anfing, suchte mich Genosse Hadshi auf und teilte mir mit: „Ein guter Freund von dir ist in Moskau und will dich sehen, vorausgesetzt, du bist einverstanden."

Der Freund war Ernst. Hadshi brachte ihn zu mir. Die ersten Worte des Berufsrevolutionärs waren: „Wie schön, daß du noch ebenso schlank bist wie früher." Ich fiel ihm um den Hals, ohne etwas zu sagen.

Ernst lernte an derselben Schule, wir kehrten für die drei Monate, die wir zusammen waren, ohne Konflikte und ohne über die Zukunft nachzugrübeln, zu unserer alten Beziehung zurück. Nur ein einziges Mal, nachdem mir Ernst von allem, was inder Zwischenzeit geschehen war, erzählt hatte, fragte er mich, ob ich mit ihm zusammenbleiben wolle.

Seine Nervosität, seine Härte und Intoleranz, wenn sie auch die eines wertvollen Menschen waren, hatten sich eher verschärft als gemindert. Wieder verneinte ich, obwohl mich diese Eigenschaften während unserer Zeit in der Sowjetunion nicht persönlich trafen.

Ernst und ich lernten im gleichen Kurs. Ich behielt meine Wohnung in Moskau; in der Schule wurde ein Feldbett für mich aufgestellt, so daß ich bei langer Arbeitszeit draußen bleiben konnte. Alle anderen Schüler einschließlich Ernst lebten in der Schule. Außer mir und Ernst gab es dort noch fünf Genossen – frühere Spanienkämpfer.

Ich besinne mich auf einen von ihnen besonders gut. Es war ein großer, kräftiger Genosse namens Felix. Er war Pole, sprach deutsch, war in Spanien verwundet worden und konnte seinen Arm nicht bewegen, der trotz ärztlicher Behandlung immer mehr verkümmerte. Er war tapfer und intelligent. Ein zweiter Spanienkämpfer fiel mir durch seine mit Gutmütigkeit verbundene Beschränktheit auf.

Unser Lehrer, der uns für die Partisanenarbeit ausbildete, war ein sowjetischer Hauptmann. Er hatte am spanischen Bürgerkrieg teilgenommen und war Träger des Rotbannerordens. Er wohnte mit Frau und zwei Kindern in der Schule. Wir lernten Dinge, die ein Partisan im Feindesland wissen mußte, besonders die Anwendung von Sprengstoffen. Mit der Chemie stand ich auf besserem Fuß als mit der Radiotheorie, vielleicht weil ich schon in Mukden damit zu tun gehabt hatte. Ich lernte alle Mischungen mit den sogenannten Sicherheitssprengstoffen Ammoniumnitrat und Kaliumchlorat kennen und ihre verschiedenen Zusätze, wie Zucker, Permanganat, Aluminiumstaub und Eisenoxid. Heute habe ich das meiste wieder vergessen und wiederhole es hier vielleicht falsch. Wir trockneten das feuchte Ammoniumnitrat in großen Bratpfannen über dem Feuer und gingen recht sorglos mit den chemischen Stoffen um. So stellten wir eine explosive, äußerst empfindliche Mischung von Azeton, Schwefel und Salzsäure her (ich kann mich in der Zusammensetzung irren), die ätzende gefährliche Gase entwickelte. Wir rannten jedesmal schnell aus dem Raum, bis die Gase entwichen waren. Zurück blieb eine reizempfindliche Flockenschicht, die wir ohne viel Vorsicht in Sprengkapseln füllten. An die leeren Kapseln wurden vorher elektrische Zündungen geschweißt. Wir legten draußen im Freien die Sprengmasse neben ein Stück Schiene, ich lernte Detonationsschnüre zurechtschneiden und anzünden. Neben den elektrischen Zündungen stellten wir auch Leitfeuerzündungen her. Wir liefen rechtzeitig davon und warfen uns zu Boden.

Wir entzündeten Sprengstoffe durch einen Brandsatz, der sich in einer bestimmten Zeit durch eine Gummilage fraß.

Wir bauten Sprengkästen mit einer Uhr als Zeitzünder und Sprengkästen mit Druckzündungen für Züge auf Fahrt. Wir nahmen Holzkästen, um die Ladung antimagnetisch zu halten. All dies liegt neununddreißig Jahre zurück und ist mit heutiger Technik nicht vergleichbar.

Ich arbeitete gern an dieser Schule, mich störte nur, daß Ernst nichts von unserem Lehrer hielt und ihm seine Verachtung zeigte. Ernst wurde nun schon das zweitemal in diesem Fach ausgebildet und lernte mit seiner verbissenen Gründlichkeit viel. Vielleicht wußte er

Zakopane, Villa „Maja“

wirklich mehr als unser Lehrer. Es entstand jedenfalls ein gespanntes Verhältnis zwischen ihnen. Ich versuchte immer wieder, Ernst zu beruhigen, damit es nicht zu einer offenen Konfrontation kam. Später, nachdem ich abgereist war, nahm man Ernst wegen seiner Schwierigkeiten aus der Schule.

Die Schule muß in der Nähe des neugebauten Kanals gelegen haben; denn unsere Gruppe ging viel dort schwimmen. Es war ein sehr trokkener Sommer. Zuerst freuten wir uns über die ständig scheinende Sonne, doch als das Gras sich braun zu färben begann, sorgten wir uns um die Landwirtschaft.

Die anderen wußten, daß Ernst und ich uns schon länger kannten, doch wir waren zurückhaltend in ihrer Gegenwart, und niemand erfuhr, daß wir eine Tochter hatten.

Die Rückkehr von Moskau nach Polen erfolgte, wie ich auf einer Postkarte an die Eltern am 24. September 1937 schrieb, auf Umwegen

Micha lernt lesen und schreiben

über die skandinavischen Länder. Ich flog zwölf Stunden. Die Trennung von Ernst fiel mir schwer.

Das Haus, in dem wir bisher gewohnt hatten, war vom Besitzer verkauft worden. Da Rolf öfter beruflich in Krakau zu tun hatte und ich mich nach wie vor dort mit dem bulgarischen Genossen treffen sollte, beschlossen wir, Warschau zu verlassen. Wir fuhren nach Zakopane und mieteten ein Holzhaus, das uns sehr gefiel. „Villa Maja" lag in neunhundert Meter Höhe, mit Blick auf zweitausend Meter hohe Berge. Die Gegend war landschaftlich wunderschön, und ich lernte mit größtem Vergnügen Ski laufen. Wir machten weite Ausflüge auf Schneeschuhen.

Meine Briefe nach Hause enthielten keinerlei politische Bemerkungen mehr, sie beschäftigten sich ausschließlich mit dem Familienleben und waren wie immer vergnügt.

Nina, drei Jahre alt

Winter 1937
„Janina ist entzückend ... Sie ist unser Schlager, aber leider ein Schlager ohne Text. Sie spricht überhaupt noch nichts. Micha macht mir jetzt viel Spaß durch eine neu erwachte statistische Ader. Täglich kommen Fragen: ‚Wieviel Kinder auf der Welt gehen zur Schule, essen heute Spinat?'
Und dann plötzlich: ‚Was ist unser Haus für einen Floh?' Ich fand ihn mit Messungen an unserem Ofen beschäftigt; das Ergebnis; „Der Ofen ist für einen Floh so wie für uns ein Haus mit 98 Stockwerken. Wie hoch unser Haus für ihn ist, kann ich erst rechnen, wenn ich das große Einmaleins kann.'
... Ich habe mit leichter Grippe gelegen und kaum geschlafen, aber ich trank Zuckerwasser. In unserer Zeitung stand nämlich, das wäre ein großartiges Schlafmittel. Überhaupt unsere Zeitung: Da läuft jetzt ein Roman ‚Ich war ein häßliches Mädchen'. Besagte Maid geht

zum Friseur, läßt sich vorn und hinten ondulieren, färben, bestreichen, und dann ist sie auf einmal schön.
‚Das ist's, was dir fehlt', sagte Rolf. Ich ging also zur Kosmetikerin. Man klebte mir Zeitungspapier unter die Augen und machte die Wimpern und Brauen mit einer Soße schwarz. Es brannte schrecklich, aber ich hielt sie geduldig geschlossen. Es war alles wie in dem Roman vom häßlichen Mädchen, und deshalb wartete ich aufs Schönsein. Wie ich die Augen aufmachen durfte, tropften aus meinen feuerrot gebrannten Augäpfeln schwarze Tränen, vermischt mit echten, weil ich gar nicht schöner war. Ich traute mich kaum nach Hause, und wie ich ins Zimmer trat, kugelte sich Rolf nach dem ersten Blick auf mich vor Lachen auf dem Sofa. ‚Wie eine Mätresse', schrie er. Ich brauchte zwei Abende, um mich mit Bimsstein und Fett wieder zu normalisieren."

Bald nachdem wir uns in Zakopane niedergelassen hatten, erhielt ich den Auftrag, noch einmal nach Danzig zu fahren, wo ein Genosse mit dem Bau eines Senders nicht weitergekommen war. Ich traf in Danzig die alte Gruppe zuzüglich eines Funkers. Es war der junge Genosse von unserer Schule, dessen langsame Auffassungsgabe mich schon in der Sowjetunion aufgeregt hatte.

Er hatte sich eine unpolitische Ehefrau vom Lande zugelegt, die seine Lage als illegaler Funker nicht verbesserte. Ich half ihm den Sender bauen. Wir probierten ihn aus, und als die Verbindung hergestellt war, fuhr ich wieder ab und grübelte darüber nach, warum von so hervorragenden Genossen, die in Spanien gekämpft hatten, dieser gewählt worden war. Sicher war er tapfer gewesen, aber das allein reichte nicht für die Aufgaben, die nun von ihm verlangt wurden.

Ich fand, daß ich in Polen nicht genügend leistete, und war daher recht froh, als wir ein Jahr später, im Juni 1938, abberufen wurden. Die Danziger hatten ihren eigenen Funker, von dem bulgarischen Genossen kamen wenig Nachrichten, ich funkte nur alle vierzehn Tage.

Es fiel mir schwer, von der Landschaft und dem Haus Abschied zu nehmen. Hier hatte der philosophische Micha die Relativität des Großen zum Kleinen erkannt, und ich hatte den Sechsjährigen die Wunder des Lebens gelehrt. Hier war Nina gesund und unbekümmert aufgewachsen.

Achtunddreißig Jahre später sah ich Zakopane wieder. Der Kasprowy und Giewont grüßten mich, doch tausend neue Häuser waren entstanden und machten mir die Landschaft fremd. Es war hoffnungslos, in dieser Ortschaft unser altes Haus zu finden. Ich besaß ein Foto von früher, ging in die Richtung der Berge, wanderte eine mir unbekannte Chaussee entlang bis zur Haltestelle des Autobusses, lief ein paar Schritte weiter – und blieb stehen.

Da war es, unser Haus!

Aber damals gab es hier nur eine Wiese und keine gepflasterte Straße. Ich zählte die Bretter am Balkon, zählte wieder und sah, dort stand der Name „Villa Maja" eingeschnitzt. Mir klopfte das Herz. Ich klingelte. Ein sehr alter Mann kam heraus, setzte sich die Brille auf und murmelte: „Ein Foto von unserem Haus ... Das ist der Balkon ..." Und dort auf dem Dach hatten wir eine Antenne gespannt.

Schweiz 1939–41

Bevor ich im Juni 1938 in die Sowjetunion fuhr, brachte ich Ollo und die Kinder nach England und fand für sie ein Zimmer in Felpham, einem Ort an der englischen Küste. Sie blieben dort während des Sommers. Über meinen drei Monate währenden Aufenthalt in der Sowjetunion habe ich schon berichtet.

Gegen Ende dieser Zeit in Moskau, im August 1938, machte mir die Zentrale zwei Vorschläge: Ich sollte entweder nach Finnland oder in die Schweiz gehen. Finnland lockte mich, weil ich es für interessanter hielt als die Schweiz, aber in der Schweiz würde es leichter sein, Verbindungen zu knüpfen, Vater hatte eine Reihe Bekannte beim Völkerbund, und die sprachlichen Schwierigkeiten fielen weg. Ich überließ die Entscheidung der Zentrale, sie beschlossen, mich in die Schweiz zu schicken.

Während dieses Aufenthaltes in Moskau erfuhr ich durch Zufall meinen Armeerang. In China war ich Hauptmann gewesen, nun war ich Major. Ich weiß, daß ich ein paar Jahre später noch zweimal einen höheren Rang erhielt, ich nehme an, Oberst, aber offiziell ist mir das, soweit ich mich besinne, nicht mitgeteilt worden. Es war mir auch egal. Ich trug keine Uniform und hätte nicht vorschriftsmäßig grüßen können, vom exakten Marschieren ganz zu schweigen. Allerdings schoß ich gut mit Gewehr und Revolver. Trotz meiner Uninteressiertheit an Rang und Regeln war ich stolz darauf, Soldat der Roten Armee zu sein.

Bevor ich Moskau verließ, brachte Hadshi meinen künftigen Mitarbeiter Hermann zu mir, einen deutschen Genossen und Spanienkämpfer, der gerade seine Ausbildung als militärischer Aufklärer beendet hatte.

Unsere Arbeit in der Schweiz war gegen Nazideutschland gerichtet. Hermann sollte in die Schweiz nachkommen, sobald ich dort festen

Fuß gefaßt hatte, und versuchen, Verbindung mit den Dornierflugzeugwerken in Friedrichshafen aufzunehmen. Abgesehen von Hermann sollte ich selbständig eine Gruppe aufbauen, möglichst mit Genossen, die ich nach Deutschland schicken konnte oder dort fand. Rolf würde noch so lange bei uns bleiben, bis ich mich in der Schweiz eingerichtet hatte. Auch ihm war klargeworden, daß wir auf diese Weise nicht länger zusammen sein konnten. Er wollte nach China zurück. Dieser Wunsch wurde von der Zentrale gebilligt.

Ich schlug vor, von Moskau aus zunächst nach England zu fahren, um dort meine Arbeit für die Schweiz vorzubereiten. Ich wollte versuchen, Kontakt mit englischen Spanienkämpfern aufzunehmen, um sie nach Deutschland zu schicken. Trotz Hitlers Schimpftiraden gegen das „perfide Albion" genoß der einzelne Engländer vor Kriegsausbruch einen gewissen Respekt in Nazideutschland. Es war nicht ungewöhnlich, daß der eine oder andere wohlhabende englische Bürger in der Welt herumreiste und sich für längere Zeit niederließ, wo es ihm gefiel. Hatter er die Idee, sich Deutschland dafür auszusuchen, so widersprach dies nicht dem Bilde, das man sich vom exzentrischen Engländer machte. Die Zentrale stimmte meinem Plan zu und sagte mir noch einmal, was ich schon wußte: Keine Kontaktaufnahme mit der englischen Partei. Das habe ich eingehalten.

Ich fuhr von Moskau über Umwege nach London. Es ist schwierig, mich meiner verschiedenen Reiserouten und Pässe während der Jahre in Europa zu erinnern. Ich weiß, daß ich zweimal durch Nazideutschland fuhr, einmal mit falschem Paß das Flugzeug in Nürnberg wechselte und in Berlin und Köln auf Bahnhöfen umstieg. Ich machte auch mehrmals in Paris Station und auf einer anderen Reise in Finnland. In Helsinki erhielt ich einen schwedischen Paß.

In London sah ich Micha und Janina wieder, die von Ollo vorbildlich betreut worden waren. Meine Kinder zogen von Land zu Land und kamen nie richtig zur Ruhe. Micha hatte mit sieben Jahren bereits Shanghai, Peking, Mukden, Warschau, Danzig, Zakopane, die Tschechoslowakei und England zum Wohnort gehabt und im Laufe dieser Zeit Deutsch, Englisch, Chinesisch und Polnisch gelernt. Nun würde er in der Schweiz mit Französisch anfangen. Für seine Entwicklung

Mit Len, Michael und Nina im Genfer Park, 1939

wäre ein fester Heimatort, in dem er Wurzeln hätte schlagen können, besser gewesen. Ich habe mich daher immer bemüht, soweit es die Arbeit erlaubte, den Kindern ein gesundes und schönes Leben zu bieten. Sie waren lange in der polnischen Hohen Tatra gewesen und jetzt drei Monate an der englischen Küste; ich hatte vor, auch in der Schweiz ein gutes Zuhause für sie zu schaffen.

In London nahm ich nach einigen vergeblichen Versuchen Kontakt mit einem mir aus Deutschland bekannten Genossen auf, der in Spanien gekämpft hatte; er stammte aus Österreich oder aus der Tschechoslowakei. Ich sagte ihm nur das Nötigste: Meine politische Arbeit richte sich gegen den deutschen Faschismus; ich brauche ein oder zwei Genossen, die sich als Spanienkämpfer tapfer und zuverlässig erwiesen hätten und bereit seien, zu illegaler gefährlicher Arbeit nach Deutschland zu gehen. Die Sowjetunion erwähnte ich überhaupt nicht.

Der Genosse kannte die führenden Kommunisten des britischen Bataillons der Internationalen Brigaden. Er beriet sich mit ihnen und empfahl mir Allen Foote. Ich ließ mir dessen Lebenslauf geben, sandte ihn an die Zentrale und erhielt die Erlaubnis, Allen Foote als Mitarbeiter zu gewinnen. Es war vereinbart worden, daß ich ihn noch in London treffen sollte, aber er war erkrankt. Ich reiste in die Schweiz und hinterließ einen Treffpunkt für ihn.

Kurz nach unserer Ankunft im September wurde das Münchener Abkommen der Westmächte besiegelt, das die Tschechoslowakei verriet und Hitlers Expansionswünsche zur Tat werden ließ.

Ich schrieb nach Hause: „Unsere Stimmung ist natürlich genau wie bei Euch unter dem Nullpunkt."

Anfang Oktober fanden wir, nachdem wir zunächst in Lausanne in einer Pension gewohnt hatten, ein Haus, ähnlich jenem in Zakopane. Es lag in den Bergen der französischen Schweiz in tausendzweihundert Meter Höhe, nicht weit von der Ortschaft Caux entfernt. Tief unten im flachen Land sahen wir Montreux und den Genfer See mit dem blauen Band der Rhone, uns gegenüber die dreitausend Meter hohen französischen Alpen und hinter uns den Gipfel des Rocher de Naye. Das neue Heim, ein modernisiertes Bauernhaus, lag ganz für sich allein auf einem Hügel, es hieß „La Taupinière" – „Der Maulwurfshügel". Die hintere Hälfte des Hauses nahm ein Stall mit einem Dutzend Kühen ein, darüber befand sich der Heuboden. Die Kühe grasten auf den saftigen Wiesen oberhalb des Hauses. Sie gehörten dem Bauern Francois, der zehn Minuten Fußweg von uns entfernt wohnte. Bald kannten wir jede Kuh persönlich, und die Kinder gaben ihnen Namen. Des Nachts geriet das Läuten einer Kuhglocke oder ein verschlafenes Muhen in unsere Träume.

Die Vorderfront des Hauses bestand aus drei Zimmern. Im Frühling kamen von weit her die Gäste, um das berühmte Narzissenfeld hinter dem Haus zu bewundern. Der Duft der Blumen war so stark, daß wir nachts die Fenster schließen mußten. Im Winter übten die Anfänger des Skilaufs aus den Hotels von Caux auf unserem sanften Hügel. Wer durstig war, erhielt einen Trunk, wer müde war, ruhte sich auf der Bank vor unserem Häuschen aus. Zu den anderen Jahreszeiten war es ganz einsam hier oben. Ein Auto hätte man einen halben Kilometer vom Haus entfernt stehenlassen müssen. Nur ein schmaler, kaum sichtbarer Graspfad führte zum „Maulwurfshügel".

In „La Taupinière“ richtete ich meinen Sender ein

In der Nachbarschaft lag ein Kinderheim, in dem auch Schulunterricht gegeben wurde. Ich meldete Micha dort an. Zwei Jahre lang hatte ich ihn in Polen selbst unterrichtet und war nun stolz, als sich herausstellte, daß seine Kenntnisse die seiner Altersgenossen weit übertrafen. Die neue Sprache, Französisch, lernte er schnell. Im Winter fuhr er auf Skiern über die Wiesen zur Schule; vor der Abfahrt befestigte ich eine Taschenlampe an seiner Joppe, damit er im Dunkeln den Weg fand.

In „La Taupinière“ richtete ich meinen Sender ein, der nun eine Entfernung von über zweitausend Kilometern zu überbrücken hatte. Das Zimmer besaß einen eingebauten Wäscheschrank. Unter dem tiefsten Fach befand sich ein von Brettern verschlossener Hohlraum. Rolf und ich lösten das unterste Brett, auf dem meine Schuhe standen, und bauten den Sender in den Hohlraum ein. Ich brauchte ihn während der Arbeit nicht herauszunehmen. Die beiden Löcher für die Bananenstekker schlossen wir mit Holzstöpseln. Nun sahen sie wie Astlöcher aus.

Es gelang mir verhältnismäßig schnell, mit der Arbeit zu beginnen, und die Verbindung mit Moskau war gut. Wahrscheinlich hatte ich technisch doch einiges dazugelernt.

Vom Hausflur im ersten Stock führte eine Tür direkt auf den Heuboden. Der Bauer entnahm das Heu von der Außenseite, er erreichte nie unsere Tür, zu der ich den einzigen Schlüssel hatte. Hier im Heu verbarg ich Material.

An die Eltern:
„Die Kinder genießen nach der beengten Pension, wo wir zahmere Sitten von ihnen verlangten, die Freiheit und toben ungehindert auf den Wiesen. Unser Blick ist so, wie man ihn eigentlich nur in den Ferien nicht mal vom Hotel, sondern nach langem Steigen von einem sehr schönen Aussichtspunkt kennt. Für alltäglich beim Geschirrabwaschen und Staubtuchschütteln ist er geradezu unwirklich. Vat, Dank für den Brief an B. Ich werde mit dem Besuch warten, bis das große Gepäck ankommt, weil dort der schicke Hut im weißen Seidenpapier ruht."

Mit B. ist der Engländer Mr. Blelloch gemeint, der eine höhere Position im „ILO" (Internationale Arbeitsorganisation) beim Völkerbund in Genf innehatte, eine für mich nützliche Beziehung. Ich lernte auch seine Frau kennen. Sie besuchte mich in „La Taupinière", und ich sah sie, wenn ich in Genf zu tun hatte. Besonders gern unterhielt ich mich mit ihrem Vater, Robert Dell, einem linksbürgerlichen Journalisten, der noch im hohen Alter Temperament, Intelligenz und Integrität besaß. Er schrieb für den „Manchester Guardian".

Wären diese Zeilen, in denen ich Vaters „Brief an B." erwähne, nicht mehr vorhanden, stünde von der Familie nichts in meinem Rapport. Ihre Existenz war mir gänzlich entfallen, und ich konnte mich auch beim Lesen des Briefes nicht erinnern, wer diese „B." waren, bis sie in einem späteren Brief mit vollem Namen erwähnt werden.

So geht es mir leider mit anderen Menschen auch, von denen in keinem Brief steht.

Ich machte ebenfalls die Bekanntschaft von Marie, der Chefbibliothekar beim Völkerbund. Sie redete gern, kannte viele Menschen, und ich erfuhr mancherlei durch sie. Sie war mit verschiedenen ausländischen Journalisten befreundet, die ebenfalls recht redselig waren.

Durch Marie lernte ich Katja, eine linksgerichtete Journalistin, kennen. Mit ihr freundete ich mich an. Oft diskutierten wir, zwei politisch interessierte Menschen, über Nachrichten, die sie erhalten hatte. Natürlich wußte sie nichts von meiner eigentlichen Arbeit. Während der vielen Besuche in Genf übernachtete ich bei ihr und brauchte mich in keinem Hotel registrieren zu lassen. Typisch für Marie und ihren Kreis war, daß sie, als sie von meinen gelegentlichen Übernachtungen bei Katja erfuhr, verbreitete: „Ob das so harmlos ist? Katja hat doch nur ein Zimmer mit Doppelbett." So unsympathisch solches Geschwätz war, mir konnte diese Version meiner Genfer Aufenthalte weniger schaden als ein Verdacht, der der Wirklichkeit näherkam. Der Gerechtigkeit halber muß erwähnt werden, daß sich Marie uns gegenüber hilfreich verhielt. Sie hat mir, als es notwendig wurde, in der Schweiz zu einem Honduras-Paß verholfen und Len später zu einem bolivianischen, allerdings für viel Geld, das die jeweiligen Konsulate erhielten. Marie besaß solche Möglichkeiten durch ihre Mitarbeit in einer jüdischen Emigrantenorganisation mit amerikanischem Einfluß und zionistischer Tendenz.

Im Spätherbst 1938 traf ich Allan Foote, Deckname Jim, in Genf. Er wußte damals noch nicht, daß es um Deutschland ging, sondern war nur gefragt worden, ob er zu internationaler Arbeit bereit sei unter Umständen, die so gefährlich seien wie sein Kampf in Spanien.

Ich sprach mit Jim während unseres Treffs in Genf zwei- oder dreimal mehrere Stunden lang. Solche konzentrierten Unterhaltungen waren wichtig. Ich beachtete alles, jedes Wort, den Tonfall, die Handbewegungen, den Gesichtsausdruck, und dachte auch hinterher noch lange darüber nach.

Er begriff leicht und stellte vernünftige Fragen. Er schien findig und gewitzt; das war günstig für unsere Arbeit; in neuen, ungewohnten Situationen würde er schnell reagieren. Daß er ein tapferer, guter Kämpfer war, mußte er in Spanien bewiesen haben. Sonst hätte man ihn nicht für diese neue Arbeit vorgeschlagen.

Ich werde versuchen, die Tatsachen, die ich heute über Jim, den Verräter, weiß, seine infame Veröffentlichung „Handbuch für Spione", nicht auf das Bild, das ich damals von ihm hatte, abfärben zu lassen.

Jim machte einen guten Eindruck auf mich, bis auf kleine Abstriche blieb das so während der ganzen Zeit unserer Zusammenarbeit.

Schon bei den ersten Treffs stellte ich fest, er ließ sich's ganz gerne wohl sein und legte Wert auf gutes Essen und Trinken. Ich bemerkte bereits bei den ersten Unterhaltungen einen Anflug von Zynismus, aber da der sich gegen unsere Feinde richtete, fand ich nichts daran auszusetzen. Jim muß damals Anfang Dreißig gewesen sein. Er war groß, etwas zu fleischig, hatte rötlichblondes Haar, helle Wimpern, helle Haut und blaue Augen. Er sah ganz passabel aus und wußte sich zu benehmen. Sein Akzent verriet Engländern den „Bürger aus kleinen Kreisen", doch das würde in Deutschland keine Rolle spielen. Jim sollte in München leben, Augen und Ohren offenhalten, Bekanntschaften mit Nazis suchen und, wenn möglich, eine Verbindung zu den Messerschmitt-Flugzeugwerken finden. Ich besinne mich nicht mehr, ob wir eine Art Postkontakt schufen. Er wußte weder meinen Namen noch meine Adresse.

Bald darauf kam ein zweiter englischer Genosse, den ich auf die gleiche Weise gewonnen hatte, in die Schweiz. Natürlich kannten sich Jim und Len aus Spanien. Ich traf Len das erstemal im Januar oder Februar 1939 in Vevey vor dem Einheitspreisgeschäft. Er war damals fünfundzwanzig Jahre alt, hatte dichtes, braunes Haar, zusammengewachsene Augenbrauen und braungrüne, klare Augen. Er war dünn, aber sportlich, kräftig und muskulös. Teils schüchtern, teils aggressiv, machte er einen jungenhaften, unfertigen Eindruck. Im Gegensatz zu Jim war er materiell bedürfnislos und, auch im Gegensatz zu Jim, äußerst feinfühlig.

Als er hörte, daß er für eine gefährliche Arbeit in Deutschland ausersehen war, begann er zu strahlen. Ich erklärte ihm, wie schwer es die Genossen in Deutschland hatten und welche Vorteile ein Engländer für diese Arbeit besaß. Er betrachtete die neue Tätigkeit als Fortsetzung seines Kampfes auf spanischem Boden, der Höhepunkt seines Lebens gewesen war. Er sorgte sich nur um eines: War er tüchtig genug, um solch ehrenhaften Auftrag zu erfüllen? Ich war überzeugt, er würde sich große Mühe geben. Intelligent, belesen und ein guter Beobachter, war er etwas schwerfällig in organisatorischen Fragen und auch nicht so selbstsicher im Auftreten wie Jim. Auf seine Mitmenschen würde er als sympathischer, bescheidener junger Mann wirken.

Len sollte sich in Frankfurt am Main niederlassen und versuchen, Kontakt mit IG-Farben zu gewinnen. Damals schrieb ich seine große Begeisterung für eine gefährliche Arbeit, abgesehen von der politischen Überzeugung, die dahinterstand, seiner Jugend zu. Später wurde mir klar, sie war Teil seines Charakters und würde mit dem Alter nicht abnehmen.

Als 1959 zum erstenmal englische und amerikanische Spanienkämpfer in die DDR kamen, erfuhr ich durch sie von Lens tollkühner Furchtlosigkeit. Diese Eigenschaft hatte übrigens einen amerikanischen Psychologen in Spanien veranlaßt, Len um ein „berufliches Gespräch" zu bitten; der Fall interessierte ihn so, weil er bisher noch nie jemanden ohne physische Furcht getroffen hatte. Die Furchtlosigkeit führte allerdings dazu, daß der Alltag Len nicht befriedigte. Ein Irrtum wäre, ihn deshalb für eine Abenteuernatur zu halten. Zwanzig Jahre lang hat er aufopfernd und pflichtgetreu eine wichtige Arbeit in der DDR geleistet, die ihn an den Schreibtisch band.

Len war bereits in Spanien Mitglied der Kommunistischen Partei Spaniens geworden und sofort nach der Rückkehr Mitglied seiner Partei. Es fiel ihm schwer, nun sein Mitgliedsbuch zu vernichten und ohne Erklärung aus der Partei auszuscheiden.

Er fuhr nach Frankfurt am Main. Dort wurde er bei der Witwe eines Geheimrats „zahlender Gast mit Familienanschluß". Der Sohn besaß die Konzession für Blüthnerpianos in Frankfurt und wohnte mit seiner jungen Frau bei der Mutter.

Len dachte sich folgende Geschichte aus: Sein Vater war im Kriege gefallen. Sein Onkel und Pate, wohlhabender Mann, hielt etwas von den Deutschen und wollte, daß der Neffe sich im Lande umsehe und die Sprache lerne.

Die Familie nahm sich des jungen Engländers an, führte ihn ins Theater und in Ausstellungen und versuchte, ihm Deutsch beizubringen.

Als letzter der Gruppe kam Ende April 1939 Hermann. Treffpunkt war das Weltpostdenkmal in Bern. Ich hatte Hermann schon eher

Len, 25 Jahre alt

erwartet, aber der chemische Versuch eines Genossen auf der Schule hatte unerwartet mit einer Explosion geendet, und Hermann war dabei durch das geschlossene Fenster geflogen. Das Glas hatte ihm das Kinn aufgeschnitten; er konnte von Glück sagen, daß sich dieses Ereignis zu ebener Erde abgespielt hatte.

Ein Illegaler mit feuerroter Narbe ist kein günstiger Anblick. So mußte er warten, bis die Wunde gut verheilt war. Hermann hatte zusammen mit fünf Deutschen eine Schule besucht. Alle wurden zur Arbeit ins Ausland geschickt, aber nach Hermanns Schilderung erreichte er als einziger sein Ziel. Schwer war in der gespannten Atmosphäre der Vorkriegsmonate die Arbeit für unsere Illegalen. Als Hermann eintraf, waren bereits Österreich und die Tschechoslowakei von Hitler besetzt.

Hermann ließ sich in der Westschweiz in Fribourg nieder. Er sollte sich in den ersten Monaten ruhig verhalten, passendes Quartier suchen und dann seinen Sender bauen. Hermanns Schicksal glich dem anderer Kommunisten Deutschlands. Seit seiner Jugend organisiert und aktiv, war er von den Nazis verhaftet gewesen und hatte später in Spanien gekämpft. Ich fühlte mich ganz sicher mit ihm; weniger sicher fühlte ich mich mit seinem finnischen Paß. Hermann sprach überhaupt nicht finnisch.

Unser idyllisches Häuschen, die „junge Mutter mit den zwei kleinen Kindern", die „alte Kinderfrau, die schon die Mutter erzogen hatte", gaben uns einen respektablen gutbürgerlichen Rahmen.

Weihnachten 1938, drei Monate nach der Ankunft, hatte ich meine beiden mit Engländern verheirateten Schwestern und ihre Männer eingeladen. Auch mein Vater kam nach Caux. Diese Besuche trugen, abgesehen davon, daß ich alle sehr gerne bei mir hatte, ebenfalls zu meiner Legalisierung bei.

Von den Schweizer Behörden hatte ich die Erlaubnis erhalten, bis zum 30. September 1939 im Lande zu bleiben. Anfang 1939 bereitete Rolf seine Abreise vor. Er hatte sich in Frankreich umgetan und in Marseille eine Funkerschule gefunden, die er vor seiner Fahrt nach China besuchen wollte. Er würde als Emigrant leben und einen zweiten Beruf

In der Schweiz, 1938

lernen. Das fiel nicht auf, Emigranten mußten sich auf viele Arten durchschlagen. Er würde, nachdem er genügend gelernt hatte, wieder verschwinden.

Ich war nun recht allein am allerletzten Ende von Caux, das weder ein kulturelles Leben noch viel Kontakt mit Menschen bot. Ich las noch mehr als sonst und versuchte, meine Sprachkenntnisse zu verbessern. Bald sprach ich fließend Französisch; Englisch beherrschte ich perfekt, in russisch, polnisch und chinesisch konnte ich mich verständigen. Heute habe ich das meiste außer Englisch vergessen.

Schon vor Rolfs Abreise hatten wir ein deutsches Ehepaar kennengelernt. Ich kann mich nicht besinnen, daß ich jemals wieder so gute Freunde aus bürgerlichen Kreisen besessen habe wie Mirjam und Werner. Sie lebten als Emigranten in der Schweiz und warteten auf ihr Visum nach Südamerika. Sie waren in meinem Alter und hatten zwei Kinder. Werner war ein gutmütiger, etwas weicher Mensch, seine charmante, geistig rege Frau hatte in vieler Hinsich den Horizont des Geschäftsmannes erweitert. Wir waren bald unzertrennlich.

Mirjam entzückte auch Vater bei seinen zwei oder drei Besuchen in der Schweiz. Ich schrieb nach London:

> „Mirjam hat sich sehr über Vaters Zeilen gefreut. Obwohl ich recht zufrieden bin, seine Tochter zu sein, muß ich doch feststellen, seine Briefe an die Freundinnen seiner Tochter sind wesentlich amüsanter.“

Werner und Mirjam wohnten in Montreux. Wir sahen uns häufig und waren oft den ganzen Tag zusammen. Selbstverständlich hatten sie nicht die geringste Ahnung von meiner Kundschaftertätigkeit. Ich lebte wie sie von „meinem immer kleiner werdenden Vermögen“. In unseren vielen Diskussionen ließ ich allerdings erkennen, daß ich weit links stand. Mirjam war politisch radikaler als ihr Mann.

Ich lernte auch, ich weiß nicht mehr, auf welchem Wege, vielleicht durch meine Familie, Irene Forbes-Mosse kennen. Sie war schon hoch in den Siebzigern und wirkte mit ihrer aufrechten Gestalt, den blauen Augen und dem weißen Haar würdig und anmutig zugleich. Sie war eine Verwandte von Bettina von Arnim, der Zeitgenossin und Verehrerin Goethes. Ihr Cousin und naher Freund war der 1931 verstorbene Volkswirtschaftler Lujo Brentano gewesen. Sie lebte in der Schweiz in einem geschmackvoll eingerichteten Haus in Chèbres.

Gebildet, erhaben über Klatsch, vielseitig interessiert und politisch fortschrittlich-liberal gesinnt, glich sie Bettina von Arnim. Für Irene Forbes-Mosse war ich mit einunddreißig Jahren noch ganz jung. Vielleicht besaß sie wenig Kontakt zur Jugend, jedenfalls hatte sie mich und später auch Len aufrichtig gern, freute sich rührend über unsere Besuche und verwöhnte uns, als ob wir ihre Enkelkinder wären. Als ich ihr das einmal sagte, kamen ihr die Tränen, und sie erwiderte: „Ihr beide seid mir wirklich wie Enkel."

Ich erwähne die herzlichen Beziehungen zu Mirjams Familie und zu Irene Forbes-Mosse, weil sie zu meinem Leben in der Schweiz gehörten und noch aus einem anderen Grund. Wohl war ich darauf bedacht, bürgerliche Bekanntschaften zu pflegen; aber bei diesen Menschen war es nicht die Berechnung. Wir hatten Achtung voreinander, und sie halfen mir später, als ich es brauchte. Dasselbe galt für meine Beziehung zur Frau des Bauern Francois. Sie arbeitete schwer und lebte in unglücklicher Ehe mit ihrem Mann, dem sie weit überlegen war. Wir schätzten uns, und auch sie hat mir, als ich es brauchte, beigestanden.

Es handelte sich in jedem Fall um Menschen, die Krieg und Faschismus haßten, sonst hätten sie nicht meine Freunde werden können.

Bereits im Februar 1939 muß ich Jim wiedergetroffen haben und im März oder April Len. Danach habe ich sie gemeinsam im Juni wiedergesehen. Beide wußten, daß neben Nachrichten, die sich bei ihnen hauptsächlich auf Stimmungsberichte beschränkten (Engländern gegenüber war manch Deutscher offener in seinen Ansichten), auch Sabotagemöglichkeiten interessant waren. Lens Wirtsleute hatten ihn einmal zum Flugplatz mitgenommen, wo der Zeppelin, der den Atlantik überflogen hatte (?), in einer großen Halle ausgestellt war. Ein Strom von Besuchern zog durch die lange, in mehrere Kojen geteilte Gondel. Len sah sich das Ganze aufmerksam an, die Kissen auf den Sitzen, die Gardinen, die imprägnierte Kanvashülle des Luftschiffes, und ging an einem Alltag, als weniger Betrieb war, noch einmal zurück. Hier war es leicht, einen Brandsatz unterzubringen. Len machte mir diesen Vorschlag. Ich hielt es für richtig, falls die Zentrale überhaupt damit einverstanden war, auch Jim zu beteiligen. Len besuchte ihn in München. Jim war nicht begeistert von dem Plan. Er meinte, es wäre nicht genügend Zugluft vorhanden, da der Zeppelin in einer Halle stünde. Len und ich waren anderer Ansicht. Jim wollte sich in Nazideutschland nicht auf ein derartiges Risiko einlassen. Uns aber war jede Beunruhigung, jeder Schaden für den Gegner wichtig.

In München hatten die beiden ein Erlebnis, von dem sie mir berichteten. Len erinnert sich heute folgendermaßen daran: Sie näherten sich dem Odeonsplatz und wurden zufällig Augenzeuge einer SS-Parade, die dort endete. Es handelte sich um eine Feier für die Gefallenen der deutsch-faschistischen Legion Condor. Diese Legion hatte Hitler zur Unterstützung für Franco nach Spanien gesandt. SS-Leute umrahmten den Platz auf vier Seiten, und jeder trug ein Schild mit dem Namen eines Gefallenen.

Len und Jim wollten Mittag essen. Sie gingen die Leopoldstraße hinunter. Dort lag rechter Hand ein Restaurant mittlerer Güte, das sie betraten. In ihrer Nähe saß ein dunkelhaariges, hübsches junges Mädchen; eine blonde große Frau trat ein, die beiden begrüßten sich recht kühl, saßen beieinander, aber unterhielten sich nicht. Die Tür ging auf. Zwei übergroße SS-Leute traten ein, und hinter ihnen kam Hitler. Der Besitzer begrüßte Hitler, der mit seinem Gefolge in einen Nebenraum ging. Jim und Len wurden gebeten, die Zigaretten auszumachen, da der „Führer" nicht rauche. Ein Adjutant erschien im Restaurant, verbeugte sich vor den beiden Frauen und brachte sie zu Hitler in den Nebenraum. Jim hatte einen deutschen Sprachlehrer, der ein nicht sehr williger Nazi war und ihm erzählte, der Wirt dieses Restaurants habe Hitler schon vor der Machtergreifung unterstützt und seitdem kehre der „Führer" dort gelegentlich ein. Die beiden Frauen waren Eva Braun und Unity Mitford gewesen. Unity Mitford stammte aus einer bekannten englischen Aristokratenfamilie. Sie war Anhängerin der Nazis geworden und mit Hitler befreundet.

Später, nach ausführlichen Gesprächen mit Len, unterrichtete ich die Zentrale von dieser Möglichkeit, an Hitler heranzukommen und ihn zu vernichten. Bevor wir eine Antwort erhalten konnten, hatten die politischen Ereignisse die Möglichkeit überrollt. Len war enttäuscht. Seine und meine Ansichten über die Nutzlosigkeit von Einzelterror deckten sich mit der Theorie unserer Partei. Das hinderte ihn und mich nicht, einige Menschen für so schädlich und bestialisch zu halten, daß wir bereit waren, in ihrem Falle die Theorie zu durchbrechen.

Die Zeppelinangelegenheit interessierte die Zentrale. Daher bat ich Len und Jim im Juni 1939, gemeinsam in die Schweiz zu kommen. Ich hatte alle nötigen Chemikalien besorgt und zeigte ihnen, wie man sie benutzt. Wir stellten einen Brandsatz her und probierten ihn aus: Eine

Lösung frißt sich in einem bestimmten Zeitraum durch eine Gummilage und entzündet das Brandmaterial. Das fertige Päckchen war nicht größer als eine Zigarettenschachtel.

Len und Jim fuhren mit dem Auftrag ab, Brandsätze selbst herzustellen und auszuprobieren. Das haben sie erfolgreich getan.

Im Frühsommer 1939, als sich die Kriegsgefahr fast täglich verstärkte, war ein deutscher abgelaufener Paß in den Händen von Emigranten wertlos; auch der Honduras-Paß, den ich besaß, bedeutete keine echte Sicherung. Die Zentrale fragte nach der Möglichkeit eines anderen Passes für mich. Es entstand der Plan, bevor Rolf Europa verlassen würde, unsere Scheidung einzuleiten, und ich sollte eine Pro-forma-Ehe mit einem Engländer eingehen. Jim und Len waren beide Junggesellen. Jim paßte im Alter besser zu mir, so beschlossen wir, daß ich ihn heiraten würde. Das bedeutete im Rahmen unseres Lebens keine große Angelegenheit, eine Scheidung war jederzeit wieder möglich. Jim erklärte sich einverstanden.

Im Sommer 1939 kam Rolf noch einmal zu uns. Als seine Rückkehr nach China feststand, hatte die Zentrale bei mir angefragt, ob er bereit sei, mit Ernst als Vorgesetzten zu arbeiten. Rolf in seiner menschlichen Großzügigkeit schätzte Ernst und stimmte zu.

Ernst blieb, aus der Sowjetunion kommend, nur wenig Zeit für Europa. Er wollte seine Mutter besuchen, die er jahrelang nicht gesehen hatte, entschloß sich aber im letzten Moment, da die Zeit für beides nicht reichte, zu mir zu fahren. Nun sah er seine Tochter das erste und einzige Mal. Janina war drei Jahre alt, sehr hübsch, graziös und voller Temperament. Ernst hat danach, obwohl ich noch Kontakt mit ihm behielt, niemals nach ihr gefragt und sich nie um sie gekümmert. Ich habe ihm das nicht übelgenommen, aber verstehen konnte ich es nicht. Obwohl ich Ernst sehr gern wiedersah, bedrückte mich, daß er nicht lieber zu seiner Mutter gefahren war. Ich hatte selbst Kinder und fand es traurig, daß er ihr nicht diese große Freude gemacht hatte.

Wer die damalige Situation in der Schweiz nicht kennt, wird kaum verstehen, warum der Abschied von Ernst und Rolf so schwer war. Es bestand kaum mehr Hoffnung, einen Krieg zu vermeiden. Österreich und die Tschechoslowakei waren von Hitler besetzt; wird die Schweiz das nächste Land sein? Wird der Krieg an unserer Erde beginnen? Heute, da man weiß, daß es nicht geschah, mag die Schweiz im Weltgeschehen dieser Jahre als ein ruhiger Ort erscheinen. In Wirklichkeit war die Atmosphäre schrecklich. Jeder Emigrant mit deutschem Paß setzte alles daran, das Land so schnell wie möglich zu verlassen. Es gab Gerüchte, daß Emigranten, deren Aufenthaltserlaubnis nicht verlängert wurde, einschließlich Juden an die deutsche Grenze gebracht würden. Dieses Gerücht hat sich, soweit ich informiert bin, in Einzelfällen bestätigt. Nach Kriegsausbruch wurde dies tragische Wirklichkeit für viele. „Die Rückstellung von Flüchtlingen in ihr Herkunftsland" war eine Forderung des Schweizer Bundesrates. Ein Erlaß lautete, daß jüdische Emigranten nicht arbeiten durften und für die geringste politische Tätigkeit „landesverwiesen" wurden.

Der englische Paß war wichtig. Seine Realisierung lag noch in weiter Ferne, als ich Ernst und Rolf zu dem kleinen Bähnchen begleitete, das von Caux nach Montreux fuhr. Obwohl ich die Trennung von beiden selbst gewählt hatte und die Entscheidung nicht bereute, dachte ich verzweifelt: Der Krieg wird beginnen, und die einzigen Menschen, die alles tun würden, um mir und den Kindern zu helfen, fahren für immer fort. Ich stand am Bahnhof und sah dem kleinen Gebirgszug nach, bis er um die Kurve bog.

Im August 1939 besuchten mich noch einmal meine Geschwister. Am 15. August schickten wir eine Postkarte mit lustigem Text an die Adresse der Eltern: London NW 3, Upper Parkroad 25a; dann wurde die Lage so bedrohlich, daß meine Gäste überstürzt abfuhren.

Am 23. August, am Tage des Nichtangriffspaktes zwischen der Sowjetunion und Nazideutschland, traf ich Hermann in Zürich. Wir diskutierten stundenlang; es tat mir gut, mich mit einem Genossen auszusprechen, der Erfahrung besaß. Der Nichtangriffspakt zwischen Stalin und Hitler kostete uns viel Nachdenken. Wir begriffen, daß die Westmächte hofften, die kommunistische Sowjetunion und das nazistische Deutschland würden sich gegenseitig kaputtmachen und sie der lachende Dritte sein; dem sollte ein Riegel vorgeschoben werden. Aber man mußte die Emotionen ausschalten und nur den Verstand benutzen, um richtig zu reagieren.

Ungefähr um die gleiche Zeit erwartete ich Jim. Len hatte sich vierzehn Tage vorher endgültig von seinen Wirten in Frankfurt am Main verabschiedet, angeblich zu längeren Ferien in London. In Wirklichkeit war er an den Tegernsee gefahren. Er wollte noch einmal nach Frankfurt zurückkehren, aber nur, um den Brandsatz zu legen. Er hatte vor, daß Päckchen unter ein Kissen in einer der Zeppelinkojen zu schieben; bevor es brannte, wäre er schon weit fort. Nun wartete er am Tegernsee auf die Rückkehr von Jim und auf meine letzten Anweisungen.

Ich betrachtete die politische Entwicklung mit äußerster Unruhe, und auch Len begann sich Sorgen zu machen, ob ihn der Krieg in Deutschland überraschen würde. Das Hotel, in dem er wohnte, verwaiste immer mehr. Len war bereits der einzige Ausländer dort. In Frankfurt würde es nicht anders sein. Es war sein Auftrag, auf Jim zu warten und das Zeppelinunternehmen durchzuführen. Ich hatte inzwischen bei der Zentrale angefragt, ob die Engländer in dieser Situation in Deutschland bleiben sollten, und noch während Jims Aufenthalt erhielt ich die Nachricht, beide in die Schweiz zu holen und sie als Funker auszubilden. Wir sandten sofort ein Telegramm an Len, und er traf knapp vor Kriegsausbruch in Montreux ein.

Am 27. August wurde die Schweizer Armee mobilisiert. In großer Hast verließen die letzten Gäste Caux; die Hotels standen leer, die Läden geschlossen, nur das kleine Kolonialwarengeschäft für die Bauern blieb offen. Wir kauften dort, wie allen Schweizern wegen der Kriegsgefahr empfohlen, für zwei Monate Lebensmittel als Reserve.

Am 1. September wurde Danzig von den Hitlertruppen besetzt. Ich dachte an meine Freunde dort. Wie würde es ihnen ergehen? Wie wichtig ihre Arbeit nun wurde. Es war gut, daß wir den Sender zur Zeit vorbereitet hatten.

Der Einmarsch der Truppen in Polen folgte, und es folgte die Kriegserklärung am 3. September 1939.

An die Eltern:
„5. September 1939
Jetzt ist es soweit. Man kann es noch gar nicht fassen. Schreibt doch bitte sehr bald, inwiefern es Euch betrifft. Wir dürfen weiter das

Gastrecht dieses Landes genießen. Ich werde hier oben bleiben. Meine Erlaubnis läuft bald ab, aber man wird sie mir wohl, da ich ja nirgends hin kann, erneuern. Hier ist es einsam. Der Zugverkehr wird stark eingeschränkt, man kann nur selten herunterfahren ... Merkwürdig, daß die Sonnenuntergänge noch immer so schön und friedlich sind, und die Kinder werden einem ganz fremd in ihrer unbeschwerten Fröhlichkeit."

Oktober 1939 nach London:
„Ich höre jetzt nicht viel von Euch, die Post geht wohl langsam. Ich werde zwischendurch englisch geschriebene Karten schicken, die werden sicher schneller gehen. Ich tue gar nichts, außer daß ich mal dem Bauern beim Heuen helfe. Emigranten sind nicht zur Hilfe zugelassen. Hier oben wird was vom Roten Kreuz organisiert. Aber mehr als Bänder an Kopfkissen nähen werde ich wohl nicht zu tun kriegen. Man fühlt sich richtig als Parasit in dieser Zeit. Ich habe mich daher zur Bluttransfusion im Falle Verwundeter gemeldet. Letzte Woche war ich in Genf. Blellochs luden mich über Nacht ein. Sie waren wie immer besonders nett. Robert Dell war auch da. Lebhaft wie immer. Er hat eine erstaunliche Vitalität für sein Alter. Wir unterhielten uns aufs angeregteste."

Das Heuen beim Bauern war meine „Tagesarbeit". Zweimal wöchentlich funkte ich nachts. Den Besuchen bei Blellochs folgte häufig ein Funkspruch an die Zentrale.

Horchte ich hinterhältig Menschen aus, die mir gut gesinnt waren, mich gastfreundlich empfingen und mir vertrauten? Es so zu sehen wäre falsch. Ich interessierte mich für das internationale Geschehen und verfolgte die Ereignisse genau, so daß es mir möglich war, auf einem Niveau zu diskutieren, das einem so gut informierten Journalisten wie Robert Dell Freude machte. Viel anders hätte ich mich mit ihm auch nicht ohne mein besonderes Ziel unterhalten. Selbstverständlich hatte sich mit der Erfahrung eine Fähigkeit entwickelt, Diskussionen auf Dinge und Meinungen zu lenken, die für die Sowjetunion von Interesse sein könnten. In solchen Gesprächen konnte ich zum Beispiel weit mehr über die Interpretation des Nichtangriffspaktes oder des Kriegsbeginns in Kreisen des Völkerbundes erfahren, als die Zeitungen der Völkerbundländer boten. Militärische Informationen standen mir damals nicht zur Verfügung, aber auch politische waren für die Zentrale von Bedeutung. War ich in Genf, sprach ich jedesmal mit möglichst allen Bekannten und kam zwar mit leeren Händen, aber nicht mit leerem Kopf zurück.

Len und Jim hatten sich in der Pension „Elisabeth" in Montreux einquartiert. In einem Laden entdeckte ich ein nettes Kinderspielzeug für umgerechnet sieben Mark, das ich sofort mitnahm – ein Morsegerät mit Taste, Summer, Taschenlampenbatterie und Morsekode. Nachmittags spielte Micha damit; war er in der Schule, erprobten es Jim und Len, die regelmäßig zum Lernen heraufkamen.

Ende September oder Anfang Oktober wollte Hermann meine größeren Erfahrungen nutzen und mit meiner Hilfe seinen Sender bauen. Hermann wohnte ein paar Tage bei mir. Während er im ersten Stock mit dem Sender beschäftigt war, erschienen zwei Beamte des Schweizer Geheimdienstes bei uns. Es gelang mir mit Hilfe von Ollo, Hermann zu warnen.

Er packte rasch die Sendeteile fort, doch seine Anwesenheit konnte ich nicht verschweigen. Er mußte sich ausweisen, ich spielte die Verlegene, weil der junge Mann bei mir, einer jungen Frau, die ihre Scheidung betrieb, entdeckt wurde. Ich besinne mich nicht auf spezielle Fragen, unser Radio betreffend. Wir hofften, dieser Besuch wäre eine Routineangelegenheit, wie ihn die Verschärfung der Lage seit Kriegsbeginn mit sich brachte.

Die Atmosphäre in der Schweiz war ausgesprochen gespannt und nervös. Die Spionageabwehrorgane machten Überstunden. Genf, als Sitz des Völkerbundes ein internationaler Treffpunkt, zog Agenten aller Länder und eine Reihe undurchsichtiger Ausländer an; viele Gerüchte gingen um in dieser Stadt.

Der Amateurradioverkehr wurde mit Kriegsbeginn verboten. Dadurch konnte ein vereinzelter Sender wie meiner noch leichter entdeckt werden. In der Schweiz waren die technischen Mittel des Anpeilens weiter entwickelt als in Polen.

Nach der Mobilisierung zog eine Gruppe Schweizer Soldaten, ungefähr dreißig Mann, in eine verlassene Baracke oberhalb unseres Hauses ein. Die Entfernung betrug vielleicht zweihundert Meter; auch das gestaltete die Arbeitsbedingungen nicht günstiger.

Nachdem die Beamten des Geheimdienstes im Haus gewesen waren, vergruben Hermann und ich in der Dunkelheit unsere Sender im dichten Wald unterhalb von „La Taupinière". Wir besaßen ein gutes Versteck im Wald rechter Hand vom Haus, aber dort hätte uns ein wachhabender Soldat von den Baracken aus hören oder sehen können. Es ging steil und weglos bergab; wir verhielten uns so leise wie möglich. Zwei Sender in Grammophongröße im Dunkeln zwischen Wurzeln und Gestrüpp einzugraben war schwere Arbeit. Verschwitzt, mit nassen Füßen und zerkratzten Händen krochen wir, uns am Gesträuch festhaltend, wieder hinauf. Plötzlich hielt Hermann keuchend inne.

„Leise, Hermann, leise", flüsterte ich ihm zu.

Als er wieder sprechen konnte, sagte er: „Mit einer Lunge ist das nicht so einfach." Ich erfuhr, daß er in Spanien einen Lungenflügel eingebüßt hatte.

Wir mußten damit rechnen, daß der Beamtenbesuch Folgen haben würde, machten uns Sorgen, besonders wegen des finnischen Passes von Hermann, und sprachen genau ab, was wir bei seiner eventuellen Verhaftung sagen wollten.

Am nächsten Morgen kamen zwei Unbekannte den Pfad herunter, der nur zu unserem Haus führte und dort endete. Wir sahen sie schon in weiter Ferne. Die Sender hatten wir verborgen, das Material war nicht im Haus, Ollo und die Kinder würde man unbehelligt lassen. Hermann sah den beiden in völliger Ruhe entgegen; ich denke, er würde dasselbe von mir sagen.

Die Unbekannten entpuppten sich beim Näherkommen als Soldaten. Sie gingen um das Haus herum, blieben mehrmals stehen und zogen nach einer Weile wieder ab, ein merkwürdiges, unerklärliches Verhalten.

Wenige Tage später wurde ich aufgefordert, jemanden von der Schweizer Sicherheit in einem Café in Lausanne zu treffen.

Es erschien ein Beamter, der sich höflich nach meinen Lebensumständen erkundigte. Schließlich sagte er, sie hätten Hinweise bekommen, ich besäße eine Sendemöglichkeit. Das Botenmädchen des kleinen Kolonialwarengeschäftes in Caux habe mich denunziert. Er benutzte tatsächlich das Wort denunziert. Als sie uns einmal Waren gebracht habe, sei ihr eine Morsetaste aufgefallen. Ich lachte und bestand darauf, in den nächsten Spielzeugladen zu gehen, um das gefährliche Objekt zu besichtigen oder noch besser zu kaufen und dem Mädchen vorzuführen. Sollte das Spielzeug nicht vorhanden sein, könnten wir sofort gemeinsam zu mir hinauffahren. Ich wüßte zwar nicht, ob es noch benutzbar sei, da es meinem neunjährigen Sohn gehöre. Der Beamte winkte ab, obwohl ich noch einmal darum bat. Dann sagte ich nichts mehr, um diesem Punkt nicht größeres Gewicht zu geben, als der Beamte es tat. Auf seine Frage hin erzählte ich ihm, daß wir Emigranten seien, mein Vater in England eine Professur innehabe und ich von meinem in England angelegten Vermögen sowie von der Unterstützung durch meinen von mir in Trennung lebenden Mann existiere.

Ich war auf eine Frage nach Hermann vorbereitet. Sie wurde nicht gestellt. Bevor der Beamte sich verabschiedete, sagte ich ihm, ich empfände es als Kränkung, daß man in der neutralen demokratischen Schweiz den Deutschen, die Verfolgte Hitlers seien, mißtraue, statt die Energien auf deutsche Nazis, von denen es genügend in der Schweiz gäbe, zu konzentrieren. Ich meinte es ehrlich, und er erwiderte, ich glaube, ebenfalls ehrlich: „Das möchte ich hundertmal lieber tun."

Meine Angaben, daß ich Geld in England besaß, stimmten. Ich hatte dort stets drei gesparte Monatsgehälter auf einer Bank in Reserve als Sicherung für die Kinder, falls mir etwas zustieße oder ich plötzlich abreisen müßte. Ein Konto in England war in mancher Hinsicht nützlich. Die Zentrale benutzte es zu Einzahlungen für mich und meine Gruppe. Bald nach Kriegsbeginn sperrte England die Möglichkeit des Transfers von Pfunden, und wir gerieten in finanzielle Schwierigkeiten.

Soweit ich feststellen konnte, wurde ich nicht beobachtet, und nach kurzer Pause funkte ich wieder. Diesmal half mir Len beim Ausgraben des Senders.

Wir beschlossen, da das Versteck im Wald zwar verhältnismäßig sicher, aber umständlich, anstrengend und nur im Dunkeln aufzusuchen war, eine Stelle für den „mittelernsten Fall“ im Haus vorzubereiten. Uns schien der Kohlenschuppen geeignet. Jim ließ bei einem Tischler eine Kiste in der Größe des Senders bauen. Unter dem Vorwand, wertvollen Hausrat nach Amerika zu schicken, bat er um ordentliche Arbeit und wasserdichte Umhüllung für die weite Reise. (Damals brauchte alles eine Erklärung.) Die Kiste wurde das Meisterstück eines guten Handwerkers. Es tat uns leid, sie in den Boden des Schuppens zu versenken, wo Jim und Len die Bretter ausgehoben und ein anderthalb Meter tiefes Loch gegraben hatten. Die Bretter wurden zurückgelegt, die Kohlen darüber geschaufelt. Diesen Schuppen konnten wir jederzeit betreten, ohne Verdacht zu erregen; die Kiste hat manches Mal in kritischer Zeit unseren Sender aufgenommen. Bei den heutigen Methoden, Metall zu entdekken, hätten wahrscheinlich das tiefe Loch und der große Kohlenberg darüber nichts genutzt, damals war es ein brauchbares Versteck.

Jim und Len kamen regelmäßig zu mir herauf, lernten eifrig mit Hilfe des Spielzeugs und machten gute Fortschritte. Manchmal blieben sie den ganzen Tag oben. Sie lernten ja nicht nur Funken, sondern auch die Theorie und den Senderbau. Ich brachte ihnen alles bei, was ich selbst monateland auf den Schulen in der Sowjetunion gelernt hatte. Es war bekannt, daß mein Mann mich verlassen hatte und ich an eine neue Heirat dachte, das half, den Besuch zu legalisieren.

Jim war stets gut gelaunt, doch der feinfühlige Len, der die Natur liebte und an meinen Kindern interessiert war, gefiel mir besser als der robuste, schlaue Jim. Jims Findigkeit, sein Organisationstalent und die Fähigkeit, rasch Bekanntschaften zu schließen, waren vielversprechend. Er hatte unter anderem einen Flirt mit der Schwester des rumänischen Außenministers begonnen, die in Montreux lebte. Sie war in ihn verliebt und erzählte ihm, was er wissen wollte.

Es fiel mir auf, daß sich Lens Verhältnis zu Jim, während sie gemeinsam in der Pension in Montreux wohnten, verschlechterte. Darüber befragt, sagte Len, Eigenschaften, die in Spanien einfach keinen Platz gehabt hätten, träten nun bei Jim zutage. Er sei egoistisch und zu sehr auf ein angenehmes Leben bedacht. Wir bezogen das aber beide nicht im entferntesten auf die Möglichkeit politischer Unehrlichkeit oder eines Doppelspiels. Das war auch meiner Meinung nach damals noch nicht der Fall.

Ich bemühte mich schon seit dem Frühjahr um meine Scheidung. Rolf hatte einen Brief hinterlassen, der die Angelegenheit erleichtern sollte. Erst nach vielen Besuchen beim Rechtsanwalt und bei den Behörden war ein Erfolg in Sicht. Als allerdings die Möglichkeit der Scheinehe näher rückte, fing Jim an zu zögern und erklärte, er müsse mir gestehen, daß er, bevor er nach Spanien gegangen sei, einem Mädchen in England ein Heiratsversprechen gegeben habe, deshalb sei ihm Spanien sehr gelegen gekommen. Bei einer Heirat könne die Sache wieder aufgerührt werden. Ob ich nicht lieber Len nehmen wolle, der sei so schüchtern, daß er nie von allein daraufkäme zu heiraten. Len war mehrere Jahre jünger als ich, ansonsten war es mir gleich, durch wen ich englischer Bürger wurde.

Jims Erklärung gefiel mir nicht. Entweder hatte das Heiratsversprechen – später hörte ich, das Mädchen war schwanger gewesen – ihn veranlaßt, nach Spanien zu gehen, anstatt des politischen Motivs, oder er hatte sich diesen Grund ausgedacht, um der Pro-forma-Ehe zu entgehen, die für meine Sicherheit Bedeutung hatte und von der Zentrale gewünscht wurde.

Len stimmte einer Scheinehe zu. Ich hatte ihm versichert, er könne volles Vertrauen haben, daß ich mich, sobald er es brauche, wieder scheiden lasse. Ich verstand nicht, warum er so ungewöhnlich aggressiv erwiderte, er begreife den Sinn einer Ehe auf dem Papier auch ohne weitere Erklärung meinerseits.

Als wir fünfunddreißig Jahre später Arm in Arm auf einem Frühlingsspaziergang an der Spree versuchten, uns im Interesse dieser Aufzeichnungen an die damalige Zeit zu erinnern, fragte ich Len:

„Wann wußtest du eigentlich, daß du mich gern hattest?“

„In Romanen würde man sagen, Liebe auf den ersten Blick. Gleich bei unserem ersten illegalen Treff in Vevey vor dem Einheitspreisgeschäft.“

Völlig erstaunt erwiderte ich: „Daß es schon damals war, habe ich bis heute nicht geahnt.“

Er entgegnete: „Ich habe es mir auch lange nicht anmerken lassen." Wir lachten gemeinsam über diese Geschichte.

Erst als Jim und Len in Montreux wohnten und regelmäßig zum Morsen heraufkamen, lernte ich Len besser kennen. Damals wie heute fühlte ich mich am glücklichsten in der Natur und wanderte viel. Jim war körperlich träge. Er blieb auf der Wiese vor dem Haus, aber Len kam gern mit. Auf diesen Spaziergängen im frühen Herbst 1939 begann er mehr von sich zu erzählen. Er war ein Waisenkind. Der Vater, im Krieg gefallen, hatte den Sohn nie gesehen. Die Mutter wollte den Jungen loswerden. Eine Eisenbahnerfamilie übernahm das Kind gegen Entgelt. Die Mutter besuchte ihn noch ein paarmal und sagte zu dem knapp Sechsjährigen: „Ich komme in den Ferien wieder." Der Junge zählte die Tage. Als die Ferien begannen, stand er jeden Morgen vor dem Eisenbahnerhaus, an dem die Züge vorbeifuhren. Er hörte sie in die Station einlaufen, jeden Morgen von neuem überzeugt, daß die Mutter heute bestimmt kommen werde. Aber sie kam nicht. In diesen Ferien nicht und auch nicht in den nächsten. Sie kam überhaupt nicht mehr und stellte die Zahlungen ein. Der Junge fühlte sich auf schreckliche Weise verraten.

Ich erzähle dies nicht als sentimentale Geschichte, ich spreche davon, weil die Handlungsweise der Mutter, die er nie wiedergesehen hat, Lens Beziehung zur Umwelt für sein ganzes Leben ungünstig beeinflußt hat. Überempfindlich und verschlossen, hat er Zeiten der Depression, in denen er sich von allen Menschen verraten fühlt.

Mit vierzehn Jahren begann Len zu arbeiten, zunächst in der Landwirtschaft, dann im Steinbruch, als Lkw-Fahrer und schließlich als Automechaniker.

Im Steinbruch auf der englischen Kanalinsel Jersey arbeitete ein ehemaliger Matrose, der noch auf Segelschiffen die Welt befahren hatte: ein gebürtiger Ire namens Moriarty, siebzig Jahre alt, breitschultrig und zwei Meter groß. Jahrzehntelang war der amerikanische Hafen Seattle, der in der Geschichte der Arbeiterbewegung Amerikas ungefähr die Rolle wie bei uns Hamburg spielte, seine Heimat gewesen. Dort wurde Moriarty Mitglied der revolutionären anarchistischen

IWW*. Er erzählte Len, der sein Enkel hätte sein können, von den Aufständen der Matrosen auf Walfang-Segelschiffen, von Streiks in den Häfen, von dem Revolutionär Joe Hill, den die Feinde ermordeten, von Demonstrationen in Seattle, von Versammlungen, auf denen Jack London gesprochen hatte, dessen Bücher zu Lens Lieblingslektüre gehörten. Das Klassenbewußtsein des Alten, sein revolutionärer Elan, die Erzählungen von der Kraft und der Romantik des Kampfes der Arbeiterklasse beeinflußten Len entscheidend.

In Caux lief ich vom Herbst bis zum Frühling Ski. Schon in Polen hatte ich viel geübt; in der Schweiz war ich häufig mit Werner in den Bergen. Wir fuhren mit der Bahn von tausend Meter bis über zweitausend Meter Höhe fast bis zum Gipfel des Rocher de Naye hinauf, um die Abhänge hinunterzusausen. Ich war sicher, Len würde ebenso begeistert davon sein. Er war es und bestand zu früh darauf, eine große Fahrt mitzumachen. Seine Furchtlosigkeit hatte diesmal schlechte Folgen. Er raste steil hinunter, in einen Eisblock hinein, verletzte sich und zerbrach die Skier. Kein Mensch war in unserer Nähe. Wir mußten in strenger Kälte einen äußerst mühseligen Abstieg, der zu Fuß gefährlich war, bewältigen. Auf dieser Skitour wurde mir bewußt, wie gern ich Len hatte.

Als nun alte Frau erlaube ich mir, etwas aus der Gegenwart – vom Februar 1974 – einzufügen. Vor wenigen Tagen habe ich diese Seiten noch einmal in die Hand genommen. Dabei tauchten Zweifel auf, ob nicht zuviel Privates in den Bericht geraten war. Wen interessiert, daß ich gerne Ski lief oder wie meine Beziehung zu Len sich entwickelte?

Ich legte das Manuskript fort und las wie fast jeden Abend noch zwei, drei Stunden. Diesmal war es „Weihnachten in Sorrent“. Marietta Schaginjan schreibt über die Freundschaft und die Konflikte zwischen Lenin und Gorki. Ich las das Buch mit Anteilnahme, denn wie viele andere Genossen hat auch mich Gorki in meiner Jugend entscheidend beeinflußt. Gorkis Erzählungen erweckten in den Fünfzehnjährigen Emotionen, die dazu beitrugen, daß ich Kommunist wurde, Lenins Werke festigten zwei Jahre später meine Gefühle durch den

* *Industrial Workers of the World (Gewerkschaftsorganisation der USA)*

... ich las das Buch mit Anteilnahme

Appell an den Verstand. Lenin habe ich zu verdanken, daß ich in allen Wirrnisen meines Lebens Kommunist blieb.

In ihrem Buch erinnert sich die über achtzigjährige Genossin Schaginjan ihrer eigenen Jugend und schreibt:

„Der Sommer* in der Schweiz. Gemeinsam mit meiner noch jungen Mutter bestiegen wir von Montreux oder Glion aus ... den Gipfel des Rocher de Naye und wanderten den ganzen Tag ... Der Rocher de Naye! Zehn Jahre später, im Dezember 1916, schrieb Lenin an Ines Armand nach Clarens: ‚Laufen Sie Ski? Tun Sie es unbedingt! Lernen Sie es, verschaffen Sie sich Skier, und gehen Sie unbedingt in die Berge.'"

Ich hielt ein mit dem Lesen.

Jeder weiß, daß Lenin unerhört viel und intensiv arbeitete. Aber wie herrlich; da ist er auch Ski gefahren und schreibt einer jungen Frau: Gehen Sie in die Berge, und laufen Sie unbedingt Ski.

Und ich hätte beinahe aus dem Manuskript gestrichen, wie gern ich das tat!

Nicht nur Lenin, auch Lenins Frau bestärkte mich. Die Genossin Schaginjan schildert, wie sie erfuhr, daß „Nadeshda Krupskaja außer

* *1906*

sich geriet", weil ihre Zeit mit Lenin in Schuschenskoje stets so dargestellt wurde, als hätten sie „nichts anderes getan als die Webbs übersetzt. Welcher Unsinn, sie waren jung und liebten einander".

Ich sehe Marietta Schaginjan im Jahre 1906 im Sonnenschein „unseren Weg" hinauf zum Rocher de Naye klettern, ich folge ihrer Schilderung, wie Lenin zehn Jahre später in der Schweiz lebte, arbeitete und sein Land auf die Revolution vorbereitete.

Ich spreche nicht oft über meine Vergangenheit, aber der alten Genossin hätte ich gern erzählt, daß ich dreiundzwanzig Jahre später vor meinem Sender in einem Schweizer Bauernhaus unterhalb des Rocher de Naye saß und in die bedrohte Heimat Lenins funkte.

Ende 1939 fragte die Zentrale an, ob ich eine Möglichkeit sähe, Rosa Thälmann Geld zu überbringen.

Es war mir klar, weder sie noch Ernst Thälmann hatten etwas mit der RotenArmee zu tun. Auch aus der Art der Anfrage ging hervor, dies war ein Akt der Hilfe und Solidarität, wobei die Möglichkeiten, die wir besaßen, ausgenutzt werden sollten.

Ich kam auf den Gedanken, Ollo zu schicken. Sie hatte einen Bruder in Deutschland und konnte zu ihm auf Urlaub fahren. Deutsche durften hin- und herreisen. Ollo war Ende Fünfzig, klein, grauhaarig und unscheinbar. Weder die Schweizer noch die Nazis konnten ein Interesse an ihr haben. Sie erklärte sich bereit.

Wir besaßen eine Kleiderbürste. In ihrem Holzteil befand sich ein Hohlraum, der mir schon öfter zum Transport von Geld gedient hatte. Ollo und die Bürste gelangten unbehelligt nach Deutschland. Rosa Thälmann war tief bewegt. Keiner der Genossen, die in Deutschland illegal arbeiteten, durfte sich ihr nähern, und nun kam dieses Zeichen der Unterstützung aus der Sowjetunion. Rosa sagte, es würde allerdings schwer sein, das Geld auszugeben, man wisse genau, wieviel sie besitze, und notiere die Nummern ihrer Scheine. Doch die Tatsache, daß deutsche Genossen in der Sowjetunion die Gabe veranlaßt hatten, war für sie ein großer moralischer Gewinn, der mehr wog als die beträchtliche Summe.

Die Landschaft um unser Haus mit dem Rocher de Neye

Im Winter des Jahres 1939 erhielt ich einen weiteren Auftrag von der Zentrale. Ich sollte einen Genossen treffen. Als ich den Funkspruch entzifferte, nahm ich an, daß der Unbekannte entweder bald die Schweiz verläßt oder eine engere Zusammenarbeit vorgesehen ist, sonst würde man mir solche Details nicht nennen. Ich reiste nach Genf, ging in die Rue Lausanne, warf in Nummer 13 einen Brief ein und fuhr ein paar Tage später ein zweites Mal nach Genf, den Genossen aufzusuchen.

Die Zentrale hatte mir eine Reihe von Fragen aufgetragen: Arbeitet sein Büro noch, wie sieht es finanziell bei ihm aus, besteht die Möglichkeit, Nachrichten an die Zentrale über Italien zu vermitteln, oder braucht er Sendekontakt, kann er diese Kontakte aus eigener Kraft herstellen?

Der Genosse verhielt sich zurückhaltend, als ich ihn besuchte. Er schien nicht gerade entzückt davon, daß jemand in seine Wohnung hereingeschneit kam, viel wußte, viel fragte.

Eine Pause entstand. Wir betrachteten uns schweigend. „Albert“ war

Sándor Radó

untersetzt, neigte zur Fülle, seine Bewegungen wirkten unbeholfen. Er hatte dunkles Haar und dunkle Augen mit schwermütigem Ausdruck. Mir gefiel sein Arbeitsraum voller Bücher und Landkarten, der mit Zeitschriften und Zetteln übersäte Schreibtisch. Albert machte auf mich den Eindruck eines etwas trockenen Gelehrten. Er wollte von mir wissen, wie schnell seine Antwort weitergegeben und wann eine Rückantwort von der Zentrale erwartet werden könnte.

Ich zögerte. Die Zentrale hatte mich zwar gebeten, ihn zu unterstützen, aber von meinem Sender war nicht die Rede gewesen. Außerdem hatte Albert noch keine einzige Frage beantwortet.

Erst als ich ihm sagte, das könne alles sehr schnell vonstatten gehen, begann er seine Lage zu schildern. Der Weg über Italien sei nicht möglich, eine Verbindung zur Zentrale brauche er jedoch ganz dringend. Seit Kriegsbeginn habe er keinen Kontakt mehr und wichtige Nachrichten lägen nutzlos herum. Sicher habe die Zentrale Gründe für diese

Unterbrechung, doch für ihn sei das schrecklich. Sein Sender sei entzwei und er habe keinen Funker.

Nun antwortete ich ihm eindeutig, Funkmöglichkeiten seien vorhanden, ich würde der Zentrale vorschlagen, sie ihm zur Verfügung zu stellen, bis wir andere Wege gefunden hätten.

Auf diese Weise lernte ich den Genossen Sándor Radó kennen, der schon mit neunzehn Jahren politischer Kommissar in der ungarischen Roten Armee gewesen war und dessen ganzes Leben zwei Leidenschaften ausfüllten: die des aktiven Kommunisten und des besessenen Wissenschaftlers auf dem Gebiet der Kartographie. Sein kartographisches „Geo-Pressbüro" in Genf war eine ausgezeichnete Legalisierung. Aber das beschreibt Genosse Radó alles selbst viel besser in seinem Buch „Dora meldet", das in Ungarn, der Sowjetunion und auch in der DDR erschienen ist.

Bei meinem nächsten Besuch traf ich ebenfalls Alberts Frau, eine deutsche Genossin, zu der ich sofort Kontakt fand. Lene war im Gegensatz zu Albert temperamentvoll, witzig und mitteilsam, soweit es die Konspiration erlaubte. Seine Söhne, zehn und vierzehn Jahre alt, und Lenes Mutter vervollständigten die Familie.

Für mich war es sehr wertvoll, einer Genossin wie Lene zu begegnen, gelegentlich in ihrer Wohnung sein zu dürfen, sich wohl zu fühlen in der Atmosphäre der harmonischen Ehe des Wissenschaftlers und seiner lebensprühenden Frau.

Denke ich an Lene, sehe ich uns vor mir, wie wir uns der frühen Jugendzeit als Kommunisten erinnern, wie wir über Bücher sprechen, aber am häufigsten sehe ich uns lachen. Wir machten so viele dumme Witze, daß Albert, der nicht zu Leichtigkeit und Frivolität neigte, uns mißbilligend ansah. Das stachelte uns zu noch höherer Leistung an.

Lene hatte literarische Interessen und besaß Talent zum Schreiben. Sie kam aus der Arbeiterklasse, hatte es in ihrer Jugend nicht leicht gehabt und mußte sich alles selbst aneignen.

Ich schrieb 1959, als Lene schon nicht mehr lebte, über sie in meinem Buch „Olga Benario". Lene hatte als ganz junge Genossin in unserem Zentralkomitee in Berlin als Bürokraft angefangen. Dort traf Sabo, die Frau des kommunistischen Reichstagsabgeordneten Arthur Ewert, sie einmal weinend an. Lene schluchzte erbärmlich, weil ihr ein Genosse schlechtes Deutsch diktiert hatte, die eigenen Kenntnisse jedoch nicht ausreichten, um das Diktat zu korrigieren. Sabo sorgte dafür, daß Lene auf einer Abendschule ordentlich Deutsch lernte. Lene war 1936 maßgeblich an dem Befreiungsversuch für Olga und Sabo in Frankreich beteiligt, die auf einem deutschen Schiff aus Brasilien abtransportiert worden waren und der Gestapo ausgeliefert werden sollten. Der Versuch mißlang, da das Schiff nicht im vorgesehenen Hafen hielt.* Diese Einzelheiten hat mir Minna Ewert, die Schwester Arthur Ewerts und nahe Freundin Sabos, 1959 erzählt. Sie war bei dem Befreiungsversuch dabei gewesen. Minna Ewert lebte in einem Altersheim bei Potsdam, das den Namen „Olga Benario" trägt.

Als die Zentrale mir den Auftrag gab, Alberts Nachrichten zu funken, freute ich mich. Nun wurde mein Sender voll ausgelastet. In den ersten drei Monaten gab Albert mir seine Radiogramme im Klartext, und ich hatte tüchtig zu tun. Zuzüglich zu meinen Nachrichten mußte ich Alberts Texte abholen, chiffrieren, nachts über den Sender geben und dechiffrieren, was ich für ihn oder mich von der Zentrale erhielt. Ich brachte Albert die Antworten und holte neue Nachrichten ab. Der Weg von Caux nach Genf nahm ungefähr drei Stunden in Anspruch. Lens und Jims Ausbildung lief auch weiter.

Len hatte die Idee gehabt, eine Taschenlampe zum Transport von Alberts Texten vorzubereiten. Er höhlte eine der beiden Batterien aus und füllte ihren Boden mit etwas Blei, um das normale Gewicht wieder herzustellen. In den Rest des Hohlraumes steckten wir den zusammengerollten, auf Seidenpapier geschriebenen Text und verstöpselten die Batterie, die sich äußerlich von keiner anderen unterschied. Wir benutzten eine Birne, die etwas weniger Volt benötigte und mit der verringerten Energie von nur einer Batterie in normaler Helle brannte.

Auf dem Weg zu unserem Haus gab es keine Laternen, so trugen wir bei abendlicher Rückkehr ohnehin eine Taschenlampe bei uns. Später, als auch die Schweizer verdunkeln mußten, wurde die Taschenlampe ein unentbehrlicher Begleiter für alle.

* *„Olga Benario", Seite 282 ff.*

Die Forderung zu verdunkeln hatte Nazideutschland an die neutrale Schweiz gestellt, da die Lichter der Städte den englischen Bombergeschwadern den Weg nach Deutschland und Italien wiesen. Die Schweiz fügte sich; sie stellte ebenfalls reichlich Waffen für Deutschland her; deutsches Kriegsmaterial wurde in großen Mengen durch die Schweiz nach Italien transportiert. Um keinen falschen Eindruck zu erwecken – das Schweizer Volk lehnte zum größten Teil das faschistische Deutschland ab und haßte Hitler.

Mit so viel Arbeit hätte ich mich wohl gefühlt, wenn es weniger Sorgen gegeben hätte. Ich wußte nicht mehr, wie ich Hermann, Len, Jim, die eigene Familie und Ollo finanziell erhalten sollte. Alle Möglichkeiten der Geldüberweisung aus anderen Ländern waren inzwischen gesperrt worden. Ich war daher sehr erleichtert, als die Zentrale über meinen Sender Albert den Besuch eines Mitarbeiters ankündigte, der für meine Gruppe Geld mitbringen sollte. Er kam im März, brachte Albert einen eigenen Sender, aber keine finanziellen Mittel für mich. Ich weiß nicht mehr, wie ich dieses Problem löste, es schwebte ständig als Sorge über uns, und wir lebten sehr sparsam.

Ich habe vorgegriffen. Im Dezember 1939 traf uns ein Schlag, der schlimmer war als Geldnöte.

Hermann hatte, nachdem alles ruhig geblieben war, seinen Apparat bei mir abgeholt und sich in seiner Wohnung im Schloß „La Rosiere", Kanton Fribourg, auf die Sendearbeit vorbereitet. Ich habe ihn dort nie besucht. Wir trafen uns nach ungefähr einem Monat in Zürich, oder war es in Bern? Er hatte ein paar Nachrichten für mich, die ich an die Zentrale weitergab. Von nun an sollte sein eigener Sender arbeiten.

Zum nächsten Treff im Dezember 1939 erschien Hermann nicht. Auch den Ersatztreff hielt er nicht ein. Ich wartete ein paar Wochen und rief dann von einem Kiosk in Genf aus, entgegen unseren Vereinbarungen, bei ihm im Schloß an. Eine fremde Stimme sagte, er wohne nicht mehr dort.

Hermann war am 11. Dezember 1939 verhaftet worden. Ich wußte das damals noch nicht, rechnete aber damit und gab meine Vermutung an die Zentrale weiter. Die Zentrale war selbstverständlich auch über das Zusammentreffen von Hermann und den Sicherheitsbeamten bei mir orientiert.

Was konnte ich für Hermann tun? Ich suchte einen Rechtsanwalt auf. Ich besaß keinerlei Kontakt zur Schweizer Partei, auch nicht persönlich zu einzelnen Genossen. Den Anwalt kannte ich aus Shanghai. Er war zur Unterstützung der verhafteten Genossen Noulens-Ruegg dort gewesen. Die Adresse seiner Praxis stand im Telefonbuch. Ich erinnerte ihn an unser Treffen in China. Er erkannte mich glücklicherweise, und ich berichtete von Hermann, ohne unsere Dienststelle oder die Sowjetunion zu nennen. Er versprach, sich zu erkundigen, und bestätigte mir nach geraumer Zeit die Verhaftung. Er nannte mir einen anderen Rechtsanwalt, der versuchen würde, Hermann beizustehen.

Später, als während der Haft bekannt wurde, daß Hermann Deutscher war, verlangte die Gestapo seine Auslieferung. Er war von den Nazis in einem Hochverratsprozeß zum Tode verurteilt worden. Die Schweizer Behörden kamen dem nicht nach, weil sie ein eigenes Verfahren gegen Hermann laufen hatten.

Man mußte damit rechnen, daß sein Besuch bei mir in „La Taupinière" im September 1939 den Behörden bekannt war. Ich setzte vorübergehend mit der Funktätigkeit aus, doch Len und Jim unterrichtete ich weiter. Es wäre sinnlos gewesen, den Kontakt plötzlich abzubrechen. Len galt als mein „Verlobter", es war natürlich, daß er und sein Freund viel bei mir waren. Ich selbst ging sehr selten zu ihnen in die Pension.

Niemand kam sich Hermanns wegen erkundigen: er wurde, wie ich später erfuhr, auch nicht nach mir befragt. Vielleicht hatte sich unsere Hoffnung erfüllt, daß solche Fälle kantonal behandelt wurden und unser Kanton gerichtlich nichts mit dem Kanton Fribourg zu tun hatte. Der tödliche Unfall des Sicherheitsbeamten, der mich damals ins Café bestellt hatte (Hermann ist überzeugt, es war dieser Beamte), kann nichts mit dem Versäumnis der Behörden zu tun haben. Es mußten ja irgendwelche Akten vorhanden gewesen sein. Vielleicht hatte der Beamte wirklich meine Adresse nicht festgehalten. Ich habe neben Gründlichkeit so viel Unfähigkeit bei den Sicherheitsbeamten in den Einsatzstaaten erlebt, daß ich es aufgegeben habe, daran herumzurätseln.

Hermann hatte zunächst eine schwere Zeit. Er wurde nicht körperlich mißhandelt, aber auf manche Weise gequält. Man ließ das elektrische Licht ständig brennen, verhörte Hermann bis zur Erschöpfung und drohte ihm mit der Auslieferung. Seine spätere Verurteilung erfolgte nur wegen Vergehens gegen das Paßgesetz, und die Strafe fiel mild aus. Er blieb bis Kriegsende interniert, besaß aber gewisse Freiheiten, die es zum Beispiel möglich machten, einmal, im Sommer 1941, als ich schon nicht mehr in der Schweiz war, Len zu treffen und später noch einmal Jim. Diese Treffs organisierte der Rechtsanwalt, den ich selbst nicht persönlich kennengelernt hatte.

Für das Treffen mit Len gelang es, Hermann vorher zu informieren, es solle bei der Ankunft am Bahnhof in Genf auf einen jungen Mann mit Heftpflaster auf der Wange, wie nach einem Rasurschnitt, achten. Derselbe Genosse würde ihn abends treffen. Len übermittelte Hermann unter anderem die Frage von der Zentrale, ob er etwas für die in der Schweiz internierten sowjetischen Offiziere, die aus Deutschland entkommen waren, tun könne. Ich glaube, Hermann hat später maßgeblich mitgeholfen, ihre komplizierte Flucht in die Heimat zu organisieren.

Interessant ist übrigens, daß Jim in seinem Buch von häufiger Geldbeschaffung für Hermann schreibt. Hermann erhielt von Len hundert Dollar. Er hat bei dem Treffen mit Jim keinen Pfennig bekommen. Hermann hat nach seinen Berichten aus anderen Quellen im Laufe der Zeit dreitausend Dollar empfangen. Die Offiziere brauchten für den Fluchtweg Kleidung, Geld und Lebensmittel. Ende des Krieges hat die Zentrale das Geld zurückgezahlt.

Lens Treffen mit Hermann im Sommer 1941 war die letzte Nachricht über den deutschen Genossen gewesen.

Der Krieg dauerte noch vier Jahre. Ich sorgte mich, ob Hermann die Internierung gesundheitlich überstehen würde. Schwierig ist es, der heute jungen Generation klarzumachen, wie wir nicht nur unserer Sache ergeben waren, sondern welche Opfer sie forderte und mit welcher Selbstverständlichkeit sie gebracht wurden. Was hatte Hermann für ein Leben hinter sich! Illegale Arbeit in Deutschland, mit Hochverratsprozeß bedroht, bewaffneter Kampf in Spanien, ein Jahr Kundschafterausbildung in der Sowjetunion, illegale Arbeit in der Schweiz. Hermann war, als wir zusammenarbeiteten, einunddreißig Jahre alt. Wollte er nicht auch einmal ein Mädel lieben, heiraten, Kinder haben? Auf alles verzichtete er. Daß die Verhaftung in der Schweiz bereits vor Beginn seiner Arbeit erfolgte, traf ihn sehr, selbst in der Internierung leistete er viel. Und da erlaubt sich Foote in seinem Handbuch des Verrats, über die Nutzlosigkeit und die Bürde, die Hermann angeblich finanziell für ihn bedeutet hat, zu stöhnen!

Als Len und ich im Herbst 1958 in Berlin die Medaille „Kämpfer gegen den Faschismus" erhielten, hatten wir unseren Sohn Peter, der damals fünfzehn Jahre alt war, zur Feier mitgenommen.

Plötzlich sagte hinter mir jemand mit leiser Stimme „Sonja". Es war Hermann.

Wir sahen uns an, umarmten uns, hatten beide Tränen in den Augen. Peter, der mich so nicht kannte, blickte verlegen in eine Ecke. Ich sagte zu ihm: „Dieser Genosse wurde während unseres Kampfes gegen den Faschismus verhaftet. Er ist gequält worden, aber er hat nichts ausgesagt. Sonst säße ich jetzt vielleicht nicht hier, und dich gäbe es gar nicht."

Peters Augen glänzten. „Kann er nicht mit uns nach Hause kommen?"

Hermann kam mit, und ich erlebte eine zweite große Freude. Er erzählte, daß er verheiratet sei und fünf Kinder habe. Was für schöne Tage es im Leben gibt! Wir lernten später auch seine Frau kennen, die uns sehr gefiel.

Ende 1939 wurde meine Scheidung ausgesprochen. Zuvor hatte ich langwierige Erkundungen begonnen, was alles zur Heirat zwischen zwei Partnern, deren Länder miteinander Krieg führten, gebraucht wurde. Es ließ sich recht kompliziert an. Mein deutscher Paß war längst abgelaufen. Wurde er von den englischen Behörden nicht anerkannt, besaß ich keine Papiere. Durften Engländer Personen ohne Dokumente heiraten? Wenn die Behörden den alten Paß anerkannten, war ich als deutsche Bürgerin unerwünscht. Betrachteten die Engländer mich als Emigrantin und Opfer Hitlers, war ich ebenfalls nicht willkommen, denn viele alleinstehende Emigrantinnen gaben ihren letzten Pfennig, um durch eine Scheinheirat nach England zu gelangen.

Ollo wußte von der geplanten Ehe. Sie hoffte, daß ich dadurch weniger Sorgen haben würde. Mit Jim und Len verstand sie sich gut und versorgte die beiden während ihrer Besuche aufs beste. Ihr Verhältnis zu Micha hatte sich verschlechtert, und nach wie vor verwöhnte sie Nina.

An die Eltern:
„29. November 1939
... Sagt jemand etwas Freundliches über Micha, widerspricht Ollo sofort und beginnt von Nina zu reden. Werner erzählte mir, er habe Micha gefragt: ‚Wie geht's Mutti?' Micha: ‚Mutti geht's gut.' ‚Und Ollo? Ist sie gesund?' Micha: ‚Viel zu gesund.'"

Es ist nur schwer zu verstehen, daß in einer so harten Zeit eine alte, sich aufopfernde Frau und ein kleiner, keineswegs ungezogener oder schwieriger Junge von neun Jahren solche Konflikte heraufbeschworen. Ich versuchte immer wieder, beiden gerecht zu werden, und begann mich um Micha zu sorgen, weil ein Kind unter solchen Spannungen Schaden leiden kann.

Im Februar 1940 hatte ich endlich alle Unterlagen zur Heirat beisammen. Wenn es auch eine „Papierehe" war, wollten wir doch ein gutes Datum aussuchen. Wir wählten den 23. Februar, den Geburtstag der Roten Armee.

Unsere Eheringe waren beinahe auch aus Papier. Wir hatten sie für eine Mark das Stück im Einheitspreisgeschäft in Vevey gekauft. Wer die Romantik liebt, darf sich erinnern, daß dort unser erstes Treffen stattgefunden hatte. Auf die Frage nach Zeugen war ich nicht vorbereitet; der Pförtner und ein Mitarbeiter vom Standesamt sprangen ein. Mittags buk Ollo uns Eierkuchen.

Das englische Konsulat in Genf empfing mich unfreundlich, als ich auf Grund der Eheunterlagen einen englischen Paß beantragte. Zehn Wochen später, am 2. Mai 1940, hielt ich, beneidet von anderen deutschen Emigranten, das kostbare Papier in den Händen.

Len zog hinauf in den „Maulwurfshügel“. Er war ein rücksichtsvoller und einfühlsamer Partner. Sicher war es ein entscheidendes Erlebnis für ihn, Teil einer Familie zu sein, Wärme und Fürsorge zu spüren und in einer heiteren, ausgeglichenen Atmosphäre zu leben, falls Ollo nicht gerade mit Micha zankte. Wir waren durch die Arbeit und die Gefahr verbundene Genossen. Wir dachten beide gleich über Menschen und Bücher. Wir erlebten jeden Tag bewußt die Schönheit der Landschaft. Lens Verständnis für die Kinder, besonders für Micha, war bewundernswert und hat sich niemals, auch den nun erwachsenen Kindern gegenüber, geändert.

Obwohl wir in so vieler Hinsicht übereinstimmten, gab es Schwierigkeiten. Ich erkannte damals nicht, was für ein komplizierter Mensch Len war, und behandelte ihn falsch. Ich unterschätzte seine Empfindlichkeit, sein ungerechtfertigtes Mißtrauen und war hilflos gegenüber seinem häufigen Stimmungswechsel, den mir unerklärlichen Depressionen. Meine Ungeduld mit seiner Umständlichkeit in Dingen, die mir unwichtig schienen, meine raschen, oft zu energischen Entscheidungen, die diktatorisch auf ihn wirkten, verstärkten seine Nervosität.

Im Frühjahr 1940 wurden Dänemark, Norwegen, die Niederlande, Belgien und Luxemburg von der faschistischen Wehrmacht überrannt. Jedes ein schrecklicher Schlag, der die Gefahr, daß es auch der Schweiz so ergehen würde, noch näher rückte. Michas Schule mußte schließen, die Eltern holten ihre Kinder heim. Eine andere Schule gab es nicht in Caux.

Obwohl es mir schwerfiel, den Neunjährigen wegzugeben, entschloß ich mich, ihn in ein englisches Internat nach Glion, dem nächstgelegenen Ort unterhalb von Caux, zu schicken. Es war eine teure Schule, aber der Direktor interessierte sich nach einer Prüfung seiner Leistungen für Micha und schlug einen verbilligten Preis vor. Ich war nun Engländerin, und er nahm an, die Erziehung des Kindes werde in England fortgesetzt.

Mirjam und Werner hatten endlich ihr Visum erhalten, sie fuhren im Frühjahr 1940 aus der Schweiz ab. Ich schrieb nach Hause:

„Wir waren in den letzten Monaten, wie schon immer, sehr gute Freunde, sie sind so liebenswert. Es ist eigentlich ein Wunder, daß gerade solche Menschen wie sie hier waren. Kein Schatten trübte unser Verhältnis."*

Die Mutter von Mirjam blieb zunächst in Montreux. Ihr Visum war noch nicht eingetroffen. Ich hatte versprochen, mich um sie zu kümmern. Sie kam aus Polen und war mit siebzehn Jahren an einen Rabbi verheiratet worden, den sie haßte und von dem sie sich später trennte. Nun war sie eine alte, kränkliche Frau, überängstlich um Tochter und Enkel besorgt.

Bevor Mirjam und Werner abfuhren, sprachen sie mit mir voller Sorge über meine Zukunft. Da sie nichts von meiner Arbeit wußten, verstanden sie nicht, warum wir in der Schweiz blieben, die jeden Tag von den Deutschen besetzt werden konnte. Sie rieten uns dringend, nun, da es mir möglich war, nach England zu gehen. Bildete ich mir etwa ein, dieser Paß würde mich vor den Nazis schützen?

Ich erinnere mich nicht mehr, ob Ollo bei einem solchen Gespräch zugegen war oder von selbst auf den Gedanken kam, wir könnten nach England übersiedeln und sie hätte mit ihrem deutschen Paß keine Möglichkeit mitzukommen. Jedenfalls setzte sich dieser Gedanke in ungesunder Form bei ihr fest. Sie aß und schlief kaum mehr und sagte weinend, sie könne ohne Nina nicht leben. Es gelang mir ein paarmal, sie zu beruhigen, doch als ich ihr vorschlug, Urlaub zu nehmen, weigerte sie sich und sagte: „Ich lasse euch nicht aus den Augen." Eine unheimliche Atmosphäre entwickelte sich. Eines Tages packte Ollo ihre Sachen und zog zur Frau des Bauern Francois, mit der sie befreundet war. Sie machte ihre Drohung wahr, saß stundenlang auf einer Bank oberhalb unseres Häuschens und beobachtete uns durch ein Fernglas.

Ollo hatte sich einen schrecklichen Plan ausgedacht, von dem wir, obwohl wir ihren krankhaften Zustand als Gefahr erkannten, zunächst nichts wußten. Sie hatte sich entschlossen, uns zu verraten, in der Hoff-

* *Von diesem Zeitpunkt an sind die meisten Briefe in englisch geschrieben*

nung, wenn mir etwas geschehe, könne sie das Kind behalten und mit nach Deutschland nehmen.

Mit diesem Plan ging sie zum englischen Konsularvertreter in Montreux. Ihr erregter Bericht in gebrochenem Englisch war derart verwirrt, daß man der Sache kein Gewicht beimaß. Es gab damals dutzendweise Gerüchte und Denunziationen. Ollo wollte ein zweites Mal zum Konsulat gehen, aber nicht ohne Hilfe. So lief sie zu Mirjams Mutter und erzählte ihr alles. Die alte magenkranke Frau, die allein von dem Wunsch beseelt war, ihre Familie wiederzusehen, und von unserer Tätigkeit nichts geahnt hatte, verhielt sich großartig. Sie versuchte Ollo zu beruhigen, ihr klarzumachen, daß sie nie wieder ihres Lebens froh werden könne, wenn sie uns beim Konsulat denunziere, daß sie nicht uns, sondern sich selbst damit richte. Anschließend informierte sie mich und versprach, Ollo sooft es ging zu sehen und auf sie einzuwirken. Als wir uns trennten, leuchteten ihre Augen. Sie sagte: „Bitte, lachen Sie nicht über mich. Ich bewundere Sie. Ich habe schon immer gefunden, Sie haben etwas von Rosa Luxemburg an sich."

Obwohl mich dieser Vergleich in die größte Verlegenheit brachte, schreibe ich ihn nieder, weil er die überraschende Reaktion dieser Frau zeigt. Sie hatte noch jung gegen ihren Mann rebelliert und zwei Kinder selbständig großgezogen, und sie war ein Feind Hitlers. Obwohl sie sehnlichst auf ihr Visum wartete, ließ sie sich auf das nicht ungefährliche Unternehmen ein, mich zu informieren und Ollo in gutem Sinne zu beraten.

Was wußte Ollo? Daß ich einen Sender betrieb, wußte sie sicherlich, obwohl wir niemals darüber gesprochen hatten. Sie hatte weder in Danzig noch in Polen meine Mitarbeiter kennengelernt. In der Schweiz kannte sie Jim, Len und Hermann, wußte aber weder Hermanns Namen noch seine Adresse. Sie wußte auch nichts von seiner Verhaftung.

Als Ollo der Frau von Francois, bei der sie nun wohnte, die gleiche Geschichte erzählte, wurde unsere Lage so gut wie unhaltbar. Aber auch die Bäuerin erklärte mir, sie habe mich gern und wisse, ich könnte nichts Schlechtes tun, und gegen Hitler sei sie schon lange. Auf keinen Fall wolle sie, daß mir etwas geschehe. Selbstverständlich würde sie schweigen. Sie sei empört über Ollo und möchte sie nicht mehr im Haus haben.

So halfen mir diese beiden völlig verschiedenen Frauen.

Ich sagte der Frau von Francois, was ich auch Mirjams Mutter gesagt hatte, das meiste an Ollos Gerede entspringe ihrer Phantasie, aber ich leugnete nicht meinen Wunsch, etwas gegen den Faschismus zu tun.

Mirjams Mutter erhielt ihr Visum und fuhr ab. Sie versprach mir, die ganze Angelegenheit niemals irgendwo zu erwähnen, auch ihren Kindern gegenüber nicht. Mirjam schickte mir noch jahrelang liebevoll Pakete an Vaters Adresse. Ich habe ihr, als ich glaubte, meine Lage erlaube es, im Winter 1946 endlich geschrieben und Antwort erhalten. Ich zitierte in einem Brief an meine Mutter aus Mirjams Antwortbrief:

> „‚Du kannst Dir einfach nicht vorstellen, was ich fühlte, als ich Deine Handschrift auf dem Briefumschlag sah. Ich war so glücklich.' Und Werner schreibt: ‚Dein Brief war eins der schönsten Ereignisse seit langem. Nach so großer Pause über eine so weite Entfernung versichere ich Dir meiner alten Freundschaft.'"

Noch einmal konnte ich ihnen nicht schreiben, weil sich meine Lage verschlechterte und ein Brief von mir ihnen vielleicht geschadet hätte.

Ich mußte häufig nach Genf fahren. Albert nahm die Sache mit Ollo nicht so ernst, aber ich sorgte mich sehr, daß sie sich während meiner Abwesenheit Nina holen und mit nach Deutschland nehmen könnte. Damit wäre das Kind für mich verloren gewesen. Len, der mir während dieser Zeit in seiner furchtlosen, bedachten Art half, behielt Nina, wenn ich unterwegs war, ständig bei sich, und die Frau von Francois versprach mir, auf Ollo zu achten. Doch irgend etwas mußte geschehen. Inzwischen hatte sie auch ihrem Friseur von uns berichtet, doch er war ein Gegner Hitlers und wollte nichts damit zu tun haben. Ich suchte einen sicheren Ort, wo das Kind Ollo entzogen sein würde, und fand im benachbarten Kanton eine deutsche Internatsschule: „Les rayons" – „Die Sonnenstrahlen". Sie wurde nach den modernen Methoden des Landschulheims Schloß Salem geleitet, dessen Direktor unter Hitler nach England ging. In „Les rayons" herrschte eine saubere Atmosphäre.

„La Taupiniére", Vorderansicht. Die Bank vor dem Haus steht noch da. Eingang in die Küche. Hinter dem Fenster links oben wurde gesendet.

Len und ich entschlossen uns, Caux zu verlassen und in Genf eine Wohnung zu nehmen. Dies wurde auch wegen meiner wachsenden Arbeit für Albert nötig.

Micha hatte sich in seiner englischen Schule gut eingelebt. Die Lehrer hielten ihn für begabt und gaben sich Mühe mit ihm, aber ich konnte ihn nicht dort lassen. Es war möglich, daß Ollo zur Schule laufen und Unberechenbares mit ihm anstellen würde, wenn sie erfuhr, daß Nina fort war. Ich wollte auch, daß Nina bei der plötzlichen Trennung von uns wenigstens den Bruder, an dem sie zärtlich hing, um sich hatte. So mußte der Junge wieder die Umgebung wechseln.

Niemand in Caux erfuhr, wohin ich die Kinder brachte. In der ihr fremden Umgebung krallte sich Nina beim Abschied an mir fest und schrie. Micha, selbst den Tränen nahe, umarmte und tröstete sie. Ich hatte einen meiner seltenen verzweifelten Augenblicke. Was tat ich den Kindern an? Die umzingelte Schweiz – Hermanns Verhaftung, Ollos Verrat – würde ich meine Kinder wiedersehen?

„La Taupiniére", Hinteransicht. Heuboden und Kuhstall sind ausgebaut. Auf dem Türschild „La Taupiniére"

Erst nachdem wir unsere Sachen in Caux gepackt hatten, sprach ich mit Ollo. Sie war gealtert und zeigte immer stärkere Anzeichen von Hysterie. Ich sagte ihr, ich hätte Nina und Micha fortgebracht, sie müsse sich an die Trennung gewöhnen. Die Kinder seien in sicherer Obhut, was nun mit mir selber geschehe, sei mir völlig egal. Sie kenne mich und wisse, daß ich keine Angst habe. Damit deutete ich zum erstenmal an, daß ich etwas von ihrem Verrat wußte. Ollo fiel mit steifem Körper und blauen Lippen zu Boden. Solchen Anfall hatte sie vor einigen Monaten schon einmal gehabt. Bitterlich weinend und alles bereuend, fuhr sie wenige Tage später zu ihrem Bruder nach Deutschland.

Ich habe viel darüber nachgedacht, wie eine solche Entwicklung möglich gewesen war und ob ich mir Vorwürfe machen mußte, weil ich einem unzuverlässigen Menschen vertraut hatte.

Ollos politische Überzeugung fußte ohne theoretische Kenntnisse oder Klassenbewußtsein auf der Bindung an die Familie. Als sie sich entschloß, diese Bindung zugunsten meines jüngsten Kindes, das sie krankhaft übersteigert liebte, aufzugeben, setzte der moralische und politische Verfall ein.

Ollo suchte, nach Deutschland zurückgekehrt, aus eigener Initiative eine Bekannte unserer Familie auf, die ihr Arbeit in einem Kinderheim verschaffte. Die Leiterin des Heimes hatte neben anderen rassisch und politisch gefährdete Kinder bei sich untergebracht. Als Ollo sich über eine ihrer Anordnungen ärgerte, versuchte sie auch hier eine Denunziation, aber wieder verhielt sie sich so auffällig, daß die Leiterin zur Zeit davon erfuhr und die Kinder rechtzeitig verschwinden lassen konnte. Ich hörte davon erst nach 1945.

Wir verließen „La Taupinière". Die Landschaft in den Bergen war Teil meines Lebens geworden. Ich kannte sie zu allen Jahreszeiten, in allen Stimmungen: den Duft im Frühling, die Sonnenuntergänge hinter den schneebedeckten französischen Alpen, den Genfer See, die Lichter von Montreux, den Tannenwald auf den nahen Hängen und die Wiesen mit ihren vielen Blumen um das Haus. Die Landschaft nutzte sich niemals ab, sie war meine tägliche Freude; ich fand es sehr schwer, mich davon loszureißen.

Albert war zufrieden, daß wir von Caux nach Genf umsiedelten, weil ich neben der Nachrichtendurchgabe einen Funker für ihn ausbilden sollte.

Es handelte sich um einen Schweizer namens Edmund Hamel, der einen kleinen Laden für Radiogeräte und -reparaturen in Genf besaß. Über dem Geschäft lag die anspruchslose Wohnung. Edmund war ein anständiger, gutmütiger Mensch, seine Frau Olga eine temperatmentvolle Schönheit mit tiefschwarzem vollem Haar und ebenso schwarzen Augen. Es schien unfaßbar, daß sie mit diesem Leben zufrieden sein konnte. Als ich sie besser kennenlernte, erzählte sie mir, sie sei vom Lande, habe in der Stadt in einer Bar gearbeitet und dort bald das Verhalten der Männer satt gehabt. Da sei Edmund gekommen, anständig, solide, ruhig und schüchtern; das habe ihr gefallen.

Beide waren Kommunisten. Olga bediente im Laden, Edmund war der Radiofachmann. Er lernte nur langsam; durch seinen Beruf war seine freie Zeit begrenzt. Wir beschlossen, auch Olga das Funken zu lehren. Sie arbeitete mit Feuereifer. Der Unterricht fand abends statt. Es kam vor, daß Edmund in Pyjama und Pantoffeln verschlafen die Küche betrat, in der wir übten, und klagte. „Seid ihr noch nicht fertig? Wann kommst du endlich ins Bett?" Sie winkte ungeduldig ab. Es gibt jedoch keinen Grund, über Edmund zu lächeln. Er übernahm die damals schon sehr gefährliche Arbeit des Funkers, und später, als es galt, sich in schwerer Lage zu beweisen, reagierte er tapfer und überlegt.

Ich war viele Abende in der immer aufgeräumten, sauberen Wohnung und unterrichtete beide gern. Manchmal vertrat mich Len. Hamels kannten weder unseren Namen noch die Adresse.

In Genf funkte ich auf Alberts Wunsch nicht aus unserer möblierten Zweizimmerwohnung, sondern aus Hamels Küche oder von anderen Plätzen, die Albert mir vorschlug. Ich besinne mich auf ein Wochenendhaus bei Genf, im Wald in einsamer Gegend. Ich arbeitete etwa zweimal wöchentlich und gab meine und seine Nachrichten durch; die seinen hatten mehr Bedeutung.

Im Spätherbst 1940 schlug die Zentrale Len und mir vor, nach England überzusiedeln. Albert war dagegen. Ich glaube, er betrachtete meine Zustimmung als eine Art Fahnenflucht. Aber dann war es Flucht in ein Land, das sich im Krieg befand und furchtbar von der damals noch überlegenen faschistischen Luftwaffe bombardiert wurde. Alberts Arbeit war wichtig, deshalb wollte er Len und mich behalten. Andererseits war Jim ausgebildet, Olga und Edmund würden bald einsatzbereite Funker sein, und auch Len stand Albert noch zur Verfügung. Len konnte als früherer Interbrigadist nicht durch Spanien fahren und mußte in Genf bleiben, bis wir einen Reiseweg für ihn gefunden hatten.

Nach England gelangte man nur auf grotesken Umwegen. Damals war in Frankreich eine einzige schmale Straße offen; sie führte durch das Gebiet, in dem der Hitler-Vasall, General Pétain, „regierte", bis an die spanische Grenze. Von dort ging die Reiseroute durch Spanien und Portugal. Aus Lissabon sollte es Flug- oder Schiffstransport nach England geben.

Ich bereitete meine Abreise für Ende Dezember vor.

Als ich Olga und Edmund das letztemal besuchte, lief Edmund mit Tränen in den Augen herum, Olga blickte ihn strafend an. Plötzlich setzte sie sich hin, schlug nach Bauernart die Schürze vors Gesicht und schluchzte heftig.

Len übernahm den Unterricht. Später erhielten Hamels Kontakt zu Jim. Beide wurden gute Funker. Sie arbeiteten, überbelastet durch die wichtigen Nachrichten von Albert, drei Jahre lang, bis sie im Oktober 1943 während des Sendens angepeilt und verhaftet wurden.

Albert, das heißt Sándor Radó, beschreibt in seinem Buch „Dora meldet“*, wie 70 (siebzig!) Polizisten mit Hunden in einer vom Chef der eidgenössischen politischen Polizei persönlich geleiteten Aktion die Verhaftung durchführten.

Um eine Vorstellung vom Anpeilen eines Funkgeräts zu geben, zitiere ich aus dem Bericht der Schweizer Polizei aus „Dora meldet“, bei dem es sich um Jims Sender handelt.

„Während der Genfer Beobachtung (Beobachtung der Hamels) peilten wir einen dritten Sender an ...

9. Oktober 1943 wußten wir sicher, daß sie sich (die Station) in Lausanne befand ...

20. Oktober 1943 stellten wir fest, in welchem Stadtviertel ...

25. Oktober 1943 ... stellten wir die Anschrift des Senders fest ...“ (das Stockwerk)

Die Polizei richtete besondere Abhörstationen ein und schrieb mehrere Tage lang Jims Telegrammtexte mit.

Am 19. November 1943 wurde auch er während des Sendens verhaftet.

Im Dezember 1940 verabschiedete ich mich von Jim, der später als Verräter mit offenen Armen vom anglo-amerikanischen Geheimdienst empfangen wurde. Seiner Geschichte habe ich nur weniges hinzuzufügen. Ich glaube nicht, daß er von Anfang an ein Doppelspiel getrieben hat. Ich glaube, einiges von dem, was er 1947 im „Handbuch für Spione“ so zynisch schildert, hat er, als es geschah, anders gesehen. Übrigens war er nach seinem Verrat nicht der überlegene Mann, als

* *Militärverlag der Deutschen Demokratischen Republik*

den er sich ausgab. Der österreichische Genosse, der Jim aus der Zeit, als wir ihn warben, kannte, bat mich 1947 um einen sofortigen Besuch und berichtete folgendes: Es klingelte. Er öffnete die Tür, und vor ihm stand ein schlotternder Mensch, den er nicht sofort erkannte und für einen Bettler oder Kranken hielt. Es war Jim. Er weigerte sich hereinzukommen, zitterte und stammelte unzusammenhängend: „Len und Sonja. Große Gefahr. Nicht arbeiten. Alles vernichten." Dann rannte er davon. Der Genosse war entsetzt über Jims Aussehen und Gebaren, mehr noch als über seine Worte.

Wir wußten damals nichts von seinem Überlaufen und konnten uns sein Auftreten erst später erklären. Es war also bei allem, was er angerichtet hatte, eine Art englisch-bürgerlicher „Anstandsbegriff" übriggeblieben. Gegen uns persönlich hatte er nichts, daher riskierte er die heimliche Warnung, noch bevor die Sicherheitsbeamten Zeit hatten, uns zu besuchen.

Jim wurde im September 1944 aus der Haft entlassen, als die Schweiz von der Niederlage des Faschismus überzeugt war. Es ist möglich, daß Jim in der Schweizer Haft zu schwanken begann und von dieser Zeit an verraten hat. Für wahrscheinlich halte ich, daß er 1945 in der Sowjetunion, wohin er mit Radós Hilfe gekommen war, diesen Entschluß gefaßt hat. Jim war erst seit seiner Rückkehr aus Spanien in der Partei organisiert und besaß eine sehr schwache ideologische Basis. In der Sowjetunion erlebte er 1944/45, wie sich die Jahre des Mißtrauens auf andere Genossen auswirkten, und rannte, wieder ins Ausland geschickt, bei der ersten sich bietenden Gelegenheit davon.

Im Gegensatz zu solch kläglichen Gestalten stehen die vielen wirklichen Genossen wie Gabo, Rolf und hundert andere, die Schwereres als Jim in dieser Zeit der Abweichungen und Fehler erlebt hatten und nie schwankten, die sofort, nachdem sie frei waren, als Kommunisten weiterarbeiteten. Ich wollte, ich könnte ein Buch über einen Tag aus dem Leben dieser Genossen schreiben, sowjetischer und auch deutscher, deren Verhalten ein so großartiger Beweis für die Stärke des Sozialismus ist.

Jims Davonlaufen zeigt, wie wenig er uns innerlich verbunden war. Mit Abscheu erfüllt, daß er darüber hinaus ein perfekter Verräter wurde. Diesen letzten Schritt wird er aus Berechnung unternommen haben. Nur die Arbeit für die Sowjetunion fallenlassen hätte eine unsichere Zukunft bedeutet. Aber dem englischen Sicherheitsdienst zu berichten verpflichtete die Behörden, sich seiner anzunehmen und ihm eine anständige Stellung zu verschaffen, was auch geschah. Die zusätzliche Veröffentlichung eines sensationell aufgemachten Buches brachte seine Finanzen ganz und gar in Ordnung.

Dezember 1940. Abschied nehmen von Menschen, die man achtet und gern hat, fällt besonders schwer, wenn man damit rechnen muß, sie nicht wiederzusehen. Irene Forbes-Mosse sagte, wie leid es ihr tue, daß ich gerade jetzt fortmüsse, sie habe geplant, uns zu Weihnachten mit einem Besuch zu überraschen und jedem von uns, Len, Micha, Nina und mir, ein Fahrrad zu schenken. Nun müsse ich aber etwas anderes von ihr annehmen. Sie gab mir, obwohl ich mich wehrte, vierzig englische Pfund. Ihr war wohl klargeworden, wie sparsam wir lebten. Diese Summe half mir sehr. Noch mehr bewegte mich ihr warmes, freundschaftliches Verhalten.

Ich wußte nicht, wie die Reise nach England verlaufen würde. Jedenfalls konnte ich nicht viel Gepäck mitnehmen und schickte meine Bücher nach Chèbres zu Irene Forbes-Mosse. In Shanghai hatte ich bereits eine reichhaltige Bibliothek zurücklassen müssen; nun, in der Schweiz, besaß ich wieder viele Bände. Bücher halfen mir, mich in fremden Ländern heimisch zu fühlen, während sie in meiner Heimat Deutschland verbrannt wurden.

Elf Jahre blieben sie in Chèbres. Dann schrieb eine Freundin von Irene Forbes-Mosse, die seit 1939 mit ihr gewohnt hatte, Anfang 1951 in die DDR, der Haushalt würde aufgelöst. Irene sei vor mehreren Jahren gestorben, wohin sie mir die Bücherkisten schicken könne? Der Brief ging an die Adresse meines Bruders, da sie meine nicht besaß. Damals arbeitete ich als Abteilungsleiter in unserem Staatsapparat, und die Verhältnisse waren nicht so, daß man mit dem kapitalistischen Ausland korrespondierte oder gar Pakete empfing. Zweimal schrieb sie. Es fiel mir schwer, ihr die Antwort schuldig zu bleiben, denn gern hätte ich meine Bücher wiedergehabt.

Abschied von Albert und Lene.

Genossen Radó habe ich wiedergesehen, als er in den sechziger Jahren die DDR besuchte. Da war Lene schon gestorben. Auch in Ungarn traf ich ihn. Es war gut, zu erfahren, wie gern er in seiner Heimat war und wie sehr er als Genosse für seine wissenschaftlichen Arbeiten lebte.

England 1941–50 und Rückkehr nach Berlin

Unsere Reise von Genf nach England begann am 18. Dezember 1940. Um sieben Uhr früh stiegen wir in den Autobus, Len half dem Fahrer die Koffer verstauen. Der Autobus fuhr an, Len blieb am Straßenrand stehen. Wir ahnten nicht, daß es zwanzig Monate dauern würde, bis wir uns wiedersahen.

An die Eltern:
„Lissabon, Januar 1941
Um acht Uhr passierten wir die französische Grenze. Die Geldkontrolle war streng. Man mußte sich halb ausziehen. Die Reise war teuer, daher hatte ich für die Kinder zusammen einen Platz genommen und mußte Nina alles in allem 28 Stunden auf meinen Knien sitzen lassen. Der Autobus war ungeheizt, nach einer Stunde Fahrt waren wir bereits eiskalt. Vor uns in der Reihe saß der frühere* Finanzminister von Litauen. Er fragte Nina wohlwollend nach dem Woher und Wohin. Die Fahrt durch Frankreich war traurig. Das Land sah verlassen aus. Die Lebensmittelgeschäfte ohne Waren und geschlossen. Um 23.00 Uhr in Nimes. Sechs Uhr früh Weiterfahrt und abends Halt an der französisch-spanischen Grenze in den Pyrenäen. Hier mußten wir drei Stunden in der Dunkelheit bei eisigem Wind auf der Straße warten. Ich sorgte dafür, daß die Kinder ständig auf und ab liefen. Nichts zu essen und keine Toilette; ein kleiner Zollraum, man wurde einzeln aufgerufen.
200 Meter Weiterfahrt bis an die spanische Grenze. Hier dauerte es wieder drei Stunden. Die Kinder verhielten sich die ganze Reise über wunderbar. Die Spanier öffneten und kontrollierten jedes Gepäck-

* *kapitalistische*

stück genau. Statt 19.00 Uhr abends kamen wir um 3.30 Uhr früh in Barcelona an. Die Nachtfahrt mit dem Autobus durch Spanien war sehr schön. Helles Mondlicht, schlafende kleine Städte, Häuser mit geschwungenen Balkons, ein paar Hügel und zur Seite das Mittelmeer. In Barcelona wurde mir klar, was ich zwei Jahre lang vermißt hatte: das Volk. Die Armut ist herzzerbrechend. Kein Brot, kein Zucker. Die Menschen sehen hungrig aus, aber ihre Lebendigkeit, die interessanten Gesichter, ihr Charme und ihre Unterhaltungen – die ganze Atmosphäre. Ich schleppte die Kinder über die Marktplätze und durch die engen Straßen. Die Bahnfahrt Barcelona – Madrid verlief normal. Wir hatten nur ein Transitvisum und mußten mit dem nächsten Zug von Madrid um 23.00 Uhr abends – es war der 23. Dezember – nach Portugal weiterfahren. Tausende standen vor fünf geschlossenen Perronsperren. Es gelang mir, die Kinder durch das Fenster in den Zug zu reichen und mein Handgepäck auch. Aber ich kam nicht hinein. Ein Mann warf mich von den Stufen. Ich hatte Angst, die Kinder würden im Zug ersticken. Jemand reichte sie mir wieder auf den Bahnsteig. Mein Gepäck aber blieb drin. Ein Handgemenge entstand. Soldaten erschienen und trieben die Menge mit gezogenen Revolvern vom Zug fort. Ich versuchte, in die Waggon-Lits, die internationalen Schlafwagenabteile, zu gelangen. Sie waren bewacht, niemand durfte ohne Schlafwagenbillett hinein. Ich gab an, daß ich die Kinder nur in den Wagen bringe und die Eltern mit den Billetts folgen. Man glaubte mir. Wir liefen durch die vollen Abteile und fanden den litauischen Finanzminister wieder. Er verbarg Micha in seinem Bett. Seine Frau nahm Nina in ihr Bett. Ich versteckte mich und zeigte mich erst wieder gegen Morgen. Während die Kinder noch schliefen, erzählte mir das Ehepaar, sie wären beinahe die ‚einzig Glücklichen', denen die Flucht vor den Bolschewisten gelungen sei."

Am 24. Dezember kamen wir in Lissabon an, alle drei krank. Nina hatte hohes Fieber. Ich holte einen Arzt ins Hotel und besorgte noch schnell eine Puppe für sie und einen Baukasten für Micha, bevor auch ich mich hinlegte. Schließlich war Weihnachten.

In Lissabon erkärte mir das englische Konsulat, die Passagiere würden nicht nach der Wartezeit, sondern nach ihrer Bedeutung ausgeflogen, und ich sei ungefähr die Unwichtigste auf der langen Liste. Es gab viele mittellose Bürger, die heimtransportiert werden mußten, da England jegliche Geldausfuhr, auch an die eigenen Staatsangehörigen, untersagt hatte.

Ich zog vor die Stadt an die Küste von Estoril. Das Klima war so milde, daß wir uns in Liegestühlen am Strand sonnen konnten, als ob es keinen Krieg und keine Sorgen gäbe ... Die Kinder erholten sich prächtig. Es war wunderbar, sie immer um sich zu haben, aber ich war nicht so unbeschwert wie sie.

Wir mußten sehr sparsam leben, weil die Wartezeit ungewiß war. Der Geldverkehr wurde immer schwieriger, daher hatte ich versucht, für die Reise möglichst wenig von dem Konto der Zentrale in der Schweiz abzuheben. Mein Geld schwand dahin, lange würden wir hier nicht bleiben können.

Was erwartete mich in England? Nach der Art, wie ich auf dem Konsulat in Lissabon behandelt worden war, mußte ich damit rechnen, als Bürger zweiter Klasse zu gelten. Oder hatte Ollo erreicht, daß mich bereits ein Verdacht begleitete?

Ich bemühte mich in Lissabon, einen Transportweg für Len zu finden. Franco-Spanien hatte ihm ein Durchreisevisum verweigert. Das geschah übrigens auch mit anderen Engländern im militärpflichtigen Alter. Es war eine freundliche Geste Franco-Spaniens gegenüber Hitler. Das französische Transitvisum besaß Len bereits. Aber via Afrika, wie wir geplant hatten, gab es auch keine Möglichkeit. Ich ging zu allen Schiffsgesellschaften und versuchte vergeblich, seine Reise auf einem Frachtschiff von Marseille aus zu organisieren.

Nach ungefähr drei Wochen teilte mir das Konsulat mit, man würde uns auf dem Seewege nach England bringen.

Unser Dampfer fuhr im Konvoi mit zwölf anderen Schiffen zunächst in entgegengestzter Richtung nach Gibraltar. Die Reise bis England dauerte fast drei Wochen. Die Kabinen waren verdunkelt. Die Fenster durften nicht geöffnet werden. Jeder Passagier besaß einen Rettungsring, den wir stets bei uns tragen sollten. Da es nur Erwachsenengrößen gab, schauten bei Nina, abgesehen davon, daß der Ring viel zu weit war und sie ihn ständig festhalten mußte, nur Kopf und Beine heraus. Die Engländer auf dem Schiff verhielten sich uns gegenüber reserviert.

Bei der Ankunft in Liverpool wurde ich als einzige verhört: Wo ist Ihr Mann? Warum ist er nicht mitgekommen? Warum sind Sie nicht bei ihm geblieben? Wo wollen Sie sich niederlassen? Wovon wollen Sie leben? Wovon lebt er?

Die Kinder waren müde und froren. Nina begann zu weinen. Als das Verhör vorüber war, gab der Beamte ihnen je einen Penny (zehn Pfennig). Es war spät. Wir fanden mit Mühe ein Hotel. Kaum schliefen die beiden, begannen die Warnsirenen vor dem Luftangriff zu heulen. Ich rüttelte die Kinder wach, und wir liefen, wie man uns geraten hatte, ins Kellergeschoß.

Am nächsten Morgen fuhren wir nach Oxford. Ich schrieb über die Fahrt an Len:

> „Im Zug von Liverpool nach Oxford fuhr ein englischer Soldat mit uns im Abteil. Nina gewann sofort sein Herz. Er knetete eine Kanone aus ihrem Plastilin, und sie durfte seine Mütze aufsetzen. Dann zog er sein Jackett aus – die Kinder seufzten vor Bewunderung, er war überall tätowiert. Nina konnte die Augen nicht von der nackten Frau, um die sich eine Schlange wand, losreißen und stellte die peinlichsten Fragen. Micha, der anständige Junge, zog zwei Tauben vor, die an einem Herzen pickten. Nina bat so sehr um ein bißchen Tätowierung, daß der Soldat ihr auf den Arm spuckte und mit Tintenstift ein herrliches Bild malte; es reichte bis zum Ellenbogen. Ich mußte ihr versprechen, es auf keinen Fall abzuwaschen. Micha und der Soldat spielten stundenlang Karten ..."

Wie froh war ich, daß die Kinder nach dem unfreundlichen Empfang nun ein gutes Erlebnis im fremden Land hatten.

London war wegen der deutschen Luftangriffe zum größten Teil evakuiert, und meine Eltern wohnten vorübergehend bei Freunden in Oxford. Wir versuchten, in dieser Stadt eine Bleibe zu finden, aber die Wohnungssuche an Orten, die verhältnismäßig sicher vor Angriffen schienen, war hoffnungslos. In den bombardierten Städten war wegen der Zerstörungen auch nichts zu finden. Ich entdeckte schließlich ein möbliertes Zimmer, groß genug für uns drei, aber die Wirtin wollte nur an eine Person vermieten. So blieb mir nichts anderes übrig, als Micha und Nina wieder einmal in einem Internat unterzubringen. Ich fand eine kleine Waldschule, die einen fortschrittlichen Direktor hatte, nicht weit von Oxford entfernt. Nina konnte kein Wort Englisch. Die beiden ersten Sätze, die sie, vier Jahre alt, in der fremden Sprache und der fremden Umgebung lernte, waren „stop it" und „go away" – „laß das" und „geh weg".

Nach wenigen Tagen bat mich die Wirtin fortzuziehen, da sie mein fremdländisches Aussehen nicht vertrüge. Im nächsten Zimmer, das ich fand, durften mich die Kinder nicht besuchen.

Brief an Len:

„Gestern war ich für eine einzige Stunde bei den Kindern. Die beiden fehlen mir so. Die Schulleiter mögen Elternbesuche nicht und lassen es dich spüren. Meine Wirtin erlaubt mir auch nicht, sie bei mir zu sehen. Die Schule scheint der Ansicht zu sein, daß Taschentücher pervers sind und man Kindern ihre Laufnasen erhalten muß. Aber Lehrer und Direktor sind nett, und das Essen ist gut. Micha fühlt sich wohl. Nina hat jedoch ihre Fröhlichkeit verloren und fügt ihren eigenen Ungezogenheiten noch all die der anderen Kinder hinzu. Ich wünschte, ich hätte sie bei mir. Auffällig ist, daß Menschen, die noch nichts Schweres erleiden mußten, kälter und intoleranter sind als jene, die den Krieg schon selbst gespürt haben."

Meine Wirtin entschloß sich, lieber einen „Herrn" aufzunehmen. Ich fand ein Zimmer bei einer Pastorenfamilie in der Glympton Rectory bei Woodstock auf dem Lande. Frau Pfarrer fragte: „Gehören Sie unserer Kirche an? ... Ist Chamberlain nicht ein wundervoller Mann? Beten Sie? Werden Sie abends mit uns Karten spielen?"

Nachdem dieses Examen bestanden war, durfte ich einziehen in das wunderschöne Haus mit dem parkartigen Garten, durch das sich ein Flüßchen zog.

Ich fuhr regelmäßig im Abstand von zwei Wochen nach London und beschrieb Len meine Eindrücke.

„Natürlich hasse ich das Geräusch der Flugzeuge und Bomben aber – vielleicht liegt es daran, daß ich nicht genügend Phantasie besitze – ich fühle mich ganz ruhig während des Alarms. Ich habe keine Furcht für mein eigenes Leben. Die Untergrundstationen mit ihrem Nachtbetrieb! Hunderte schlafen auf dafür eingerichteten Holzpritschen. Sie kommen schon monatelang her, und eine Art Wohngemeinschaft hat sich entwickelt. Sie packen das Abendbrot aus ihren großen Bündeln, die Thermosflaschen mit Tee, ihr Strickzeug und die Zeitungen. Vater raucht, Mutter klatscht mit den Nachbarn, Kinder spielen Versteck. Die Liebenden sitzen zusammengekuschelt in den Ecken. Lärmende Züge fahren ein. Menschen strömen aus den Abteilen, bemüht, nicht auf jene zu treten, die keine freie Pritsche mehr gefunden und sich auf dem Boden ausgestreckt haben ...
Gestern bin ich lange durch London gewandert. Die Ruinen der großen Geschäftshäuser machen mich weniger elend als eine kleine zerbombte Wohnung – die Wäsche hängt noch an einer Leine überm Küchenofen ... Ich habe Charly Chaplin in dem Film ‚Der Diktator' gesehen und war kaum imstande, bis zum Ende zu bleiben. Chaplin macht alles zum Witz. Aber am Ende hält er eine sehr schöne und bewegende Rede."

Ich war mit Vater im „Diktator" gewesen und verstand nicht, daß er den Film gut fand. Ich konnte nicht mehr über die Nazis lachen, auch nicht, wenn sie von einem Genie wie Chaplin karikiert wurden. In England konnte man es. Die Lage im Land war eigenartig. Seit Beginn des Krieges hatte die englische Armee nur Niederlagen eingesteckt. Sie war aus Norwegen und aus Frankreich vertrieben worden. Im berühmt gewordenen kleinen Hafen von Dünkirchen hatten sich dreihunderttausend englische und französische Soldaten auf dem Rückzug gesammelt, um nach England evakuiert zu werden. Da es gelang – unter Verlust der gesamten Ausrüstung –, wurde es „das Wunder von Dünkirchen" genannt.

Nach diesen Schlägen stand die Insel England nur schwach vorbereitet der drohenden Invasion Hitlers gegenüber. Im September 1940 begann die furchtbare Bombardierung der englischen Städte, die monatelang fortgesetzt wurde.

Was war die Ursache für die ungenügende Vorbereitung? Die herrschende Klasse und ihre Partei, die konservativen „Tories", hatten bis 1939 zugelassen, daß Hitler groß wurde, in der Hoffnung, er werde den Krieg nicht gegen die Westmächte, sondern gegen die Sowjetunion führen. Erst als es ihnen statt dessen an die eigene Kehle ging, entschlossen sie sich zu handeln. Die Kriegsproduktion erhielt nun Vorrang vor allem anderen; der konservative Premierminister Churchill forderte „Blut, Arbeit, Schweiß und Tränen" vom Volk, und das Volk brachte die Opfer; es haßte Hitler und den Faschismus. Dadurch, daß ganz England sich verteidigte, entstand eine weniger bedrückende Atmosphäre als in der „neutralen", umzingelten, in vielem nachgebenden Schweiz. Die moralische Zermürbung des Volkes erreichte Hitlers Luftwaffe nicht. Das Gegenteil trat ein.

Später, als Englands Kriegsproduktion auf vollen Touren lief, stellte es erstklassige Flugzeuge her, die Hitlers Luftwaffe überlegen waren. Die englischen Piloten wurden wegen ihrer Kühnheit und wegen ihres Geschicks im ganzen Land geliebt. Ihre Verluste während des Krieges waren hoch.

Obwohl ich noch keine eigene Wohnung besaß, wartete ich ungeduldig auf den Beginn meiner Arbeit.

Angaben über den ersten Treff mit entsprechenden Ersatztreffs waren mir schon in die Schweiz gefunkt worden. Es sollte in London mit einem sowjetischen Genossen stattfinden, und zwar in einer Straße in der Nähe des Hydeparks, nicht weit von Marble Arch. Natürlich hatten wir Kennzeichen und auch bestimmte Sätze verabredet, das mußte bei Zusammenkünften mit Unbekannten so sein. Ich halte es für überflüssig, sie zu beschreiben.

Der erste Treff in einem neuen Land ist jedesmal aufregend. Wird jemand da sein? Welche spezielle Arbeit wird die Zentrale wünschen? Werde ich imstande sein, sie zu leisten? Und wenn niemand kommt?

Ein oder zwei Termine waren bereits verstrichen, ich hatte nicht mit solcher Verzögerung in Portugal und mit der wochenlangen Schiffsreise gerechnet. Wahrscheinlich würde sich auch der Partner freuen, daß er diesmal nicht umsonst kam.

Ich wartete lange über die vereinbarte Zeit hinaus, doch niemand erschien. Ich wartete am zweiten Abend, vergeblich. Vierzehn Tage später wartete ich wieder umsonst. Ich weiß nicht mehr, wie oft ich nach London gefahren bin, wie viele Male ich in der Straße auf und ab ging. Die Gegend war zudem schlecht gewählt, denn hier hatten die Prostituierten ihr Revier, die meinen häufigen Aufenthalt nicht schätzten. Ich wurde immer unruhiger. War ein Mißverständnis über den Treffpunkt entstanden? Hatte ich mir den Platz falsch gemerkt? Zur sowjetischen Botschaft zu gehen war nicht erlaubt. Ich hätte es auch niemals getan.

Es konnte sein, daß ich unwissentlich einen Fehler begangen hatte, daß etwas in der Schweiz durch Hermanns Verhaftung geschehen war oder durch Ollos Verrat oder, ganz unabhängig von mir, in Alberts Apparat. Ich wußte, daß man mit Genossen, die die Arbeit gefährden konnten, den Kontakt abbrach, und hätte dies, ohne gekränkt zu sein, akzeptiert. In der Illegalität war der Schutz der Arbeit das wichtigste. Konnte ich sie nicht weiterführen, würde ich mir einen Lebensunterhalt suchen, in die englische Partei eintreten und dort als Kommunist weiterarbeiten.

Bald bestand kaum mehr Hoffnung, jemanden von der Zentrale zu treffen.

Wir waren mit dem, was wir zum Anziehen brauchten, in England angekommen, ich besaß keine Möbel, hatte keinen Anspruch auf Wohnung und mußte für zwei Kinder im Internat sorgen. Lange konnte ich das finanziell nicht mehr durchhalten. Meine Familie weihte ich nicht in die Geldsorgen ein. Niemand von ihnen besaß viel, und zu ihr ziehen konnte ich auch nicht. Die Eltern wohnten sehr beengt bei Freunden in Oxford, Heulchen suchte eine Bleibe, Brigitte wohnte in einer Einzimmerwohnung, Sabine wollte heiraten und suchte eine Wohnung. Reni studierte in Cambridge. Jürgens Wohnung reichte gerade für seine vierköpfige Familie. Ich hatte keine Aussicht, die Schule der Kinder noch längere Zeit bezahlen zu können, eine Wohnung zu finden, jemand von der Zentrale zu treffen oder Lens Rückkehr nach England zu erreichen.

Auch um Rolf machte ich mir Sorgen. Er hatte mir in längeren Abständen in die Schweiz oder über die Adresse meiner Geschwister aus China geschrieben und auch an die Geburtstage der Kinder gedacht. Dann teilte er mit, daß er in das Innere des Landes ginge; die

Post blieb viele Monate aus. Schließlich hörte ich, Rolf sei von Chinesen verhaftet worden. Ich wußte, daß sein Leben in Gefahr war.

Später erfuhr ich Einzelheiten. Ernst und Rolf war es nicht gelungen, in Shanghai die Arbeit aufzubauen. Rolf hoffte, in der Regierungsstadt Chungking Verbindung zu erhalten. Beim Einrichten seiner Station oder beim ersten Senden war er dort verhaftet worden. Ich glaube, er kam durch die Bemühungen der Sowjetunion frei.

Im April 1941 fand ich endlich ein möbliertes Häuschen. Es stand in einer Reihe mit vielen anderen in einem Vorort, vier Kilometer von Oxford entfernt. Die Miete war sehr hoch. Ich lebte vom letzten Ersparten. Aber ich genoß es, keine Wirtin zu haben, und vor allem – ich konnte die Kinder zurückholen.

Im Mai fuhr ich wiederum zum Treffpunkt nach London. Zu hoffen wagte ich kaum mehr. Ein Mann kam auf mich zu, nicht der erste in dieser verdammten Straße, aber diesmal war es der richtige. Er begrüßte mich mit den abgesprochenen Erkennungsworten, und ich eilte beschwingt zwei Straßen weiter, wo unser endgültiger Treffpunkt lag. Der sowjetische Genosse Sergej (Deckname von mir) brachte mir Grüße und Glückwünsche zur Ankunft und gab mir genügend Geld, um aller finanziellen Sorgen ledig zu sein. Er hatte einen Autounfall gehabt; dadurch war sein Kommen hinausgezögert worden.

Mit der Ruhe und dem Sich-nicht-hetzen-lassen russischer Menschen hätte er sicher nicht verstanden, wie bedrückend diese Monate für mich gewesen waren. Ich nahm mir vor, mich in Zukunft nicht mehr durch solche Ereignisse erschüttern zu lassen, sondern, des Lotsen im Hafen von Wladiwostok gedenkend, jegliche Wartezeiten mit der großen Entfernung zwischen Erde und Sonne zu vergleichen.

Sergej erläuterte mir die Bedeutung der Arbeit in einem Land, das Krieg gegen die Nazis führte, in dem aber einflußreiche reaktionäre Kreise jederzeit zu einer Verständigung mit Hitler auf Kosten der Sowjetunion bereit wären. Die Zentrale wünschte Nachrichtenmaterial. Welche Kontakte könnte ich aufnehmen? Zum Militär? Zu politischen Kreisen? Ich sollte versuchen, ein Nachrichtennetz aufzubauen. Wann könnte meine Funkstation arbeiten?

Wie immer ließ man mir Zeit. Niemals bin ich von der Zentrale in bezug auf Termine gedrängt worden. Allerdings war ich selbst ein ungeduldiger Mensch, der eher etwas überstürzte, als es langsam ausführte. So hatte ich alle Teile für meine Funkstation bereits gekauft und in den Pausen zwischen Beten und Kartenspielen im Haus des Pfarrers daran gebastelt. Der Apparat konnte in vierundzwanzig Stunden bereit sein.

Ich hoffte, daß Jürgen und vielleicht auch Vater mir bei der Nachrichtensammlung helfen würden. Vater, der sehr taktvoll war, hatte mich nie nach meiner Arbeit gefragt. Nun erschien es mir richtig, ihn zu informieren, ohne den militärischen Charakter meiner Dienststelle zu erwähnen. Ich erzählte ihm als einzigem in der Familie von meinem Orden. Vater verstand nichts von Orden und verband die Auszeichnung nicht mit militärischen Angelegenheiten, aber als er hörte, daß der Genosse Kalinin ihn mir im Kreml überreicht hatte, war er bewegt.

Ich brauchte ihm nur zu sagen, wie sehr mich politische und wirtschaftliche Fakten für meine Arbeit interessierten. Er nickte. Das war alles. Unsere Unterhaltungen verliefen kaum anders als zuvor, da unsere Gespräche schon immer zum großen Teil politische Diskussionen gewesen waren. Vater traf sich hauptsächlich mit linksgerichteten Wirtschaftswissenschaftlern und Labour-Party-Politikern; um diese Zeit übten viele von ihnen eine mit dem Krieg verbundene Tätigkeit aus, und er erzählte mir davon.

Der Überfall Hitlers auf die Sowjetunion im Juni 1941 hatte in England eine starke Wirkung. Es ist wohl überflüssig, zu beschreiben, wie mich das Ereignis erschütterte. Viel Zeit zum Nachdenken blieb jedoch nicht.

Ich hörte die Rede von Premierminister Churchill, der der Sowjetunion volle Unterstützung zusagte, machte mir Notizen und versuchte sie einzuschätzen. Es war, wie meistens bei Churchill, eine rhetorisch und stilistisch glänzendem Rede. Ich fuhr nach London, um mit Vater zu sprechen, und erfuhr von ihm, daß die führenden politischen und militärischen Kreise Englands mit der Niederlage der Sowjetunion innerhalb von drei Monaten rechneten. Vater erhielt diese Ansicht von Sir Stafford Cripps, einem führenden Mitglied in der Labour Party, bestätigt, der 1940 bis 1942 Botschafter in der Sowjetunion war.

„Wie ein heißes Messer durch Butter wird die deutsche Wehrmacht durch Rußland ziehen", hatte Cripps hinzugefügt. Später wurde diese Auffassung allgemein bekannt, aber als ich sie mitteilte, erfuhr die Zentrale, und ich glaube die Sowjetunion überhaupt, zum erstenmal davon. Ich erhielt ein Danktelegramm vom Direktor. Das geschah selten. Vielleicht erinnere ich mich deshalb an diese Nachricht, während ich viele andere vergessen habe.

Es ist lange Zeit ein Fehler der Regierungen kapitalistischer Länder gewesen, die Sowjetunion zu unterschätzen.

Es wollte ihnen nicht in den Kopf, daß ein Arbeiterstaat mit Kommunisten an der Macht „sich halten" könne. Ihr Fehler begann mit den kriegerischen Interventionsversuchen nach der russischen Oktoberrevolution, setzte sich fort mit der jahrelangen Nichtanerkennung der UdSSR und war, wie die Worte von Cripps zeigten, noch Anfang des zweiten Weltkrieges vorhanden.

Hitler begann, seine Soldaten und seine Luftwaffe voll gegen die Sowjetunion einzusetzen. Das brachte England bedeutende Erleichterungen; die Gefahr der Invasion war gebannt, und auch die Bombenangriffe der Nazis ließen nach.

Nach dem Überfall Hitlers auf die Sowjetunion rief mein Sender den Partner mehrere Tage vergeblich, dann arbeitete die Station wieder. Ich benutzte den Sender zweimal wöchentlich; zweimal im Monat fuhr ich nach London, zunächst nur, um mit Jürgen oder Vater zu sprechen. Jürgen fertigte wirtschaftliche Analysen für die Sowjetunion an. Fakten, die nicht sein Gebiet betrafen, für mich aber von Interesse waren, ließ er mich wissen. Aus meinen Gesprächen mit Vater und Jürgen ergaben sich vier bis sechs Nachrichten monatlich.

Den Regeln entsprechend hielt ich mich gänzlich von der englischen Partei fern und nahm auch mit der Parteigruppe der deutschen Emigranten in England keinen Kontakt auf, außer mit Jürgen, der zunächst politischer Leiter und dann wegen anderer Arbeiten nur Mitglied der Parteileitung war. Ich besprach mit ihm die Möglichkeit zusätzlicher Nachrichten, vor allem militärischer Art, und er vermittelte mir den deutschen Genossen Hans Kahle, der in Spanien in den Internationalen Brigaden als Divisionskommandeur eine führende

Rolle gespielt hatte. In Spanien war er besonders für seine Tapferkeit und seine schnellen Entschlüsse geachtet worden. In England arbeitete er unter anderem als militärischer Korrespondent der bürgerlichen Zeitschriften „Time“ und „Fortune“, die zum berühmten amerikanischen „Luce“ – Konzern gehörten. Die Hintergründe für diese Tätigkeit sind mir nicht bekannt geworden. Jedenfalls verhalf sie ihm zu mancher Information. Die Zentrale stimmte meinem Kontakt mit Hans Kahle zu. Auch ihn sah ich ungefähr zweimal im Monat und erhielt nützliche Nachrichten. Es trafen Rückfragen von der Zentrale für Hans ein, die uns zeigten, was ihr wichtig war. Ich arbeitete gern mit Hans Kahle zusammen. Es ist ein Verlust für unser Land, daß er so früh starb.

Wenn ich in London war, wohnte ich bei meinen Eltern oder Geschwistern. Ich traf mich dort gelegentlich mit Hans Kahle. Die Geschwister waren beruflich außer Haus tätig und wußten nichts davon. Außer mit Vater und Jürgen sprach ich mit niemand über meine Arbeit, damals nicht und auch später nicht. Selbst meine schon lange erwachsenen Kinder erfuhren zum Beispiel von meinem Rotbannerorden erst dreißig Jahre, nachdem ich ihn erhalten hatte, als mich ein sowjetischer General in der DDR aufsuchte und ihn mir wieder aushändigte. (Es war mein eigener mit der Nummer 944; das Ordensbuch war auch dabei. Wie sorgfältig man ihn während der Kriegswirren aufgehoben hatte!)

Außer der Funkverbindung mit der Sowjetunion traf ich weiterhin den sowjetischen Genossen Sergej. Nachdem es mir gelungen war, auch Kontakt zum Militär zu bekommen, erhielt ich Material, das man nicht durch Funk senden konnte. Bei einem dieser Treffen übergab mir Sergej ein Päckchen von vielleicht zwanzig Zentimeter Länge und fünfzehn Zentimeter Höhe. Es war ein kleiner Sender. Obwohl ich noch immer kein begeisterter Theoretiker war, gefiel mir dieses handliche, technisch weitaus bessere Gerät, das zuverlässig arbeitete. Ich zerlegte meinen sechsmal so großen Sender in seine Teile und hob sie für den Notfall auf. Fünf oder sechs Jahre funkte ich von England aus, wo der Amateurfunkverkehr wie in der Schweiz während des Krieges verboten war.

Während meiner Zeit in England wechselten die „Sergejs“ zwei- oder dreimal. Ich freute mich auf unsere Treffen, die bis auf die erfolglosen ersten Male regelmäßig und auf die Minute eingehalten wurden. Die Genossen waren kameradschaftlich, sachlich und erfahren. Wir trafen uns auf der Straße während der Verdunkelung, möglichst zu einer Zeit, da uns der Fliegeralarm nicht überraschen würde, und blieben höchstens eine Viertelstunde zusammen.

Mehr als einmal habe ich gesagt, daß ich bei der illegalen Arbeit keine Angst hatte, aber ich muß gestehen: In der verdunkelten Großstadt ohne Laternen oder den Lichtschein aus den Fenstern fürchtete ich mich. Es war kaum ein Mensch auf der Straße, und wer entlangkam, den sah man nicht. Ich stand im Stockfinstern und wartete nur darauf, daß jemand plötzlich mein Gesicht berühren oder mir die Kehle zudrücken würde. Hörte ich leise Schritte, hielt ich vor Angst den Atem an und war erleichtert, wenn diese Schritte „unserem Mann“ gehörten.

Wir fühlten uns wohl in dem Häuschen, nur Len fehlte mir; meine Briefe nach Genf schilderten ihm unser Leben.

Frühjahr 1941
„Morgen kommen die Eltern. Ich stehe mich besonders gut mit Vater. Allerdings steht sich jeder von uns besonders gut mit ihm. Da er nun 65 Jahre alt ist, muß er die Universität verlassen. Er hat finanziell kaum Reserven, und es bedeutet, daß er eine andere Tätigkeit finden muß. Er ist viel zu bescheiden und viel zu stolz, um ein guter Arbeitsuchender zu sein. Seine wissenschaftliche Bedeutung steht außer Frage. Überall wird er als Ehrengast empfangen. Auf seinem Gebiet* ist er weltberühmt. Er hat sein ganzes Leben gearbeitet und wissenschaftlich Wertvolles geleistet. Nun, mit 65, weiß er nicht, ob er eine Arbeit finden wird, um sich Brot kaufen zu können! Regierungs- und wissenschaftliche Institute überhäufen ihn mit Aufgaben, aber alles ehrenamtliche Sachen. Eigentlich ist es eine Schande ... Die Weltlage überschattet alles und sieht im Moment nicht

* *damals Bevölkerungsfragen*

rosig aus. Das Resultat in Kreta wird scharf kritisiert. Aber es hat wenigstens den Vorteil, Englands Schwächen zu zeigen und daß man die Verteidigung gegen eine Invasion ganz gehörig verstärken muß. Ohne Kreta hätte man wahrscheinlich nicht so konkret erkannt, wo die Schwierigkeiten der Inselverteidigung liegen*... Habe eine Biographie von Noel Coward gelesen. Seine Reaktion als Soldat des ersten Weltkrieges ist genau die Reaktion eines liberalen Intellektuellen, der unfähig ist, sich diszipliniert zu verhalten, unfähig, seinen Individualismus aufzugeben, unfähig, sich unterzuordnen, und unfähig, physische Anstrengungen zu ertragen. Ich verachte ihn nicht, weil er das Soldatenleben nicht mag, sondern für die Gründe, warum er es nicht mag, aber ich bewundere seine Ehrlichkeit ...

Lese gerade ein Buch über China. Werde ich jemals die Sehnsucht nach diesem Land verlieren? ... Ninas** Reaktion auf den ersten nahen Bombenangriff, den sie*** miterlebt hat: ‚Wie das Haus gewackelt hat! Und der schreckliche Lärm in den Mauern, unterm Bett, in meinen Ohren.' Seitdem spricht sie immer wieder vom Tod. Täglich braucht sie die Versicherung, daß ich nicht sterbe, bevor sie erwachsen ist. Alles Gute ist für sie mit dem Satz verbunden: Wenn der Krieg zu Ende ist ..., dann esse ich jeden Tag ein Ei, dann brauche ich nicht mehr zur Vorschule zu gehen, dann fliegen die Flugzeuge so hoch, daß ich sie nicht mehr hören kann.' Micha verträgt den Wechsel nach England besser ...
Ich habe hier noch keine Freunde. Aber ich stehe mich gut mit unserer Nachbarin im nächsten Bungalow. Sie ist die Frau eines Maurers. Einfach, ausgeglichen und freundlich, besitzt sie eine Art Weisheit, die nicht vom Gehirn kommt, sondern von ihrem warmen Herzen. Sie erwartet ihr viertes Kind. Wie ich sie darum beneide ... Obwohl es gar nichts zu erzählen gibt, möchte ich Dir am liebsten jeden Tag

* *England hatte im Mai 1941 nach der Niederlage in Griechenland 45 000 Soldaten auf der Insel Kreta, die unter vielen Mühen evakuiert werden mußten*
** *fünf Jahre alt*
*** *im Kinderheim*

schreiben; so viel Kleinigkeiten, die du miterleben sollst ... Bin heute mit dem Kinderwagen losgerast, um einen Sack Kohle zu holen. Hab gerade noch zur Zeit gehört, es gäbe welche. Das bedeutet das erste Bad seit Wochen ...
Bin mit den Kindern am Sonntag gewandert. Nina vor einem blühenden Busch, auf dem ein Vogel sang. Die Anmut ihrer Bewegungen! Merkwürdig, wie manche Menschen damit geboren werden, und anderen fehlt es. Habe ein neues Kleid, das erste, das Du nicht kennst: Rot mit kleinen weißen Punkten, weißem Gürtel und einem weißen Kragen ... Schreib mir einen langen Brief. Laß mich wissen, was Du tust. Lernst Du irgend etwas? Eine Sprache, Mathematik? Ich möchte so gerne, daß Du Dein Wissen vergrößerst ... Es ist nach Mitternacht. Die Sirenen haben begonnen zu heulen, in wenigen Minuten werden Menschen wie wir, die ihre Kinder großziehen und Freude an der Natur haben, von Bomben getroffen, nicht mehr am Leben sein.“

Len mußte mir mitgeteilt haben, daß er in der Schweiz zur Arbeit gebraucht werde und nicht nach England kommen könne. Ich antwortete:

„... Jetzt, wo es nichts wird, weiß ich erst, wie fest ich mit Deinem Kommen gerechnet habe. Die hundert alltäglichen Dinge: ‚Diesen Spaziergang müssen wir gemeinsam machen.‘ ‚Über dieses Buch werden wir zusammen sprechen.‘ ‚Wenn ich Schweres zu schleppen habe, holst Du mich von der Busstation ab.‘ ‚Niemals werden meine Abende einsam sein.‘ Nun muß ich mich daran gewöhnen, daß solche Dinge nicht für uns da sind.“

Bald darauf hörte ich von Len, daß er weiter versuchte, nach England zu kommen. Erst später erfuhr ich die näheren Umstände. Genosse Radó hatte den Wunsch, Len in der Schweiz zu behalten. Bei den vielen Nachrichten, die weitergegeben werden mußten, war das verständlich. Genosse Radó erklärte, England sei nicht interessant, die Verbindung Deutschland – Schweiz hingegen hätte größte Bedeutung.

Len hatte wie ich von der Zentrale den Auftrag erhalten, nach England umzusiedeln, aber Genosse Radós Argumente beeinflußten ihn. Er fühlte sich verpflichtet zu bleiben, obwohl auch ihm unsere lange Trennung schwerfiel. Len besaß für eigene Nachrichten neben denen, die er für Albert sandte, unseren alten Kode und entschloß sich, die Zentrale zu fragen: „Soll ich, wie von Sonja instruiert, versuchen nach England zu gelangen oder, wie Albert es wünscht, in der Schweiz bleiben?“

Die Antwort lautete: „Tue, was Sonja dir gesagt hat.“

Len besinnt sich genausowenig wie ich auf Nachrichten, die er aus der Schweiz nach der Sowjetunion sandte. An eine Verbindung erinnert er sich noch. Wir hatten einen beim Völkerbund akkreditierten chinesischen Journalisten namens Wang kennengelernt, der mit einer Holländerin verheiratet war. General von Falkenhausen, ein früherer militärischer Oberkommandierender in Belgien, hielt sich häufig in der Schweiz auf, er war mit Wang und der Holländerin gut bekannt. Über Wang erfuhr Len gelegentlich Äußerungen und Meinungen des Generals.

Len versuchte weiter vergeblich, über das britische Konsulat nach England zu gelangen. Dort hatte man alle Hände voll zu tun, um Engländer im militärischen Alter, die nicht mehr durch das okkupierte Frankreich reisen konnten, mit falschen Pässen und unter allen möglichen Vorwänden nach Hause zu schleusen. In erster Linie handelte es sich um aus Deutschland und Italien geflüchtete englische Gefangene. Vielleicht erinnerte man sich Lens deutscher Frau; seine Vergangenheit in den Internationalen Brigaden in Spanien war ebenfalls keine Empfehlung für das Konsulat, jedenfalls wurde ihm wie damals mir in Lissabon bedeutet, daß viele Dringlichkeiten vor ihm erledigt werden müßten.

Ich hatte mich inzwischen mit Hans Kahle und Jack Brent vom englischen Spanienkomitee beraten. Jack war ein in Spanien schwer verwundeter Genosse, der bis zu seinem frühen Tode über seine physischen Leiden siegte und viel arbeitete. Jack sowie das Spanienkomitee wußten nichts von Lens Arbeit. Sie setzten sich nur für den Spanienkämpfer ein. Schließlich richtete ich mit Unterstützung des Komitees einen Brief an die linke Labourabgeordnete Ellen Rathbone. Die Angelegenheit ging bis ins Parlament. Ellen Rathbone stellte eine Anfrage im Unterhaus. Die Anfrage müßte im „Hansard" 1942, der alle Parlamentsdebatten veröffentlichte, nachzulesen sein. Sie lautete sinngemäß: Warum erhält ein englischer Staatsbürger und Antifaschist mit militärischer Erfahrung aus dem spanischen Bürgerkrieg, der im Ausland ist und sich freiwillig zur Armee melden möchte, nicht die Unterstützung der Regierung Seiner Majestät, um in seine Heimat zurückkehren zu können?

Frau Rathbone wurde zugesagt, daß man sich des Falles annehmen werde. Tatsächlich informierte der „Ständige Sekretär des Ministers für Auswärtige Angelegenheiten" (im Range eines Staatssekretärs) den Generalkonsul in Genf, der nun sofort Len zu sich bat und ihm alle Wege ebnete. Len erhielt vom Konsulat einen Paß auf den Namen John Miller sowie ein vom Arzt bestätigtes Attest über eine Tbc, die ihn „militäruntauglich" machte.

Er kam im Spätsommer 1942, zwanzig Monate nach meiner Abreise aus der Schweiz, in England an. Militäruntauglich war er zunächst tatsächlich. Er hatte auf Grund eines nervösen Magenleidens furchtbar abgenommen.

Wir hatten auch Ellen Rathbone nicht hintergangen. Alles, was sie gesagt hatte, traf auf Len zu.

Len war noch keine drei Tage in seiner Heimat, da erhielt er einen „O. H. M. S." – („On His Majesty's Service") Brief vom Finanzamt, der ihn ermahnte, seine vor vier Jahren gemachten Schulden (1938) an die Regierung zurückzuzahlen, betreffend den Rücktransport von der spanischen Grenze nach London als Angehöriger der Internationalen Brigaden. Damals war das „Nichteinmischungskomitee", das die Westmächte gebildet hatten, mit Franco und der republikanischen Regierung übereingekommen, die Internationalen Brigaden sowie die faschistische Legion Condor aus dem Kampf zu ziehen. Die Republikaner hielten ihr Versprechen, Franco brach es, und die Legion Condor blieb aktiv.

Diese Rechnung sprach für die Ordnung und das Tempo beim britischen Finanzamt. Und wir wußten nun, die Behörden – wahrscheinlich nicht nur das Finanzressort – hatten Notiz von Lens Rückkehr genommen.

Die Armee hingegen arbeitete langsam, Len wurde erst ein Jahr, nachdem er sich beworben hatte, einberufen. Vielleicht lag das auch an seiner Vergangenheit als Spanienkämpfer.

Im Herbst 1942 kündigten uns die Besitzer des Bungalows, weil sie ihn selbst benötigten. Wegen meiner Sendetätigkeit suchten wir wiederum ein Einzelhaus. In Oxford, im Stadtteil Summertown, fanden wir die „Avenue Cottage", 50 Georgestreet, ein mehrere Generationen altes Gebäude mit kleinem, grasbewachsenem Hinterhof und vielen Schuppen, das aus dem Rahmen aller übrigen recht spießigen Häuser dieser kleinen Straße fiel.

Früher waren die Schuppen Pferdeställe gewesen, die zu einer großen Villa in der viel vornehmeren Parallelstraße gehörten. Der Kutscher hatte in unserem Haus gewohnt. Das Verhältnis Kutscher und Herrschaftsvilla blieb in gewisser Weise gewahrt, denn nun wohnte in der Villa die wohlhabende und einflußreiche Familie des Richters Neville Laski. Er war der Bruder des bekannten Labourführers Professor Harold Laski. Die Schuppen gehörten noch immer zu seiner Villa.

Frau Laski war eine mollige, hübsche Frau. Ich besuchte sie einmal um zehn Uhr früh; sie lag wie in einem Film über reiche Leute im Spitzennachthemd im Bett und nahm ihr Frühstück vom silberglänzenden Tablett zu sich. Frau Laski war sozial gesinnt und in Wohltätigkeitsorganisationen aktiv. Sie hatte ein gefährdetes jüdisches Kind aus Deutschland bei sich aufgenommen.

Mein Besuch bei ihr hatte einem bestimmten Zweck gegolten. Ich bat sie um die Erlaubnis, eine Antenne von unserem Haus zu ihrem Schuppen ziehen zu dürfen. Sie war einverstanden und verhielt sich auch bei anderen Gelegenheiten freundlich zu uns.

Ich war zufrieden, daß diesmal Len die Antenne errichten konnte. Im Bungalow in Kiddlington war ich allein auf dem Dach umhergeklettert.

Neben dem Haus befand sich eine dicke Mauer aus grauem Naturstein, die seit über hundertfünfzig Jahren den Hof umgrenzte. Wir lokkerten einen Stein an einer Stelle, wo der Mörtel bereits brüchig war, nahmen den Stein dahinter heraus, taten unseren kleinen Sender hinein und legten den bemoosten Verschlußstein zurück. Der Mauer war keinerlei Veränderung anzusehen.

Unser Haus bestand aus vier Zimmern und einer Wendeltreppe. Der größte Raum war nicht benutzbar, ein „Morrisonshelter“ füllte ihn aus. Herbert Morrison gehörte zur Führung der Labour Party und war im Koalitionskabinett Minister des Innern. Dieser Familienluftschutz sah wie ein großer Drahtmaschenkäfig aus und trug eine schwere Eisenplatte als Verschlußdecke. Die Regierung stellte ihn kostenlos zur Verfügung, doch Oxford wurde nicht bombardiert.

Ich besinne mich in anderem Zusammenhang auf den Käfig. Gleich nach Ankunft in England hatte ich mir ein billiges altes Fahrrad gekauft. Len, der es zwanzig Monate später sah, erklärte es für lebensgefährlich. Eines Tages, als ich aus London zurückkehrte, war die Tür verschlossen. Ich mußte klingeln, hörte das aufgeregte Flüstern der Kinder, die mir öffneten und mich anwiesen, die Augen zu schließen. Nach zwei Minuten durfte ich den großen Raum betreten. Auf dem Shelter stand, mit Fahnen geschmückt und von allen Tisch- und Taschenlampen des Hauses beleuchtet, ein neues, wunderschönes Rad. Ich benutzte es viel, es kam mir auch für illegale Treffs zustatten. Als ich später in die DDR umsiedelte, zerlegte Len das Rad, es reiste im Flugzeug mit. Nina ist in der ersten Zeit in Berlin noch damit zur Schule geradelt. Jetzt steht es im Keller. Niemand hat das Herz, es der Gerümpelsammlung zu übergeben.

Im Jahre 1942, noch bevor Len nach England kam, hatte ich eine wichtige Verbindung aufgenommen. Es handelte sich um einen Luftwaffenoffizier, dessen Frau und Kind nach Oxford evakuiert waren. Von Beruf Schweißer, zählte er zu den wenigen Offizieren, die aus der Arbeiterklasse kamen. Seine fortschrittlichen politischen Ansichten, die er schon als Sechzehnjähriger besaß, hatte er beibehalten. Ich lernte James über seine Frau kennen. Er interessierte sich für internationale Politik und unterhielt sich eifrig mit mir. Ich spürte seine Achtung vor der Sowjetunion und seinen Ärger darüber, wie wenig England das Versprechen hielt, die Sowjetunion mit einer zweiten Front aktiv im Kampf gegen Hitler zu unterstützen. James kam nicht oft nach Oxford, und es dauerte eine Weile, bis ich genügend über ihn wußte, um der Zentrale seine Mitarbeit vorzuschlagen. Sie willigte ein. Auch bei ihm war ich sicher, er würde mich nicht verraten, falls er wegen des Risikos ablehnte. Wir sprachen stundenlang miteinander; ich kam der entscheidenden Frage immer näher, so daß er sie zum Schluß fast erraten konnte und zustimmte.

James gehörte zum technischen Zweig der Luftstreitkräfte und hatte Zugang zu einem Teil der neuesten Entwicklungen in der Flugzeugkonstruktion. Er verschaffte uns exakte Daten, Gewichts- und Größenangaben, Tragfähigkeit, besondere Charakteristiken und sogar abgepauste Zeichnungen von Maschinen, die noch gar nicht geflogen waren. Ich besinne mich auf eine neue Erfindung, ein kleines Konstruktionsstück, das er mir im Original brachte. Die Vorrichtungen waren numeriert und unter Verschluß. Das Verschwinden dieser einen löste große Aufregung aus.

James war ein bescheidner, fröhlicher Mensch. Er wurde unser Freund. Ich traf ihn ein-, zweimal monatlich mehrere hundert Kilometer von Oxford entfernt – seine Familie hatte die Stadt verlassen – und erhielt jedesmal etwas Nützliches. James nahm kein Geld von uns, er fühlte sich nicht als „Spion". Er half dem verbündeten Land, das am härtesten gegen den Faschismus kämpfte und die schwersten Opfer brachte.

Amateurfunkverkehr war untersagt; irgendwann mußte mit der Entdeckung meines Senders gerechnet werden. Die Zentrale wünschte, daß ich einen zusätzlichen Mitarbeiter als Funker ausbildete. Ich fand Tom. Er war wegen eines Augenfehlers nicht eingezogen worden.

Mit Tom konnte man Pferde stehlen gehen. Er war Schlosser in einem Autowerk. Ohne Zaudern und unnötige Erwägungen erledigte er, was verlangt wurde. Tom besaß Takt, Humor und Gefühl, war verläßlich und, wenn nötig, hart. Um ihm das Morsen beizubringen, mußten Len oder ich ihn in seiner Wohnung besuchen, oder er kam zu uns. Auch Tom weigerte sich, Geld anzunehmen. Er wollte mehr Zeit für das Lernen gewinnen und suchte sich eine Tätigkeit, die ihn nicht den vollen Tag beschäftigte, er wurde Plakatkleber.

Klaus Fuchs

Die Verbindung zu Klaus Fuchs regte mein Bruder Jürgen ungefähr Ende 1942 an. Er schilderte ihn als wichtigen Genossen mit interessanter Arbeitsstelle, der anscheinend die Verbindungen zur Sowjetunion verloren hatte. Ich sendete eine codierte Nachricht an die Zentrale in Moskau und erhielt Antwort: Kontaktaufnahme erwünscht. Ich wußte, daß Klaus Fuchs in Birmingham lebte und arangierte – ich nehme an durch Jürgen – ein Treffen in der Nähe von Banbury, das zwischen Birmingham und Oxford, wo ich damals wohnte, lag.

Als ich Klaus zum ersten Mal traf, gingen wir nach dem illegalen altbewährten Liebespaarprinzip Arm in Arm spazieren und sprachen miteinander, auch über Dinge, die den Inhalt unseres Zusammenseins nicht betrafen. Es war angenehm, sich mit einem so feinsinnigen, klugen Genossen und Wissenschaftler zu unterhalten. Mir fiel schon beim ersten Mal auf, wie ruhig, überlegt, taktvoll und gebildet er war. Wir redeten über Bücher, Filme und die Tagespolitik.

Bei weiteren Treffen hatte er Fragen an die Zentrale, die mich entfernt den Charakter seiner Arbeit ahnen ließen. Ich gab sie über meinen Sender verschlüsselt weiter und entschlüsselte die Antwort der Zentrale an ihn. Um die Treffen möglichst zu begrenzen, benutzten wir einen „Briefkasten", obwohl dies Wort in unserem Fall nicht paßte. Ich suchte unsere Verstecke oder Treffen möglichst außerhalb der Stadt in einsamen Gegenden aus, so daß ich mein Rad benutzen konnte. Das Rad besaß einen bequemen Kindersitz aus geflochtenem Stroh, dem meine Tochter fast entwachsen war. Als ich meinen Jüngsten erwartete, schmückte ich den Sitz mit einem neuen bunten Kissen – ich sehe es noch heute vor mir – Gänseblümchen auf grünem Grund.

Die Natur half ebenfalls, sich freier zu bewegen und besser kennenzulernen. Einmal sagte Klaus, daß es ihm gut täte, außerhalb der Stadt zu sein und mit mir zu reden. Ich empfand ihn als zurückhaltend und bescheiden. Ich glaube, nirgends wäre er aufgefallen.

Abgesehen davon, daß eine Beschattung außerhalb der Stadt weniger leicht möglich war, verlegte ich unsere Treffs in Landschaften, weil ich mich in der Natur besser zurechtfand. Ich besinne mich darauf, wie wir auf schmalem Pfad über Wiesen gingen und einen Platz in der Nähe des Waldrandes im Gestrüpp aufsuchten. Dort gruben wir zwischen Wurzeln eine kleine Höhle. Das heißt, ich kniete nieder und grub sie; Klaus stand daneben und schaute mir durch seine Brille zu. Ich fand das ganz in Ordnung, weil ich einfacher und sportlicher war als er. Einmal sah ich zu ihm auf und dachte, ach du lieber großer Gelehrter.

Klaus kam niemals in meine Wohnung und ich nicht in die seine. Wir kannten nicht unsere gegenseitigen Adressen. Ich glaube kaum, daß er damals wußte, daß ich Jürgens Schwester war.

Einmal, es muß 1943 gewesen sein, als wir noch in Oxford im Stadtteil Summertown wohnten, gab mir Klaus ein dickes Buch mit Blaupausen, sicher über hundert Seiten stark, mit der Bitte um schnelle

Weitergabe. Um meinen sowjetischen Kontaktmann ohne feste Verabredungen zu erreichen, mußte ich nach London fahren und die Kreidekrümelzeichen hinterlassen. Zwei Tage später radelte ich von Oxford ein paar Kilometer bis zur großen Kreuzung, der heutigen 40 T und A 34 in Richtung Cheltenham. Nach ungefähr 10 Kilometern Fahrt bog ich in eine Seitenstraße ab. Das würde ich jeden zweiten Tag wiederholen bis „Sergej“ käme. Doch schon beim ersten Mal stand sein Auto da. Ich fuhr weiter, verbarg mein Rad und setzte mich einen Augenblick neben ihn ins Auto; ich hoffte sehr, er möge heil mit den komplizierten Formeln und Zeichnungen in London eintreffen.

Traf ich Klaus, waren wir nie länger als eine halbe Stunde zusammen, zwei Minuten hätten genügt, aber abgesehen von dem Vergnügen der Begegnung war es weniger verdächtig, längere Zeit nebeneinander zu wandern, als sich sofort zu trennen. Wie kostbar diese Treffen waren, kann keiner ermessen, der nicht so wie wir isoliert von deutschen Genossen lebte. Er war in dieser Hinsicht benachteiligter als ich. Das gemeinsame Handeln in Gefahr trug ebenfalls dazu bei, daß man sich nahe war.

Zweimal quittierte die Zentrale seine Nachrichten mit „wichtig“ und „sehr wertvoll“. Mit Jürgen, der ja die Verbindung geschaffen hatte, sprach ich niemals über Klaus oder unsere Treffen. So gut ich mich mit meinem Bruder verstand, wahrten wir doch die Regeln der Illegalität.

Ungefähr zwei Jahre nach Beginn der Zusammenarbeit beauftragte mich die Zentrale, ein Treffen für Klaus in New York zu vereinbaren. Ich hatte dort 1927 für ein paar Monate gelebt und zerbrach mir den Kopf über meine Lokalkenntnisse der Stadt. Ich erinnerte mich an zwei Plätze: Der Proanit-Buchladen, wo ich uptown gearbeitet hatte, und das Henry-Street-Settlement in der 256-Henry-Street, eine beliebten Straße im Eastend New Yorks. Damals wohnte ich dort. Statt der Miete leisteten wir unter Anleitung der fortschrittlich gesinnten und geachteten Lillian Wald zweimal wöchentlich Sozialarbeit. Ich wählte das Settlement sowie Erkennungszeichen und Kennworte. Ich glaube, daß sie von Klaus Fuchs und seinem Partner benutzt wurden.

Obwohl mir ohne zu wissen, daß es sich im Endziel und die Atombombe handelte, die Bedeutung meines Materials klar war, blieb mein

Anteil gering. Ich war nur der technische Übermittler und möchte nicht, daß dies später einmal hochgespielt wird.

Selbstverständlich freute ich mich über diese zusätzliche Aufgabe. Je mehr ich zu leisten hatte, desto wohler fühlte ich mich. Als Klaus Fuchs nach New York übersiedelte, war mein Kontakt mit ihm beendet. Von seiner Verhaftung erfuhr ich im Februar 1950, als die englische Presse in sensationeller Form darüber berichtete. Seine Enttarnung tat mir ganz abgesehen von dem Verlust, den es für die Zentrale und weit darüber hinaus für die Sowjetunion bedeutete, bitter leid. Soweit die Entdeckung seiner Tätigkeit mich betraf, gab es keine Beweise für unseren Kontakt. Ich selber hatte niemals in Birmingham, wo er arbeitete, übernachtet, also konnte keine Hotelregistrierung gefunden werden. Ich war, wie schon erwähnt, niemals in seiner und er niemals in meiner Wohnung gewesen. Er kannte meines Wissens weder meinen Namen noch meine Adresse. Für mich gab es zwei Möglichkeiten der Gefahr: ein Verrat; doch den traute ich Klaus nicht zu, oder eine Kombination von Seiten der M.I.5 aus allem, was sie über mich und Klaus wissen konnten: Klaus ein deutscher Kommunist – ich ebenfalls; er war der Londoner Parteigruppe bekannt, mein Bruder war dort führend tätig gewesen. Klaus hatte sein wertvolles Material der Sowjetunion zukommen lassen; ich hatte nach ihrer Kenntnis, die von „Jims" (Footes) Verrat stammte, in der Schweiz für die Zentrale gearbeitet, mein Mann war Spanienkämpfer gewesen.

Als die Presse erwähnte, Klaus habe sich in Banbury mit einer schwarzhaarigen Ausländerin als Mittelsmann getroffen, rechnete ich täglich mit meiner Verhaftung. In diesem Falle hatte ich vor, jede Aussage zu verweigern, eine andere Möglichkeit gab es nicht.

Der Prozeß war für Ende Februar angekündigt. Ich betrieb meine Abreise in großer Eile und verließ England, ich glaube einen Tag vor dem Prozeß von Klaus.

Entweder war es eine völlige Idiotie der M.I.5, daß sie im Zusammenhang mit Klaus nicht auf mich verfallen waren, oder sie ließen mich laufen, weil jede weitere Entdeckung die Blamage der M.I.5 noch vergrößert hätte.

Das amerikanische F.B.I. war wütend über die Schlafmützigkeit und

Naivität der M.I.5. Die USA hatte ihre Entwicklung auf dem Arbeitsgebiet von Klaus England zur Verfügung gestellt, und nun war dies alles durch ihn an die Sowjetunion vermittelt worden. Die Engländer hatten kein Interesse daran, sich in dieser Angelegenheit weitere Blößen zu geben.

Kürzlich las ich in einer Beurteilung des Falles Philby durch einen früheren M.I.5-Mitarbeiter, warum die Engländer Philby, als sie von seiner Kundschaftertätigkeit für die Sowjetunion so gut wie Bescheid wußten, unbehelligt ließen: „Der Ruf unserer Nation hat genügend Schaden erlitten; wir können keinen neuen George-Blake-Skandal verkraften. Daher kam es in dem Philby-Fall nie zu einem Skandal." (Blake – jahrelanger sowjetischer Kundschafter, der nach der Verurteilung aus dem Gefängnis entkam.)

Wenige Wochen nach meinem Eintreffen Ende Februar in der DDR fand eine Begegnung mit einem sowjetischen Genossen statt, der wissen wollte, wie ich das Verhalten von Klaus nach seiner Verhaftung beurteilte. Ich sagte ihm meine Gedanken: Die Beweiskette war teils durch anderen Verrat in den USA, teils durch die Korrektur der bisherigen Schlamperei der M.I.5 zusammengetragen worden. Klaus erschien es sinnlos zu leugnen; Unbekanntes verriet er nicht. Er wurde übrigens von Skardon, dem psychologisch geschicktesten Vernehmer, der in diesen Fragen in England existierte, verhört. Sicherlich verhielt sich der Wissenschaftler Klaus Fuchs durch seine Unerfahrenheit solchen Leuten gegenüber in mancher Hinsicht naiv.

Es gab nach seinem Prozeß 1950 in der Westpresse angebliche Erklärungen, sein Verhalten habe Fuchs selbst als „schizophren" bezeichnet. Er sei im übrigen dabei gewesen, seine Beziehungen zur Sowjetunion zu lösen.

Für mich war das unglaubwürdig. Klaus kämpfte wie andere Kommunisten, wo immer sie sich befanden, gegen den deutschen Faschismus, dem diente in diesen Jahren seine Teilnahme an dem USA-England-Militärprojekt, dem die Nazis auf keinen Fall zuvorkommen sollten. Er arbeitete ehrlich daran mit, hatte Freunde unter den englischen Wissenschaftlern seines Fachgebietes und war, sicherlich seinem Charakter und seiner Intelligenz entsprechend, beliebt.

Als Kommunist wußte er um die Halbherzigkeit des Kampfes kapitalistischer Länder, er brauchte ja nur das Hinauszögern der zweiten Front – des Truppenangriffs von England und den USA auf Hitlerdeutschland – zu beobachten. Für ihn war es eine klare eindeutige Entscheidung, die Ergebnisse des Projektes dem einzigen sozialistischen Land zur Verfügung zu stellen, das die Hauptlast im Krieg gegen den Faschismus trug und dessen Weltanschauung die seine war.

In mehreren Veröffentlichungen wird gesagt, daß an seinem Geständnis auch die Abscheu über die stalinistischen Repressalien mitgewirkt habe.

Sicher hat es auch für Klaus Fuchs diese schwere Auseinandersetzung gegeben; aber nicht vor dem XX. Parteitag der Sowjetunion 1956 mit Chruschtschows Enthüllungen über Stalin. Vorher kann es nicht gewesen sein. Meines Wissens nach war Klaus, während er sein Material übermittelte, niemals in der Sowjetunion gewesen. Und selbst ein Besuch dort hätte kaum die Möglichkeit geschaffen, in Kontakt mit diesen negativen Ereignissen zu kommen, die übrigens vor 1956 vom sowjetischen Volk noch nicht als Stalins Verbrechen angesehen wurden.

Ich bin überzeugt davon, daß Klaus Fuchs sich niemals der Sowjetunion entfremdet hat. Neun Jahre lang hat er sein wissenschaftliches Material der Sowjetunion zur Verfügung gestellt, aus seiner politischen Überzeugung heraus, neun Jahre hat er dafür in England im Gefängnis gesessen.

Erst nach meiner Rückkehr in die DDR 1950 hörte ich mehr über den Vater von Klaus. Es berührte mich, wie dieser fortschrittliche Theologe zu seinem Sohn gehalten hat. Ich sah den Film „Einer trage des anderen Last“, den der Regisseur Lothar Warnecke Prof. Emil Fuchs, der auch sein Lehrer gewesen war, gewidmet hat. Als dieser Nachspann auf der Leinwand erschien, dachte ich, diese Beziehung – der atheistische Sohn und der christliche Vater – wäre ebenfalls einen Film wert. Sollte es stimmen, daß der Theologe 1945 seiner Gesinnung entsprechend die DDR zur Heimat wählte, wo er soviel Gutes für unsere junge Generation geleistet hat, diese Wahl jedoch in England bekannt wurde und den Sohn politisch belastete, so ist das eine besondere Tragik.

Ich selbst habe Klaus über 30 Jahre nach meiner Arbeit für ihn einmal besucht, kurz bevor „Sonjas Rapport“ veröffentlicht wurde. Ich fuhr nach Dresden, wo er wohnte, und nahm einen großen Strauß Dalien mit. Es muß also Herbst gewesen sein. Ich wurde von ihm und seiner Frau begrüßt, die Blumen überreichte ich ihm, wofür Grete Verständnis hatte; wir umarmten uns.

Len nahm bald nach seiner Rückkehr ebenfalls Verbindungen auf, die ich nicht kennenlernte. Er traf einen ihm von früher bekannten Sympathisierenden durch Zufall wieder, einen Spezialisten für Panzerlandungen vom Wasser aus. Wir erhielten von ihm neben Nachrichten über Panzerlandemittel ein wichtiges Instrument, das in U-Booten für Radargeräte benutzt wurde. Damals war Radar noch etwas Neues, und die Zentrale war sehr interessiert daran. Wir vergruben solche Kostbarkeiten bis zum nächsten Treff mit Sergej oder legten, wenn sie uns besonders wichtig erschienen, einen Zwischentreff ein. Die Verabredung für solche Treffs geschah folgendermaßen: Ich fuhr nach London, ließ zu vorgegebener Zeit an einer bestimmten Stelle ein kleines Stück Kreide fallen und trat darauf. Dieses Kreidezeichen bedeutete, daß wir uns noch am selben Tag abends treffen müßten.

Len hatte auch mit einem Chemiker Kontakt, von dem er Informationen erhielt.

Wenn ich in solcher Kürze Lens und meine neuen Verbindungen erwähne, in der Praxis war das langwieriger. Selbstverständlich mußte auch Len seine Bekannten mehr als einmal treffen und sie allmählich auf unser Anliegen vorbereiten. Selbstverständlich fiel ich auch bei Tom nicht mit der Tür ins Haus. Wir schickten nach einigen Unterhaltungen Details über die Genossen, soweit wir sie in Erfahrung bringen konnten, an die Zentrale, und sie stimmte zu oder lehnte ab. James und Tom wußten, für welches Land die Arbeit war. Lens Freunde errieten es vielleicht. Wir hatten es bis zum Ende des Krieges nicht allzu schwer, Menschen zu gewinnen, denn die Arbeit für die Sowjetunion war zu dieser Zeit Arbeit für einen Verbündeten Englands im Krieg gegen Hitler.

Das englische Volk sympathisierte mit der Sowjetunion. Wurde in

Kriegsbetrieben bekannt, ein Waffenmaterial gehe nach Murmansk, erhöhte sich die Produktion merklich, in einigen Fällen bis auf das Doppelte. Selbst „Damen der höheren Gesellschaft" konnten sich dieser Stimmung nicht entziehen und strickten Fausthandschuhe für die Rote Armee!

Die Verzögerung einer zweiten Front auf dem Kontinent durch England und die USA löste bei vielen Menschen Empörung oder zumindest Unbehagen aus. Trotz aller Versprechungen ließen die beiden Länder ihren Verbündeten – die Sowjetunion – lange fast allein kämpfen und bluten – auch später griffen sie nur mit beschränkten Mitteln ein. (Tote des zweiten Weltkrieges: Sowjetunion 20 Millionen, England 386000, USA einschließlich des Fernen Ostens 259000.*)

In den Städten Englands stand 1942 in roter Farbe die Forderung des Volkes an den Mauern: „Beginnt die zweite Front *jetzt*!"

Selbst die Kinder waren davon angesteckt. Micha zeichnete im Januar 1942 für eine Zeitschrift ein Bild: „Das Alltagsleben eines englischen Soldaten: Er putzt seine Schuhe. Das Alltagsleben eines russischen Soldaten: Er verteidigt einen Flugplatz."

Wie gerechtfertigt der Appell der Volksmassen war und auch unsere Hilfe für die Sowjetunion, beweist heute – nach 35 Jahren – einer der prominentesten Militärwissenschaftler in den USA, Hanson W. Baldwin. In seinem kürzlich veröffentlichten Buch** schreibt er:

„Die deutsche Invasion Rußlands gab den USA Möglichkeiten, dem totalen Krieg auszuweichen. Auf keinen Fall war es, wie die Jahrzehnte nach dem Krieg gezeigt haben, im Interesse der USA und der Welt, eine Gefahr (Nazideutschland. R. W.) durch eine andere (Sowjetunion. R. W.) zu ersetzen. Die Zerstörung beider wäre nur günstig und nicht schädlich gewesen."

Ich brauche hier nicht zu schildern, wie wir selbst täglich die Kämpfe der Sowjetunion verfolgten, um Moskau und Leningrad bangten, die Widerstandskraft seiner Bürger bewunderten, um die Toten trauerten. Jeder Erfolg in unserer Arbeit schien uns jetzt doppelt wichtig. Den

* *„Observer", 24. 9. 1972*

** *„The Crucial Years" 1939–41 („Die entscheidenden Jahre" 1939/41), Verlag Weidenfeld, London 1977*

Gedanken, daß wir oder unsere Mitarbeiter damit England verrieten, hätten wir damals wie noch heute abgelehnt.

Len hatte sich bei der Luftwaffe beworben, mit dem Ziel, Flieger zu werden. Bevor er sich in Gefahr begab, wollte ich ein Kind von ihm. Ich wünschte es mir sehr und hatte wie schon zuvor die Entschuldigung, daß Säuglinge eine gute Legalisierung bedeuteten. Nina war nun schon sechs Jahre alt. Ich bestand darauf, als Ende 1942 die Einkreisung der deutschen Armee bei Stalingrad begann und sich der Sieg an dieser wichtigen Front abzeichnete. Len stimmte schließlich zu, weil er der Meinung war, er müsse mich in dieser Frage entscheiden lassen. Später war er ein stolzer, in seinen Sohn vernarrter Vater.

Auf einem Treffen in London, das im August, einen Monat vor Peters Geburt, stattfand, begann abends ein starkes Gewitter mit orkanartigem Sturm. Sergej war da, hatte aber unter diesen Umständen mein Erscheinen kaum erwartet. Er überbrachte mir das Lob des Direktors für eine Nachricht, die ich ihm zuvor gegeben hatte. Entweder war Sergej inzwischen in Moskau gewesen, oder er hatte den Auftrag erhalten, mir die Worte genau mitzuteilen. Der Direktor hatte gesagt: „Wenn wir fünf Sonjas in England besäßen, wäre der Krieg früher zu Ende." Ich fand mich nicht so tüchtig, war aber sehr glücklich. Besser hätte niemand den Sinn unserer Arbeit ausdrücken können: Den Faschismus vernichten und damit das Ende des Krieges für alle Menschen erreichen. Jede Stunde früher zählte.

An meine Mutter:
„8. September 1943, 17.00 Uhr
... Um 12.45 Uhr war ich noch einkaufen, und jetzt ist das Kind bereits zwei Stunden alt. Das zeigt Dir, ich habe es leicht gehabt. Es ist ein Junge, und er wiegt nur sechseinhalb Pfund. Er ist zwei bis drei Wochen zu früh gekommen."

Das nächste Treffen mit Sergej war genau am Tage von Peters Geburt. Len fuhr statt meiner nach London. Spätabends, gleich nach seiner Rückkehr, kam er in die Klinik, sah mich an und sagte:

Berta und René Kuczynski, in England

„So glücklich habe ich dich noch nie gesehen. Du siehst aus wie zwei Sonjas." Dann ging er zum Körbchen und betrachtete seinen sechs Stunden alten Sohn.

Die Eltern lebten zu dieser Zeit schon wieder in London, doch Vater hatte in Oxford zu tun und wohnte bei mir. Als er mich am Tag nach Peters Geburt im Krankenhaus besuchen kam, fragte ich ihn als erstes: „Was sagst du zu Italien?" Der Waffenstillstand, der die endgültige Niederlage Italiens besiegelte, war am 8. September abgeschlossen worden.

Vater strahlte. „Wie schön, daß du davon anfängst, ich hatte geglaubt, ein politisches Gespräch mit einer Wöchnerin gehörte sich nicht." Wir unterhielten uns über die Auswirkungen dieser Niederlage und über die gesamte Kriegssituation, während Peter an meiner Seite schlief, aufwachte, maunzte und wieder einschlief. Len wurde kurz nach Peters Geburt einberufen.

An Mutter:
Januar 1943
„Von Len etwas betrübte Briefe. Nach seinem Weihnachtsurlaub findet er alles besonders deprimierend. Nur die Chance, die man ihm angedeutet hat, von der Grundausbildung zur Fliegerausbildung überzugehen, belebt ihn. Len, der niemals ein Bewunderer des Kleinbürgers war, ist dennoch betroffen von der Interessenlosigkeit der Menschen, mit denen er zusammen ist. Sechs Wochen lebt er nun schon in dauerndem Kontakt mit den 25 Mann seiner Baracke, aber nicht ein einziges Mal fiel dort ein Wort über Churchill, Rußland, Italien, Teheran, Hitler oder irgend etwas, das mit der Entwicklung des Krieges zu tun hat."

Trotz Empfehlungen seines Kommandanten und der höchsten Note A 1 beim Abschluß wurde Len die Fliegerausbildung verweigert. Spanienkämpfer blieben meist einfache Soldaten, besonders wenn sie Arbeiter waren. Len beantragte eine Ausbildung als Funker, immer noch in der Hoffnung, zum aktiven Dienst zu gelangen. Als dies wiederum abgelehnt wurde, bat er um Versetzung zu einer Kampftruppe der Armee. Zu unserer Überraschung kam er in eins der feudalsten Regimenter Englands, zu den „Coldstream Guards". Die Garderegimenter waren die königlichen Haushalttruppen. Er erhielt dort Infanterieausbildung und dann ein Training bei den Panzertruppen. Wie bei der Luftwaffe schloß er auch hier beides mit der besten Note ab.

An Jürgen:
„Hör und staune! Len entwickelt sich zum Mustersoldaten. Er erhielt einen Wochenendurlaub extra als bester Soldat von 800 Mann. Zuzüglich hat er alle im Lager bestehenden Rekorde für den Langstreckenlauf geschlagen."

Was an Lens Ausbildung und Umgebung von Interesse war, erfuhr natürlich die Zentrale. Während der Zeit in der Luftwaffe war er nur vierzig Kilometer von Oxford stationiert, und ich radelte manches Mal zu ihm. Als seine Panzerausbildung beendet war, ging er kurz vor Kriegsende nach Europa an die Front.

Lens Panzereinheit gehörte zu den Späh-Truppen des 1. Panzerbataillons der „Coldstream Guards".

Mit der wachsenden Arbeit 1942/43 mehrten sich die Treffs. Ich wußte nicht, wer die Kinder während meiner Reisen betreuen und versorgen sollte. Mutter, die manchmal von London nach Oxford gekommen war, um einzuspringen, war erkrankt.

> „Ich bedaure zum erstenmal, daß Du nicht eine Jungfer unter Deinen fünf Töchtern hast, die an nichts anderes denkt als Haushaltpflichten und Dir alles abnimmt. Ich fand sie alle in London mehr als beschäftigt. Du hast Vati so schlecht erzogen, und nun sorgst Du Dich über seine Hilflosigkeit. Unter allen Umständen solltest Du so lange im Krankenhaus bleiben, wie es die Ärzte für richtig halten."

Ich mußte eine Lösung finden. Hinzu kam, daß es nicht mehr leicht war, das nächtliche Senden vor Micha zu verbergen. Ich entschloß mich, ihn in eine Internatsschule zu geben, zumal er durch seine guten Leistungen ein Stipendium dafür gewonnen hatte. Die sechsjährige Nina schickte ich auch wieder in ein Schulheim in einer schönen ländlichen Umgebung im Bezirk Epping Forest.

Bald danach kam ein Telegramm, Nina hatte eine lebensgefährliche Bauchfellentzündung. Ich fuhr zu ihr und blieb drei Tage und drei Nächte im Krankenhaus. Als ich sie Wochen später nach Hause holen durfte, schwor ich mir, sie nie wieder fortzugeben. Halten konnte ich diesen Schwur nicht. An den Folgen der Operation leidet Nina heute noch.

Sechs Wochen nach Peters Geburt sollte ein Treff in London stattfinden. Ich hatte niemanden für das Baby und mußte es mitnehmen. Reisen war zur Zeit des Krieges nicht einfach, und Mutter fand es schlimm, daß ich mit dem Säugling in der Gegend umherfuhr.

Sobald es ihr besser ging, kam sie wieder nach Oxford, wenn ich unterwegs sein mußte. Viele Male hat sie mir auf diese Weise geholfen. Über meine Arbeit habe ich nie mit ihr gesprochen.

1943 schickte der englische König Georg VI. zum entscheidenden Sieg der sowjetischen Armee bei Stalingrad ein kostbares Schwert als Ehrengeschenk an Stalin, aber die zweite Front war noch immer nicht eröffnet.

Auf der ersten Konferenz von Teheran verlangte die Sowjetunion den Angriff auf Hitler von Frankreich aus. Churchill dachte mehr an einen Marsch zum Balkan! Roosevelt unterstützte Stalin.

Erst am 6. Juni 1944, als der Sieg der sowjetischen Armeen bereits sicher war, begann die lang versprochene zweite Front, die Landung englischer und amerikanischer Soldaten in der Normandie. Sieben Wochen später kämpften siebenunddreißig Divisionen in Frankreich gegen Hitler.

Laurence Thompson, ein bürgerlicher englischer Journalist, schrieb in der „Picture Post 1938-50", Penguin Books: „Zum erstenmal seit der Invasion Rußlands waren die Deutschen gezwungen, wesentliche Streitkräfte von der russischen Front abzuziehen."

Im Juli 1944 fielen die ersten deutschen „Wunderwaffen", die „V1", eine Flügelbombe, auf London. Innerhalb von drei Monaten waren es etwa neuntausend Stück, im September folgten die „V2-Raketen". London mußte erneut evakuiert werden.

Zum 7. November 1944 überbrachte mir Sergej die Grüße des Direktors zum Feiertag der russischen Revolution; ich hatte ein kleines Geschenk für ihn – ein Buch. Rote Rosen gab es nicht, das wäre wohl auch „unkonspirativ" gewesen. Len war nicht da, ich konnte mit niemandem sonst den Tag festlich begehen und dachte viel an die Vergangenheit.

Jahre später erfuhr ich, daß Richard Sorge, von den Japanern zum Tode verurteilt, an diesem 7. November 1944 ermordet worden war.

Jürgen wurde im Herbst 1944 auf Grund seiner Kenntnisse der wirtschaftlichen Verhältnisse in Deutschland, über die er viel veröffentlicht hatte, von der USA-Armee eine Stellung angeboten. Er sollte im „Büro für amerikanische Bombenstrategie" im Rang eines Oberst arbeiten. Jürgen bat sich Bedenkzeit aus, damit ich bei der Zentrale anfragen konnte.

Diese gegen Nazideutschland gerichtete Arbeit bei einer USA-Geheimdienstorganisation hatte nur Sinn, wenn die Zentrale sie für positiv hielt und ein entsprechender Auftrag von ihr eintraf. Die Antwort kam schnell, die Zentrale war interessiert daran. Ich erhielt nun regelmäßig nützliche Nachrichten von Jürgen. Genau wie ich kann er sich nicht auf Einzelheiten besinnen. Nur eine Sache ist uns noch in Erinnerung: Dick Ruggles, Professor der Harvarduniversität, während des Krieges im Büro für Strategische Dienste beschäftigt, befaßte sich mit Methodologie der Spionage und hatte ein System ausgearbeitet, wie man nach sorgfältiger Registrierung der Seriennummern aller abgeschossenen deutschen Panzer, Flugzeuge usw. die laufende Rüstungsproduktion des Feindes einschätzen konnte. Diese Berechnung erschien alle vierzehn Tage und hatte einen ausgesucht engen Verteilerkreis: Roosevelt, Eisenhower, Churchill, der Chef des englischen Generalstabes, Ismay, der Chef des „OSS" – „ Office of Strategic Services" – „Büro für Strategische Dienste" – und der Chef des „Büros für amerikanische Bombenstrategie". Außerdem kursierte ein einziges Exemplar bei ungefähr fünf Mitarbeitern der „Amerikanischen Bombenstrategie", die mit der Herstellung der Übersicht zu tun hatten. Jürgen übermittelte mir die Übersicht regelmäßig, und ich gab sie weiter an die Zentrale. Ich glaube zu wissen, daß der Oberbefehlshaber der sowjetischen Armee ebenso regelmäßig den Inhalt erfuhr. Dieses höchst vertrauliche Blatt, das die von Ruggles berechneten Zahlen laufend veröffentlichte, gehörte zur „United States Strategic Bombing Survey" (Übersicht über die amerikanische Bombenstrategie).

Jürgen lernte im „OSS" – „Büro für Strategische Dienste" und Vorläufer der „CIA" –, mit dem sein Büro zu tun hatte, einen amerikanischen Oberleutnant „Max" kennen. „Max" hatte den Auftrag, deutsche Emigranten für Spionagearbeit in Deutschland anzuwerben. Sie sollten ausgebildet und mit Fallschirmen abgesetzt werden. Er bat Jürgen um Unterstützung.

Die Zentrale war an diesem Einsatz der Deutschen bei dem „OSS" interessiert und antwortete sinngemäß: Arbeit mit „Max", aber seid vorsichtig. Ich übergab Jürgen die Antwort, und er vermittelte mir und „Max" einen deutschen Genossen, der alle das „OSS" betreffenden Arbeiten übernehmen sollte. Jürgen hatte von diesem Zeitpunkt an mit der Angelegenheit nichts mehr zu tun. Der Genosse war Erich Henschke; er gehörte der Leitung der Londoner Parteigruppe an. Ich holte auch für seine Mitarbeit die Zustimmung der Zentrale ein.

Erich war Spanienkämpfer, ich kannte ihn bereits aus dem KJVD. 1928/29 war ich von der Berliner Bezirksleitung der Partei beauftragt worden, eine marxistische Arbeitsbibliothek (MAB) aufzubauen. Geld stand nicht zur Verfügung. Wir mieteten einen früheren Taubenkeller in der Grenadierstraße in Berlin und nahmen, um die Miete bezahlen zu können, zehn Pfennig Leihgebühr. Die Bücher für die MAB sammelten wir mit Handwagen bei Genossen und Verlagen. Erich Henschke, Max Kahane und Gerd Degenhardt waren die ersten freiwilligen Helfer bei der Ausleihe. Ich beschreibe den Aufbau der Bibliothek, die später der „MASCH", der Marxistischen Arbeiterschule, angegliedert wurde, in dem Buch „Ein ungewöhnliches Mädchen".

Nun traf ich Erich hier wieder. Er war ein langsam denkender Mensch, dem es schwerfiel, Entschlüsse zu fassen. Er verhielt sich übervorsichtig und ging ungern Risiken ein, aber er war nicht feige. Erich besaß Parteierfahrung, war sehr zuverlässig und pflichtbewußt.

Den Amerikaner Max habe ich nicht getroffen, und auch er wußte nichts von meiner Existenz. Er akzeptierte Erich als Mitarbeiter und war mit dessen Vorschlag einverstanden, Kommunisten als Fallschirmspringer auszuwählen. Sie waren ja wirklich im antifaschistischen Kampf die zuverlässigsten. Es gab während der Regierungszeit von Roosevelt und des Krieges gegen Nazideutschland übrigens eine Reihe fortschrittlicher Amerikaner in der Militäradministration und in den Spionageapparaten. Später änderte sich dies. Das Folgende zeichne ich nach einem Gespräch mit Erich Henschke im Jahre 1968 auf, der sich dieser Dinge besser erinnert.

Der Einsatz unserer Genossen für solche Aufgaben konnte nicht ohne Zustimmung der deutschen Parteileitung in England erfolgen. Erich sprach mit Wilhelm Koenen. Meine Existenz wurde, falls Erich die Schweigepflicht, so wie verlangt, eingehalten hat, niemals erwähnt. Erich Henschke, Hans Kahle und Wilhelm Koenen wurden von der Parteileitung beauftragt, die Liste der Genossen, die eingesetzt werden sollten, zusammenzustellen. Erich Henschke schied vorübergehend aus der Parteiarbeit aus, um sich dieser Aufgabe, das heißt der Zusammenarbeit mit dem „OSS" und der Weitergabe von Material an mich, voll zu widmen. Dem „OSS" wurde eine Reihe von Genossen vorgeschlagen, nachdem Erich mir deren Fotos und Lebensläufe übermittelt hatte. Ich sandte sie der Zentrale zu und erhielt ihre Zustimmung. Diese Genossen wußten, daß ihr Einsatz von der Sowjetunion genehmigt war. Zwei der Genossen wurden vom „OSS" abgelehnt, es blieben übrig: Adolf, Walter, Peter, Paul Lindner, Werner Fischer, Kurt Gruber, Anton Ruh.

Erich war kein festangestellter Mitarbeiter des „OSS". Er erhielt fünf englische Pfund wöchentlich für Spesen vom „OSS" und fünf Pfund von der Zentrale. Tatsächlich waren die Arbeit mit den sieben Genossen, die Übermittlung ihrer Nachrichten an mich und Erichs Kontakt zwischen ihnen und dem „OSS" zwei, drei Monate lang eine volle berufliche Tätigkeit.

Die genannten Genossen schlossen einen Vertrag mit dem „OSS"; sie wurden hoch bezahlt und erhielten eine beachtliche Lebensversicherung. Es folgte eine intensive Ausbildung von etwa zehn Wochen in England; sie übten Fallschirmsprünge und die Bedienung des „Walkietalkie", das war eine Art Sprechfunkgerät, das damals noch eine Neuheit war. Sie lernten einen Zahlenkode auswendig. Ihre Pässe, ihre Kleidung, ihr Lebenslauf wurden gründlich vorbereitet. Unsichtbare Tinte, Vergiftungspillen und Kraftnahrung gehörten zum Fluggepäck. Ich ließ der Zentrale Informationen zukommen. Der Direktor bestätigte, unser Material sei interessant, besonders der Zahlenkode.

Die Genossen sollten, jeder an einem vorbestimmten Tage zu festgelegter Zeit und an einem vorbestimmten Punkt, ihr Flugzeug mit dem Fallschirm verlassen und nach der Landung als erstes ihr Walkietalkie bereithalten. Ein USA-Flugzeug würde über dem Absprunggebiet erscheinen und den Kontakt vom Himmel zur Erde über Walkietalkie mit ihnen aufnehmen.

Erich war vom „OSS" beauftragt worden, Adressen von Nazigegnern in Deutschland zu beschaffen, bei denen die Genossen anlaufen konnten, soweit sie selbst keine Kontakte besaßen. Erich flog zu diesem Zweck nach Zustimmung der Zentrale mit Max in einem USA-Flugzeug nach Paris; dort war die „Freie deutsche Bewegung“* umfangreicher, und Paris lag geographisch näher an Deutschland; er brachte genügend Adressen mit zurück.

Max war auch an direkten Kontakten mit der Freien deutschen Bewegung in Paris interessiert. Die Zentrale stimmte zu, und Erich vermittelte sie ihm. In der Arbeit mit der USA-Spionageorganisation „OSS“ tat ich keinen Schritt ohne die Zentrale, weil es kompliziert für mich war, die Lage einzuschätzen. Ich nehme an, die Zentrale hat über ihre Pariser Kontakte die Angelegenheit dort in der Hand behalten.

Ich hatte mit keinem unserer Fallschirmspringer-Genossen direkte Verbindung, sondern nur über Erich.

Adolf sprang nach Erichs Erinnerung als erster oder zweiter ab. Toni Ruh und Paul Lindner benutzten zusammen ein Flugzeug. Sie nahmen nach dem Absprung Verbindung mit den Amerikanern und den sowjetischen Freunden auf. Ich glaube, daß Toni unter anderem bei seiner Schwester, Frau Tredup, anlief, die ihn tapfer unterstützte. Er grub sein Walkie-talkie ein, ich nehme an, er hat es später, nach Kriegsende, Mitarbeitern der Zentrale übergeben.**

Toni Ruh, der vor ein paar Jahren verstorbene Botschafter der DDR in Rumänien und frühere Leiter des Amtes für Zoll- und Warenkontrolle, hat seine Geschichte sicherlich im Detail festgehalten.

* *Organisation deutscher Antifaschisten*

** *Anmerkung 1978: Vor wenigen Wochen hörte ich von Genossin Walli Schmidt, Berlin-Weißensee, die bisher über die Vergangenheit geschwiegen hat, daß der Fallschirmspringer Anton (Toni) Ruh tatsächlich sein „Walkie-talkie“ gerettet hat. Sie teilt mit: „Meine Schwester Dora Selchow und ich kannten Toni aus dem kommunistischen Jugendverband. Das Gerät wurde von Dora und mir auf unserem Laubengrundstück ‚Kolonie Falkenhöhe‘, Berlin-Wartenberg, im Garten zwischen Pflaumenbaum und Hühnerstall vergraben. Toni und Paul versteckten sich bei Pauls Eltern in Berlin-Neukölln in der Nähe vom Teltowkanal, und ich hab für sie gekocht. Vor Kriegsende für zwei Männer ohne Lebensmittelkarten zu sorgen war nicht einfach. Vor Anmarsch der Roten Armee versuchten Toni und Paul, zwei Brücken über den Kanal zu retten. Bei der einen – der heutigen Baumschulenbrücke – kamen sie unter Beschuß, und es gelang ihnen nicht; die Brücke wurde gesprengt. Bei der anderen zerschnitten sie das Kabel und hatten Erfolg. Als die ersten sowjetischen Truppen kamen, habe ich das Sprechfunkgerät einem Offizier übergeben und auch eine Bescheinigung dafür bekommen.“*

Er kehrte mit erfülltem Auftrag nach England zurück. Seine Berichte übermittelte ich der Zentrale.

Toni lernte ich später durch gemeinsame Freunde in der DDR persönlich kennen, wir aßen häufig im Gästehaus der Regierung am Thälmannplatz zusammen Mittag. Niemals habe ich erwähnt, daß wir schon einmal in anderer Angelegenheit miteinander zu tun gehabt hatten.

Peter und Walter sprangen von einem Flugzeug über Bayern (?) ab. Von Peter kamen nicht viel Nachrichten. Walters Informationen nach seiner Rückkehr waren sachlich und interessant.

Kurt Gruber, gebürtiger Westfale, Bergarbeiter von Beruf, war von 1933 bis 1936 illegaler Parteiarbeiter in Berlin, er ging später ins Exil. Kurt arbeitete in Schottland als Bergarbeiter und hatte eine schottische Frau geheiratet. Er wurde Mitglied der schottischen Bergarbeitergewerkschaft und veröffentlichte eine Broschüre mit dem Titel „I am a German Miner" – „Ich bin ein deutscher Bergarbeiter".

Das Flugzeug, aus dem er abspringen sollte, explodierte in der Luft. Er kam mit der Besatzung um. Seine Frau verhielt sich, als sie vom Tode des Mannes erfuhr, tapfer und gefaßt. Die Familien der Fallschirmspringer wußten nichts von unserer Arbeit.

Werner Fischer sprang, soweit Erich erinnerlich, mit Nazipapieren auf den Namen Lauterbach ab. Es ist fast sicher, daß er umgekommen ist. Ich habe die Zentrale vergeblich nach ihm gefragt, die deutsche Parteileitung forschte, der englische Rechtsanwalt Pritt bemühte sich. Werner Fischer blieb verschollen.

Ich denke, die Zeit ist gekommen, daß auch diese Genossen geehrt werden sollten.

Toni Ruh übergab Erich kurz vor Kriegsende ein kleines Flugzeugteil. Erich und ich deponierten es und mein Söhnchen Peter in seinem Kinderwagen, fuhren an einen Waldrand in der Nähe von Great Rollright und vergruben das Teil.

Aus irgendeinem Grunde hatte ich mehrere Wochen lang keinen Kontakt zur Zentrale, und als ich endlich das Teil wieder ausgraben wollte, fand ich es nicht mehr. Ich verbrachte Stunden mit der Suche und konnte die genaue Stelle nicht wiederentdecken. Das ist mir nur einmal in zwanzig Jahren Praxis passiert – einmal zuviel.

Die Arbeit mit dem „OSS“ brach ein paar Wochen nach Kriegsende ab, als die Amerikaner unsere Genossen demobilisierten. Meine anderen Kontakte gingen weiter. Informationen über die Nachkriegspolitik der Alliierten waren für die Sowjetunion wichtig.

Zur Feier des Friedens fanden im Mai 1945 überall Feste statt. In den Straßen wurden Tische aneinandergestellt und gedeckt. Die Bürger stifteten von den mageren Rationen Mehl, Fett oder gar ein Ei – es gab nur ein Ei wöchentlich je Person –, Kekse wurden gebacken, Tee und Brause bereitgestellt.

Frau Laski organisierte die Feier in unserer Straße . Ein Foto von der gemeinsamen Kaffeetafel existiert noch. Ich freute mich mit allen anderen über die siegreiche Beendigung des Krieges; ich fühlte die gleiche Erleichterung, weil man sich nicht mehr um Angehörige bei den kämpfenden Truppen zu sorgen brauchte. Alle erhofften eine bessere Welt, aber hier schieden sich unsere Vorstellungen.

Bevor mein Kontakt zu Erich mit dem Abschluß seiner Beziehungen zum „OSS“ nach Kriegsende aufhörte, übergab er mir leihweise noch etwas Interessantes: die Akte eines amerikanischen Sergeanten, der des Kommunismus verdächtig war. Dies war eine der Gelegenheiten, die ein schnelles Sondertreffen mit Sergej nötig machten. Er ließ die ungefähr zweihundert Seiten umgehend fotografieren; sie waren es wert.

Wenn ich in der Zentrale in Moskau säße, würde ich diese Akte übersetzen und zur Pflichtlektüre für alle Kundschafter machen. Sie ersetzt jede theoretische Lehre über die Notwendigkeit strengster Konspiration. Es handelte sich wohlgemerkt um einen einfachen Mann, dem man außer allgemeingehaltener kommunistischer Sympathie nichts nachsagen konnte, um einen Sergeanten, der weder in der Armee noch als Privatperson eine große Rolle gespielt hatte. Aber der Verdacht, Kommunist zu sein, genügte, um auf zweihundert Seiten das Ergebnis der Nachforschungen festzuhalten. Nichts war ausgelassen. Es begann mit seinen Eltern, sämtlichen Verwandten, der Schulzeit und seiner Lehre. Alle Wohnadressen, Aussagen seiner Wirte und vieler Nachbarn waren festgehalten. Seine Kollegen, seine Freunde, seine Lektüre waren bekannt, seine Korrespondenz, seine Urlaubsreisen, Liebschaften, die

Ehefrau, nichts, aber auch gar nichts fehlte. Ich selbst hatte bei all meiner Erfahrung so etwas nicht für möglich gehalten.

Nach dem Kriege gewann die Labour Party die Wahlen und bildete die Regierung. Damals war Harold Laski, der Bruder von Neville, Vorsitzender der Labour Party.

Die wirtschaftliche Lage Englands nach dem Kriege gestaltete sich katastrophal. Eine riesige Anleihe bei den USA sollte helfen. Die Anleihe besiegelte die bereits bestehende Abhängigkeit Englands von Amerika. Der kalte Krieg der USA und Englands gegen die Sowjetunion begann. Wer noch an dieser systematisch geführten Aktion zweifelte, wurde durch Churchills Rede in Fulton, Missouri, eines schlechteren belehrt. Die Labour Party folgte, wie leider oft, der antisowjetischen Linie der Konservativen.

Im Mai 1945 wollte die Besitzerin nach „Avenue Cottage" zurückkehren. Wir mußten wieder einmal umziehen. Len war noch in Deutschland bei der Armee. Er wurde erst einundzwanzig Monate nach Kriegsende demobilisiert.

Ich hatte die möblierten Wohnungen mit den in Abständen inspizierenden Wirtinnen, die jeden Fleck auf dem Teppich beanstandeten und extra berechneten, gründlich satt. Aber wie zuvor war es noch nicht einmal möglich, etwas Möbliertes zu finden, und eine unmöblierte Wohnung war ein utopischer Wunsch. Zufällig erwähnte eine Nachbarin ein Farmhaus „The Firs" – „Die Fichten" –, das sie in den „Cotswolds" in dem kleinen abgelegenen Dorf Great Rollright besäße und vermieten wolle. Die Cotswolds mit ihrer Hügellandschaft liegen ungefähr dreißig Kilometer von Oxford entfernt. Ich sah mir das Haus an, ein zweistöckiges Gebäude mit sieben Zimmern, riesiger Küche und vielen Nebenräumen; das Ganze war viel zu groß für uns. Es gab keine Elektrizität, und der Müll wurde nicht abgeholt; einmal am Tage fuhr der Autobus in die nächstgelegene Stadt. Aber die Gegend war wunderschön, und das zweihundertfünfzig Jahre alte Haus mit den dicken Holzbalken, den niedrigen Stuben, umgeben von Hof, Scheune und verwildertem Garten, gefiel mir sehr, außerdem betrug die Miete nur ein Drittel von dem, was wir bisher gezahlt hatten. Ich übernahm das Haus. Vielleicht würde es mir gelingen, Zimmer zu vermie-

Len als Soldat, 1945

ten, um jemanden für die Kinder im Hause zu haben, wenn ich reisen mußte. Für das Funken war ein Mitbewohner allerdings ungünstig.

Ich kaufte gebrauchte Möbel, und die Geschwister stifteten, was sie übrig hatten. In den langen Flur hängte ich chinesische Malereien aus der Mingzeit. Merkwürdig, wie wunderbar die Zeichnungen auf Seide in das alte Bauernhaus paßten.

Mit Michael, Peter und Nina

Es war schwierig, im Dorf nachbarlichen Kontakt zu finden. Uns gegenüber lag das Herrenhaus des reichen Gutsbesitzers Lonsdale. Er war ein bekannter ehemaliger Marinekommandeur; Prinz Philipp hatte als junger Mann unter ihm gedient. Philipp besuchte noch zu unserer Zeit mit seiner Frau, der späteren Königin Elisabeth, den Gutsbesitzer. Die anderen Einwohner waren Landarbeiter oder kleine Bauern, die nicht viel von „Ausländern" wie mir hielten.

So blieb ich allein, aber ich hatte meine Arbeit, ich hatte Nina und Peter, und Micha kam aus seiner Internatsschule in den Ferien nach Hause. Len würde auch ab und zu aus Deutschland Urlaub erhalten. Ich wußte, daß er die Cotswolds liebte. Wir hatten die Landschaft schon früher mit den Rädern durchstreift. Ich freute mich darauf, Len unser erstes richtiges Heim zu zeigen. Die zehnjährige Nina äußerte, bevor er in Urlaub kam:

„Ich wette, er schläft die ganze Nacht nicht vor Aufregung, wird nicht still liegen können in seinem Bett, möchte am liebsten vom Schiff springen und zu uns schwimmen."

Doch als Len endlich aus Travemünde eintraf, hatte er überhaupt keinen Blick für unser Haus und das idyllische Dorf. Er kam aus einem Deutschland mit viel Elend, großen Konflikten, Spannungen und Schwierigkeiten.

Ich war traurig und versuchte, ihm nach seiner Abfahrt durch Briefe über unser Leben Bindung an die Familie zu geben.

Sommer 1946

„... Von neun Uhr früh bis sieben Uhr abends war ich mit den Kindern in Stratford on Avon. Es war *der* Sommerausflug, den ich ihnen versprochen hatte, und sie durften schwelgen. Viermal Brausepulvergetränk, dreimal Eiswaffeln, zweimal durch ganz Woolworth* und die höheren Dinge, wie Shakespeares Geburtshaus, ein Gang durch die Theaterhallen. Dann eine Motorbootfahrt auf dem Fluß und einige Stunden in dem schön gelegenen Schwimmbad."

Februar 1946**

„Zum Geburtstag kaufte ich Micha einen Schlips, den er vorher lange mit den Augen im Schaufenster verschlungen hatte. Knallgelb mit aufgedruckten Pferdeköpfen. Eine schreckliche Gigolo-Angelegenheit. Falls Du ihm etwas schicken willst, ein grelles seidenes Taschentuch, je vulgärer, desto besser ..."

Dezember 1946

„... Weihnachten war ganz eigenartig. Ich hatte zwei deutsche Kriegsgefangene, die hier im Dorf auf der großen Farm von Lonsdale arbeiten, eingeladen, mit uns zu feiern. Sie haben ein ‚demokratisches Erziehungslager' für Gefangene hinter sich. Kaum saßen wir bei Kaffee und echtem Pfefferkuchen, als es an der Tür klopfte. Acht ‚Glokkenringer' kamen herein und folgten altem Brauch: Sie hielten 14 Glocken mit unterschiedlichem Klang in den Händen und spielten Weihnachtsmelodien, es war wunderschön. Die Dorfbewohner

* *Einheitspreisgeschäft*

** *Micha fünfzehn Jahre alt*

schienen von meinen Besuchern überrascht, und ich fand es richtig, eine kleine Rede zu halten über Weihnachten, Friede auf Erden und die Feindschaft des Krieges überwinden."

In demselben Jahr hörte ich das erstemal wieder etwas von Ernst, dem es sehr schlecht ging. Er wollte in seine Heimat Deutschland zurück und fragte an, ob ich ihn dabei unterstützen könne. Er brauche für die deutsche Emigrantenorganisation eine Bestätigung, daß er als Verfolgter der Nazis Deutschland verlassen mußte. Ich wüßte dies und könnte ihm helfen. Laut Berechnung eines Arztes habe er während der letzten dreißig Monate von vierhundert Kalorien täglich existiert; noch sei er am Leben.

Ich schrieb über Marguerites Absender an die Organisation für deutsche Emigranten, 696 Tongshanroad, Shanghai.

Ernst gelang es nicht, nach Deutschland einzureisen. Ich bin noch heute überzeugt, wenn es ihm damals geglückt wäre, besäßen wir einen ehrlichen, tüchtigen, aufopferungsbereiten Genossen mehr in der DDR.

Wieder hörte ich lange nichts von ihm, bis 1966 ein Brief aus Südamerika an Jürgen eintraf. Dies war nach zwanzig Jahren seine erste Nachricht. Ernst schrieb, er habe Sehnsucht nach Europa und möchte gern kommen. Im übrigen sei er in seinen Anschauungen der alte geblieben. Im Spätherbst erhielt ich Nachricht, er wolle mich, wenn ich einverstanden sei, besuchen.

Ernst kam Anfang Januar 1967. Die letzte Begegnung mit ihm lag achtundzwanzig Jahre zurück. Ich öffnete die Tür und sah, daß er am Zusammenbrechen war. Er konnte nicht sprechen, ich übrigens auch nicht. Ich führte ihn zu einem Sessel. Er zitterte und klagte über die Kälte. Ich kochte Kaffee, holte ihm einen Pullover und bat Len, erst ins Zimmer zu kommen, wenn Ernst sich gefaßt hatte. Eine wirkliche Beruhigung gab es für ihn nicht. Er war abgekämpft und mit den Nerven am Ende. Schließlich erzählte er mir seine Geschichte:

Die Verbindung zur Zentrale war, wohl zum Teil durch seinen Starrsinn, bald nach Rolfs Verhaftung in China abgebrochen worden. Ernst fand keine Arbeit. 1949, nach der Befreiung Chinas, wurden alle Ausländer von der Regierung aufgefordert, das Land zu verlassen. Ernst ging nach Argentinien und verdiente als Mechaniker seinen Lebensunterhalt. Er heiratete eine Argentinierin. Nun hatte ihn die Sehnsucht nach Europa gepackt. Er war zunächst allein gefahren, seine Frau sollte nachkommen, sobald er das Reisegeld erspart hatte.

Er würde gern in der DDR leben, sagte er, wenn das nicht gehe, könne er aber auch in Westdeutschland sein Brot verdienen. Seine Ansprüche seien gering. Wo immer er sich aufhalte, werde er als Kommunist leben. Er redete lange, und ich unterbrach ihn nicht. Beim Zuhören vergaß ich seinen schlechten körperlichen und nervlichen Zustand.

Erst als er alles gesagt hatte, fragte ich, wie er zu China stünde. Es stellte sich heraus, daß er mit Chinas Entwicklung einverstanden war. Er versicherte, er sei bereit, ehrlich für die DDR zu arbeiten und sich in keine Polemik einzulassen, aber wenn er gefragt würde oder „Ausfälle gegen China" höre, müsse er antworten.

Len und ich diskutierten lange mit Ernst, der ebenso eigensinnig und unerbittlich war wie früher.

Gewiß unterscheidet sich ein DDR-Blick auf die Welt von einer Sicht aus Südamerika. Das setzten Len und ich voraus. Wir diskutierten mit weitem Horizont gegen seine Anschauung, doch alle Argumente wies Ernst zurück. Er zeigte sich nicht bereit, auf eine andere Meinung einzugehen. Es war, als ob wir gegen eine Wand redeten.

Wenn Ernst als Mensch nichts mehr getaugt hätte, wären ich und auch Len, der ihn ja erst kennengelernt hatte, nicht so traurig gewesen. Wahrscheinlich hätten wir uns schnell von ihm getrennt. Aber all seine guten Eigenschaften waren noch da: die Willenskraft, die Opferbereitschaft, sein Herz für die Unterdrückten, deren Armut ihm täglich vor Augen stand.

Wir nahmen Ernst am nächsten Tag zur Liebknecht-Luxemburg-Demonstration mit, er war schon in seiner Jugend dabeigewesen. Die roten Fahnen, die Losungen und die Menschenmenge bewegten ihn. Als wir die Friedrichsfelder Gedenkstätte betraten, sah er, wie Demonstranten den führenden Genossen auf der Plattform zuwinkten, und er sah die Genossen zurückwinken. Seine Augen leuchteten. „Das ist gut so", sagte er.

Als wir zurückkehrten, diskutierten wir weiter und erreichten nichts. Abends fuhr Ernst ab. Len war ebenso bedrückt wie ich. Später kam ein Brief aus Westdeutschland. Ernst schrieb, von der Arbeiterklasse Europas sei nichts zu erwarten und auch die DDR verbürgerliche. Daher habe er sich entschlossen, nach Südamerika zurückzukehren.

Danach hörte ich nichts mehr von ihm.

Im Sommer oder Herbst 1946 unterbrach die Zentrale die Arbeit mit mir. Es kann nicht Footes wegen gewesen sein, der erst später zum Verräter wurde. Vielleicht war in einem anderen Land etwas geschehen, wovon ich nichts wußte. Jürgen lebte damals schon in Berlin, Lens Armee-Einheit war dort stationiert; ich bat ihn, meinen Bruder von unserer Lage zu informieren. Jürgen ließ mich wissen, er habe auch von anderen Unterbrechungen gehört, das scheine augenblicklich überall der Fall zu sein.

Wir hatten eine Sondervereinbarung, falls der Kontakt verlorenging. Auf dem Oxford-Banbury-Weg gab es ein paar Kilometer von Great Rollright entfernt eine Bahnunterführung. Nach dem ersten Querweg, vierter Baum links, sollte eine Nachricht unter die herausragende Wurzel gelegt werden. Ein bestimmter Termin zum Abholen war einmal monatlich ausgemacht. Jeden Monat radelte ich dorthin. Nie lag etwas da.

Der Zeitpunkt, an dem die Arbeit abbrach, läßt sich ungefähr bestimmen, da in Briefen finanzielle Einschränkungen erwähnt werden.

An Marguerite:
September 1946
„Ich kann jetzt wenig kaufen ... Willst du meine Kleidermarken haben?* Wenn Len demobilisiert ist, kann Micha seinen Armeemantel umgefärbt tragen, er braucht dringend einen ... Ich werde ab Mitte Februar Zimmer mit Pension vermieten. Wenn Du irgend jemand weißt, empfiehl mich doch als ‚perfekte Hausfrau' mit ‚Gemüse aus eigenem Garten'."

* *Textilien waren noch rationiert*

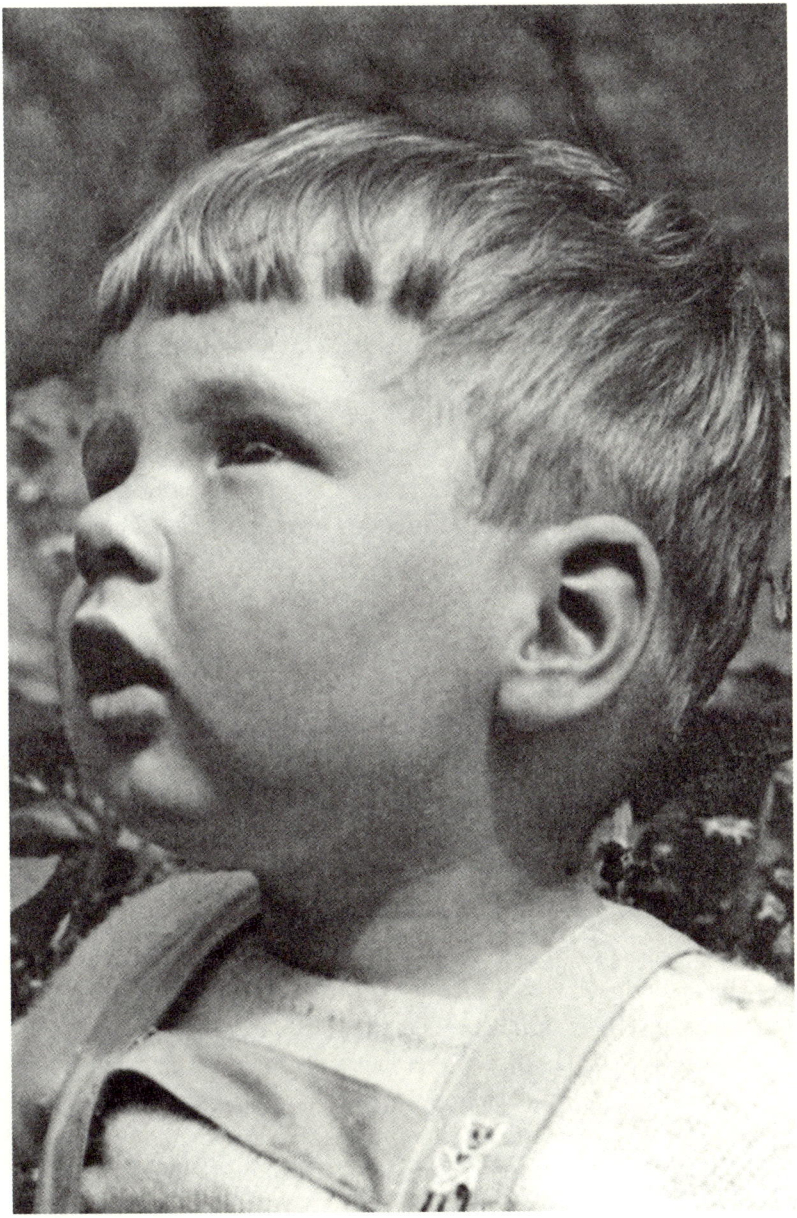

Peter, 1945

Len war endlich demobilisiert worden, er hatte eine von Marguerite empfohlene Arbeit in London angenommen, in einem Betrieb, der ein Spritzverfahren für Muster auf Plastmaterial erfunden hatte. Toni Ruh arbeitete auch dort. So lernten sich die beiden kennen

In unserer Gegend bestand keine Aussicht, für mich oder Len eine Arbeit zu finden, und wo wollte ich den dreijährigen Peter unterbringen? Das Haus aufgeben konnte ich auch nicht, wir würden nie wieder so etwas Billiges finden. In London gab es keine freien Wohnungen. Len wohnte umschichtig bei einer meiner Schwestern.

1946/47 hatte England den härtesten Winter seit hundert Jahren. Es schneite wochenlang, eisige Winde trieben Schneewehen zusammen, die Kohle wurde knapp, der Transport kam beinahe im ganzen Land zum Erliegen. Es gab über zweieinhalb Millionen Arbeitslose.

Es war schwer, in unserem Haus auch nur zwei der sieben eiskalten Räume mit den offenen Kaminfeuern warm zu halten. Elektrizität besaß das Dorf damals noch nicht, ich hatte die blakenden Öllampen, das Kochen mit Kohle, das Plätten mit einem Bolzeneisen gründlich satt. Der Wassertank fror ein, Rohrbrüche folgten.

An die Eltern:
Winter 1946/47
„Es sieht so aus, als ob ich uns morgen noch einmal drei Stunden aus dem Schnee graben muß. Es fahren keine Autobusse. Man fühlt sich einsam und eingeschlossen. Die Bauern sind bedrückt. Es wird ein schlechtes Jahr für die Ernährung werden, und es scheint auch ein schlechtes politisches Jahr zu werden. Die amerikanische Außenpolitik ist katastrophal. Man kannte natürlich ihre Linie, aber ich habe nicht diese brutale, offene Aktion erwartet. Sie versuchen nicht einmal zu verbergen, daß sie überall, wo sie ihre Hände anlegen können, die Linksbewegung anderer Länder zum Ersticken bringen wollen, daß sie sich Militärbasen gegen Rußland schaffen und daß sie soviel strategische Punkte wie nur möglich dominieren wollen. Die Sache mit Griechenland und der Türkei und die Art, wie sie bekanntgegeben wurde, und die Zeit, die sie dazu gewählt haben, sind ein großer Schritt dem nächsten Krieg entgegen. Ich bin depri-

miert und entsetzt. Soweit habe ich nur die Antwort in News Chronicle gelesen, die vollkommen schwachsinnig und leichtsinnig ist. So ungefähr: ‚Das wird eine mehr demokratische Regierung in Griechenland bringen, weil Amerika darauf bestehen wird!!!'"
Nachschrift I
„Wir sind jetzt völlig abgeschnitten. Die berühmteste Schneewehe im ganzen Dorf lehnt gegen unser Haus bis zur Höhe des Daches."
Nachschrift II
„Dreimal Heil dem Konsum. Vier kräftige Männer sind zu Fuß ins Dorf gekommen. Jeder trug 80 Pfund Brot in einem Sack auf dem Rücken. Ich werde ihnen diesen Brief mitgeben."

Frühjahr 1947
„Mein erster zahlender Gast ist wieder abgereist. Es kam mir doch komisch vor, ein Tablett, beladen mit guten Dingen, einer jungen Dame hineinzutragen und ihr ‚Frühstück im Bett' zu servieren. Aber es hilft finanziell."

Ich hatte mich entschlossen, soweit wie möglich Selbstversorger zu werden. Unser Garten war groß genug dazu.

An Jürgen:
Mai 1947
„Zu meiner größten Verwunderung fängt alles, was ich im Garten gesät habe, prompt zu wachsen an, wenn auch nicht in demselben Ausmaß wie das Unkraut, das ich glaubte umgegraben zu haben."

Tatsächlich hatten wir bald einen ertragreichen Gemüsegarten. Seine Pflege machte mir im Gegensatz zur Hausarbeit, die ich mein Leben lang haßte, Freude. Meine Blumenkohlköpfe wurden sogar von Experten gerühmt. Ich schaffte Hühner an und ließ die Hennen brüten. Ich kaufte ein fünf Wochen altes Schwein. Die Kinder liebten es sehr; ich mußte ihnen versprechen, es auf keinen Fall zu schlachten.

Über Len und seine Stellung schrieb ich 1947 an Marguerite:
„Len ist in seiner Arbeit recht angesehen. Im übrigen ist er so her-

unter, daß er nichts tun kann außer dieser Berufsarbeit und schlafen. So stecken wir denn beide in einem moralischen Sumpf, der dadurch noch verschlimmert wird, daß sein Sumpf in London ist und meiner 120 Kilometer davon entfernt. Sich nach drei Jahren Armee nur zweimal im Monat zu sehen ist nicht schön, wenn man sich gern hat. Marguerite, mein Bett ist jetzt meine Universität; ich lese dort jeden Abend eine von Jürgens Vorlesungen. Ich genieße sehr seine Sprache.“

Im Juni 1947 kamen die Eltern während Vaters Urlaub zu mir. Kurz vor dem Ende ihrer Ferien hörte ich nachts um zwei Uhr ein Stöhnen aus ihrem Zimmer. Mutter hatte einen Herzanfall. Die Medizin schien nicht zu helfen. Das einzige Telefon, im Dorf auf dem grünen Anger, funktionierte nicht. Ich radelte in größter Eile zum Arzt in die nächste Stadt. Er nahm mich in seinem Auto mit zurück. Es war zu spät. Mutter lag im Sterben. Er hätte auch bei früherer Ankunft nichts mehr tun können. Bevor ich Mutter, die unter großen Schmerzen litt, verlassen hatte, um den Arzt zu holen, sagte sie: „Ach Gott, das Jungchen.“ Sie dachte an Jürgen, ihren Ältesten, den sie wohl von ihren Kindern am meisten geliebt hat.

Mutter wurde in unserem Dorf auf dem schönen, alten Friedhof beigesetzt. Auf ihrem Grabstein steht ihr Name, und es folgen als Trauernde neben Vater die Vornamen ihrer sechs Kinder.

Die Eltern waren fünfundvierzig Jahre lang glücklich verheiratet gewesen. Vater schreckte davor zurück, allein in die Wohnung zurückzukehren. Er blieb bei mir und arbeitete an seinem Werk über das Bevölkerungswesen in den Kolonien. Ich begleitete ihn, sooft es möglich war, auf seinen Spaziergängen. Vater besuchte häufig den Friedhof. Er war ein fortschrittlicher Mensch und lächelte verlegen über sich selbst, doch er ging immer wieder dorthin. Ich sagte ihm, man habe gerade vom Friedhof so einen wunderbaren Ausblick ins Land. Er war mir dankbar.

Lens Firma hatte wenig zu tun, Plast wurde damals noch als schlechter Ersatz für Leder angesehen. Die getrennten Haushalte waren zu teuer für uns, ich drängte ihn, nach Rollright zu kommen. Im Sommer 1947 nahm er eine Arbeit in einer Aluminiumfabrik mit dreitausend Beschäftigten in Banbury an, zwanzig Kilometer von uns entfernt. Er kaufte sich ein gebrauchtes Motorrad für die tägliche Fahrt.

Von der Zentrale hatte ich schon über neun Monate nichts gehört. Ich betone noch einmal, ich war nicht verbittert. Ich hatte meine Arbeit für sie niemals als Versorgungsmöglichkeit, sondern als Tätigkeit eines Kommunisten betrachtet. Sicher gab es Gründe für das Verhalten der Zentrale. Das hat sich später bestätigt. Trotzdem war es für mich bedrückend. So viele Jahre hatte ich für diese Arbeit gelebt, nun waren die Tage leer. Schwer fiel mir auch, James und Tom mitzuteilen, daß der Kontakt zur Zentrale nicht mehr bestand. Tom war ausgebildet und hätte funken können. Von James hatte ich Informationen gesammelt, die ich nicht weitergeben konnte. James hätte die Luftwaffe verlassen können, um in seinen Beruf zurückzukehren, auf unseren Wunsch hin hatte er sich für länger verpflichtet. Viel zuwenig habe ich hier über James und Tom gesagt. Wenn ich an den besten Teil der englischen Arbeiterklasse denke, dann stehen sie mir vor Augen.

James starb an Leukämie. Er war noch jung; bei manchen Menschen ist der Tod einfach nicht zu fassen, nicht nur, weil sie einem nahestehen. Er war sauber, so lebensfroh und optimistisch. Von Tom mochten wir uns – als die Arbeit mit ihm aufhörte – nicht endgültig trennen. Aber auch diese Freude konnten wir uns nicht lange gönnen, wir mußten bald einsehen, daß wir ihn, selbst ohne Arbeit, gefährden konnten.

Len und ich entschlossen uns, da wir nicht länger politisch inaktiv bleiben wollten, in die englische kommunistische Partei einzutreten. Doch zur Partei fand ich wenig Kontakt, da ich der entfernten Grundorganisation in Banbury angehörte. Für Len war es nicht viel besser. Es gab acht Genossen in seinem Betrieb, die in wechselnden Schichten arbeiteten, es trafen sich höchstens drei von ihnen, und das auch nur im Winter.

Im August oder September 1947 hörte ich, wie schon erwähnt, von dem österreichischen Genossen, daß Jim bei ihm erschienen war, um uns vor weiterer Tätigkeit zu warnen. Leider arbeiteten wir sowieso nicht mehr.

Im August oder September, jedenfalls noch in der Zeit, als Vater bei uns wohnte, er verließ uns im Oktober, klopfte es eines Tages an die Tür. Ich öffnete. Zwei Herren verbeugten sich, und der eine sagte, noch bevor er das Zimmer betreten hatte, sehr schnell, ohne Atem zu holen: „Sie waren jahrelang eine russische Agentin, bis der Finnlandkrieg Sie enttäuschte. Wir wissen, in England waren Sie nicht mehr aktiv, und wir sind auch nicht gekommen, um Sie zu verhaften, sondern um Ihre Kooperation zu erbitten."

Dieser „psychologisch angelegte" Überrumpelungsversuch war so komisch und so ungeeignet, mich aus der Fassung zu bringen, daß ich mich zusammennehmen mußte, um nicht zu lachen. Ich fragte: „Wie wär's mit einer Tasse Tee?"

Die beiden stimmten etwas säuerlich zu und wiesen sich auf meinen Wunsch hin aus.

Len steckte irgendwo im Garten hinterm Hof. Vater saß im Zimmer über uns und arbeitete. Die Herren nannten mir einige Tatsachen aus der Schweiz, und mein Verdacht, daß Foote uns verraten hatte, verstärkte sich.

Sie betonten immer wieder, sie wüßten von meiner Enttäuschung über den Kommunismus seit dem „Überfall der Sowjetunion auf Finnland", sie wüßten, daß ich ein loyaler englischer Bürger sei, der sich hier im Lande nichts zuschulden kommen ließe und daher nichts zu befürchten habe. Warum ich nicht mit ihnen kooperieren und über die Zeit in der Schweiz sprechen wolle?

Sie wiederholten: Sie wüßten, in England habe ich mir nichts zuschulden kommen lassen, und fragten erstaunt, warum ich mich weigere auszusagen, ich hätte doch erkannt, was der Kommunismus wert sei.

Ich überlegte: Wir bezogen die englische Parteizeitung und waren Mitglieder der Partei. Vater war Präsident der linken freien deutschen Bewegung gewesen. Jürgens politische Bücher waren bekannt. Ich erwiderte, ich hätte zwar meine Enttäuschung gehabt, aber ich könne mich nicht als Antikommunist bezeichnen. Außerdem sei ich der Ansicht, Loyalität als englischer Bürger und linke Auffassungen widersprächen sich nicht.

Die Beamten wollten mit Len reden. Ich rief ihn und fragte, ob ich hinausgehen solle. Nein, das sei nicht nötig. Sie sagten als erstes zu ihm: „Wir wissen, daß Sie ein guter Bekannter von Allen Foote waren." Len erwiderte: „Footie*? Ja. Was macht'n der jetzt?" Sie ärgerten sich, und ich goß ihnen frischen Tee ein. Len weigerte sich selbstverständlich ebenfalls, über die Zeit in der Schweiz zu sprechen. Auch ihn behandelten sie zunächst, als ob er ein Antikommunist sei. Ohne daß wir uns absprechen konnten, verhielt Len sich ähnlich wie ich und sagte, er sei trotz Enttäuschungen, ich glaube, er benutzte sogar dieselben Worte wie ich, „trotz Enttäuschungen" kein Kommunistenhasser.

Sie schieden friedlich und ergebnislos. Beim Abschied sagte einer der Herren: „Hier ist es wunderschön. So möchte ich auch wohnen." Ich erwiderte:

„Das geht zu machen. Ich vermiete Zimmer."

Der Besuch beschäftigte uns. Hatte der Verräter Foote uns wirklich „geschützt" und der englischen MI 5 (Abteilung 5 des militärischen Geheimdienstes: Spionageabwehr) unsere „Enttäuschung" über den Finnlandkrieg mitgeteilt? (In seinem Buch, das wir damals noch nicht kannten, erwähnt er übrigens, soweit ich mich erinnere, den Nichtangriffspakt zwischen der Sowjetunion und dem faschistischen Deutschland als unsere Enttäuschung.)

Schenkte die MI 5 ihm Glauben, oder benutzten sie diesen Trick, um uns in Sicherheit zu wiegen und uns auf die Schliche zu kommen? Wir wurden vor diesem Besuch und auch danach nicht beobachtet. Wir waren trainiert genug, um das beurteilen zu können.

Ich weiß nicht mehr, wann Footes Buch in unsere Hände gelangte. Jedenfalls rechneten wir schon seit dem Besuch der MI 5 damit, daß wir für die Zentrale nicht mehr in England arbeiten konnten. Aber das schien ja sowieso schon von der Zentrale aus entschieden.

Im Oktober begann Vater sich schlecht zu fühlen, ging nach London zurück und kam ins Krankenhaus. Vater hatte Krebs.

* *Koseform von Foote*

An Jürgen:
November 1947
„Die anderen werden Euch Vats Tod mitgeteilt haben. Ich habe Euch in den letzten Wochen nicht viel geschrieben, es erschien mir sinnlos, Euch die tragischen Einzelheiten seines täglichen Schwächerwerdens zu beschreiben ... Vater war bis zum Schluß wunderbar, in manchem unerwartet wunderbar. Er war doch nie vorher richtig krank gewesen, und nun erwies er sich als mutig und geduldig. Er klagte fast nie, war rührend dankbar für jeden unserer Besuche, und selbst in den letzten Tagen lächelte er, wenn einer von uns kam. Bis drei Tage vor seinem Tode sprach er noch ab und zu über aktuelle Dinge, wie das neue Budget; Daltons* Absetzung usw. Er hatte auch noch die Freude, seinen ersten Band über das Bevölkerungswesen der Kolonien in den Händen zu halten. Deinen Brief über die 7.-November-Feier las ihm Brigitte vor, als wir zusammen dort waren. Montagabend sprach er noch über alles mögliche, Dienstag schlief er ein und war nur einmal zwischen sechs und acht abends wach. Dann schlief er wieder ein und erwachte nicht mehr. Wir wußten es ja schon lange im voraus, und in den letzten zwei Wochen konnte man nur das Ende herbeiwünschen. Trotzdem ist es ein schwerer Schlag."

Jürgen erhielt viele Briefe zu Vaters Tod. Ein Beileidsschreiben von der Sozialistischen Einheitspartei Deutschlands war von Wilhelm Pieck und Otto Grotewohl unterzeichnet. Ich zitiere daraus:

„Berlin, 12. Dezember 1947
... Sein Ableben ist ein schwerer Verlust für das deutsche Volk, denn Professor Kuczynski verkörperte nicht nur die moderne, fortschrittliche Wissenschaft und Forschung, die er bewußt in den Dienst der Arbeiterklasse stellte, er fühlte sich auch im englischen Exil aufs tiefste mit seiner deutschen Heimat verbunden, litt mit ihr und kämpfte für sie. Er setzte sich mit der ganzen Kraft seiner Persönlichkeit

* *englischer Finanzminister*

für die Einheit der deutschen antihitlerischen Kräfte ein. Seine unantastbare Objektivität und seine stets geübte Toleranz gegenüber Andersdenkenden machten ihn zum Mittelpunkt der fortschrittlichen demokratischen Deutschen in Britannien ..."

Die Genossen Tulpanow und Abramow schrieben im Namen der sowjetischen Administration unter anderem:

„... Sein ganzes Leben ist ein Beispiel des selbstlosen Dienstes an seinem Volk und den erhabenen Zielen der gesamten progressiven Menschheit."

Mein Brief an Jürgen:
„29. Januar 1948
Ich war bewegt beim Durchlesen der Briefe. Wie sehr hätte man sich gewünscht, daß Vat und Mutt zu Lebzeiten etwas von dieser Art Ehrung und Zuneigung hätten spüren können."

Jürgen hatte vorgehabt, die Eltern nach Deutschland zurückzuholen.

Es war ein Fehler von mir gewesen, Len zu drängen, nach Rollright zu kommen. Die Arbeit in Banbury war monoton und körperlich schwer; er haßte sie, und es gab keinerlei Aussicht auf Änderung. Len hätte mich nicht im Stich gelassen, aber, an diese Fabriktretmühle gekettet, eine Frau mit drei Kindern ernähren zu müssen und keinen Ausweg aus dieser Lage zu sehen – so hatte er sich sein Leben nicht vorgestellt. Mit tiefer Sehnsucht dachte er an die aktive Zeit in Spanien.

Len hatte als Panzerfahrer, durch den Lärm der Waffen, einen lädierten Ohrennerv zurückbehalten, der ständiges Ohrensausen und Kopfschmerzen verursachte. Seine Arbeit ermüdete ihn, und der Schichtdienst verstärkte die chronische Schlaflosigkeit. Seine Depressionen nahmen zu. Er zog sich tagelang schweigend in sich selbst zurück. Ich litt darunter und konnte ihm nicht helfen. Mein eigenes Leben war auch festgefahren. So durfte es nicht bleiben.

An Jürgen (ohne Datum):
„Über mich selbst ist einfach nichts zu berichten. Bis auf daß ich Kindern und Mann ein Heim schaffe, muß meine Existenz momentan als wertlos betrachtet werden. Ich bin nicht so wichtig, daß dies ein großes Unglück ist, aber für solche Existenz ist jeder Mensch zu gut und zu wichtig.
... Schreiben? Wie gerne würde ich das tun. Wie oft überlege ich, ob ich ein paar Artikel für Euch schreiben könnte. Etwas über die Mentalität und Einstellung der hiesigen deutschen Kriegsgefangenen oder über die Haltung der einfachen Mitglieder der Labour Party zur Krise oder über die USA? Hast Du Themen, die Du mir vorschlagen könntest? Hab einen Artikel in englisch geschrieben. Len findet ihn gut und meinen Stil ‚vital und attraktiv'. Ich träume davon, daß sie es annehmen und ich ihnen dann eine Artikelserie vorschlagen kann."
(Mein Artikel wurde mir zurückgeschickt.)

Es war übrigens nicht etwa so, daß wir in einer Atmosphäre dauernder Deprimiertheit lebten. Die Kinder sorgten für Abwechslung und Heiterkeit, und wir waren eng mit der Landschaft verbunden. Fühlte ich mich bedrückt, lief ich bis zur Aussicht über Wiesen und Felder und Hügelketten, die ich besonders liebte.

Ich benutzte die freie Zeit – reich bemessen war sie nicht mit der Familie, dem großen Haus, dem Garten, den Mietern und Haustieren –, um lange vernachlässigte Werke des Marxismus/Leninismus zu lesen, und besuchte die „Workers Educational Association" – den Arbeiter-Bildungsverein in der nächstgelegenen kleinen Stadt Chipping Norton. Die „WEA" stand der Labour Party nahe.

So versuchte ich, mein gegenwärtiges Leben besser auszufüllen, aber vom Augenblick an, als ich überzeugt war, die Zentrale würde keine Verbindung mehr aufnehmen, wollte ich nach Deutschland zurück. Dazu mußte ich vor allem mit Jürgen sprechen. Im Januar 1948 schlug einer der Versuche, ihn zu sehen, fehl.

An Jürgen:
„Meine Erlaubnis, Euch zu besuchen, ist vom amerikanischen Militärbüro verweigert worden. Sie sagen, daß die Einreise nach Österreich und Deutschland nur in dringenden Fällen gegeben wird. Die Sekretärin, eine kleine Untertanin, machte mir überhaupt keine Hoffnung. Sie legte mich in eine Aktenmappe und sagte, ich könne ja mal im Sommer nachfragen. Trotzdem ich nicht fest damit gerechnet hatte, bin ich nun doch sehr enttäuscht. Hier bin ich ein Fisch auf dem Trockenen. In Deutschland wäre ich leistungsfähig. Ich möchte auch persönlich und emotional gesehen in Deutschland sein ... Politisch sieht die Welt einigermaßen aufgeregt aus. Ich habe völliges Vertrauen in die Zukunft und bin oft geradezu freudig erregt. Viele Menschen machen augenblicklich den Fehler, die Heftigkeit der Reaktion (und es wird noch weit schlimmer werden) mit Stärke der Reaktion zu verwechseln. Allerdings bin ich auch oft deprimiert in Gedanken daran, was sie noch alles an Leiden über die Welt bringen wird, bevor sie vernichtet ist."

Die Probleme des neuen Deutschlands interessierten mich vom ersten Tag des Aufbaus an. Jürgen sandte mir laufend Material.

An Jürgen (ohne Datum):
„Die Gedichte, die Ihr geschickt habt, verstehe ich größtenteils nicht. Bin ich oder ist der Dichter schuld? Gestern habe ich ‚Das Land der frohen Zuversicht'* erhalten. Ich las es noch am selben Tag oder besser in der Nacht und finde es so gut, daß ich Dir vorschlagen möchte, Dich ausschließlich auf Kinderliteratur zu konzentrieren. Es füllt eine Lücke, die ich schon immer gern selbst gefüllt hätte, aber Dein Buch ist so viel besser, als meins geworden wäre, daß ich ganz erleichtert bin, *Du* hast es geschrieben ...
Vielen Dank, besonders für die Nummer der ‚Wirtschaft'. Da mich der Arbeiter-Bildungsverein gebeten hat, über deutsche Nachkriegswirtschaft in Beziehung zu Europa zu sprechen, kamen mir die neuesten Produktionsziffern sehr gelegen ...

* *J. Kuczynski, Verlag Kultur und Fortschritt, Berlin 1949*

Ich fand übrigens Deinen Artikel in der ‚Arbeit', ‚Deutsche Außenwirtschaft und Investitionen', besonders interessant. Für mich wenigstens klärt er viele Fragen, und er weicht erfrischend ab von so vielen abgeleierten Phrasenartikeln unserer Presse in allen Ländern. Daß Du eine Familiengeschichte schreiben willst, finde ich völlig verrückt. Aber vielleicht mildert sich meine Ansicht, wenn Du mich etwas ausführlicher informieren würdest. Außer Vat und Dir haben wir niemanden in der Familie, mit dem wir protzen können. Ein Großvater war ein reicher Bankier, der andere verspielte sein halbes Vermögen. Ein Urgroßvater verkaufte Schnürsenkel auf einem Karren in Galizien; der andere war wohl was politisch freiheitlich Gesinntes? Aber vielleicht machst Du es mehr historisch-sozial?* 22.15 Uhr. Zeit, um Len seine Nachtmahlzeit nach Rückkehr von später Schicht zu bereiten."

Im Januar 1949 gelang es mir endlich, Jürgen in Prag zu treffen. Er hatte mir Wohnung bei tschechischen Genossen besorgt, die mich gastfreundlich aufnahmen. Vielleicht freute ich mich zu sehr, als ich Jürgen sah, jedenfalls überwältigte mich in diesem Augenblick der Gedanke an die Situation in England: der Abbruch der Arbeit durch die Zentrale, Lens Unzufriedenheit mit seinem Leben, die Geldsorgen, die ungewisse Zukunft. Welch ein Gefühl der Erleichterung, nun einmal alles loszuwerden und Rat zu erhalten. Ich umarmte Jürgen, hatte feuchte Augen und sagte immer wieder: „Ich bin so froh, jetzt wird alles gut." Dabei war mir gänzlich entfallen, daß Jürgen für Herzausschütten und Gefühlsausbrüche nichts übrig hatte. Er wollte meine Pläne kurz wissen und ob er mir irgendwie helfen könne, ansonsten war er die ganze Zeit in Prag beschäftigt und hatte nur zweimal eine halbe Stunde Zeit für mich. Jürgen sagte mir, ohne Einverständnis der Zentrale wäre mein Aufenthalt in Deutschland sehr erschwert.

Daraufhin entschloß ich mich, zur sowjetischen Botschaft in Prag zu gehen und dort einen Brief für die Zentrale zu hinterlassen. Auf dem

* *„Memoiren. Die Erziehung des J. K. zum Kommunisten und Wissenschaftler", Aufbau-Verlag 1973. Ich nehme meine Worte aus dem Jahre 1949 zurück*

Umschlag stand „Militärattaché". Im Brief selbst stand als Adresse: „An den Direktor der militärischen Aufklärung der Armee, Moskau-Arbat." Als Absender stand „Sonja, Brasilien".

Der Brief selbst war chiffriert, ich erwähnte den Abbruch der Verbindungen und die Bitte, nach Deutschland gehen zu dürfen. Ich wiederholte noch einmal den Ort unseres Verstecks für verlorengegangene Verbindungen.

An Marguerite:
„6. Juni 1949
Die Gerhart-Eisler-Angelegenheit* hier war wirklich erfrischend. Gerade am Tage, als Jürgens letztes Buchpaket kam, war ein Appell in der Zeitung, ihm Bücher zu schicken, wozu ich Jürgens Sendung einschließlich seines eigenen Buches in der ‚Wille und Erkenntnis'-Serie verwandte."

Bücher spielten in dieser Zeit eine noch größere Rolle in meinem Leben.

An Jürgen:
Winter 1949
„Der alljährliche Kampf mit den zugigen Fenstern und den geborstenen Wasserrohren hat eingesetzt. Sogar Ninas Mäusepaar ist erfroren, ein Schlag, der sie besonders schmerzlich traf, da die Mäusemutter Babys erwartete und Nina bereits eine Namenliste für das freudige Ereignis vorbereitet hatte. Las Scheer, ‚Begegnungen', von dem mir zwei Kapitel gut gefielen, las den Kollwitz-Band. Wieviel mehr sie in ihren Bildern lebt als in ihren Tagebüchern. Eine der kurzen Geschichten aus der Arktis ist hervorragend (Gorbatow, ‚Geburt auf dem Gurkenland'). Ohne ein Wort der Propaganda, ohne Sentimentalität und Phrasen drückt sie aus, was so viele andere russische Novellen einem mit Hilfe eines Hammers in den Kopf zu jagen

* *Gerhart Eisler, in Amerika verfolgt und entkommen, wurde in England verhaftet und auf Grund starker Massenproteste später freigelassen*

versuchen. Hervorragend ist nicht das richtige Wort. Len, dem ich sie gleich ins Englische übersetzte, sagte: ‚Ganz rührend und bezaubernd.' Und das ist richttig. Etwas müßt Ihr übrigens lesen: Elliot Paul, ‚Geisterstadt am Yellowstone-Fluß'. Mich hat es enorm gefesselt. Vergleicht bitte mit Steinbecks ‚Autobus auf Seitenwegen'. Es wird klar, was für ein kläglicher Wortjongleur, wie vulgär, ohne Beziehung zu den Menschen Steinbeck geworden ist. Paul hat fast die gleichen Typen gewählt, benutzt auch eine derbe Sprache, aber was für eine andere Wirkung er hat, wie er die Menschen liebt und kennt. Seltene, aber sehr vergnügte Briefe von Micha. In seinem Universitätsexamen war er Fünfter von 120 Studenten. Sein neues Leben füllt ihn völlig aus."

Micha hatte ein Stipendium für die Universität in Aberdeen erhalten und studierte Philosophie. Er war hochbegabt, aber in praktischen Dingen gleichgültig und unzuverlässig.

Im Herbst 1949 hatte Len einen Unfall mit dem Motorrad. Als der Betrieb hörte, es würde lange dauern, bis er wieder arbeiten könne, kündigte er ihm.

An Jürgen:
„17. Oktober 1949
... Len liegt im Krankenhaus in Banbury. Ein Arm mit zwei Brüchen und ein Bein mit zwei schweren Brüchen. Der Arzt rechnet, das Bein muß acht Monate in Gips bleiben ..."

„28. Januar 1950
... Für Peter ist es natürlich wunderbar, daß Len den ganzen Tag zu Hause ist. Sie bauen mit dem Stahlbaukasten, und abends gibt es eine halbe Stunde ‚die Welt' für ihn. Unter ‚die Welt' fällt die Beantwortung sämtlicher Fragen, die Peter einfallen, und das Ansehen illustrierter Bücher über Tiere, Erfindungen, Geographie und Maschinen. Len hat die große Gabe, Sachen einfach zu erklären, oft hören Nina und auch ich mit Interesse zu. So hat selbst das gebrochene Bein sein Gutes."

Vor der Abreise aus England

Sobald Len aufstehen und sich mit dem Gipsverband bewegen konnte, erkundigte ich mich wiederum wegen eines Visums nach Deutschland. Die Möglichkeit war jetzt eher vorhanden. Sollte ich den Versuch auch ohne Genehmigung der Zentrale riskieren? Sie hatte meinen Brief über die Botschaft in der ČSR nicht beantwortet. Ich weigerte mich, länger untätig zu sein, und besaß kaum noch finanzielle Reserven.

Wieder einmal radelte ich zur Bahnunterführung, und endlich fand ich einen Zettel unter unserem Baum. Meine Reise nach Deutschland wurde gebilligt. Ich war glücklich über die Nachricht und über ihren Inhalt.

Vor der Abreise vergruben wir mein Parteibuch sowie den Sender und kauften uns aus alten USA-Armeebeständen vier wasserdichte Kanvassäcke mit Reißverschluß, wie sie die Soldaten zum Transport ihrer Sachen benutzten. Sie sollten unseren Besitz aufnehmen. Die Säcke waren praktisch, haltbar und fast gewichtslos, wir benutzen sie heute noch für unsere Ferienreisen.

Ich versuchte, Len dazu zu bewegen, zu einer meiner Schwestern zu ziehen. Jede war bereit, ihn aufzunehmen, aber er wollte in Great Rollright bleiben, bis er wiederhergestellt war.

Len konnte unter den augenblicklichen Umständen keine feste Entscheidung über seine Zukunft treffen. Er wollte, sobald er arbeitsfähig war, in eine Industriestadt ziehen, in der er für die Partei nützlich sein konnte, und abwarten, bis er von mir und der Zentrale etwas hörte. Es war ein ungewisser Abschied, vielleicht ein Abschied für immer. Micha, der in Schottland studierte, wollte zunächst bleiben. Nina und Peter, als Minderjährige in meinem Paß eingetragen, konnten mitfahren.

Offiziell reiste ich zu Besuch nach Deutschland. Wir flogen von London über Hamburg nach Westberlin und fuhren von dort zum Bahnhof Friedrichstraße. Ich rief bei Jürgen, der in Schlachtensee wohnte, an. Es war zehn Uhr abends, die Kinder saßen frierend im zugigen Bahnhof auf unseren Säcken. Marguerite kam zur S-Bahn Friedrichstraße. Sie teilte uns mit, daß sie gerade umgezogen und Jürgen bei Freunden wohnte. Das traf sich nicht glücklich für uns. Wo sollten wir wenigstens für eine Nacht unterkommen? Wir liefen mit Marguerite vergeblich von Hotel zu Hotel. Um Mitternacht sagte uns ein Pförtner des heutigen Hotels „Sofia“, ein altes Ehepaar in der jetzigen Wilhelm-Pieck-Straße, nahe dem Rosenthaler Platz, vermiete Zimmer an Reisende.

Wir weckten die Wirtin mit langem Geklingel. Sie nahm uns auf.

Die Kinder schliefen zusammen in einem feuchtkalten Bett, ich im zweiten.

Es war Anfang März. Die Stube wurde nur jeden dritten Tag mit drei bis vier Kohlen geheizt. Die Gegend war damals noch ziemlich wüst: viele Kneipen, viele Betrunkene und viele Häuser zerbombt. Peter war der einzige, der das Zimmer wundervoll fand, weil er vom vierten Stock auf die Straße spucken konnte.

Jürgen informierte jemanden in der Botschaft oder in der Sowjetunion von meiner Anwesenheit. Ohne die Zentrale konnte ich nicht, wie ich mir das wünschte, wieder Mitglied der Partei werden. Ich lebte zunächst isoliert. Jürgen organisierte, daß wir im Kulturbund Mittag essen konnten, und versorgte uns wochenlang mit Geld. Wir besaßen keine Lebensmittelkarten, wir frühstückten kärglich und möglichst ausgedehnt in einer Gaststätte am Rosenthaler Platz. In unserem kalten Zimmer konnten wir uns nicht lange aufhalten. Mittags gingen wir zeitig von zu Hause fort, blieben auf der Brücke vor dem Bahnhof Friedrichstraße stehen, sahen den Möwen zu und liefen dann weiter zum Kulturbund in der heutigen Otto-Nuschke-Straße. Alle Gäste dort waren uns fremd. Der einzige, der uns freundlich anredete, als er hörte, die Kinder sprachen nur englisch, war Bodo Uhse. Nach dem Essen gingen wir meist ins Haus der Deutsch-Sowjetischen Freundschaft, um im Warmen zu sein, und sahen uns dort einen Film an.

Die Kinder sollten rasch Deutsch lernen, und ich mußte sie zur Schule schicken, wußte aber noch gar nicht, wie es mit mir weitergehen würde. Ich besaß keine deutschen Papiere. So entschloß ich mich wieder einmal, die Kinder fortzugeben, bis alles geklärt war.

In Finkenkrug gab es noch ein halbprivates Kinderheim, jenes, wo Ollo versucht hatte, die Vorsteherin bei den Nazis zu denunzieren. Die Leiterin empfing meine beiden mit offenen Armen. Von ihr hörte ich auch über Ollos gefährliches Verhalten. Nina nahm am Schulunterricht

Heimkehr nach Deutschland, 1950

teil und lernte viel schneller Deutsch als der verträumte, schüchterne Peter. Ich blieb in unserem Zimmer wohnen.

Von der Zentrale hörte ich erst Ende April. Der verantwortliche Genosse war zu diesem Treffen aus Moskau gekommen und lud mich zu festlichem Essen in eine Wohnung ein.

Ich berichtete ihm ausführlich über die letzten Jahre in England. Verständnisvoll ging er auf alles ein. Er erklärte mir, die Zentrale habe für längere Zeit die Verbindung unterbrechen müssen, jedoch Geld und eine Nachricht für mich unter den Baum gelegt: unter den vierten Baum hinter der Bahnunterführung ohne Berücksichtigung der Querstraße. Erst meine Nachricht aus der ČSR habe den Ort des Verstecks richtiggestellt. Entweder sie oder ich hatten einen Fehler gemacht.

Er fragte, wie ich mir meine Zukunft vorstelle, sie hätten verschiedene Arbeitsmöglichkeiten für mich. Ich war überrascht. Nach der Sache mit Foote und der langen Pause hatte ich eine Arbeit für die Zentrale überhaupt nicht mehr in Betracht gezogen. Ich selbst wünschte mir, als Bürger und Parteimitglied meines Landes zu leben. Der Genosse war ebenso überrascht; er hatte fest damit gerechnet, daß ich weiter für die Zentrale arbeiten würde, und er versuchte, auf kameradschaftliche Weise meine Zustimmung zu erreichen. Ich sagte ihm, die Verbundenheit mit der Sowjetunion und auch mit meiner bisherigen Arbeit sei beständig wie zuvor, aber meine Nerven und die Konzentrationsfähigkeit seien nicht mehr wie früher, ich fühlte, zwanzig Jahre reichten und daß es gut wäre, jetzt in der DDR zu sein. Er müsse verstehen, daß ich nach so langer Abwesenheit in der Heimat bleiben und in die Partei zurückkehren möchte. Die Partei würde eine Arbeit für mich finden.

Wir diskutierten lange. Der Genosse bat mich, noch einmal alles zu überlegen. Ich blieb bei meiner Meinung.

Tatsächlich war ich trotz meiner noch ungeklärten Lage vom ersten Tag an glücklich. Jemand sagte „Genossin" zu mir, und ich schluckte; ein Mann auf der Straße berlinerte, und ich strahlte.

Aus einem Brief an die Schwestern:
Frühjahr 1950
„Mein Leben hier ist natürlich ganz anders als im schönen, aber weltabgewandten Great Rollright. Ich trinke alles in mich hinein. Theater, Kinos, die Schwierigkeiten, den Fortschritt, die negativen und die positiven Menschen; ich lese drei Zeitungen täglich von der ersten bis zur letzten Seite. Ich höre jedem zu, den ich erreichen kann, und quetsche ihn aus wie eine Zitrone. Ich gehe zu Versammlungen, bekomme allmählich ein Gefühl für die Dinge und bin bereit, mit der Arbeit zu beginnen. Was es sein wird, ist noch nicht entschieden. Ich möchte eine ernsthafte berufliche Tätigkeit mit gesellschaftlicher Aktivität am Abend. Aber da melden sich die Familienprobleme – die Kinder! Jürgen, der brutale Kerl, schlägt mir vor, ich soll sie ständig in dem Kinderheim lassen, wo sie jetzt sind. Ich weigere mich. Es ist ohnehin schlimm genug, daß die Familie vielleicht für Jahre geteilt ist, die beiden jüngeren Kinder will ich wenigstens bei mir haben ..."

Die sowjetischen Genossen besorgten mir eine Wohnung in ihrem Karlshorster Bezirk und nach drei Wochen, in der zweiten Maihälfte, eine andere außerhalb ihres Bezirkes. Ich mochte die Wohnung nicht. Sie war dunkel, mit großen Schutthaufen vor der Tür und einer Kneipe nebenan. Fast den ganzen Tag saß ich im Park, der jetzt der Tierpark ist, und las.

Ungefähr Mitte Mai erfüllte sich mein Wunsch: Die Zentrale stellte meinen Kontakt mit der deutschen Partei her. Es empfing mich Genosse Willi Kling von der Kaderabteilung des Zentralkomitees. Mit ihm verband mich vom ersten Tag an bis zu seinem Tod 1973 eine Freundschaft von ganz besonderem Wert. Ich wünschte, einer seiner vielen Freunde, die ihn länger kannten, würde die Geschichte dieses furchtlosen, unerschütterlichen, eigenwilligen deutschen Bolschewiken aufschreiben.

Im Sommer 1950 fing ich nach Beratung mit Willi Kling im damaligen „Amt für Information" als Abteilungsleiter in der Abteilung Presse an. Die Arbeit war mir fremd, aber wieder hatte ich Glück. Gerhart Eisler leitete das Amt, Genosse Albert Norden war mein Hauptabteilungsleiter. Deba Wieland war Leiterin der Abteilung Sowjetunion und später in der Amtsleitung. Ungefähr eine halbe Stunde nach Arbeitsbeginn trafen sich die Abteilungsleiter in Gerharts Zimmer. Er und Genosse Norden, damals für uns „Konni", ein Name, der aus seiner Illegalität zurückgeblieben war, hatten bereits die Presse Englands, Frankreichs und der USA durchgesehen. Sie schätzten die Lage ein und äußerten oft verblüffend schnell ihre Gedanken, bis das Bild der Klassenkämpfer in der Welt plastisch vor uns stand. Deba Wieland hatte in der gleichen Zeit die Sowjetpresse gelesen und trug ihre ausgewogene Meinung ruhig vor.

Gerhart Eisler war ein äußerst disziplinierter Arbeiter. Nie kam er zu spät. War er von einer Dienstreise in die Bezirke früh um fünf zurückgekehrt, nahm er wie immer um acht Uhr seinen Platz im Amt ein. Irgendwann zog er während einer Besprechung eine verbeulte Aluminiumbüchse aus der Mappe, entnahm ihr zwei Schnitten und, falls es den gab, einen Apfel und begann, ohne die Arbeit zu unterbrechen, seine Mahlzeit.

Nina, 14 Jahe

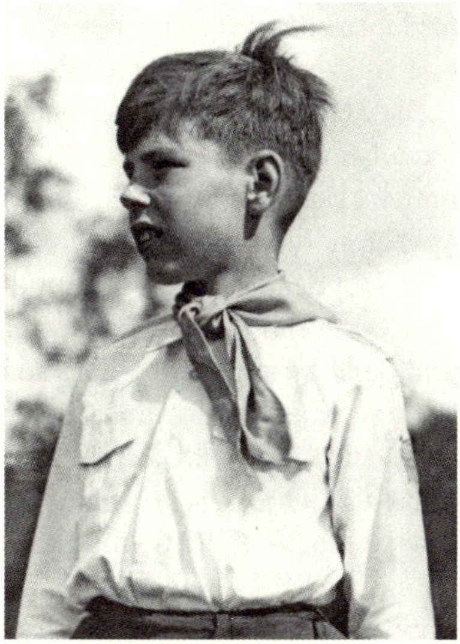

Peter, 10 Jahre

Mit Konni Norden, meinem direkten Vorgesetzten, hatte ich täglich zu tun. Er würzte Anleitung und Kritik mit Witz und Ironie. Durch Jürgen daran gewöhnt, war es für mich eine gute Art der Zusammenarbeit und des Lernens. Deba lehrte mich, methodisch und gründlich an das Neue heranzugehen. Ihre kameradschaftliche Hilfe bedeutete mir viel. Bald war ich für das zweimal monatlich erscheinende Bulletin gegen den amerikanischen Imperialismus verantwortlich und später für die an alle Zeitungen gehenden täglichen Presseinformationen der Regierung.

Wir erhielten eine bessere Wohnung, ich holte die Kinder zurück. Peter wurde in die erste Klasse eingeschult; nachmittags besuchte er einen damals engen, überfüllten Hort. Er lernte als erstes nicht Deutsch, sondern Berlinern. Ihm fiel das Einleben recht schwer, und er war glücklich, wenn ich abends pünktlich nach Hause kam. Ich werde nie vergessen, wie er mich einmal umarmte und, seinen neuen Wortschatz benutzend, mich strahlend begrüßte: „Tag, du alte Sau."

Die vierzehnjährige Nina fühlte sich schneller zu Hause, sie hatte bald ihre Fotosammlung der englischen königlichen Familie vergessen und wurde eifriges Mitglied der FDJ.

Die Zentrale hatte Lens Übersiedlung in die DDR zugestimmt. Die Sozialistische Einheitspartei Deutschlands würde ihm eine Arbeit vermitteln, die seinen Fähigkeiten entspräche, und ihm jene Solidarität gewähren, die er als Genosse und Widerstandskämpfer verdiente. Ich teilte Len den Vorschlag mit, und er kam.

Len fing mit Willi Klings Unterstützung beim ADN zu arbeiten an und blieb zwanzig Jahre. Er fand bei den Leitern, damals Georg Hansen und Max Kahane und ab 1953 Deba Wieland, Anerkennung für seine Leistungen und Verständnis für seine Schwierigkeiten. Lens Integrität als Genosse, seine hohe Moral, die aufopfernde und sehr qualifizierte Arbeit bei der politischen Auswertung der englischen und amerikanischen Presse wurden von allen Mitarbeitern geschätzt. War er stimmungsmäßig gelegentlich labil, nahmen sie Rücksicht darauf.

Ein Jahr nach Len faßte auch Micha den Entschluß, in die DDR zu kommen; ich war glücklich, die Familie wieder zusammen zu haben.

Mit der Zentrale wurde die Verbindung beendet. Ich hörte nichts aus der Sowjetunion und erwartete auch nichts. Ich betrachtete die Vergangenheit als abgeschlossen und leistete eine mir gemäße Arbeit in der DDR. Nur Willi Kling wußte einiges aus meinem Leben. Er fand, ich müsse meine Auszeichnung – die Freunde in der Sowjetunion hatten sie erwähnt – ausgehändigt bekommen, und zu meiner großen Überraschung erhielt ich sie. Davon habe ich bereits berichtet.

1953 wechselte das Amt Namen, Aufgaben und Leitung. Mein Kontakt zur neuen Leitung war weniger gut. Als ich einmal vergaß, den Panzerschrank abzuschließen – er enthielt kein vertrauliches Material –, wurde mir eine Parteistrafe wegen „ungenügender Wachsamkeit“ erteilt, und man legte mir nahe zu kündigen. Ich erhielt eine schlechte Beurteilung. Mir wurden neben anderem „kleinbürgerliche Tendenzen“ vorgeworfen. Es gelang mir nicht, dies als „Ironie des Schicksals“ abzutun, ich wurde nicht damit fertig. Ich begann bei der Kammer für Außenhandel zu arbeiten.

Schon im Amt für Informationen hatte ich jede Gelegenheit genutzt, um journalistisch oder literarisch zu arbeiten. Gerhart Eisler und Konni Norden hatten mich nach meiner ersten Presseveröffentlichung dazu ermutigt. In der Kammer für Außenhandel, wo ich mit Willi Klings Hilfe begann, schrieb ich neben meiner eigentlichen Tätigkeit als Leiter der Presseabteilung Reportagebroschüren für unsere Exportbetriebe. Das Echo der Leser und eine positive Kritik von F. C. Weißkopf stärkten mein Selbstvertrauen. Ich brauchte es, um mit fast fünfzig Jahren einen alten Traum zu verwirklichen und noch einmal meinen Beruf zu wechseln.

1956 gab ich die feste Arbeit auf, um mein erstes Buch zu schreiben. Seitdem habe ich ununterbrochen literarisch gearbeitet, bis auf die Zeit für diese Erinnerungen, die ich nicht als literarische Arbeit betrachte.

Es ist großartig, noch im Alter einen Beruf zu haben, der so viel fordert. Vielleicht trägt die Freude daran mit dazu bei, daß ich nicht von der Vergangenheit zehre, sondern intensiv mit dem Heute beschäfigt bin. Doch ganz kann man sich nicht von dieser Vergangenheit lösen.

Plagt mich ein Alpdruck im Schlaf, so ist mir der Feind auf den Fersen, und es bleibt keine Zeit mehr, eine Nachricht zu vernichten.

Bin ich in einer neuen Landschaft, entdecke ich günstige Verstecke für Material.

Und Abschiede auf Bahnhöfen zwischen Kindern und Eltern kann ich nicht mit ansehen.

Die Vergangenheit! 1970, während einer Veteranenreise, begegnete mir in Moskau bei einem Empfang eine alte sowjetische Genossin. Nach kurzer Unterhaltung fielen wir uns beglückt in die Arme. Es war Natascha, die Mitarbeiterin aus der Zeit, als Andrej mein Vorgesetzter gewesen war.

Wie sehr uns dieses Treffen berührte, können vielleicht nur alte Menschen verstehen. Ich lud Natascha zu uns nach Berlin ein. Sie fragte, ob ich zufällig die Autorin des Buches „Olga Benario" aus der DDR kenne, sie würde sie so gern während ihres Besuches treffen. Als ich sagte, die Autorin stünde vor ihr, umarmte sie mich wieder. Natascha ist sechsundsiebzig Jahre alt. Im Krieg hat sie gekämpft. Heute ist sie Oberst in Ruhestand. Wir besuchen uns oft. Manchmal blicken wir ein-

Aufbau

ander an, und es erscheint uns wie ein Wunder, daß wir beide überlebt haben.

Die Vergangenheit erwachte erneut, als ich gebeten wurde, diese zwanzig Jahre meines Lebens schriftlich festzuhalten. Obwohl ich mich gehemmt fühlte und Rückversicherungen notwendig waren, bevor ich die lange gewohnte Disziplin des Schweigens aufgab, fand ich es gut, daß die Partei die alten Genossen – ich war nicht die einzige – darum bat, ihre Erinnerungen niederzuschreiben.

1969 kam unerwartet eine Einladung ins Haus. Wie vor zweiunddreißig Jahren hieß es, ich solle mich gut anziehen. Diesmal trug ich kein graues Kostüm, sondern ein schwarzes.

Ich wurde zum zweitenmal mit dem Rotbannerorden ausgezeichnet.

Wortlos stand ich vor den Genossen und dachte an Michail Kalinin, an den Wagen voll junger Rotarmisten und daran, wie viele von ihnen die faschistische Armee ermordet hatte. Ich dachte an andere Genossen, die diesen Orden dreifach verdient hätten und nicht mehr am Leben waren.

1977 erhielt ich die Nachricht, daß Ernst schwer krank sei und in Armut lebe. Ich schrieb ihm nicht, doch als ich selbst wochenlang im Krankenhaus lag, traf ein Brief von ihm aus Südamerika ein. Zwei kurze Sätze: Könne ich ihn wissen lassen, was mir fehle und sei es ernst? Hinter dem Seidenpapier des gefütterten Briefumschlages befand sich eine Fünfdollarnote. Wenige Wochen später erreichte mich die Nachricht vom Tod des Freundes.

Im August 1988 war ich Teilnehmer an einer Delegation von „China-Veteranen“, die vom damaligen Ministerpräsdidenten eingeladen war, das Land erneut zu besuchen. Es grenzte bei meinem Alter und Gesundheitsszustand an Wahnsinn, dorthin zu reisen. Aber ich ging das Risiko ein und habe es nicht bereut. In Peking wandte ich mich an Israel Epstein, Herausgeber der ausländischen Zeitschrift „China Reconstructs“, und das Unglaubliche geschah: Er erzählte mir, daß mein alter Freund Chen Han-sheng noch am Leben und hoch angese-

Ruth Werner vor ihrem ehemaligen Haus in Shanghai, 1988

hen war. Ich hatte das Foto mitgebracht, das ihn, mich und ein bißchen von Agnes Semdleys Rock zeigt – vor sechzig Jahren aufgenommen. Es war ein Schnappschuß. Epstein meinte, daß Han-sheng nicht in der Verfassung wäre, es sich anzusehen. Während der Kulturrevolution mußte er auf den Feldern arbeiten und erblindete fast völlig, da man ihm die Medikamente versagte, die er für seine Augen benötigte. Ich besuchte ihn und fand seine Aufgewecktheit und sein Gedächtnis erstaunlich. Er fragte mich, ob ich mich daran erinnere, wie ich ihm und seiner Frau (die nicht mehr lebte) half, an Bord eines russischen Schiffes zu gehen, um in die Sowjetunion zu entkommen. Ich hatte es vergessen.

In Shanghai hielt unser DDR-Generalkonsul eine wunderbare Überraschung für mich bereit. Er hatte das Haus ausfindig gemacht, in dem wir damals gelebt hatten. Heute ist dort keine englische Siedlung mehr. Die chinesische Familie lud uns in ihr Haus ein. Ich ging in das Wohnzimmer und sah aus dem Fenster in den Garten. Hier stand ich 1932, als Richard Sorge mir Lebewohl sagte. Hier lebte ich mit Rolf – und hier wurde mein erster Sohn geboren. Hier waren Egon Erwin Kisch, Agnes Smedley, Chen Han-sheng zu Besuch, und natürlich Grischa und Richard. Im stillen sagte ich noch einmal Lebewohl zu all denen, die mir vor so langer Zeit nahe waren, die für eine bessere Welt kämpften, an die wir alle glaubten.

Als Chruschtschow Stalins Schuld auf dem zwanzigsten Parteitag 1956 aufdeckte, waren das russische Volk und Kommunisten aus aller Welt schockiert. Viele wollten es nicht glauben. Und ich muß den besonderen Schmerz erwähnen, den ich fühlte, als ich (viel später noch) erfuhr, daß Kolzow, Borodin, Manfred Stern, Karl Rimm – alles ehrliche und tapfere Kommunisten – von Stalin umgebracht wurden. Aber ich muß auch hinzufügen, daß ich nicht diese zwanzig Jahre im Gedanken an Stalin arbeitete. Wir wollten dem russischen Volk in seinem Bemühen, den Krieg zu verhindern, helfen und dann, nachdem der Krieg gegen Hitlerdeutschland ausbrach, ihn zu gewinnen. Aus diesem Grunde habe ich durchgehalten.

Und dann war ich vierzig Jahre lang in der Deutschen Demokratischen Republik aktiv tätig, sei es Ziegel aus dem Schutt zu suchen und zu säubern, um neue Häuser zu bauen, sei es das Schreiben von Artikeln oder Büchern (elf an der Zahl) oder seien es Vorträge zur „Parteischulung" gewesen. In all dieser Zeit akzeptierte ich unsere Regierung und unsere Parteivorsitzenden mit nur geringen Kritikpunkten. Es darf nicht vergessen werden, daß ich in den ärmsten Teil Deutschlands zurückgekehrt war, der außer Braunkohle keine Rohstoffe besaß;

Ostdeutschland war ein Trümmerfeld und zudem verpflichtet, schwere Reparationszahlungen an die UdSSR zu leisten. Zur selben Zeit unterstützten und inspirierten die USA die Kalte-Krieg-Haltung der BRD gegenüber der DDR. Die Vereinigungsvorschläge der Sowjetunion, die in unserem Namen 1952 unterbreitet wurden, erhielten ein heftiges „Nein". Der westdeutsche Kanzler Adenauer sagte 1954: „Der beste Weg, den deutschen Osten wiederzugewinnen, ist die Wiederbewaffnung." Und heimlich wurde diese Wiederbewaffnung auch durchgeführt, mit Hilfe der USA.

Das waren unsere Probleme. Gegen alle Widerstände hatten wir unsere Wirtschaft aufgebaut. Die Menschen arbeiteten, ein bescheidener Lebensstandard war erreicht, niemand hatte überviel, gute soziale Maßstäbe wurden nach und nach eingeführt. Unsere Kinder wuchsen als Antifaschisten auf. Da meine Arbeit mit der Presse zusammenhing, spürte und erfuhr ich die starke Abneigung der kapitalistischen Länder gegen uns und las die Lügen, die ihre Zeitungen verbreiteten (und auch die Wahrheiten, die ich für Lügen hielt). Was ich nicht mochte in unserem Land war der von Jahr zu Jahr stärker werdende Dogmatismus innerhalb der Partei, sowie die Übertreibung unserer Fortschritte und das Vertuschen von Fehlern. Und diese wurden schlimmer, als unser Wirtschaftswachstum stoppte. Ich fühlte mehr und mehr Unehrlichkeit in den Berichten und Ansprachen, die von oben kamen und die Isolation des Politbüros vom Volk zeigten. Es schmerzte und ärgerte mich zu sehen, wie wir uns in den Augen der Arbeiter lächerlich machten, die aus ihren Betrieben die wirkliche Lage kannten.

Aber ich glaubte immer noch, daß ein besserer Sozialismus erreicht werden konnte, wenn man die alten Männer in den längst überfälligen Ruhestand zwänge und jüngere, fähigere die Geschäfte übernehmen und unseren Staat von seinen fast schon chronischen Gebrechen heilen würden. Ich und auch die meisten anderen Parteimitglieder waren erleichtert, als sich die ersten verabschiedeten und andere vom Politbüro ihnen folgten. Wir hofften, daß mit Glasnost und Perestroika, mit mehr Demokratie anstelle von Diktatur und absoluter Gewalt, mit realistischen ökonomischen Reformen die desillusionierten Massen zurückgewonnen werden könnten. Da wir nicht das Ausmaß der

Unmoral und Korruption unter unseren Führern kannten, wußten wir nicht, in welch tiefer ökonomischer Krise wir uns befanden, und so konnten wir nicht ahnen, wie schnell der größere und reichere Teil Deutschlands seine Vorteile nutzen und uns annektieren würde.

Historisch betrachtet war die Wiedervereinigung unabdingbar. Man kann ein Land nicht auf ewig durch eine Mauer teilen, aber vieles, was jetzt zerstört wurde an Kultur, Wissenschaft, Industrie und sozialen Institutionen wäre wert gewesen, es zu erhalten. Man könnte mich freilich fragen, was ich persönlich gegen den Dogmatismus, gegen die Deformation des Sozialismus, von der ich ja wußte, getan habe. Und ob ich glaube, daß mein Leben vergeudet sei? Fühle ich mich schuldig, daß ich mich beugte unter etwas, von dem ich wußte, daß es falsch war? Ich bekämpfte die Mißstände, die mir bekannt waren, aber eben nur soweit, daß ich meine Parteizugehörigkeit behalten und weiter Bücher schreiben konnte.

Als ich, nach den ersten größeren Veränderungen in der DDR, unseren regelmäßigen Sitzungen im Schriftstellerverband beiwohnte, sagten viele meiner Kollegen zu mir: „Du brauchst kein schlechtes Gewissen zu haben, du warst immer ehrlich." War ich, aber ich folgte dem Ratschlag einer mir namentlich nicht erinnerlichen russischen Schriftstellerin.

„Meine hundert Leben
Gib mir die Gelassenheit, Dinge hinzunehmen,
die ich nicht ändern kann;
gib mir den Mut, Dinge zu ändern,
die ich ändern kann,
und gib mir die Weisheit,
das eine vom anderen zu unterscheiden."

Ich arbeitete innerhalb der Möglichkeiten, die mir offenstanden. Heute mag das opportunistisch erscheinen, und ich muß mich fragen, wie oft ich dogmatisch war? Wie oft glaubte ich an Dinge, von denen ich heute weiß, daß sie falsch waren? Wie oft glaubte ich, daß Genossen Verräter seien, von denen sich herausstellte, daß sie Opfer unseres deutschen Stalinismus waren? Die Erinnerung daran läßt mich erröten, und das Nachdenken über 40 Jahre DDR und mein eigenes Verständnis darüber ist noch nicht komplett. Ich muß mit meiner Bitternis über die Parteiführung klarkommen, die mich dahinführte, wohin sie uns brachte. Viele gute Männer und Frauen leben jetzt in tiefer Enttäuschung, wandten sich von allem ab, an das sie glaubten. Ich kann das nicht. Vielleicht durchlebe ich jetzt die schwierigste Zeit meines Lebens, aber ich glaube, daß Marx, Rosa Luxemburg und Lenin große Revolutionäre waren. Für zukünftige Generationen will ich immer noch soziale Gerechtigkeit, Zugang für jeden zu einer guten Bildung, und vor allem will ich, daß nirgendwo jemand hungert und daß Frieden ist auf der Welt. So tief wie immer verachte und hasse ich die Arroganz der Reichen, die Macht des Geldes. Ich hasse Rassismus und Faschismus.

Die Forderung der Zeit verstehen

Mit den Kindern von Ruth Werner im Gespräch

Michael P. Hamburger (Veröffentl. unter Maik Hamburger)
Geboren am 12. Feburar 1931 in Shanghai. Verheiratet, drei Kinder, eine Enkelin. Aufgewachsen in China, Polen, der Schweiz und England. Studium der Philosophie in Aberdeen, 1951 Übersiedlung in die DDR. Studium der Physik in Leipzig. Arbeit als freischaffender Übersetzer und Journalist in Berlin. Von 1966 bis 1996 Dramaturg am Deutschen Theater. Jetzt Rentner. Übersetzungen von ca. 30 Theaterstücken von Shakespeare, Sean O'Casey (z. T. mit Adolf Dresen) u.a. Bücherherausgaben, Essays, Artikel, Rezensionen. Regiearbeiten an DDR-Theatern.

Peter John Beurton
Geboren am 8. September 1943 in Oxford. Verheiratet, zwei Kinder, zwei Enkel. Studium der Biologie und Promotion an der Humboldt-Universität (Naturkundemuseum Berlin). Bis 1990 Wissenschaftlicher Mitarbeiter am Zentralinstitut für Philosophie der Akademie der Wissenschaften der DDR; anschließend Übernahme durch Institutionen der Max-Planck-Gesellschaft. Seit 1994 wissenschaftlicher Mitarbeiter am neugegründeten Max-Planck-Institut für Wissenschaftsgeschichte in Berlin. Veröffentlichungen auf dem Gebiet der biologischen Evolutionstheorie, des Darwinismus und der Anthropogenese.

Janina Blankenfeld
Geboren 27. April 1936 in Warschau. Ein Kind, eine Enkelin, eine Urenkelin. Aufgewachsen in Polen, der Schweiz und England. 1950 Übersiedlung in die DDR. Nach Abschluß der Schulzeit Lehrerstudium in Altenburg. Ab 1956 bis zur Berentung Lehrerin in Brandenburg und Berlin. 1985 autobiografisches Kinderbuch „Die Tochter bin ich".

„Sonjas Rapport", nun in vollständiger Fassung, offeriert dem Leser manches Bedenkenswerte. Sonjas* Kinder befragen im nachhinein ihre Mutter, die Väter und sich selbst. Mit diesem familiären Gespräch setzen sie einen Prozeß der Positionsbestimmung fort, der in der zwanzig Jahre dauernden turbulenten „weißen Zeit" der Kundschafterin seinen Anfang nahm.
Mancher auch bisher unveröffentlichte Fakt wird aus der Sicht von Michael Hamburger, Janina Blankenfeld und Peter Beurton offengelegt oder kommentiert. Es geht auch um die Familie und ihre innere Beschaffenheit. Die Kinder liefern dazu neue Facetten. „Das ist doch auch schon was", würde Ruth Werner mit dem ihr eigenen Humor vermutlich sagen.
Den Berliner Journalisten Rudolf Hempel, zu DDR-Zeiten Feuilletonchef der Wochenzeitung „trend", verband lange Zeit eine gute, auch persönliche Beziehung mit der Autorin von „Sonjas Rapport". Er hat dieses Gespräch mit den Kindern im Januar 2006 geführt und notiert.

* *Der Umstand, daß Ruth Werner auf Grund ihres Lebens- und Berufsweges unter diversen Namen bekannt wurde, mag auch beim aufmerksamen Leser eine gewisse Verwirrung hervorrufen. Deshalb zur Erläuterung: Ursula, geborene Kuczynski, verheiratete Hamburger, abermals verheiratete Beurton, erhielt als Kundschafterin den Decknamen Sonja und gab sich, als sie eine zweite Laufbahn als Schriftstellerin begann, den Autorennamen Ruth Werner.*

So sehr Ruth Werner in ihrer „Sonja-Zeit“ auch auf sich selbst gestellt war, die Familie spielte für sie doch eine dominierende Rolle. Welchen Einfluß hatte sie auf ihre Kinder, wie haben diese sie wahrgenommen?

Michael H.: Am meisten hat mich die Persönlichkeit meiner Mutter geprägt: Sie war ein durchaus unbürgerlicher Mensch. Frei, naturliebend, unprätentiös, lebhaft und spontan. Sie haßte alles Eitle, Artifizielle. Besonders hat uns der Humor verbunden.

Janina B.: Unsere Mutter war warmherzig und aufgeschlossen. Und bescheiden. Auch dann, als sie öffentliche Anerkennung genoß.

Michael H.: Wir drei Kinder sind, wie unterschiedlich auch geartet, allergisch gegen alles Spießbürgerliche. Das haben wir von der Mutter mitbekommen.

Peter B.: Das macht mich nachdenklich. Denn andererseits hatte sie doch einen Ehrgeiz, daß aus allen drei Kindern ja etwas Ordentliches werden sollte, manchmal so, als gäbe es nichts anderes auf der Welt. Das bringt wohl eine gewisse Bürgerlichkeit zum Ausdruck. In der Familie uns gegenüber oft kritisch, aber nach außen des Lobes übervoll.

Resultiert dieser Widerspruch schon aus der Kuczynski-Familie? Hat die Tochter ihr eigenes Erbe an ihre Kinder weitergegeben?

Michael H.: In ihren Briefen als Kind beschwert sie sich über die besitzergreifende Mutter. Das kommt mir bekannt vor. Aber meine Großeltern waren schon ungewöhnliche Menschen. Das hat, glaube ich, auf deren sechs Kinder – meine Mutter, die vier Tanten und den Onkel – abgefärbt.

Janina B.: Das paßt nicht hierher, ich sage es aber trotzdem: Immer in der Vorweihnachtszeit verbrachte ich ein paar Tage bei den Großeltern in London. Abends erzählte mir Großmutter jedes Mal die Geschichte: Wenn Großvater badete, vergaß er immer, seinen Schlips abzumachen! Ich glaube, das sagt viel aus über beide. Mich amüsierte diese Geschichte stets aufs neue, obwohl ich Mutters Humor nicht so geerbt habe. Wurden früher Witze in der Familie erzählt, lachte ich zu spät oder gar nicht. Das machte mich derart wütend und bockig, daß wir beide beschlossen, sie sollte mich zur rechten Zeit unterm Tisch heimlich anstoßen.

Michael H.: Wir waren ja keine Rabauken. Aber wenn meine Mutter – was manchmal aus irgendwelchen Gründen vorkam – ein bürgerlich gesittetes Benehmen anmahnte, wurde ich ausnehmend rebellisch. Weil ich sie ja anders kannte.

Peter B.: Wir schätzten sie als eine Frau, die sich immer treu blieb. Umso mehr kreideten wir ihr die seltenen Abweichungen an. Besonders dann, wenn wir nicht die Nutznießer waren! Also, sie haßte Privilegien und machte fast nie Gebrauch davon. Aber es gab mal diese Episode. Meine Mutter ging zum Schuldirektor, der hieß Hans-Joachim Siewert, übrigens ein hervorragender Direktor, als Jugendlicher noch in die Wehrmachtsuniform gepreßt, dann ein Lehrer der neuen Generation und von mehr politischem Einfluß auf mich, als er wissen kann. Sie ging also hin und fragte: Könnte ihr Enkelkind nicht doch zur Oberschule zugelassen werden, obwohl die Leistungen nicht so ganz den Anforderungen entsprachen. Damals war „Sonjas Rapport" allerdings noch nicht erschienen. Sie ging also hin und fragte. Da sah der Schuldirektor sie an: „Genossin Beurton, ich habe mich für meinen Sohn auch nicht verwandt." Damit war das Gespräch beendet. Das eigentlich Gute an dieser Geschichte ist, daß ich sie weiß. Von meiner Mutter. Sie hat sie mir erzählt, weil sie irgendwo ja ein schlechtes Gewissen hatte.

„Sonjas Rapport", erschienen 1977, war eines der ersten Bücher, das die Kundschaftertätigkeit für die Sowjetunion dokumentierte. Es war sicher nicht einfach, es herauszubringen?

Michael H.: Das Buch hat eine lange Vorgeschichte. Markus Wolf, ehemals Leiter der Auslandsaufklärung, erzählte uns davon. Er habe unsere Mutter etwa Mitte der 60er Jahre kennengelernt. Er war daran interessiert, ihre Erfahrungen für seine Offiziere nutzbar zu machen. Sie sprach dann ein paar Mal mit diesen über ihre Tätigkeit, und Wolf ermunterte sie, die Geschichten aufzuschreiben. Jahre später überreichte sie ihm einen Text, nur für den internen Gebrauch.
Doch Wolf fand es viel zu schade, dieses hochspannende Manuskript nur in den Panzerschrank einzuschließen. Er regte eine Veröffentlichung an. Das ging dann „seinen sozialistischen Gang". Will sagen, es verflossen Jahre, bevor die Genehmigung zur Veröffentlichung – mit einigen Strichen – vorlag. Man benötigte ja auch unbedingt das Jawort aus Moskau, eine besonders schwierige Hürde.

Wie ging es weiter?

Peter B.: Von meinem Vater weiß ich, daß das Buch ursprünglich zum 20. Jahrestag des am 8. Februar 1950 gebildeten Ministeriums für Staatssicherheit erscheinen sollte. Meine Mutter hat dann einen entsprechenden Brief an den Minister geschrieben: Sehr geehrter Genosse Mielke, so und so, vielleicht eine drittel Seite. Das war wohl bereits nach der Vorabsprache mit Markus Wolf. Der Brief blieb aber vier Jahre ohne Antwort liegen. Das hat sie dann doch gewurmt. Aber man kann nicht viel machen, wenn sich der Minister nicht rührt. Sie konnte ja nicht sagen, Genosse Minister, Sie haben da was vergessen.
Schließlich haben Hans Schaul, alter Spanienkämpfer, langjähriger Chefredakteur der „Einheit", und Jürgen Kuczynski ihr den Weg zu Honecker geebnet. Und eines Tages wurde sie zu ihm bestellt. Meine Mutter kam ins Vorzimmer vom Generalsekretär, und dessen Büroleiter sagte zu ihr: „Deine Sache steht nicht schlecht." Und dann ging sie hinein, und Honecker kam auf sie zu und begrüßte sie. Das Manuskript offenbarte auch ihre Arbeit mit Klaus Fuchs und andere brisante Dinge. Deshalb hatte sie sich verschiedene Argumente zurechtgelegt, abgestimmt auf vorhersehbare mögliche Einwände. Honecker sagte aber ohne lange Vorrede, er habe die Hälfte gelesen, und das Buch

werde erscheinen. Sie war sprachlos; gerade das hatte sie nicht erwartet – und die brisantesten Fakten waren in der zweiten Hälfte enthalten. Ihre Sprachlosigkeit wiederum irritierte ihn, und so schob er nach: Das ist Politbürobeschluß. Als sie ihn auf das Problem hingewiesen hatte, sagte er, ich muß sehen, wie ich die Zeit zum Lesen finde; du bekommst von mir Bescheid.

Kann man davon ausgehen, daß ein solcher Beschluß wirklich vorlag, sich also das Politbüro mit dem Buchprojekt befaßt hatte?

Peter B.: Honecker *war* das Politbüro. Eine Woche später kam dann – er hatte die zweite Hälfte wahrscheinlich lesen lassen – der Bescheid. Also das Buch erscheint. Im wesentlichen sollten aber zwei Passagen herausgenommen werden.

Michael H.: Markus Wolf, sagte sie, hat sich für die ungekürzte Fassung des Buches eingesetzt. Schließlich war Klaus Fuchs seit 1959 aus der englischen Haft entlassen und lebte in der DDR. Aber damit kam er bei Honecker nicht durch.

Peter B.: Im Herbst 1976 lag sie in Buch in der Klinik beim Herzspezialisten Professor Baumann. Ich war von meinem NVA-Reservedienst in Prenzlau auf „Sonderurlaub" zu ihr gekommen. In gelöster Stimmung erzählte sie die Geschichte mit Honecker und fügte hinzu, daß zwei Dinge raus müßten. Als ich kühn fragte, welche beiden das wären, sagte sie mit strenger Stimme: „Hab ich doch gewußt, daß du fragst, Peterchen, das geht dich nichts an."

Janina B.: Vermutlich ging es um die Stalinzeit. Über die hat unsere Mutter ja in der englischen Ausgabe ausführlicher geschrieben, vor allem im Nachwort. Und eben um Fuchs.

Stichwort Klaus Fuchs. Wir wissen ja nun, daß die Verbindung zwischen Ihrer Mutter und ihm 1942 in England auf Vermittlung von Jürgen Kuczynski zustande kam. Beide trafen sich zwei Jahre lang in Abstän-

den. Hatten die Kinder nie auch nur den Ansatz eines Verdachtes? Was sagte sie Ihnen, wohin sie mit dem Fahrrad fuhr, was sie machte?

Janina B.: Zu den Großeltern nach London, hat sie mir gesagt. Oder einkaufen. Oder was auch immer.

Michael H.: Sie brauchte keine Ausreden zu erfinden. Für uns bedeutete es nichts Ungewöhnliches, wenn sie einen halben oder ganzen Tag wegfuhr. Wir waren ganz froh, eine Weile ohne Aufsicht zu sein. In der fraglichen Zeit war ich elf, zwölf Jahre. Ob ich etwas geahnt habe? Mir war schon bewußt, daß die Lebensführung meiner Mutter sich von anderen unterschied. Ich hatte auch das Empfinden, da passierten Dinge am Rande der Legalität.
Sie war Mitglied der eine Zeitlang verbotenen englischen Kommunistischen Partei. Es gab heimliche Treffs in unserm Haus. Auch mit ihren Geschwistern, alle Kommunisten bis auf eine Schwester, beobachtete ich vertrauliche Gespräche, von denen ich nicht nur ausgeschlossen wurde, weil Kinder bei „Erwachsenengesprächen" nichts zu suchen hätten. Aber ich vermutete eben, es handele sich um Parteisachen, Protestaktionen und dergleichen. Die Partei setzte sich für eine baldige „Zweite Front" ein, also einen englischen Einmarsch in Westeuropa, um die verzweifelt kämpfende Sowjetunion zu entlasten.
Daß sie einen Radiosender betrieb, davon ahnte ich nichts. Es gab da eine kleine Episode, deren Ironie mir erst viel später aufging: Ich bastelte als Junge selber Radiogeräte, damals mit diesen riesigen Spulen und Röhren wie Glühbirnen; ich zeigte ihr dann stolz das fertige Gerät. Zu meiner Überraschung hatte sie einiges zu bemängeln, die Lötstellen seien nicht gut genug und dergleichen. Ich wandte mich mißvergnügt ab und dachte bei mir: Was versteht *sie* denn davon?
Das absolut ungewöhnliche Erlebnis gab es erst, als meine Mutter sich mit Nina und Peter schon in der DDR befand. In unserem Dörfchen bereitete Len seine Abreise vor. Seine Koffer packend, rief er mich plötzlich zu sich. Wir marschierten feierlich in den Garten. Er holte eine winzige Minox-Kamera aus der Tasche. Als Hobbyfotograf sah ich mit begehrlichen Augen auf den Apparat. Da nahm er einen Hammer

und zertrümmerte das Gerät auf einem Stein. Bis es in winzige Stükke zerfallen war, die er begrub, ohne auch nur ein einziges Wort zu sagen. Ich rätsele bis heute, was er mir genau vermitteln wollte. Vielleicht war es ein Wink, den Mund zu halten, wenn ich dann allein in England wäre. Aber ich glaube, er wollte mir sagen: Es steckt mehr hinter deiner Mutter, als du denkst. Er war stolz auf sie und litt darunter, daß andere nichts von ihrem wirklichen Format wußten.
Mitte der 50er Jahre erschien ihr erster, weitgehend autobiographisch geprägter Roman „Ein ungewöhnliches Mädchen" mit einem ausführlichen Chinateil. Da fing ich an zu begreifen.

Noch mal zurück zur Entstehungsgeschichte von „Sonjas Rapport". Gab Sie ihren Kindern vor der Drucklegung das Manuskript zu lesen?

Janina B.: Sie gab mir das Manuskript ungefähr ein Jahr vor Erscheinen des Buches. Ich habe es in zwei Nächten gelesen, es hat mich tief berührt: die drei Kinder unter diesen Bedingungen! Und besonders auch, *mich* haben zu wollen. Aber daß es uns gab, hat ihr gefährliches Leben, so merkwürdig das vielleicht klingt, irgendwie leichter gemacht. Wir haben ihr Hoffnung gegeben. – Ich habe sie spontan umarmt.
Daß sie illegal arbeitete, ahnten wir mit den Jahren. Aber ich zum Beispiel dachte immer, sie hat nur Flugblätter verteilt. Und ich wußte auch nichts über meinen Vater, bis ich das Manuskript las.

Peter B.: Meine Mutter war ein Mensch, der in allen Dingen, die ihre illegale Tätigkeit betrafen, geradezu obzessiv verschwiegen war. Uns gegenüber verlor sie lange Zeit kein einziges Wort, auch nicht indirekt.

Michael H.: Sie hat selten etwas von sich *expressis verbis* mitgeteilt. Nachdem ich das Manuskript – mit großer Anteilnahme – gelesen hatte, galt ich als informiert. In unserem weiteren Miteinander setzte sie meine Kenntnis voraus. Sie überließ es mir, meine eigenen Schlüsse zu ziehen. Wenn wir über das Buch redeten, dann wie zwei Menschen, die wissen, worum es geht. Es war wohl unser beider Bestreben, die bis ins einzelne beschriebenen Beziehungen zu objektivieren.

Janina B.: Ich glaube, es war auch ihre Bescheidenheit, ein typischer Zug von ihr. Wir Kinder waren ja jahrelang immer sonntags zum Essen bei ihr in Baumschulenweg. Einmal, das war 1969 nach der Auszeichnung in der sowjetischen Botschaft mit dem zweiten Rotbannerorden ...

... den ersten hatte sie 1937 in Moskau von Kalinin bekommen.

Janina B.: ... sprach sie weniger über die Gründe für die Auszeichnung als über die alten Freunde, die sie bei der Ordensverleihung wiedergesehen hatte.

Stichwort alte Freunde. Langjährig nahe stand Ruth Werner auch der ehemalige Kundschafter Viktor Botschkarew. Er brachte zusammen mit Aleksander Kolpakidi vor vier Jahren das Buch „Superfrau der GRU" heraus, mit Ruth Werner als Hauptperson. Auch in dem von ihm zur gleichen Zeit initiierten „Richard-Sorge-Museum" in Moskau ist Sonja als einer der für die Sowjetunion arbeitenden Kundschafter präsent.

Peter B.: Diese Zurückhaltung mit den eigenen Auszeichnungen, die bemerkte ich eher so nebenbei. Ich erinnere mich: Als ich nach Beendigung des Studiums einen Fragebogen ausfüllen mußte mit einer Rubrik für elterliche Auszeichnungen, habe ich Rotbannerorden hingeschrieben. Und sie vorwurfsvoll dazu: „Wie kannst du nur, das weiß doch kein Mensch, das sollte man nicht ..."

Ende der neunziger Jahre erhielt sie noch einmal einen Orden, diesmal von der Russischen Regierung.

Janina B.: Als der Militärattaché bei der Russischen Botschaft sie besuchte – es war zu ihrem Geburtstag im Mai 2000 – und ihr sagte, seine Regierung habe die Absicht, sie für ihre Verdienste mit einem Orden zu ehren, hatte sie Bedenken. Später äußerte sie einmal, ihr Beitrag im antifaschistischen Kampf sei durch die Sowjetunion gebührend gewürdigt worden; das Land, für das sie gekämpft und gearbeitet und nicht nur einmal ihr Leben riskiert habe, existiere nicht mehr.

Bevor er ging, sagte der Militärattaché, er habe „Sonjas Rapport" gelesen. Er machte eine tiefe Verbeugung, küßte ihr die Hand und sagte: „Ich verehre Sie so sehr." Meine Mutter hat, nachdem er weg war, zu mir gesagt, dieser Satz des jungen Mannes ist mir mehr wert als hundert Orden.

Wie bekannt, wurde am 7. Oktober 2000 in der russischen Botschaft der „Orden der Freundschaft" an Ruth Werners Tochter Janina übergeben.

Janina B.: Bis heute schickt mir die Botschaft Einladungen zu ihren Veranstaltungen.

Genug der Orden. Wenden wir uns wieder der Mutter und ihren Kindern zu. Was heißt es für ein Kind, mit einer Kundschafterin zusammenzuleben?

Michael H.: Für meine Kindheit möchte ich das am Beispiel der Sprache erläutern. In China lernte ich zu Hause Deutsch, bei meiner Ammah und beim Spielen mit Straßenkindern Chinesisch. Mit drei Jahren erfolgte eine Trennung von meiner Mutter eigens zu dem Zweck, daß ich *nicht* Russisch lerne.

In Polen hatte ich bei den Jugendbanden einen schweren Stand, weil ich fremd und bürgerlich war. Während ich zu Hause deutsch lesen und schreiben lernte, schnappte ich deren polnischen Gassenjargon auf; als ich gerade begann zur Bande zu zählen, siedelten wir in die Schweiz über. Zum Glück wurde ich dort nicht mit Schwyzerdütsch konfrontiert – was dann geworden wäre, möchte ich mir lieber nicht ausmalen. So besuchte ich in Caux eine francophone Schule, die Deutsch als Zweitsprache lehrte, später eine englische Internatsschule in Glion mit Französisch als Zweitfach. Mit zehn kam ich nach England.

Dieser Verlauf ergibt gleichzeitig das Modell für meine Eingliederung in die Gesellschaft. Immer neue, abrupte Brüche, keine Zeit zum Wurzelschlagen. Von einer Nation, von einer Kultur in die andere. Bis ich schließlich mit zwanzig in die DDR kam. Da ich mich in England geweigert hatte Deutsch zu sprechen, Deutsch war ja der Feind, brachte ich das Vokabular eines Zehnjährigen mit. Aber auch ein sehr scharfes Gehör für falsche Töne; ich hatte ja die Sprachverhunzung der Nazis nicht mitgemacht.

Ich war mit diesem Leben überhaupt nicht unglücklich. Daß es etwas Besonderes sei, kam mir nicht in den Sinn. Daß es neben dem Vorzug der Vielsprachigkeit auch andere Prägungen hinterließ, erkannte ich erst viel später.

Deutschland ist das Zuhause, das ich mir letztendlich ausgesucht habe, vor mehr als 50 Jahren. Einen Hauch Fremdheit spüre ich aber immer noch. War man für längere Zeit Emigrant, bleibt man es ein bißchen sein Leben lang.

Janina B.: Bei mir war dieses Gefühl weniger ausgeprägt. Ich bin ja in Polen geboren und kam noch als Kind in die Schweiz. Habe dort gebrochen Französisch gesprochen, dann in England erst einmal Englisch

gelernt. Von dort ging es 1950, ich war 14 Jahre, nach Deutschland, ohne auch nur ein Wort deutsch zu können.
Über diesen Wechsel war ich furchtbar unglücklich. Aus unserem idyllischen Dorf Great Rollright mit meinen vielen Freundinnen und Tieren in das graue, zerstörte Berlin. Ich hatte panische Angst, daß mich jemand anspricht. Der erste Satz, den ich lernte, hieß: „Ich verstehe nicht."
Bis unsere Mutter eine Wohnung für uns hatte, mußte ich, zum wievielten Mal eigentlich, in ein Kinderheim. Das war schlimm. Sonntags besuchte sie Peter und mich. Und jedes Mal beim Abschied sehnte ich mich so sehr nach dem nächsten Wiedersehen mit ihr. Diesmal war auch Micha nicht mehr an meiner Seite, das hatte früher die Trennungen leichter gemacht. Ich habe da immer eine Unsicherheit im Leben, bis heute.
Ich habe nie erlebt, daß sich meine Eltern in meiner Gegenwart stritten. Später sagte mir meine Mutter, wie wichtig es ihr war, uns Geborgenheit und Ruhe zu geben, wenn wir als Familie zusammen waren. Damit, wenn es wieder zu Trennungen kam, wir etwas hatten, worauf wir uns freuen konnten.

Peter B.: Sie hat sich sehr um uns gekümmert, aber doch mit Problemen, die sich aus der Familiengeschichte ergaben, allein gelassen.

Wie war die Beziehung von Ruth Werners Kindern zu Len Beurton, ihrem zweiten Mann, mit dem sie in England und in der DDR mehrere Jahrzehnte zusammenlebte?

Peter B.: Er war mein leiblicher Vater, und wir hatten ein sehr enges Verhältnis. In meiner Wahrnehmung war sein Verhältnis auch zu meiner Schwester und meinem Bruder gut.
Aber wenn meine Mutter in „Sonjas Rapport" schreibt, daß Len sie sehr bald wie eigene Kinder behandelte, dann stimmt das so nicht. Sie hatten ein vernünftiges Verhältnis, aber sie waren eben nicht seine leiblichen Kinder.

Janina B.: Da hat Peter recht: Ein sehr warmherziges Verhältnis hatte ich eben auch nicht zu ihm. Es gab manche Komplikationen in unserer Beziehung. Aber respektiert habe ich ihn immer.

Michael H.: Len war jünger als meine Mutter und mein Vater. Zwischen uns bestand kein Vater-Sohn-Verhältnis, ich habe ihn eher als älteren Bruder wahrgenommen. In seinen 40 Jahren in der DDR ist er ganz und gar Engländer geblieben. Das Englische hat uns beide verbunden. Wir achteten uns gegenseitig, hielten aber eine gewisse Distanz. Das ist so bis zuletzt geblieben. Eine sehr angenehme Beziehung.

Wie war das bei Ihrem leiblichen Vater, Herr Hamburger?

Michael H.: Mein Vater Rudi, der eigentlich Rudolf und im Buch Rolf heißt, war ein außerordentlich liebenswürdiger, sanfter, kultivierter Mensch. Ich habe als Kind sehr an ihm gehangen. Ich nannte ihn Daddy. So liebevoll, sorgsam und spielfreudig wie er war. Ein Mann aber auch, stark und sportlich. Es gibt noch Fotos, auf denen wir zusammen Ski laufen.

Er blieb bei uns, lange, nachdem sich meine Mutter von ihm gelöst hatte. Er kam mit nach Polen und in die Schweiz und stellte sich für die Legalisierung meiner Mutter zur Verfügung, indem er nach außen hin als Vater auftrat, auch von Janina. Obwohl meine Mutter mit einem anderen Mann liiert war, das zeugt schon von Größe.

In der Schweiz ließen sich meine Eltern dann scheiden. Das hat mir meine Mutter niemals mitgeteilt, ich fand es nach und nach für mich heraus. Mein Vater Rudi verschwand, ich hörte lange nie wieder was von ihm. Meine Mutter ließ mich im Glauben, daß er bald wiederkehren würde. Auf meine Fragen antwortete sie vage, er habe zu tun, aber die Familie käme bestimmt wieder zusammen. Ich habe darauf gewartet. Daß Len inzwischen als Partner da war, hat diese Erwartungen nicht durchkreuzt.

Ich mußte also irgendwann zur Kenntnis nehmen, daß mir meine Eltern jahrelang Theater vorgespielt haben. Ich will das um Gottes willen nicht dramatisieren. Derartige Familienverhältnisse und weit

komplizierte sind ja furchtbar normal, und das Ganze ist nur insofern relevant, als es mit der Kundschaftertätigkeit der Eltern zusammenhing.
Ich glaube allerdings, daß meine Mutter von diesen Verhältnissen – Ninas Vater Ernst war auch noch auf der Bildfläche – seelisch überfordert war. In Bezug auf meinen Vater setzte ein Prozeß der Verdrängung ein, der ihre übliche Verschwiegenheit noch verstärkte.

Kam er denn wieder?

Michael H.: Er kam wieder. Aber erst nach Jahren. Da hatte er eine tragische Odyssee hinter sich, von der ich erst im nachhinein erfuhr.

Janina B.: Bevor Rudi nach Deutschland kam, das war 1955, mußte sie uns ja die Wahrheit sagen. Bis dahin habe ich ihn immer als meinen Vater angesehen. Ich habe aber ohnehin einen Vater nicht vermißt, da unsere Mutter für mich beide Elternteile wunderbar ersetzt hat. – Eines gefällt mir nicht, Peter, daß du sagst, unsere Mutter hätte uns allein gelassen ...

Peter B.: Sagen wir es so: Sie hat uns auf einer bestimmten Ebene, wo es um unsere Familiengeschichte ging, allein gelassen. Auch ich habe immer angenommen, der Rudi, selbst als ich ihn schon kannte, ist der Vater von Micha und von dir. Was anderes wußte ich nicht. Erst als ich vielleicht 16 Jahre alt war, erfuhr ich zufällig die Zusammenhänge. Mir war mein Nichtwissen so peinlich, ich konnte da auch nicht nachfragen. Ich habe es eben akzeptiert. Unsere Mutter setzte die Dinge voraus, und wir akzeptierten sie ungefragt.

Janina B.: Ich war 18 Jahre, als ich es von ihr erfuhr. Sie besuchte mich und sagte, Rudi kommt, er will dich sehen. Sie teilte mir mit, daß Rudi nicht mein Vater sei. In diesem Zusammenhang erfuhr ich erstmals von meinem richtigen Vater Ernst. Und ich sagte, Mutti, daß du so viele Männer hattest, das gefällt mir nicht.

Peter B.: Eines hat mich auf besondere Weise betroffen gemacht. Zwar wußte ich, daß mein Vater ein Waisenkind war, das bei Pflegeeltern aufwuchs, aber erst aus diesem Buch habe ich erfahren, daß seine Mutter ihn, als er sechs Jahre alt war, regelrecht ausgesetzt hat. Das ist noch viel schlimmer und hat ihm von Kind an eine existentielle Unsicherheit mit auf den Weg gegeben, gegen die er zeitlebens angekämpft hat. Mich hat das deshalb so bewegt, weil ich ihn plötzlich viel besser verstehen konnte: seinen Charakter, seine Härte gegen sich selbst. Daß er hierüber nicht reden konnte, ist Teil dieser Geschichte, aber wenigstens hätte meine Mutter sehr viel früher etwas sagen können.

Michael H.: Ich möchte auf meinen Vater zurückkommen. Rudolf Hamburger wurde 1903 in einer großbürgerlichen Familie in Landeshut in Schlesien geboren. Sein Vater, ein Textilfabrikant, verkehrte mit Gerhard Hauptmann aus dem nahegelegenen Agnetendorf, aber er stand *nicht* Modell für den Unternehmer Dreißiger aus den „Webern". Er wurde eher geachtet als humaner und sozial gesinnter Fabrikant.
Mein Vater liebte die Künste und studierte Architektur bei Poelzig. Er traf dann in Berlin meine Mutter, das weitere steht im Buch. Er stand sicher politisch unter deren Einfluß, obwohl auch er ein starkes Gefühl für soziale Gerechtigkeit mitbrachte.
Deshalb wollte er dann in China, nach anfänglichen Vorbehalten, auch unbedingt die gleiche illegale Arbeit tun. Der russische Abwehrdienst, für den Sonja tätig war, zögerte lange, ihn als Mitarbeiter zu rekrutieren. Vielleicht schätzten sie ihn besser ein als er sich selbst. Er trat in die Partei ein, bekam schließlich doch in der Sowjetunion eine entsprechende Ausbildung, ging zurück nach China und arbeitete dort illegal unter seinem Vorgesetzten: Ernst.
Rudolf wurde in China verhaftet, er verbrachte ein Jahr in verschiedenen Gefängnissen, er wurde auch gefoltert. Vom Herbst 1941 an arbeitete er auf Anweisung der Zentrale in Teheran, das damals unter west-alliierter Kontrolle stand. Dort wurde er denunziert und abermals verhaftet, diesmal von den Amerikanern, später an die Engländer überstellt, die ihm mit Folter drohten.
Nach einer Weile ließ man ihn frei unter der Bedingung, daß er das

Land unverzüglich verlasse. Er floh in die Sowjetunion, wo seine Auftraggeber ihn sofort wieder festnahmen. Wegen angeblicher Spionage für die Amerikaner wurde er zu fünf Jahren Lager verurteilt. Dem folgte eine zweite Verurteilung, so daß er bis 1952 – insgesamt sieben Jahre – in diversen Gulags lebte. August 1955 gelang es ihm, in die DDR überzusiedeln.

Hing die Rückkehr Ihres Vaters mit den Verhandlungen Adenauers 1955 in Moskau zusammen, als es um die Freilassung der letzten deutschen Kriegsgefangenen ging?

Michael H.: Nein. Er war ja kein Kriegsgefangener! Er paßte in keine Kategorie, eigentlich durfte er gar nicht existieren. Seine Übersiedlung war deshalb mit großen Schwierigkeiten verbunden. Ich glaube, er verdankt es der Intervention seines Freundes Richard Paulick, möglicherweise auch meiner Mutter, daß er in die DDR kommen konnte.

Hatten Sie dann Kontakt mit ihm?

Michael H.: Ja, sicher. Bis zu seinem Lebensende 1980 lebte er in Dresden in einer 1½-Zimmerwohnung in einem Hochhaus, auf dem mit Betonbuchstaben stand: „Der Sozialismus siegt." Was die Dresdner natürlich „siecht" aussprachen. In Dresden und in Hoyerswerda hat er als Architekt gearbeitet. Er war Vorbild für den alten Architekten in Brigitte Reimanns Buch „Franziska Linkerhand." So wie sie ihn darstellt, muß sie seine Menschlichkeit sehr geschätzt haben. Nach und nach erhielt er auch eine gewisses Maß an Anerkennung, einige Medaillen und Orden.
Er fand, daß er in Sonjas Buch zu stiefmütterlich behandelt wird. Damit hatte er recht: Mit so einer knappen Bemerkung, er sei dann auch ein treuer Genosse geworden, ist es nicht getan.

Wie war, nach Ihrer Erinnerung, der ganz persönliche Kontakt zu Ihrem Vater?

Michael H.: Herzlich, aber nicht ganz einfach. Es lag zu viel dazwischen, um den Faden wieder aufzunehmen. Er kam wieder, nach der langen Lagerzeit, gebeugt und kahl. Es war nicht möglich, nachzuholen, was er in der Sowjetunion versäumt und wonach er sich gesehnt hatte. Wir unterhielten eine gute, ja, innige Freundschaft. An seinen Enkeln Karin und Max hatte er enorme Freude.

Hatte Ihr Vater, nach der Gulagzeit in der Sowjetunion wäre es denkbar, mit dem Kommunismus abgeschlossen?

Michael H.: Mein Vater kam als immer noch überzeugter Kommunist zurück. Er trat in die SED ein und engagierte sich politisch. Erst nach vielen Jahren ergriff ihn die Enttäuschung, vielleicht war es eher eine Ermüdung. Immerhin verfaßte er in den Siebzigern einen Bericht über seine Lagerzeit. Bislang hatte er sich über diesen Lebensabschnitt nicht geäußert, nicht einmal mir gegenüber. Er ließ das Manuskript nach Westdeutschland schmuggeln. Dort wurde es, natürlich pseudonym, einem renommierten Verlag angeboten, der es mit der Begründung abwies, die Zeit der Lagerliteratur sei vorbei.

Kehren wir vom Vater zurück zur Mutter. Als diese 1950 in die DDR kam, galt sie als ein unbeschriebenes Blatt und war noch dazu Westemigrantin. Das war im übrigen auch die Zeit der Schauprozesse in Bulgarien, Ungarn und der Tschechoslowakei. Sie berichtet in „Sonjas Rapport“ von einer Parteistrafe, die sie ausgerechnet aus „mangelnder Wachsamkeit“ bekam. Wie ging sie damit um?

Peter B.: Als meine Mutter 1950 von England in die DDR gekommen war, wurde ihr „Fall“ von den sowjetischen Organen an die DDR übergeben. Sie kam nicht völlig namenlos hierher. Und es gab immer eine Vertrauensperson. Das war Willi Kling. Er hatte lange im Konzentrationslager gesessen, jetzt war er Kaderchef im ZK, einer der Leute, die bei Ulbricht ein- und ausgingen. Kling war der Mann für alle Fälle. Außerdem entwickelte sich eine enge Freundschaft, und sie hatten großen Respekt füreinander.

So ein „Fall“ trat dann in den frühen 50er Jahren ein. Vor dem Hintergrund jener Schauprozesse, die dann in der DDR glücklicherweise nicht stattfanden, gab es verhörartige Kaderüberprüfungen durch die Partei. Jeder Genosse mußte einen Bericht anfertigen, in dem er beispielsweise über seine illegale Arbeit während der Naziherrschaft für jedes Jahr detailliert Auskunft gab. Da waren nun bei unserer Mutter 20 Jahre weiße Flecken, und sie weigerte sich konstant, diese auszufüllen. Das brachte sie in Schwulitäten. So etwas konnte es nicht geben, daß ein Genosse vor der Partei schweigt.
Sie wandte sich also an Willi Kling. Nach ein paar Tagen kam er auf sie zu und sagte: „Hör mal, ich habe für dich einen Termin bei Hermann Matern vereinbart. Ich sage dir, auf ihn kannst du dich *unbedingt* verlassen.“ Matern war damals im Politbüro und Chef der Zentralen Parteikontrollkommission, ZPKK. So ging sie zu ihm, und er fragte: Na, Mädchen, was hast du denn, erzähl mal? Und da fing sie an, ihre Sache zu erzählen. Nach anderthalb Sätzen winkte er ab und sagte, ist gut. Das war das Ende dieser Geschichte. Nie wieder hatte sie Probleme mit weißen Feldern. Matern muß das dann an die entsprechenden Stellen durchgestellt haben: Finger weg von dieser Frau.

Auf die fünfziger folgten die sechziger Jahre, die es ja auch in sich hatten. Denken wir nur an den Prager Frühling.

Michael H.: Aktuelle politische Vorgänge boten immer Stoff für lebhafte Diskussionen. Das war bei meiner Mutter und ihren Geschwistern so und setzte sich mit meiner Generation fort. Vor allem zwischen ihr und mir. Da flogen manchmal die Fetzen. Als es heftig wurde und anfing weh zu tun, haben wir um des Friedens willen bestimmte Themen vermieden.

Und als 1968 der Prager Frühling kam?

Michael H.: War ich absolut auf der Linie der Reformkommunisten. Ich flog in der Zeit zweimal nach Prag, Bekannte besuchen, alles Kommunisten. Einer hieß George Wheeler, ein in Prag lebender amerika-

nischer Genosse, mit dem meine Mutter eng befreundet war. Sie alle wirkten, als hätte man ihnen ein neues Leben geschenkt.
Meine Mutter hat geschwankt. Plötzlich waren wieder lockere Gespräche möglich. Bis offensichtlich die Direktive kam, die Konterrevolution sei ausgebrochen und der Einmarsch gerechtfertigt. Da schwenkte sie um und war nicht mehr ansprechbar.

Peter B.: Das habe ich etwas anders wahrgenommen. Es stimmt, Sie war zunehmend Feuer und Flamme für Dubček. Das war im März/April 68. Wir haben uns nach und nach auf Dubček orientiert. Len und sie waren begeistert. Allerdings nicht grenzenlos.
Jetzt kommt die Querverbindung zu Kuczynski, in diesem Falle wieder ganz typisch für ihr Verhältnis zu ihm. Sie sagte, na der Jürgen, der ist derart begeistert und derart kritiklos über Dubček. Nein, also so weit gehe ich nicht, einfach alles an Dubček gut zu finden. Damit hatte sie wieder genügend Boden unter den Füßen, um den Bruder ansonsten himmelhoch loben zu können.

Janina B.: Für mich ist klar: Von allen Menschen stand für meine Mutter ihr Bruder an erster Stelle. Die ersten Jahre ist sie jeden Monat einmal zu Jürgen nach Weißensee gefahren, das waren ganz kostbare Besuche. Als sie gesundheitlich nicht mehr konnte, kam er einmal im Monat zu ihr. Oft war ich dabei. Das stets gleiche Ritual war rührend. Er trat ein, sagte „Urselchen, meine Gute“, sie sagte „Jürgen, mein Lieber“. Er küßte ihr die Hand, legte die Taschenuhr auf den Tisch, weil er ja nie länger als eine Stunde bleiben wollte, dann begannen die Gespräche.
Das erstaunliche war, sie verjüngte sich, sie glühte richtig. Sie wirkte dann wie ein junges Mädchen. Und jedes Mal dachte ich, wie sehr sie doch an ihm hängt.

Peter B.: Zurück zum Prager Frühling: Nach dem Einmarsch waren meine Eltern vollständig geknickt. Ich hatte sie mehrere Wochen nicht gesehen und war – ohne das zu wissen – versöhnlicher gestimmt als sie. Dann kam ich sie besuchen, und meine Mutter eröffnete mir in gesetztem und bestimmtem Ton, daß sie und Len der Meinung seien, die

Sowjetunion begehe manchmal grundlegende Fehler. Das von meinen Eltern zu hören, schlug bei mir ungefähr so ein wie der Einmarsch selbst. Schließlich äußerte ich selbst meinen Protest gegen den Einmarsch im Berliner Naturkundemuseum, wo ich gerade die Aspirantur begonnen hatte. Mit dem Resultat, daß meine Aspirantur in Frage gestellt wurde, doch ging das letztlich glimpflich ab.
Was ganz selten war: Jürgen Kuczynski hat mich anläßlich meines Protestes zum Schnitzelessen und einem Zweiergespräch in den Johannes-R.-Becher-Club eingeladen. Das Gespräch bestand im wesentlichen aus einem Satz nach dem Essen, so als sei ihm das Schnitzel nicht bekommen: „Dieser Einmarsch hätte nicht sein müssen." Dubček, hat er gesagt, habe bis zum heutigen Tag hochintelligent gehandelt.
Zwei, drei, Monate nach dem Einmarsch haben sich meine Eltern unter Berufung auf jene dämlichen Informationen über eine angebliche Konterrevolution in der ČSSR allmählich wieder gefangen. Ihre Argumente waren: Na ja, heute haben wir mehr Infos, unsere Informationspolitik war ja schlimm gewesen; aber jetzt ... Und sie haben begonnen, den Einmarsch zu verteidigen. Da bekamen sie wieder die Kurve. So war es. Und meine Entwicklung war ähnlich.

Gut zehn Jahre später fand im Berliner Roten Rathaus ein Vorgang seinen Abschluß, bei dem nicht einmarschiert, sondern ausgeschlossen wurde. Er ging als nicht gerade rühmliche Veranstaltung in die Geschichte des Schriftstellerverbandes der DDR ein. War Ruth Werner daran beteiligt und wenn ja, wie?

Michael H.: Das war die Zusammenkunft des Berliner Bezirksverbandes, bei der neun Autoren, darunter Stefan Heym und Jurek Becker, ausgeschlossen wurden. Unsere Mutter war nicht beteiligt. Der Grund: Sie lag mit Herzinfarkt im Krankenhaus.

Peter B.: Wäre sie aber dabei gewesen, so bin ich fest davon überzeugt: sie wäre aufgestanden, hätte in ihrer Art von ihrer politischen Erfahrung gesprochen und mit einfachen Worten begründet, weshalb sie für den Ausschluß stimmt. Im nachhinein kann ich sagen, Gott sei Dank war sie nicht da.

Sonst hätte sie in der Nachwendezeit mehr Kritik einstecken müssen?

Michael H.: DDR-Schriftsteller mußten nicht nur Kritik für Fehlverhalten, sondern vielfach auch Gesinnungsschnüffelei erdulden. Während des unschönen Vereinigungsprozesses des Ost- und West-P.E.N.-Clubs legte der West-P.E.N. eine Liste von zwanzig Namen von Ost-Mitgliedern vor, die in einem gesamtdeutschen P.E.N. nicht tragbar seien. Dazu gehörte Ruth Werner.
Dann passierte folgendes: Werner Liersch, ein schon lange mit ihr befreundeter Autor, stand auf und sagte: „Wenn Ruth Werner mit ihrer Tätigkeit den Krieg auch nur um zwei Stunden verkürzt hat, dann hat sie Hunderte von Leben gerettet." Sie wurde von der schwarzen Liste gestrichen, auf der zuletzt nur ein Name übrigblieb.

Zu DDR-Zeiten waren Sie selbst nicht im P.E.N.-Club oder im Schriftstellerverband?

Michael H.: Nein. Meine Mutter hätte meine Widerreden in diesen Gremien nicht ertragen. So hat sie sich auch einmal geäußert. Die DDR war für uns beide eine Hoffnung, aber darüber hinaus gingen unsere Auffassungen hoffnungslos auseinander. Dazu ein Beispiel: Um 1980 stieß ich zu dem sogenannten „Freitagskreis," einer von Jens Reich und Guntolf Herzberg gegründeten Diskussionsrunde. Wir wurden natürlich observiert. Und irgendein Funktionär mit Insiderwissen hatte nichts besseres zu tun, als meiner Mutter zu stecken, daß ihr Sohn in einer gefährlichen, weil konterrevolutionären Gruppe verkehre. Dabei brachte er noch alles durcheinander und verwechselte uns mit dem Pankower Friedenskreis, mit dem ich nichts zu tun hatte. Darum war ich verwirrt, als sie mich vor der gefährlichen Gesellschaft warnte, in der ich mich befände. Es stimmte vorne und hinten nicht. Sie hatte aber meinetwegen eine Riesenangst.
Der „Freitagskreis" bildete später mit der „Kirche von Unten" den

Grundstock für die Bürgerbewegung „Neues Forum." Diese ganze Entwicklung im Herbst 89 hat sie mit Sorge beobachtet.

Sie haben nicht auch noch versucht, Ihre Mutter für das Neue Forum zu werben?

Michael H.: Das nicht. Aber, Sie werden lachen, meinen Onkel. Ich bin mit meiner damaligen Frau Julia zu Jürgen gegangen, um ihn für uns zu gewinnen. Er saß, kaum auszumachen, in einer dunklen Ecke seiner Villa in Weißensee und rauchte Pfeife. Wir sprachen erst allgemein über notwendige politische Änderungen. Er hörte sich das an und ahnte sicher irgendwann, worauf das hinauslaufen sollte. Er sagte: „Ja gut, aber es geht nur mit der Partei. Ohne die Partei geht es nicht." Da sind wir gegangen.

Insofern waren in dieser Angelegenheit Jürgen Kuczynski und Ruth Werner einer Meinung?

Michael H.: Das waren sie. Eine Öffnung war noch eher von Jürgen zu erwarten als von meiner Mutter. Somit ließen wir die Werbeaktion in der Familie fallen.

Janina B.: Unsere Mutter erzählte mir, die Leute von Markus Wolf hätten gefragt, ob sie nicht mit Micha sprechen könnte. Sie hätten ebenfalls Angst um ihn, weil sie unsere Mutter so schätzten.
Wie groß ihre Sorge um dich war, erfuhr ich auch, als Adolf Dresen die DDR verließ. Da sagte sie zu mir, ich hoffe nur, daß Micha bleibt.

Peter B.: Apropos Sorgen um die Kinder. Ein winziges Beispiel: Ich habe nach meiner Promotion 18 Jahre, bis zur „vereinigungsbedingten" Auflösung der Akademie der Wissenschaften der DDR, am Zentralinstitut für Philosophie gearbeitet. Anfang der 80er Jahre wurden gegen ein halbes Dutzend von uns Mitarbeitern im Zusammenhang mit einem Revisionismusvorwurf Parteiverfahren eröffnet – fast im Stil der 50er Jahre –, mit vielen Ausschlüssen, während ich als einziger „nur“ eine Rüge erhielt. Meine Mutter war extrem besorgt. Denn eines war klar: Wenn ich aus der Partei fliegen würde, wäre meine Karriere als Philosoph beendet. Und das war für sie ein nicht zu ertragender Gedanke.

Ein oder zwei Tage vor der entscheidenden Ausschluß-Versammlung muß ich noch bei ihr gewesen sein. Plötzlich sagte sie, ihren Ernst überspielend: Weißt du Peter, es kann sein, wenn ich jetzt abnibble, dann war das eben so, und mach dir keine Vorwürfe.

Da haben beide Brüder ihre Schwierigkeiten gehabt?

Peter B.: Ich unterscheide mich politisch schon von meinem Bruder. Ich war nicht Bürgerbewegter und trotz ernster Querelen, die fast zum Parteiausschluß führten, letztlich eben doch in einem sehr durchschnittlichen Sinn „DDR-treu“. Meine DDR-Geschichte gehört nun mal zu meiner eigenen politischen Identität.

Das Erscheinen dieses Buches könnte manchen erneut veranlassen, über die Motivation einer Frau dieser Herkunft nachzudenken.

Peter B.: Heute, fünfzehn Jahre nach dem Untergang von DDR und Weltsozialismus, wo keiner weiß, wie die Zukunft aussehen wird, möchte ich wie ein Außenstehender auf meine Mutter blicken und fragen dürfen, wodurch sind die Menschen dieser Generation so radikalisiert worden? Was hat sie zur kompromißlosen Kommunistin gemacht, die bereit war, die Person völlig der Sache unterzuordnen. Bis zur Aufopferung, bis zum Erschießenlassen, wenn es sein muß. In diesem Sinne war sie ja eine Radikale. Wie ist sie dazu geworden?

Diese Frage gilt genau so für Klaus Fuchs. Was hat ihn, der keiner Fliege etwas zuleide tun konnte, diese Ambivalenz leben lassen: Auf der einen Seite ein begeisterter, fast weltvergessener Wissenschaftler, auf der anderen Seite ein Spion für die Sowjetunion?

Eberhard Panitz hat vor drei Jahren eine Doppelbiographie über Ruth

Werner und Klaus Fuchs geschrieben. Sie heißt „Treffpunkt Banbury". Er hat meine Frage gar nicht gestellt. Das macht die Antwort, die sein treffender Vergleich beider Biografien dennoch hergibt, umso überzeugender.

Und was ergibt Ihr Vergleich?

Peter B.: Meine Mutter hatte zu ihrem Vater René Kuczynski trotz manch drastischer Bemerkung ein sehr inniges Verhältnis. Er war ein herausragender Wissenschaftler der 20er Jahre, als bürgerlicher linker Humanist sowohl Orientierung als auch Maßstab. Eine seiner wichtigsten Funktionen war übrigens der Vorsitz des Ausschusses für Fürstenenteignung Mitte der Zwanziger. Mit Ernst Thälmann als seinem Stellvertreter.
Meine Mutter und ihr Bruder Jürgen konnten aber den Vater nicht mehr wiederholen, weil die Bedingungen anders waren. Wenn sie es ihm aber unter den geänderten Verhältnissen der ersten Hälfte des 20. Jahrhunderts gleichtun wollten, konnten sie es nur dadurch, daß sie Kommunisten wurden.
Gleiches gilt für Klaus Fuchs. Emil Fuchs, sein Vater, war der erste Sozialdemokrat unter den kirchlichen Würdenträgern. Er war der einzige, der jemals bei einer sozialdemokratischen Demonstration als Pfarrer mit der Fahne vorneweg lief. Absolut einmalig. Gleichzeitig hatten er und Klaus Fuchs ein inniges Verhältnis zueinander. Sie machten sogar hochinteressante politische Tagesauswertungen um die Zeit der Machtergreifung des Faschismus, nachzulesen bei Panitz. Auch für Klaus Fuchs gilt, daß er unter den veränderten Bedingungen nur dadurch mit Emil Fuchs gleichziehen konnte, indem er über ihn hinausging und Kommunist wurde.

Michael H.: Ich sehe das etwas anders. Aber es hat sicher mit den Eltern zu tun, daß von sechs Geschwistern fünf Kommunisten wurden.

Wie war Ihre Beziehung zur Mutter in ihren letzten Lebensjahren?

Michael H.: Unser Verhältnis im letzten Jahrzehnt war ausgezeichnet. Wir haben uns wunderbar verstanden.
Janina B.: Meine Mutter hat mir einmal gesagt, nie stand ihr Micha so nahe wie in der frühen Kindheit und nach der Wende. Wobei sie etappenweise immer ein unterschiedliches Verhältnis zu uns allen hatte. Lange vor „Sonjas Rapport“ gab es schon einen großen Leserkreis. Aber nach dem Erscheinen dieses Buches konnte sie die unzähligen Einladungen zu Lesungen im Laufe der Jahre kaum bewältigen. So bat sie mich, manche Termine zu übernehmen. Mich erfüllte diese Aufgabe sehr, und ich hatte das Gefühl, daß es ihr auch so ging. Wir waren uns in dieser Zeit sehr nah.

Michael H.: In den letzten Jahren, Nina, hast du dich um sie gekümmert, schon weil du in unmittelbarer Nähe wohntest. Ich weiß, das ging nicht ohne Schwierigkeiten ab. Sie war ein Leben lang gewohnt, alle Entscheidungen selber zu treffen, und nun war sie in vielem auf andere angewiesen. Zu ihren Eigenschaften gehörte schon immer, das muß auch gesagt werden, eine ordentliche Portion Starrsinn und Ungeduld. Das wurde im Alter nicht weniger. Wir Söhne hatten es leichter, wir kamen nur ab und an zu Besuch, Mutter lag meistens auf dem Bett, und führten anregende Unterhaltungen.

Ruth Werner gab mir einmal die Kopie einer Doppelseite der „Freitag“-Ausgabe vom 30. Juli 99. Darin befand sich ein Artikel von Maik Hamburger über die Zeitschrift „Sinn und Form“ und literarische Maßstäbe. Die handschriftliche Randglosse seiner Mutter: „Was für einen intellektuellen Sohn ich habe.“ Kein weiterer Kommentar.

Michael H.: Als Zweiundachtzigjährige hat sie noch eine der beeindruckendsten Leistungen vollbracht, die ich von ihr kenne. Das war ihre Rede im Lustgarten im November ’89 vor Zehntausenden Zuhörern.

Hinter ihr auf dem Podest standen Schabowski, Krenz und Gysi – und alle drei applaudierten ...

Michael H.: Es war hundekalt, und sie ist auf die improvisierte Bühne gestiegen, um ein passioniertes Bekenntnis zur Erneuerung der Partei abzugeben. Sie zog über die Starre, den Dogmatismus und die Selbstherrlichkeit der alten Genossen her und ermutigte die Jungen weiterzumachen.

Peter B.: Ich gehe etwas weiter zurück, in den Frühherbst '89. Honekker war krank, das Politbüro sträflich untätig und sprachlos. Ich besuchte meine Eltern in einer politisch noch nie dagewesenen Situation. Die Lage war so verfahren, daß klar war: *Jetzt wird etwas passieren.*

Ohne schnellste und tiefstgreifende Wandlung des bisherigen Sozialismus konnte es nicht mehr abgehen. Wir alle wußten das. Plötzlich sprach meine Mutter die herrlich naiven Worte in den Raum: „Aber was kommt dann?" Wir alle waren so naiv. Selbstverständlich ein besserer Sozialismus. Und für sie war das so selbstverständlich, daß in ihrer Frage Neugierde, fast ein Frohlocken, mitklang. Ich kann ihre Worte nicht vergessen.

ISBN-10: 3-355-01721-3
ISBN-13: 978-3-355-01721-3

1. Auflage dieser Ausgabe
Die Fotos auf den Seiten 346, 347 und 355 sind von Gisela Hamburger-Harich.
Die anderen Abbildungen stammen aus dem Archiv von Ruth Werner.

Rosa-Luxemburg-Str. 39, 10178 Berlin
Umschlagentwurf: ansichtssache – Büro für Gestaltung, Berlin,
unter Verwendung eines Fotos von Ruth Werner
Druck und Bindung: Salzland Druck, Staßfurt

Die Bücher des Verlags Neues Leben
erscheinen in der Eulenspiegel Verlagsgruppe.

www.neues-leben.de